高等职业教育"十二五"规划教材
汽车专业工作过程导向职业核心课程双证系列教材
人力资源和社会保障部职业技能鉴定中心组编

汽车发动机机械系统检修
一体化项目教程

主　编　刘炽平　符　强
副主编　曾祥豪　张法智　倪月辉　龙纪文　彭兴否
主　审　王优强

上海交通大学出版社

内 容 简 介

　　本书是根据汽车维修专业所面向的主要就业岗位调查,组织召开汽车维修工和汽车维修电工岗位工作任务分析研讨会,选取了7个学习项目,内容包括认识发动机、检修曲柄连杆机构、检修配气机构、检修润滑系、检修冷却系、柴油机燃油供给系、发动机总装、调整与磨合,整合为汽车发动机机械维修任务领域,构建了"汽车发动机机械系统检修"课程。本书以完成7个学习项目任务为引领,将发动机构造、原理、检修、总装、调试和磨合紧密结合起来。重点强调按企业实际工作流程来培养学生的拆卸、检修、安装与调试、故障诊断与排除等专业能力和职业核心能力。

　　本书可作为高职高专、技工院校、普通院校、远程教育和培训机构的汽车发动机机械系统检修教材,也可供广大汽车检修从业人员学习参考和职业鉴定前应试辅导。

　　为了方便老师教学及学生自学,本书配有多媒体课件,欢迎读者来函来电索取。

　　联系电话:(021)61675263;电子邮箱:shujun2008@gmail.com。

图书在版编目(CIP)数据

　　汽车发动机机械系统检修一体化项目教程 /刘炽平,符强主编. —上海:上海交通大学出版社,2012(2021 重印)
　　汽车专业工作过程导向职业核心课程双证系列教材
　　ISBN 978-7-313-07983-1

　　Ⅰ. ①汽…　Ⅱ. ①刘…　②符…　Ⅲ. ①汽车—发动机—机械系统—车辆检修—职业教育—教材　Ⅳ. ①U472.43

　　中国版本图书馆 CIP 数据核字(2011)第 249971 号

汽车发动机机械系统检修一体化项目教程

刘炽平　符　强　主编

上海交通大学出版社出版发行

(上海市番禺路 951 号　邮政编码 200030)

电话:64071208

当纳利(上海)信息技术有限公司 印刷　全国新华书店经销

开本:787mm×1092mm　1/16　印张:23.75　字数:568 千字

2012 年 1 月第 1 版　2021 年 1 月第 7 次印刷

ISBN 978 - 7 - 313 - 07983 - 1　定价:58.00 元

序

随着社会经济的高速发展和现代制造业的不断升级,我国对技能人才地位和作用的认识得到了空前的提高,技能人才的价值越来越得到认可。如何培养符合未来中国经济社会发展需要的技能人才也得到社会的广泛关注。

人力资源和社会保障部职业技能鉴定中心、中国就业培训技术指导中心担负着为我国就业和职业技能培训领域提供技术支持和技术服务的重要任务。在新的形势下,为各类技工院校、职业院校和培训机构提供技能人才培训、培养模式及方法等方面的技术指导尤为重要。在党中央国务院就业培训政策方针指引下,指导中心结合国情,开拓创新思路,探索培训方式,研究扩大就业,提供技术支持,为国家就业服务和职业培训鉴定事业的发展,提供了强有力的支撑。与此同时,中心不断深化理论研究,注重将理论转化为实践,成果也十分明显,由指导中心组编的"汽车专业工作过程导向职业核心课程双证系列教材"便是这种实践成果之一。

我国作为世界汽车生产和消费大国,汽车产业的快速发展和汽车消费的持续增长,为国民经济的增长产生了巨大拉动作用。近年来,我国汽车专业职业教育事业取得了长足发展,为汽车行业输送了大量的人才。随着汽车产业的迅猛发展,社会对汽车专业人才提出了更高的要求。进一步深化人才培养模式、课程体系和教学内容的改革,不断提高办学质量和教学水平,培养更多的适应新时代需要的具有创新能力的高技能、高素质人才,是汽车专业教育的当务之急。

作为汽车专业教育的重要环节,教材建设肩负着重要使命,新的形势要求教材建设适应新的教学要求。职业教育教材应针对学生自身特点,按照技能人才培养模式和培养目标,以应用性职业岗位需求为中心,以素质教育、创新教育为基础,以学生能力培养、技能实训为本位,使职业资格认证培训内容和教材内容有机衔接,全面构建适应 21 世纪人才培养需求的汽车类专业教材体系。

我热切地期待,本系列教材的出版将对职业教育汽车类专业人才的培养和教育教学改革工作起到积极的推动作用。

人力资源和社会保障部职业技能鉴定中心主任

中国就业培训技术指导中心主任

2011 年 5 月

目 录

第一部分

课程整体设计

本教材根据汽车维修岗位工作内容,结合汽车维修工作业层次不同,选取了认识发动机、检修曲柄连杆机构、检修配气机构、检修润滑系、检修冷却系、检修柴油机燃油供给系、发动机总装、调整与磨合 7 个学习项目。

本书在结构的编排上突出了综合职业能力培养,在取材上力求做到先进、新颖和实用。本书将理论课的所有相关知识融为一体,以"项目模块"为导向,以"任务驱动"为方法,引领学生注重技能的学习过程和能力的培养。本书在编写思路上,积极配合新的课程教学模式、教学内容、教学方法的改革,结合学校和企业现场的设备,打破学科体系界限和传统教材以知识体系编写教材的思路,以知识的应用为目的,以工作过程为主线,融合了最新技术和工艺知识,强调知识、能力、素质结构整体优化,强化学生对信息收集、信息处理、工作计划的制订、工作任务的实施等能力训练和技术综合训练一体的培养。

本书所有项目按工作过程职业核心课程的思路组织编写,以实施具体任务来实现项目目标,同时还设计了若干训练活动来为顺利实施任务做准备。以完成任务展开学习,边学边做任务。实现做中学、学中做一体化教学核心思想。

1. 课程内容设计

本课程选取了认识发动机、检修曲柄连杆机构、检修配气机构、检修润滑系、检修冷却系、柴油机燃油供给系、发动机总装、调整与磨合 7 个学习项目,具体教学安排建议如下。

项目名称	工作任务	课时分配
认识发动机	汽车发动机总成吊卸	6
	拆检发动机附件	14
检修曲柄连杆机构	分析发动机基本工作原理	4
	拆检机体组件	4
	拆检活塞连杆组件	4
	拆检曲轴飞轮组件	4
	曲柄连杆机构常见故障诊断、排除	4

（续表）

项 目 名 称	工 作 任 务	课时分配
检修配气机构	认识配气机构结构	5
	气门组结构认识和检修	5
	气门传动组结构认识和检修	5
	配气机构的装配及调整	5
检修润滑系	认识润滑系	5
	润滑系拆检	5
检修冷却系	认识冷却系	5
	拆检冷却系统的主要零部件	5
柴油机燃油供给系	认识柴油机燃油供给系	8
	拆检柴油机燃油供给系	12
发动机总装、调整与磨合	发动机零件清洗及归类摆放	6
	发动机总成装配、调试	14

项目一是以认识发动机为主线，学习汽车发动机总成吊卸和附件。

项目二是以检修曲柄连杆机构为学习目标，主要学习发动机基本工作原理、曲柄连杆机构结构认识、曲柄连杆机构的拆修及常见故障诊断、排除。

项目三是以检修配气机构为学习目标，主要是学习配气机构的结构、检修、装配及调整。

项目四是以检修润滑系为学习目标，主要是学习润滑系结构和维护。

项目五是以检修冷却系为学习目标，主要是学习冷却系结构和维护。

项目六是以检修柴油机燃油供给系为学习目标，主要是学习柴油机燃油供给系结构和学会拆检柴油机燃油供给系。

项目七是以发动机总装、调整与磨合为学习目标，主要是学习发动机零件如何清洗及归类摆放和发动机总成装配、调试。

2. 课程目标设计

能描述汽车发动机两大机构和三大系统的结构、工作原理、功能及装配关系，能拆装与检测汽车发动机两大机构和三大系统元件。

能根据汽车发动机各零部件的磨损规律，制订维修方案，并熟练地实施维修保养作业。

会利用汽车发动机故障现象，分析汽车发动机故障的原因，制订故障诊断流程；并能根据汽车发动机故障现象特点和故障诊断流程进行作业，排除汽车发动机的故障。

能正确使用常用工具、仪器仪表等维修设备，实施维修和保养作业。

会运用维修手册，根据汽车发动机的结构原理，正确规范地完成发动机总装、调整与磨合。

在学习或作业过程中严格执行 5S 现场管理及操作规范，能与其他学员团结协作，共同处理工作或学习过程中的一般问题。

了解最新汽车电控发动机和混合动力等新技术的应用。

3. 课程教学资源要求

师资要求：建议中级或以上职称，或技师职业资格，或具有 3 年以上企业维修经验的双师型教师任课。

实训资源：

实习场所名称	实习场所要求	设备序号	设 备 名 称	数量	设备功能/技术指标
汽车发动机实训室	面积：180m² 配电：380V/220V/12V 环保：符合 JY/T0380－2006 要求	1	465Q 发动机	5 台	发动机拆检实验
		2	丰田 5A－FE 发动机	5 台	发动机拆检实训
		3	发动机大修工具	5 套	发动机拆装
		4	千分尺	5 把	检测
		5	刀口尺	5 把	检测
		6	钢直尺	5 把	检测
		7	量缸表	5 把	检测
		8	塞尺	5 把	检测
		9	磁性座百分表	5 只	检测
		10	游标卡尺	5 把	检测
		11	连杆检测仪	5 台	检测与矫正
		12	研磨工具	5 套	研磨气门座
		13	研磨砂	2 包	研磨气门座
		14	机油回收机	2 台	回收机油
		15	液压千斤顶	5 架	举升发动机
		16	液压吊机	5 架	吊卸发动机
		17	举升设备	5 台	举升车辆
		18	中高级轿车	5 辆	实习用车
		19	多媒体教学系统	2 套	辅助教学

4. 项目设置与项目能力培养目标分解

序号	项目名称	工作任务	能力（知识、技能、职业素养）目标	课时分配
1	认识发动机	汽车发动机总成吊卸	（1）收集汽车发动机吊卸操作规范相关信息，制订汽车发动机吊卸操作流程 （2）能根据汽车发动机吊卸作业规范，实施汽车发动机吊卸作业 （3）能描述汽车发动机的常用名词、分类和编号规则	6
		拆检发动机附件	能熟练地使用维修常用工量具对发动机附件进行拆检	14
2	检修曲柄连杆机构	分析发动机基本工作原理	（1）能描述曲柄连杆机构的作用、工作环境及受力分析 （2）能描述曲柄连杆机构的构造及其工作原理	4

（续表）

序号	项目名称	工作任务	能力（知识、技能、职业素养）目标	课时分配
2	检修曲柄连杆机构	拆检机体组件	（1）能说出机体组件结构 （2）会使用塞尺、内径百分表、钢直尺、内外卡钳和千分尺测量气缸圆度、圆柱度 （3）能正确地使用工量具检修机体组件各组成零部件	4
		拆检活塞连杆组件	（1）能描述活塞连杆组件的结构组成、类型和作用 （2）会使用游标卡尺、千分尺测量活塞的圆度、圆柱度 （3）能正确地使用连杆检测仪对连杆进行测量和矫正 （4）能正确地使用量具检修活塞连杆组件及其选配 （5）能正确地使用维修工具对活塞连杆组件进行拆装	4
		拆检曲轴飞轮组件	（1）能说出曲轴飞轮组件的结构 （2）会使用磁性座百分表测量曲轴的圆度、圆柱度和弯扭 （3）能正确地使用维修工量具拆检曲轴飞轮组件 （4）会使用量具测量曲轴轴承间隙、轴向间隙及其调整方法	4
		曲柄连杆机构常见故障诊断、排除	（1）能描述曲轴连杆机构的工作特点 （2）会根据曲轴连杆机构常见的故障现象、分析故障原因及确定故障排除的方法	4
3	检修配气机构	配气机构结构认识	（1）能描述配气机构的作用、类型及组成部分 （2）理解和掌握配气相位	5
		气门组结构认识和检修	（1）能描述气门组件的结构组成、类型和作用 （2）能正确地使用研磨工具对气缸进行研磨 （3）能正确地使用量具对气门组件各组成零部件进行检修	5
		气门传动组结构认识和检修	（1）能描述气门传动组件的结构及其工作原理 （2）能正确地使用量具对气门传动组件各组成零部件进行检修	5
		配气机构拆装、调整和常见故障诊断、排除	（1）能正确地使用工具对配气机构的进行拆卸和装配 （2）能熟练地进行气门间隙检查与调整 （3）能熟练地诊断与排除配气机构故障	5
4	检修润滑系	认识润滑系	（1）能描述润滑系的功用、润滑方式和组成 （2）能描述润滑系的油路路线图	5
		拆检润滑系	（1）能描述机油的种类、性能和选用注意事项 （2）能熟练地维护和检修润滑系 （3）会根据润滑系的故障现象、分析故障原因及确定排除故障的方法	5
5	检修冷却系	认识冷却系	（1）能描述冷却系的主要零件名称及其作用 （2）能描述冷却系的类型和方式 （3）能描述冷却系的大小循环路线图	5

（续表）

笔记

序号	项目名称	工作任务	能力（知识、技能、职业素养）目标	课时分配
5	检修冷却系	拆检冷却系统的主要零部件	（1）能描述冷却液的种类、性能和选用注意事项 （2）能熟练地维护和检修冷却系 （3）会根据冷却系的故障现象、分析故障原因及确定排除故障的方法	5
6	柴油机燃油供给系	认识柴油机燃油供给系	（1）能描述柴油机燃油供给系主要零件名称及其作用 （2）能描述柴油机燃油供给系的类型和方式 （3）能描述柴油机燃油供给系供油路线图	8
		拆检柴油机燃油供给系	（1）能描述柴油的牌号、性能和选用注意事项 （2）能熟练地对柴油机燃油供给系进行维护和检修 （3）会根据柴油机燃油供给系的故障现象、分析故障原因及确定排除故障的方法	12
7	发动机总装、调整与磨合	发动机零件清洗及归类摆放	（1）能熟练地清洗和分类摆放发动机零件 （2）会使用发动机零件清洗机对零件进行清洗和能说出使用时的注意事项	6
		发动机总成装配	（1）能描述发动机装配工艺及规程 （2）会正确地使用工量具对发动机进行装配和过程检验，以及说出其技术要求 （3）能正确地完成发动装配竣工检验和说出其技术要求	14

5. 课程考核方案设计

序号	考核项目	考核任务	考核方案	考核权重
1	认识发动机	汽车发动机总成吊卸	过程考核	5%
		维修常用工具的使用	过程考核	5%
		拆检发动机附件	过程考核	5%
2	检修曲柄连杆机构	拆检机体组件	过程考核	5%
		拆检活塞连杆组件	过程考核	5%
		拆检曲轴飞轮组件	过程考核	5%
3	检修配气机构	拆检气门组件结构	过程考核	5%
		拆检气门传动组件	过程考核	5%
		气门间隙的检查与调整	过程考核	5%
4	检修润滑系	讲述润滑系工作原理	过程考核	5%
		检修机油泵	过程考核	5%
5	检修冷却系	讲述冷却系工作原理	过程考核	5%
		检修水泵	过程考核	5%

(续表)

序号	考核项目	考核任务	考核方案	考核权重
6	柴油机燃油供给系	检修喷油器	过程考核	5%
		检修喷油泵	过程考核	5%
		分析产生"飞车"故障的原因	过程考核	5%
7	发动机总装、调整与磨合	讲述发动机装配工艺及规程	过程考核	5%
		发动装配过程检验项目	过程考核	5%
		发动装配竣工检验项目	过程考核	10%
合　计				100%

注：过程考核重点考核工作态度、工作结果及工作过程中起到的作用。

6. 教学建议

本课程是汽车专业必修的技术课程，是基于汽车机电维修工岗位工作任务分析而设置的项目课程。各项目之间为递进关系。本书的项目按工作过程系统化原则组织编写。即将项目工作流程"咨询—决策—计划—实施—检验—评估"与汽车维修行业的"维修接待—收集信息—制订维修方案—实施维修作业—维修质量检验—业务考核"相结合，确定了本书的编写思路。即"维修接待（或布置任务）—信息收集与处理—制订维修计划—实施维修作业—检验与评估"。

本书建议按工作过程系统化项目教学和任务驱动组织教学，以解决检修各项目为主线，将汽车发动机的结构、工作原理、故障诊断与检修方法等渗透到各项目或任务中，以完成任务展开学习，边学边做任务。通过项目训练，培养学生"从故障入手—分析故障—制订维修方案—实施检修作业—维修质量检验"等企业工作或学习的过程能力，实现做中学、学中做的一体化教学核心思想。要求全面实施任务驱动式的项目教学法。同时，建议创建汽车发动机工作站，模拟企业工作环境，从具体车辆典型故障案例入手，按维修接待—收集信息—制订维修计划—实施维修作业—维修质量检查与评估等六个环节实施项目教学。在教学过程中，要求体现教师引导、学生训练为主的现代职业教育理念（职业活动行动导向教学法），在培养学生专业能力的同时，全过程渗透职业核心能力训练。同时还潜移默化了问题解决方法，培养学生工作过程能力。

第二部分

教 学 内 容

项目一 认识发动机

Description 项目描述	有一天,王先生的一辆桑塔纳 3000 汽车在行车过程中存在冒黑烟、加速无力、怠速不稳、油耗增加等现象,进厂经检测后确定需进行大修,首要工作是先对发动机总成进行吊卸 　　你是一名初学者,应如何对发动机总成进行吊卸
Objects 项目目标	1. 收集汽车发动机总成吊卸操作规范相关信息,制订汽车发动机吊卸操作流程,掌握吊卸工具的使用 　　2. 能说出发动机的类型、分类和编号规则 　　3. 能理解和掌握发动机常用术语
Tasks 项目任务	任务 1　汽车发动机总成吊卸 任务 2　拆检发动机附件
Implementation 项目实施	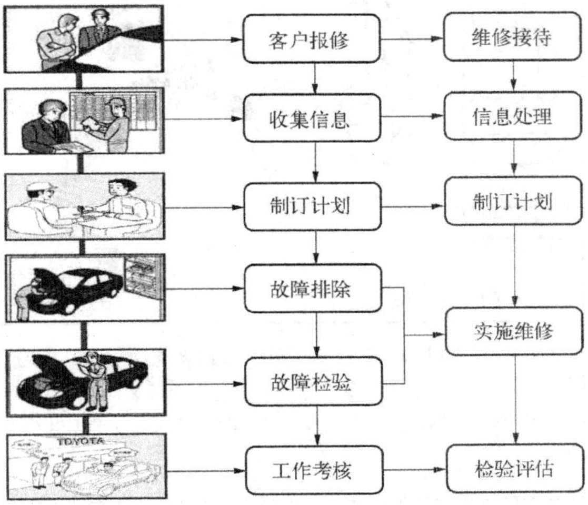

任务 1.1 汽车发动机总成吊卸

任务描述	有一天,王先生的一辆桑塔纳 3000 汽车在行车过程中存在冒黑烟、加速无力、怠速不稳、油耗增加等现象,进厂维修。针对维修接待和车间确认,首先要对发动机进行总成吊卸
任务目标	1. 能说出发动机总成安装位置、类型和编号规则 2. 能理解和掌握发动机常用名词和有关技术参数 3. 会正确地使用发动机总成吊卸专用工具,对发动机进行总成吊卸

一、维修接待

按照表 1-1-1 完成待修车辆的维修接待,并准确填写接车问诊表。

表 1-1-1　维修接待与接车问诊表

1. 通过询问客户了解发动机发生故障情况,填写接车问诊表
2. 车间检测结果初步确认需要进行发动机大修,首先需要进行发动机总成吊卸

接 车 问 诊 表

车牌号:_____　车架号:_____　行驶里程:_____(km)

用户名:_____　电　话:_____　来店时间:_____ / _____

用户陈述及故障发生时的状况:一辆桑塔纳在行车中突然冒黑烟、加速无力、怠速不稳、油耗增加等现象

故障发生状况提示:行驶速度、发动机状态、发生频度、发生时间、部位、天气、路面状况、声音描述

接车员检测确认建议:需对发动机进行大修

车间检测确认结果及主要故障零部件:对发动机进行大修,更换相应故障零部件

车间检查确认者:_____

外观确认:

(请在有缺陷部位作标识)

功能确认:(工作正常√　不正常×)
- □音响系统　　□门锁(防盗器)　□全车灯光　□工具
- □后视镜　　　□顶窗　　　　　□座椅　　　□点烟器
- □玻璃升降器　□玻璃

物品确认:(有√　无×)
- □贵重物品提示
- □工具　□备胎　□灭火器
- □其他(　　　　　　)
- 旧件是否交还用户　□是　□否
- 用户是否需要洗车　□是　□否

- 检测费说明:本次检测的故障如用户在本店维修,检测费包含在修理费用内;如用户不在本店维修,请您支付检测费。本次检测费: ¥_____元。
- 贵重物品:在将车辆交给我店检查修理前,已提示将车内贵重物品自行收起并保存好,如有遗失恕不负责。

接车员:_____　　　　用户确认:_____

笔记

二、信息收集与处理

按照表1-1-2完成任务1.1的信息收集与处理。

表1-1-2 信息收集与处理

发动机按所用燃料分类	
发动机按冷却方式不同分类	

1. 汽车发动机的作用是_____
2. 列举典型汽车,说明其发动机的类型是_____
3. 汽车发动机有关技术参数有_____,_____,_____,_____等
4. 汽车发动机一般安装的位置有_____,_____,_____

(一) 汽车发动机总成安装的位置

1. 货车安装位置

(1) 第一种布置形式如图1-1-1(a)所示,发动机在驾驶室之前。其优点是驾驶员工作条件较好,发动机维修方便。缺点是在同样汽车总体积下,货箱尺寸较小,在运输轻质货物时,往往不能充分发挥汽车的运输能力,视野较差。

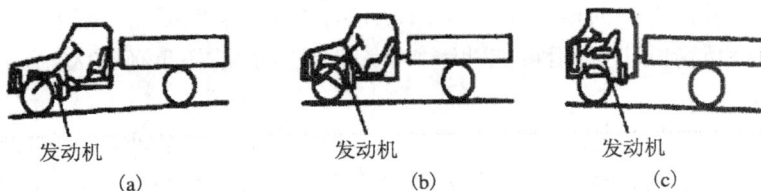

发动机　　　　　　　　发动机　　　　　　　　发动机
(a)　　　　　　　　　(b)　　　　　　　　　(c)

图1-1-1

(2) 第二种布置形式如图1-1-1(b)所示,驾驶室部分在发动机之上。其优点是增大了货箱尺寸。其缺点是驾驶员工作条件较差,发动机维修不方便。

(3) 第三种布置形式如图1-1-1(c)所示,整个驾驶室在发动机之上。其优点是汽车

的轴距和总长较短,汽车自重较轻,机动性及视野较差。其缺点是驾驶室内较热,发动机维修不方便,汽车总高度较高。

2. 客车安装位置

(1) 第一种布置形式如图1-1-2(a)所示,发动机布置于车身内部上方,是发动机前置前驱。其优点是面积利用率高。其缺点是发动机前置使前轮胎过载,驾驶员工作条件差。

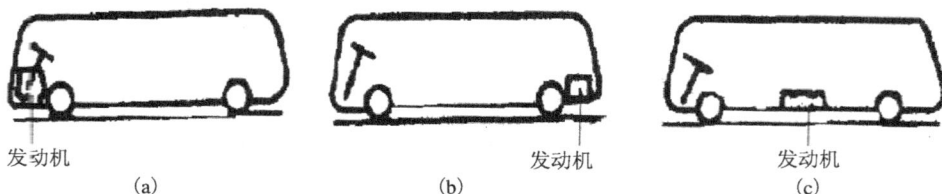

图1-1-2

(2) 第二种布置形式如图1-1-2(b)所示,发动机置于车身内部的后方。其优点是轴负分配合理,车身较低,缺点是发动机的冷却条件差,发动机和传动系的操作机构复杂。

(3) 第三种布置形式如图1-1-2(c)所示,发动机布置于车身中部底板下面。其优点是面积利用率高,轴负分配合理,缺点是发动机维修困难,冷却条件差,车身底板高,发动机噪声、热量能进入车厢,所以目前较少采用。

3. 轿车安装位置

(1) 第一种布置形式如图1-1-3(a)所示,发动机前置,后轮驱动。其优点是增加了车身的有效载客面积,前、后轴的分配合理,舒适性较高,缺点是由于传动轴较长,空间布置复杂。

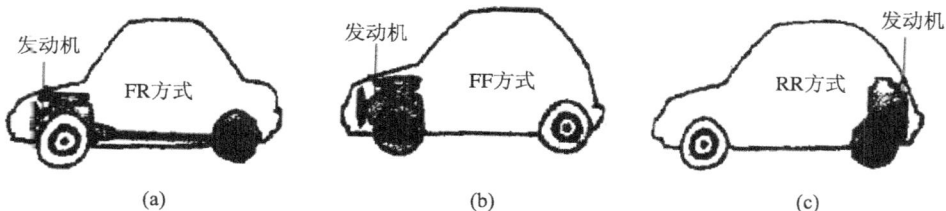

图1-1-3

(2) 第二种布置形式如图1-1-3(b)所示,发动机前置,前轮驱动。其优点是传动系统布置紧凑,车身下面没有万向传动装置,汽车重心下降,稳定性提高,侧滑可能性小,缺点是汽车上坡时,前桥负荷减小,打滑可能性增加;汽车下坡时,前桥负荷加大,稳定性下降,前桥结构较复杂。

(3) 第三种布置形式如图1-1-3(c)所示,发动机后置,后轮驱动。其优点是传动系统布置紧凑,汽车重心较低,能较好地隔绝发动机噪声,缺点是发动机冷却效果降低,还需要一套远距离操纵机构,前后桥负荷合理分配较困难。

(二) 汽车发动机分类

发动机是汽车的动力源,它是将其他形式的能量转变为机械能的机器。将热能转变为机械能的发动机,称为热力发动机(简称热机),其中的热能是由燃料燃烧所产生的。现代汽车所采用的发动机多数是内燃机,内燃机是把燃料燃烧的热能转变成机械能,并且这种能量转换过程是在发动机的内部进行。汽车上使用的内燃机主要有汽油机和柴油机。随着科技的发展和人类环保意识的增强,现代汽车发动机开始采用液化石油气、天然气、氢动力、电力、太阳能、混合动力等新型能源的发动机。

热机有内燃机和外燃机两种,直接以燃料燃烧所生成的燃烧产物为工质的热机称为内燃机,反之为外燃机。内燃机与外燃机相比,具有热效率高、体积小、便于移动、启动性能好等优点,因而广泛地应用于飞机、船只、汽车、拖拉机、坦克等各种车辆上,但是内燃机一般要求使用石油燃料,同时排出的废气中所含害气体的成分较高。目前活塞式内燃机广泛运用在汽车发动机上。

活塞式内燃机按不同方式进行分类。

1. 根据所用燃料种类不同分

活塞式内燃机主要分为汽油机、柴油机和气体燃料发动机三类。以汽油和柴油为燃料的活塞式内燃机分别称作汽油机和柴油机。使用天然气、液化石油气和其他气体燃料的活塞式内燃机称作气体燃料发动机,如图 1-1-4 所示。

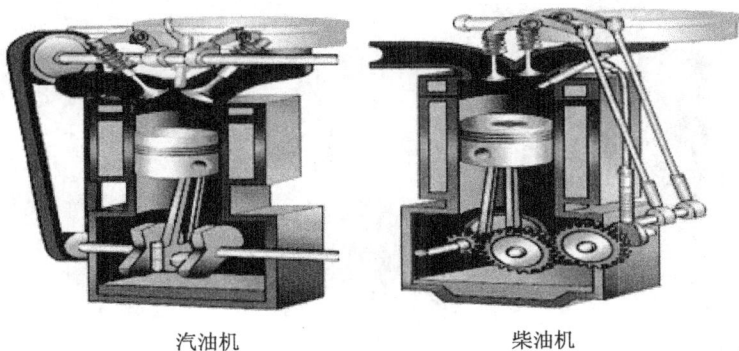

汽油机　　　　　　　　　柴油机

图 1-4-4

2. 按活塞运动方式的不同分

活塞式内燃机可分为往复活塞式和旋转活塞式两种,如图 1-1-5 所示。

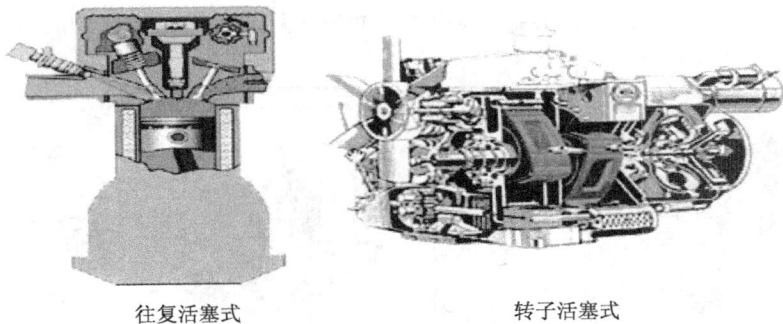

往复活塞式　　　　　　　转子活塞式

图 1-1-5

3. 按冷却方式的不同分

活塞式内燃机分为水冷式和风冷式两种,如图 1-1-6 所示。

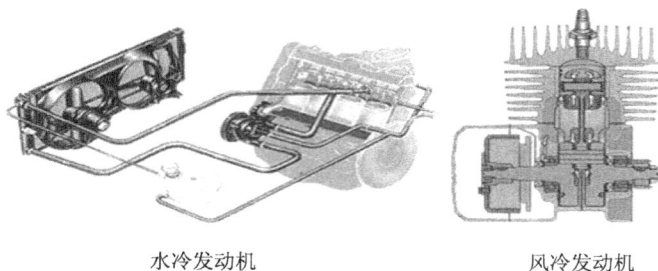

水冷发动机　　　　　　　　风冷发动机

图 1 - 1 - 6

4. 按照气缸数目分类可以分

发动机单缸发动机和多缸发动机。仅有一个气缸的发动机称为单缸发动机;有两个以上气缸的发动机称为多缸发动机。如双缸、三缸、四缸、五缸、六缸、八缸、十二缸、十六缸等都是多缸发动机。现代车用发动机多采用四缸、六缸、八缸发动机,如图 1 - 1 - 7 所示。

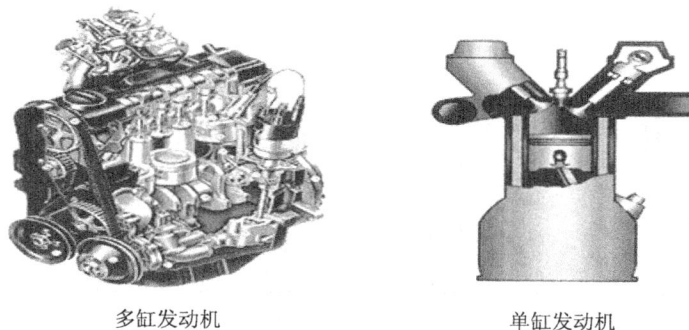

多缸发动机　　　　　　　　单缸发动机

图 1 - 1 - 7

5. 按工作循环分

往复活塞式内燃机还按其在一个工作循环期间活塞往复运动的行程数进行分类。活塞式内燃机每完成一个工作循环,便对外作功一次,不断地完成工作循环,才使热能连续地转变为机械能。在一个工作循环中活塞往复四个行程的内燃机称作四冲程往复活塞式内燃机,而活塞往复两个行程便完成一个工作循环的则称作二冲程往复活塞式内燃机,如图 1 - 1 - 8所示。

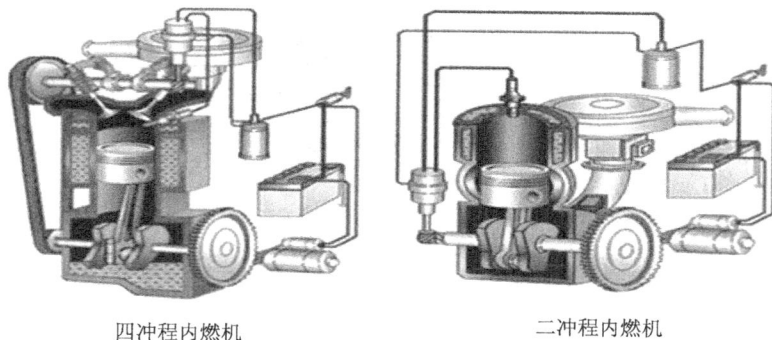

四冲程内燃机　　　　　　　　二冲程内燃机

图 1 - 1 - 8

6. 按进气状态不同分

活塞式内燃机还可分为增压和非增压两类。若进气是在接近大气状态下进行的,则为非增压内燃机或自然吸气式内燃机;若利用增压器(如机械增压和涡轮增压)将进气压力增高,进气密度增大,则为增压内燃机。增压可以提高内燃机功率,如图 1-1-9 所示。

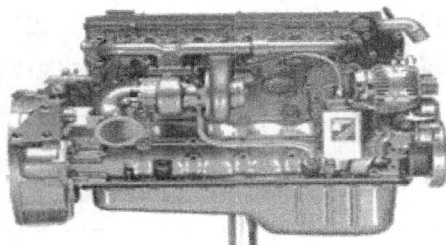

自然吸气(非增压)式发动机　　　　　强制进气(增压式)发动机

图 1-1-9

7. 按照气缸排列方式不同分

可以分为单列式和双列式。单列式发动机的各个气缸排成一列,一般是垂直布置的,但为了降低高度,有时也把气缸布置成倾斜的甚至水平的;双列式发动机把气缸排成两列,两列之间的夹角<180°(一般为90°)称为 V 型发动机,若两列之间的夹角=180°称为对置式发动机,如图 1-1-10 所示。

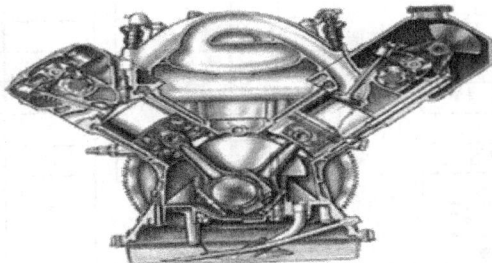

双列式　　　　　　　　　单列式

图 1-1-10

目前,应用最广、数量最多的汽车发动机为水冷、四冲程往复活塞式内燃机,其中汽油机用于轿车和轻型客、货车上,而大客车和中、重型货车发动机多为柴油机。少数轿车和轻型客、货车发动机也有用柴油机的。以风冷或二冲程活塞式内燃机为动力的汽车为数不多。特别是从20 世纪 80 年代起,在世界范围内,就不再有以二冲程活塞式内燃机为动力的轿车了。

(三) 发动机的编号规则

为了方便内燃机的生产管理与使用,我国于 1982 年对内燃机名称和型号的编制方法重新进行了审定,颁布了国家标准 GB725—82《内燃机产品名称和型号编制规则》,该标准的主要内容如下:

(1) 内燃机产品名称均按其所采用的燃料命名,例如汽油机、柴油机、煤气机、混合动力等。

（2）内燃机型号应能反映内燃机的主要结构特征及性能,规定由如下四项内容的符号（阿拉伯数字和汉语拼音字母）组成：

① 首部：为产品系列符号和换代标志符号,由制造厂根据需要自选相应字母表示,但需主管部门核准。

② 中部：由缸数符号、冲程符号、气缸排列形式符号和缸径符号等组成。

③ 后部：结构特征和用途特征符号,以字母表示。

④ 尾部：区分符号。同一系列产品因改进等原因需要区分时,由制造厂选用适当符号表示。

（3）内燃机型号的排列顺序及符号所代表的意义如下,如图1-1-11所示。

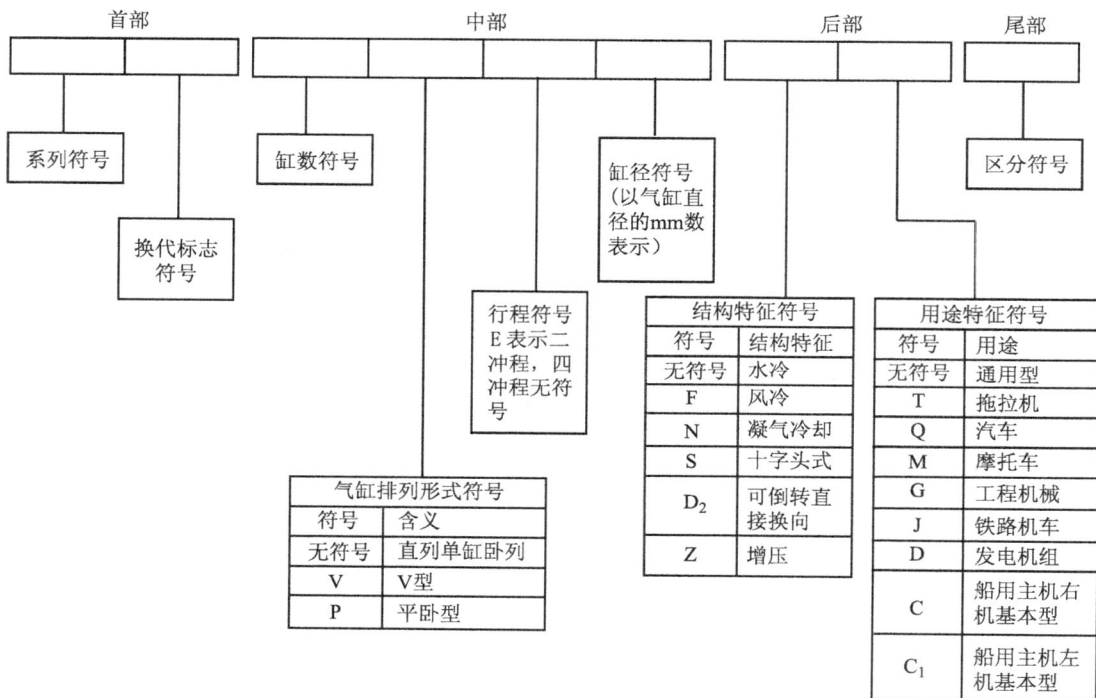

图 1-1-11 发动机编号的排列顺序及符号的意义

（4）型号编制举例：

① 汽油机。

4100Q-4：表示四缸,四行程,缸径100mm,水冷车用,第四种变型产品。

1E65F：表示单缸,二行程,缸径65mm,风冷通用型。

CA6102：表示六缸,四行程,缸径102mm,水冷通用型,CA表示系列符号。

8V100：表示八缸,四行程、缸径100mm,V型,水冷通用型。

② 柴油机。

495Q：表示四缸,四行程,缸径95mm,水冷车用。

195：表示单缸,四行程,缸径95mm,水冷通用型。

165F：表示单缸,四行程,缸径65mm,风冷通用型。

X4105：表示四缸，四行程，缸径 105mm，水冷通用型，X 表示系列代号。

(四) 发动机的常用术语

发动机常用术语如表 1-1-3 所示。

表 1-1-3 发动机的常用术语

专业术语名	注 解	相 应 图 片
上止点	活塞在气缸里作往复直线运动时，当活塞向上运动到最高位置，即活塞顶部距离曲轴旋转中心最远的极限位置，称为上止点	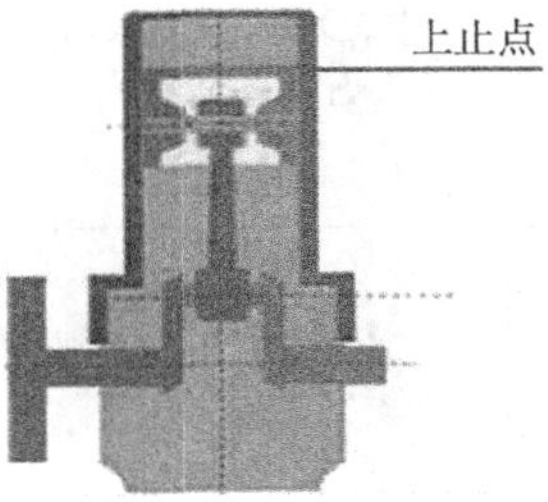
下止点	活塞在气缸里作往复直线运动时，当活塞向下运动到最低位置，即活塞顶部距离曲轴旋转中心最近的极限位置，称为下止点	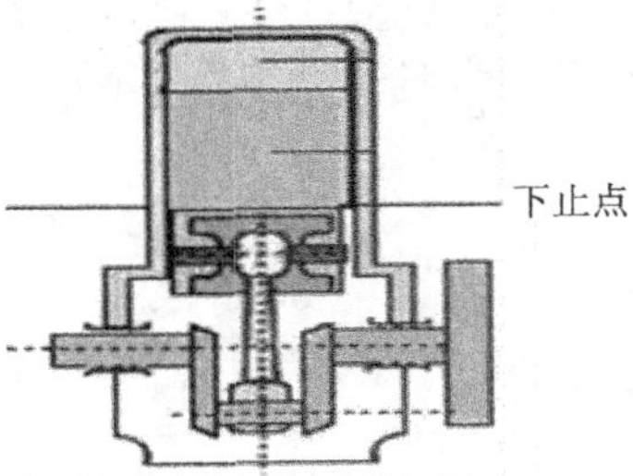
活塞行程	活塞从一个止点到另一个止点移动的距离，即上、下止点之间的距离称为活塞行程。一般用 s 表示，对应一个活塞行程，曲轴旋转 180°	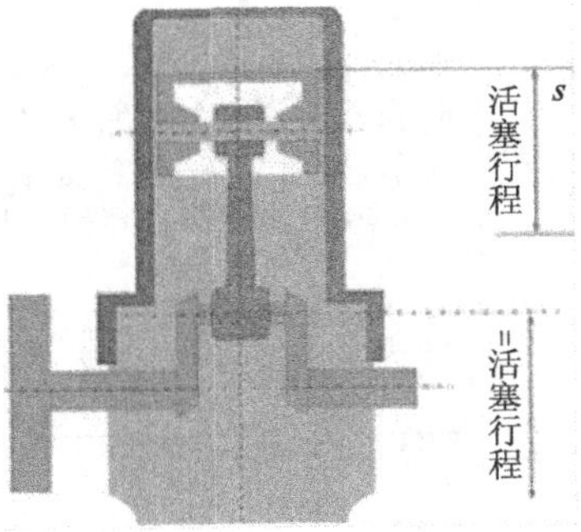
曲柄半径	曲轴旋转中心到曲柄销中心之间的距离称为曲柄半径，一般用 R 表示。通常活塞行程为曲柄半径的两倍，即 $s=2R$	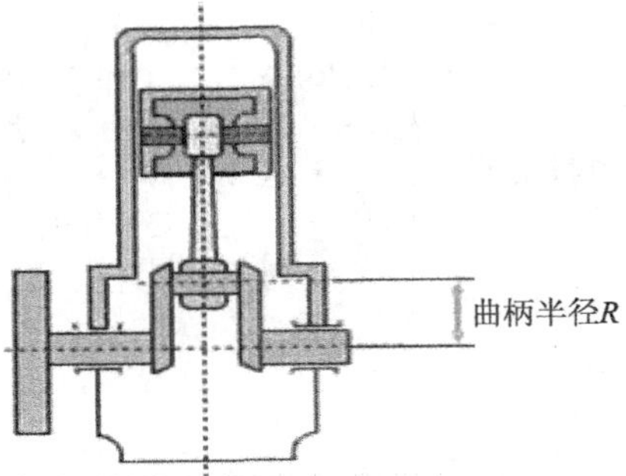

笔记

专业术语名	注　解	相 应 图 片
气缸工作容积	活塞从一个止点运动到另一个止点所扫过的容积，称为气缸工作容积。一般用 V_h 表示：$$V_h = \frac{\pi}{4}D^2 \cdot S \times 10^{-6}$$ 式中，D——气缸直径，单位 mm；S——活塞行程，单位 mm	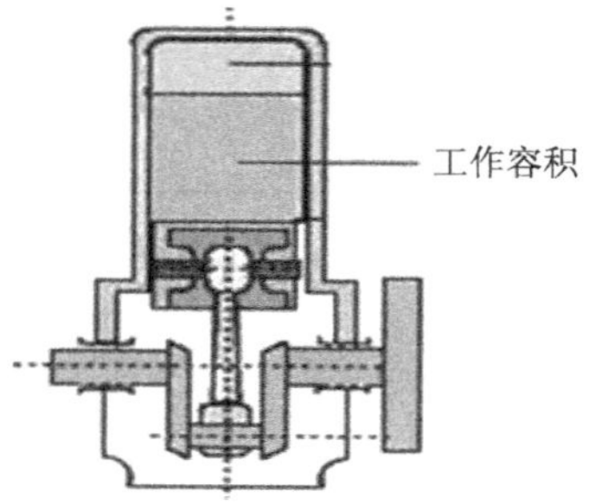 工作容积
燃烧室容积	活塞位于上止点时，其顶部与气缸盖之间的容积称为燃烧室容积。一般用 V_c 表示	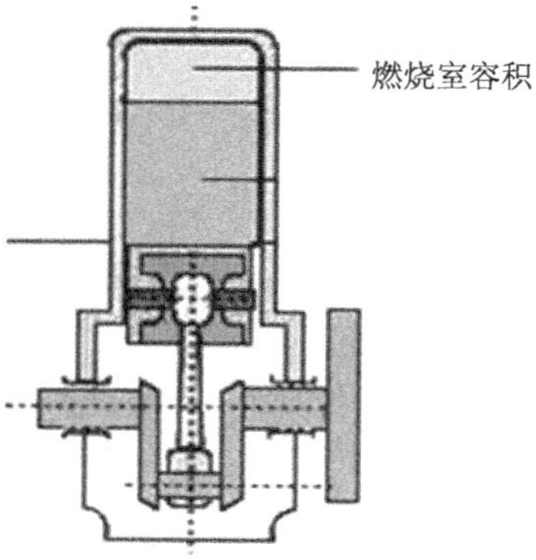 燃烧室容积
气缸总容积	活塞位于下止点时，其顶部与气缸盖之间的容积称为气缸总容积。一般用 V_a 表示，显而易见，气缸总容积就是气缸工作容积和燃烧室容积之和，即 $V_a = V_c + V_h$	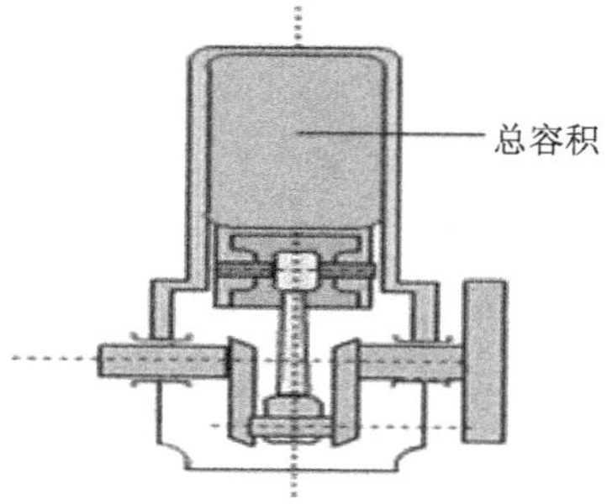 总容积
发动机排量	多缸发动机各气缸工作容积的总和，称为发动机排量。一般用 V_L 表示：$$V_L = V_h \cdot i$$ 式中，V_h——气缸工作容积；i——气缸数目	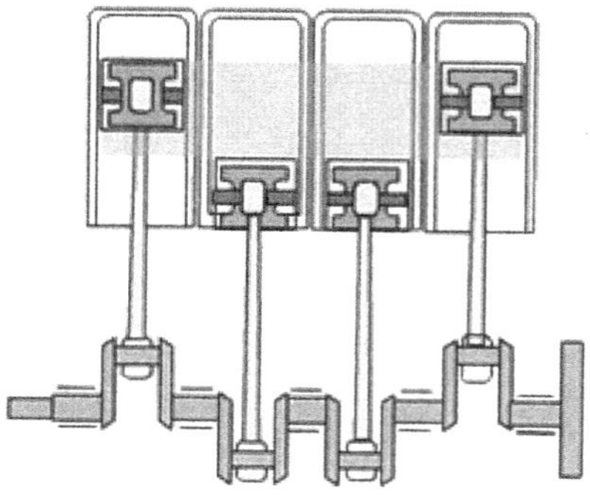 ○ 排量=工作容积×气缸数

（续表）

专业术语名	注　解	相应图片
压缩比	压缩比是发动机中一个非常重要的概念，压缩比表示了气体的压缩程度，它是气体压缩前的容积与气体压缩后的容积之比值，即气缸总容积与燃烧室容积之比称为压缩比，一般用 ε 表示。$$\varepsilon = \frac{V_a}{V_c} = \frac{V_h + V_c}{V_c} = 1 + \frac{V_h}{V_c}$$通常汽油机的压缩比为 6～10，柴油机的压缩比较高，一般为 16～22	
工作循环	每一个工作循环包括进气、压缩、作功和排气过程，即完成进气、压缩、作功和排气四个过程叫一个工作循环	
工　况	发动机机在某一时刻的运行状况简称工况，以该时刻内燃机输出的有效功率和曲轴转速表示。曲轴转速即为发动机转速	
负　荷	发动机在某一转速下发出的有效功率与相同转速下所发出的最大有效功率的比值称为负荷率，简称负荷，通常以百分数表示	

（五）发动机有关技术参数

发动机的有关技术参数，即发动机的性能指标，是用来表征发动机的性能特点，衡量发动机性能好坏的标准。发动机的主要性能指标有：动力性能指标，经济性能指标和排放性能指标。

1. 动力性能指标

动力性能指标指曲轴对外作功能力的指标，包括有效扭矩、有效功率、曲轴转速和平均有效压力。

1）有效扭矩

指发动机通过曲轴或飞轮对外输出的扭矩，通常用 T_e 表示，单位为 N·m。有效扭矩是作用在活塞顶部的气体压力通过连杆、传给曲轴产生的扭矩，并克服了摩擦、驱动附件等损失之后从曲轴对外输出的净扭矩。

2）有效功率

指发动机通过曲轴或飞轮对外输出的功率，通常用 P_e 表示，单位为 kW。有效功率同样是曲轴对外输出的净功率。它等于有效扭矩和曲轴转速的乘积。发动机的有效功率可以在专用的试验台上用测功器测定，测出有效扭矩和曲轴转速，然后用下面公式计算出有效功率：

$$P_e = T_e \cdot \frac{2\pi n}{60} \times 10^{-3} = \frac{T_e \cdot n}{9\,550} \quad (\text{kW})$$

式中：T_e——有效扭矩，单位为 N·m；

　　　n——曲轴转速，单位为 r/min。

3）发动机转速

指发动机曲轴每分钟的转动圈数，单位为 r/min。发动机产品铭牌上标明的功率及相应转速称为额定功率和额定转速。按照汽车发动机可靠性试验方法的规定汽车发动机应能在额定工况下连续运行 300～1 000h。

4）平均有效压力

单位气缸工作容积发出的有效功称为平均有效压力，记作 p_{me}，单位为 MPa。显然，平均有效压力越大，发动机的作功能力越强。

2. 经济性能指标

通常用燃油消耗率来评价内燃机的经济性能。燃油消耗率是指单位有效功的燃油消耗量，也就是发动机每发出 1kW 有效功率在 1h 内所消耗的燃油质量（以 g 为单位），燃油消耗率通常用 g_e 表示，其单位为 g/kW·h，计算公式如下：

$$g_e = \frac{1\,000 G_T}{P_e} \quad (\text{g/kW} \cdot \text{h})$$

式中：G_T——每小时的燃油消耗量，kg/h；

　　　P_e——有效功率，kW。

很明显，有效燃油消耗率越小，表示发动机曲轴输出净功率所消耗的燃油越少，其经济性越好通常发动机铭牌上给出的有效燃油消耗率 g_e 是最小值。

3. 强化指标

强化指标是指发动机承受热负荷和机械负荷能力的评价指标，一般包括升功率和强化系数等。

1）升功率

发动机在标定工况下，单位发动机排量输出的有效功率称为升功率。升功率大，表明每升气缸工作容积发出的有效功率大，发动机的热负荷和机械负荷都高。

2）强化系数

平均有效压力与活塞平均速度的乘积称为强化系数，记作 $P_{me} V_m$。活塞平均速度是指发动机在标定转速下工作时，活塞往复运动速度的平均值。它与发动机转速的关系为：

$$V_m = \frac{S \cdot n}{30} \times 10^{-3}$$

式中：V_m——活塞平均速度，m/s；

　　　S——活塞行程，mm

　　　n——发动机标定转速，r/min。

不论是活塞平均速度高，还是平均有效压力大，均使发动机的热负荷和机械负荷增高。因此，强化系数表征了发动机的强化程度。随着发动机技术的不断进步，其强化程度就越来越高。

4. 紧凑性指标

紧凑性指标是用来表征发动机总体结构紧凑程度的指标,通常用比容积和比质量衡量。

1) 比容积

发动机外廓体积与其标定功率的比值称为比容积。

2) 比质量

发动机的干质量与其标定功率的比值称为比质量。干质量是指未加注燃油、机油和冷却液的发动机质量。

比容积和比质量越小,发动机结构越紧凑。

5. 环境指标

环境指标用来评价发动机排气品质和噪声水平。由于它关系到人类的健康及其赖以生存的环境,因此各国政府都制定出严格的控制法规,以消减发动机废气中有害气体(CO,HC,NO_x)的排放量和噪声对环境的污染。当前排放性和噪声水平已成为发动机的重要性能指标。

(1) 排放性方面,汽车排放的污染物主要有一氧化碳(CO)、碳氢化合物(HC)、氮氧化合物(NO_x)、微粒物和烟灰等组成。这些污染物由汽车的排气管、曲轴箱和燃油系统排出,分别称为排气污染物(又称尾气)、曲轴箱污染物和燃油蒸发污染物,此外还有含氯氟烃等多种有害成分。

为了控制汽车排气污染物对生态环境的危害,世界各国政府相继制定了汽车排气污染物的限值标准。我国汽车综合性能检测站根据中华人民共和国国家标准 GB14761.5—1993《汽油车怠速污染物排放标准》(如表 1-1-4 所示),GB14761.6—1993(《柴油车自由加速烟度排放标准》(如表 1-1-5 所示)来检测汽车的排气污染物。

表 1-1-4 汽油车排放标准

项目 车别	CO/(%)		HC/$\times 10^{-4}$			
			四冲程		二冲程	
	轻型车	重型车	轻型车	重型车	轻型车	重型车
1995 年 7 月 1 日以前的定型汽车	3.5	4.0	900	1 200	6 500	7 000
1995 年 7 月 1 日以前的新生产汽车	4.0	4.5	1 000	1 500	7 000	7 800
1995 年 7 月 1 日以前生产的在用汽车	4.5	5.0	1 200	2 000	8 000	9 000
1995 年 7 月 1 日起的定型汽车	3.0	3.5	600	900	6 000	6 500
1995 年 7 月 1 日起的新生产汽车	3.5	4.0	700	1 000	6 500	7 000

笔记

表 1 - 1 - 5　柴油车排放标准

车　别	烟度值
1995 年 7 月 1 日以前的定型汽车	4.0
1995 年 7 月 1 日以前的新生产汽车	4.5
1995 年 7 月 1 日以前生产的在用汽车	5.0
1995 年 7 月 1 日以后的定型汽车	3.5
1995 年 7 月 1 日以后的新生产汽车	4.0
1995 年 7 月 1 日以后生产的在用汽车	4.5

（2）噪声危害方面，噪声对人的影响是一个很复杂的问题，不仅与噪声性质有关，而且还与每个人的生理状态以及社会生活等多方面的因素有关。经过长期研究证明，噪声的确危害人的健康，噪声级越高，危害性就越大，即便噪声级较低，如小于 80dB（A）的噪声，虽然不致直接危害人的健康，但会影响和干扰人们的正常活动。中国机动车噪声标准如表 1 - 1 - 6 所示。

表 1 - 1 - 6　中国机动车噪声标准

车 辆 类 型		加速最大声压级/dB（A）（7.5m 处）	
		1985 年 1 月 1 日以前生产的	1985 年 1 月 1 日以后生产的
载重车	3t≤载质量<15t 3.5t≤载质量<8t 载质量<3.5t	92 90 89	89 86 84
轻型越野车		89	84
公共汽车	4t≤总质量<11t 总质量<4t	89 88	86 83
小客车		84	82
摩托车		90	84
轮式拖拉机（44kW 以下）		91	86

6. 可靠性指标

可靠性指标是表征发动机在规定的使用条件下，正常持续工作能力的指标。可靠性有多种评价方法，如首发故障行驶里程、平均故障间隔里程、主要零件的损坏率等。

7. 耐久性指标

耐久性指标是指发动机主要零件磨损到不能继续正常工作的极限时间。通常用发动机的大修里程,即发动机从出厂到第一次大修之间汽车行驶的里程数来衡量。

8. 工艺性指标

工艺性指标是指评价发动机制造工艺性和维修工艺性好坏的指标。发动机结构工艺性好,则便于制造,便于维修,就可以降低生产成本和维修费用。

(六) 吊卸发动机专用工具的使用

吊卸发动机专用工具的使用(如表1-1-7所示,(a)为液压吊机,(b)为液压千斤顶,(c)为举升机)。

表1-1-7(a)　液压吊机的使用

液压吊机

安全操作流程
1. 液压吊机是重物起吊并允许短距离移位的专用设备,使用时必须遵守操作规程和注意安全
2. 使用前必须把液压吊机底架的活动前轮臂调整到使用的位置,并确认定位钢销安装可靠及保险卡销安卡插到位
3. 起吊重物前先把吊臂调整到所需的长度,并可靠固定;起吊物品的重量必须在吊臂长度允许的负荷范围内,严禁超负荷起吊
4. 升降吊臂时,应确保吊臂下无人才能进行操作
5. 起吊重物时将吊臂的链钩钩住重物的吊绳,慢慢操作升降手柄,将重物平稳缓慢地吊起到所需要的高度
6. 需要使用吊机移动重物时,应将重物放到尽量低的位置(一般不超过1m),以降低重心,减少重物摔落的危险,特殊情况时(越障碍物)被吊物体周围严禁有人,否则不准起吊
7. 降落重物时应缓慢松开释放阀,使吊臂缓缓下降,把重物降落到预定的位置;严禁急松释放阀使吊臂及重物快速落下
8. 液压吊机不允许长期吊载着重物静置停放
9. 严禁在倾斜的斜面或陡坡上操作液压吊机起吊重物
10. 严禁把手脚伸入已起吊的重物下面
11. 液压吊机出现故障时请勿自行拆解,需请专业人员维修或报送专业维修商修理
12. 实训作业完毕,必须把吊臂收回并降回最低的位置,如果确定长时间不使用吊机,要把底架的活动前轮臂收起,并用定位钢销固定,插上保险卡销,按定置管理的要求把液压吊机放回指定的位置

表 1 - 1 - 7(b)　液压千斤顶的使用

液压千斤顶

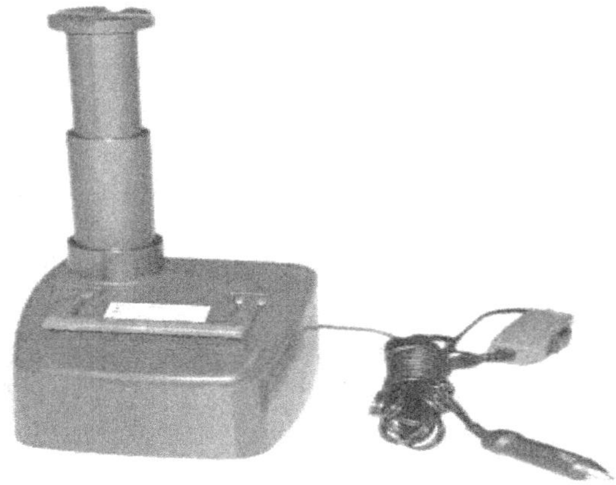

安全操作流程

1. 使用前应检查各部分是否完好、主缸是否漏油、活塞顶部的调整螺杆和回油阀是否灵活可靠

2. 千斤顶不允许在超过规定负荷和行程的情况下使用；不得加长操作杆

3. 千斤顶应设置在平整、坚实处使用，必须与负荷的重面垂直，其顶部与重物的接触面间应加防滑垫层，并用垫木垫平底部支撑位

4. 千斤顶顶升作业时，应观察有无漏油和千斤顶位置是否偏斜，必要时应回降调整

5. 千斤顶在使用时，顶升操作必须均匀、平稳，回降时应缓慢松开放油阀，并使活塞缓慢平稳地回程到底

6. 在顶升的过程中，应随着重物的上升在重物下加设保险垫层，到达顶升高度后应及时将重物垫实

7. 用两台及两台以上千斤顶同时顶升一个物体时，千斤顶的总起重能力应不小于负荷重的两倍。顶升时应由专人统一观察和指挥，确保各千斤顶的顶升速度及受力基本一致

8. 使用卧式液压千斤顶顶升车辆进行底盘作业时，必须选择平坦地面并用三角木将着地轮胎塞稳，防止顶升车辆时发生位移

9. 作业车辆被顶升至作业高度后，必须使用安全凳把车辆支撑稳固。严禁单独以千斤顶支撑车辆在车底下作业

10. 实训作业完毕把千斤顶清洁干净，按定置管理的要求放回指定的位置

表 1 - 1 - 7(c) 举升机的使用

举 升 机

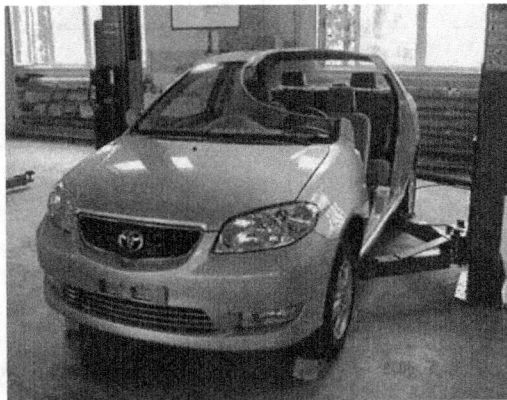

安全操作流程

1. 操作本设备的人员必须经过使用本设备的专门培训;学生操作必须有实训老师在现场指导

2. 使用前必须作常规检查,如发现其有故障或元件损坏,或任何锁止机构不能正常工作时,应停止操作, 及时报修解决

3. 车辆驶入或驶出升降台,必须由有驾驶证的人员驾驶,并确认举升臂处在不阻挡车辆进出的待机位 置,缓慢地驶入/驶出

4. 举升的车辆不得超过本设备的额定举升质量

5. 举升车辆的过程中车下和车内严禁有人

6. 举升车辆前,先把托臂调整到被托车辆底盘的合适位置,再调整橡胶托盘,使四只托盘距托承位置 相等

7. 举升车辆至离地面约 10cm 时,应检查托盘位置,并晃动一下车辆,检查是否安全,确信安全后,方可继 续举升

8. 当举升到达所需的作业高度时,应确认锁止机构进入自锁位置,并且要有辅助支承铁凳作保护,方可 进入车底作业

9. 车辆降落时,先要确认作业人员、支承铁凳和工作台车等完全撤离车底位置,再释放锁止机构,操纵下 降控制杆,缓慢下降

10. 车辆在升降的过程中,一定要有人负责观察车辆的升降状态,防止车辆升降失衡倾斜或者举升失控 冲顶

11. 作业暂停或下课后,必须把车辆降落地面,回复到低位的安全待机状态,严禁在非作业状态下举升车 辆至高位待机

12. 当举升机停止使用时,必须把托臂降落地面,回复到安全的待机状态,切断控制电源,并清洁举升机 及周围环境

三、制订吊卸计划

制订发动机总成吊卸计划,如表 1 - 1 - 8 所示。

表 1-1-8　发动机总成吊卸计划

1. 查阅资料,了解车辆发动机类型信息、汽车发动机总成吊卸作业注意事项和发动机常用术语
2. 查阅维修手册,学习吊卸发动机专用工具的使用,制订发动机总成吊卸计划

1. 车辆发动机类型信息描述	车辆描述	
	发动机类型描述信息描述	
2. 汽车发动机总成吊卸作业注意事项描述	（1）遵守操作规程和合理的拆卸顺序,保持作业场地的清洁和整齐 （2）在拆装作业前必须使用叶子板盖、地板垫和座椅套,以防弄脏和擦坏油漆 （3）汽车解体前应清洗外部,放出冷却水和所有部分的润滑油(油底壳、变速器壳、主减速器壳等） （4）汽车拆卸时,人员应合理分工,保证有条不紊地工作 （5）拆卸时不要造成零件的损伤,并充分考虑到拆卸后的装配工作 （6）使用千斤顶时,在千斤顶底部放一块厚木板,顶升时人应在汽车的外侧。严禁用砖块等易碎物支垫千斤顶和车辆 （7）使用千斤顶时,一定要用千斤顶支架,并注意以下几点:用千斤顶抬高和降低车身时需谨慎精确;把千斤顶设置在横梁或车桥下面时,应将座板放在被支撑件的中心位置上,并注意防止座板滑脱;顶升位置因车型不同而异,应参阅有关说明书和修理手册 （8）拆装离合器时禁止摇转发动机或使用起动机 （9）机具设备的电线、插头等应无破裂或损坏现象,以防触电 （10）当进行与电气系统有关的整车拆装时,应将蓄电池的负极接线柱断开,以防短路而烧毁导线 （11）拆装蓄电池时,应小心轻放、不倾斜,以免电解液漏出 （12）蓄电池导线断开后,应重新调整时钟上的时间、音响系统和其他电器存储器上的内容和信息 （13）有些车型的音响系统或其他电器存储器上的信息会在断开蓄电池导线时被擦掉。因此,断开负极接线之前一定要将存储器内容记录下来 （14）不能用含铅汽油清洗零件,严禁明火接近汽油	
3. 发动机分类信息描述	 类型:_____　和 _____	

（续表）

3. 发动机分类信息描述	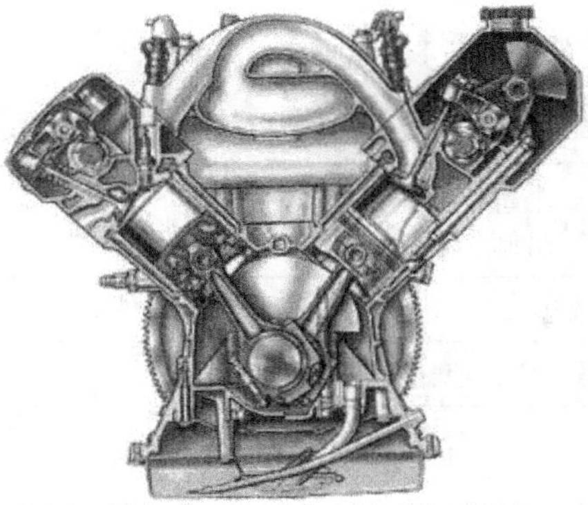  类型：_____和_____
4. 发动机常用术语描述（根据图上的数字写出相应名词）	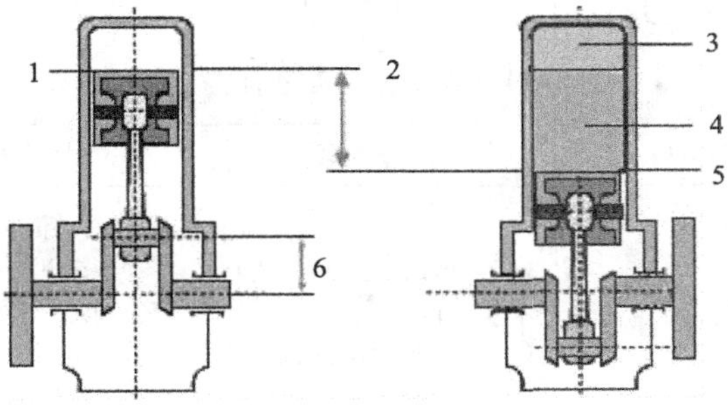 1. _____　2. _____　3. _____ 4. _____　5. _____　6. _____
5. 吊卸发动机专用工具的使用描述	
6. 汽车发动机总成吊卸计划	➤ 吊卸设备的准备 ➤ 需要吊卸车辆的确定 ➤ 吊卸作业安全事项的学习 ➤ 确定吊卸作业步骤

笔记

四、实施吊卸作业

汽车发动机总成吊卸作业如表1-1-9所示。

表1-1-9 汽车发动机总成吊卸作业

1. 学习汽车发动机总成吊卸作业安全事项 2. 会正确地对汽车发动机总成进行吊卸作业			
1. 车辆信息描述	车辆描述		
	车辆发动机类型描述		
2. 汽车发动机总成吊卸 计划描述			
3. 汽车发动机总成吊卸 作业安全事项学习	(1) 注意人身和机件的安全,不了解情况的,先了解后动手,特别是注意在 车底下工作时的人身安全 (2) 未经许可,不准扳动机件和乱动电器按钮开关 (3) 注意防火 (4) 认真接受实习前的安全知识教育		
4. 汽车发动机总成吊卸	作业项目	作业要领	技术标准	检查记录
	吊卸设备	(1) 熟练地使用液压 吊机 (2) 会操作液压千 斤顶 (3) 会举升机操作	(1) 吊卸重物高度不 得超1m (2) 顶升操作必须均 匀、平稳 (3) 四只托盘距托承 位相等,确认锁止 机构进入自锁位	(1) 液压油压:_____ (2) 是否有泄漏:_____ (3) 自锁机构:_____
	吊卸车辆的确定	(1) 熟悉该车辆发动 机总成安装位置 (2) 检查该车的外观 情况	(1) 前置前驱 (2) 无划伤和痕迹	(1) 总里程:_____ (2) 燃油量:_____ (3) 外观情况:_____
	吊卸作业步骤	(1) 汽车举升:将车辆停放在举升机上,将举升 机的四个举升臂分别与车辆前后支撑点相 接触,举升车辆刚离开地面时,检查支撑点 牢固后才能继续举升到所需高度 (2) 拆下电器附件及导线插接器: ① 关闭点火开关,拆下蓄电池的负极线 ② 分别拆下发动机、起动机、水温传感器、 机油压力报警器、爆振传感器、氧传感 器、转速传感器、霍尔传感器、活性炭罐 电磁阀、发动机ECU、变速器上的车速传 感器和倒车灯开关导线的插接器 (3) 放干净发动机冷却液和润滑油: ① 拆下油底壳下的导流板,放置好盛油容 器,拆下油底壳放油螺塞,放干净油底壳 中的润滑油,然后装回放油螺塞	(1) 油底壳是否漏洞: _____ (2) 水箱是否漏水: _____ (3) 附件外观状况: _____、 _____、 _____、 _____、 _____等 (4) 各传感器插接器是 否损坏: _____

笔记

作业项目	作业要领	技术标准	检查记录
4. 汽车发动机总成吊卸	吊卸作业步骤	② 在散热器下放置一容器，松开散热器下水管抱箍，拆下散热器下水管，放干净水后，松开散热器上水管抱箍，拆下散热器的上水管，拆下电动散热风扇的固定螺栓，拆下风扇和散热器 （4）拆下发动机周围的连接装置： ① 拔下炭罐电磁阀的真空管、空气流量计插接器 ② 拆下空气滤清器到节气门体之间的进气软管 ③ 拆下空气滤清器盖，取出空气滤清器滤芯 ④ 拆下进气歧管罩固定螺栓，取下进气歧管罩 ⑤ 拆下曲轴箱强制通风软管 ⑥ 拔下节气门拉索上的片簧插片，从节气门控制臂上拆下节气门操纵拉索 ⑦ 拆下空调加热器的暖水管 ⑧ 从分油管上拆下进油管和回油管，用毛巾堵住管道接口，防止燃油喷出 （5）拆下发动机上的各附件和固定螺栓，吊出发动机： ① 松开空调压缩机与支架的连接螺栓，取下传动带和压缩机 ② 使用扳手逆时针方向扳动张紧轮，使传动带松开，并用销钉固定张紧轮 ③ 从发电机上取下传动带和从张紧轮上取下销钉 ④ 松开动力转向助力泵带轮的螺栓，取下传动带，再从支架上拆下动力转向助力泵 ⑤ 松开车身上的搭铁线 ⑥ 拆下排气歧管和排气管的连接螺栓，拆下发动机左右两侧的发动机与车身的固定螺栓 ⑦ 从变速器壳体上拆下起动机 ⑧ 用变速器托架托住变速器底部，拆下发动机与变速器的连接螺栓，留一只螺栓固定 ⑨ 使用小吊车和发动机吊机吊住发动机的吊耳（吊钩的位置应能保证发动机重心平衡） ⑩ 松开变速器上的最后一只螺栓，小心地吊出发动机	————————、 ————————、 ————————、 ————————、 ————————、 ————————、 ————————、 ————————等
发动机总成吊卸后的体会			

五、检验评估

项目一任务 1.1 的检验评估,如表 1 - 1 - 10 所示。

表 1 - 1 - 10   检验评估

评价指标	检验说明	检验记录
维护检查项目	➢ 吊卸设备 ➢ 附件外观 ➢ 其他	
汽车发动机总成吊卸过程情况		

评价内容	检验指标	权重	自评	互评	总评
检查任务 完成情况	1. 完成任务的情况 2. 任务完成的质量 3. 在小组完成任务过程中所起的作用	4			
专业知识和 专业技能	1. 能描述发动机总成的安装位置 2. 能描述汽车发动机的分类 3. 能描述汽车发动机的常用术语 4. 能描述汽车发动机有关的技术参数 5. 会正确选用和使用工具对发动机总成进行吊卸	8			
职业素养	1. 学习态度:积极主动参与学习 2. 团队合作:与小组成员一起分工合作,不影响学习 　进度 3. 现场管理:服从工位安排、执行实训室"5S"管理规定	3			
综合评议 与建议					

项目拓展

想一想:

1. 汽车汽油发动机总成与柴油发动机总成吊卸作业是否相同

2. 其他车型汽车发动机吊卸步骤

任务 1.2   拆检发动机附件

任务描述	一辆桑塔纳 3000 汽车存在行车转向沉重、灯光亮度不够、有皮带异响和有时起动困难等现象,进厂维修。针对维修接待和车间确认,需进行发动机附件拆检
任务目标	1. 能说出汽车发动机基本结构及其工作原理 2. 能说出发动机附件名称、安装的位置及其作用 3. 会使用常用工量具对发动机附件进行检测,以及说出其技术要求

一、维修接待

按照表1-2-1完成待修车辆的维修接待,并准确填写接车问诊表。

表1-2-1 维修接待与接车问诊表

1. 通过询问客户了解发动机发生故障情况,填写接车问诊表
2. 车间检测初步确认结果需要拆检发动机附件,更换相关零部件

接 车 问 诊 表

车牌号:_____ 车架号:_____ 行驶里程:_____(km)

用户名:_____ 电 话:_____ 来店时间:_____/_____

用户陈述及故障发生时的状况:**一辆桑塔纳3000汽车存在行车转向沉重、灯光亮度不够、有皮带异响和有时起动困难等现象**

故障发生状况提示:**行驶速度、发动机状态、发生频度、发生时间、部位、天气、路面状况、声音描述**

接车员检测确认建议:**需对发动机附件进行拆检**

车间检测确认结果及主要故障零部件:**需对发动机附件进行拆检,必要时更换故障零部件**

车间检查确认者:_____

外观确认:

(请在有缺陷部位作标识)

功能确认:(工作正常√ 不正常×)
□音响系统　　□门锁(防盗器)　□全车灯光　□工具
□后视镜　　　□顶窗　　　　　□座椅　　　□点烟器
□玻璃升降器　□玻璃

物品确认:(有√ 无×)
　　　　　　　□贵重物品提示
　　　　　　　□工具　□备胎　□灭火器
　　　　　　　□其他(　　　　　　　)
　　　　　　　旧件是否交还用户　□是　□否
　　　　　　　用户是否需要洗车　□是　□否

- 检测费说明:本次检测的故障如用户在本店维修,检测费包含在修理费用内;如用户不在本店维修,请您支付检测费。本次检测费:¥_____元。
- 贵重物品:在将车辆交给我店检查修理前,已提示将车内贵重物品自行收起并保存好,如有遗失恕不负责。

接车员:_____ 用户确认:_____

二、信息收集与处理

按表1-2-2,完成任务1.2的信息收集与处理。

表 1 - 2 - 2　信息收集与处理

序号	部件名称	作　　用
1		
2		
3		
4		
5		
6		
7		

1. 汽车发动机总体构造有：_____；_____；_____；
　　_____；_____；_____和_____。
2. 汽油发动机的工作原理：_____
　　_____
　　_____

（一）发动机的基本构造

发动机的组成如图 1 - 2 - 1 所示，其基本构造如表 1 - 2 - 3 所示。

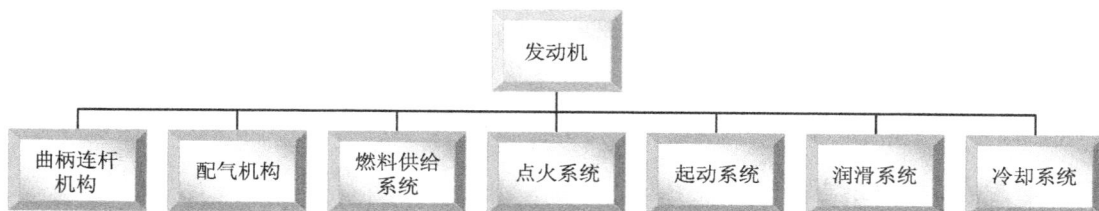

图 1 - 2 - 1　发动机的基本组成

表 1 - 2 - 3　　发动机基本构造

系统	作　用　及　组　成	构　造　图
曲柄连杆机构	作用：将高温燃气作用在活塞顶部的力转变成曲轴的转矩，以向工作机械输出机械能	
	组成：由机体组、活塞连杆组和曲轴飞轮组等组成	
配气机构	作用：是根据发动机的工作顺序和工作过程，定时开启和关闭进气门和排气门，使可燃混合气或空气进入气缸，并使废气从气缸内排出，实现换气过程	
	组成：由气门组、气门传动组和气门驱动组组成	
燃料供给系统	汽油机燃料供给系的作用是根据发动机的要求，配制出一定数量和浓度的混合气，供入气缸，并将燃烧后的废气从气缸内排出到大气中去	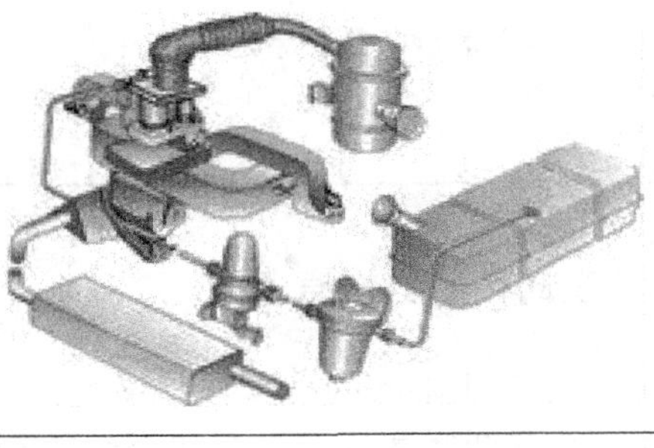
	柴油机燃料供给系的作用是把柴油和空气分别供入气缸，在燃烧室内形成混合气并燃烧，最后将燃烧后的废气排出	
点火系统	在汽油机中，气缸内的可燃混合气是靠电火花点燃的，为此在汽油机的气缸盖上装有火花塞，火花塞头部伸入燃烧室内。能够按时在火花塞电极间产生高压火的设备称为点火系，点火系通常由蓄电池、发电机、分电器、点火线圈和火花塞等组成	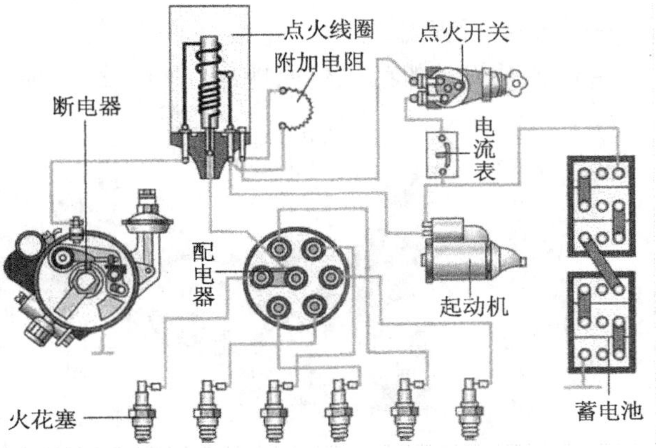 点火线圈 点火开关 附加电阻 断电器 电流表 配电器 起动机 火花塞 蓄电池

笔记

系统	作用及组成	构造图
起动系统	要使发动机由静止状态过渡到工作状态,必须先用外力转动发动机的曲轴,使活塞作往复运动,气缸内的可燃混合气燃烧膨胀作功,推动活塞向下运动使曲轴旋转。发动机才能自行运转,工作循环才能自动进行。因此,曲轴在外力作用下开始转动到发动机开始自动地怠速运转的全过程,称为发动机的起动。完成起动过程所需的装置,称为发动机的起动系	
润滑系统	作用:润滑系的作用是向作相对运动的零件表面输送定量的清洁润滑油,以实现液体摩擦,减小摩擦阻力,减轻孔件的磨损。并对零件表面进行清先和冷却	
	组成:润滑系通常由润滑油道、机油泵,机油滤清器和一些阀门等组成	
冷却系统	作用:冷却系的作用是将受热零件吸收的部分热量及时散发出去,保证发动孔在最适宜的温度状态下工作	
	组成:水冷发动机的冷却系通常由冷却水套、水泵、风扇、水箱、节温器等组成	

（二）发动机的工作原理

1. 四冲程汽油发动机的工作原理

四冲程往复活塞式内燃机在四个活塞行程内完成进气、压缩、作功和排气等四个过程,即在一个活塞行程内只进行一个过程。因此,活塞行程可分别用四个过程命名。下面介绍对四冲程汽油发动机的工作原理(如图1-2-2所示)和工作过程(如表1-2-4所示)。

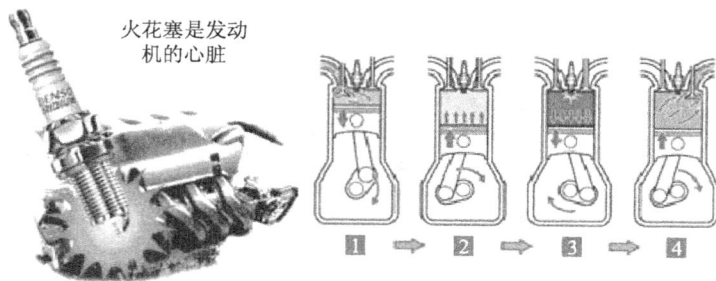

火花塞是发动机的心脏

图1-2-2 四冲程汽油发动机的工作原理

表 1-2-4　四冲程汽油发动机的工作过程

行程	说　　明	图　　解
进气行程	活塞在曲轴的带动下由上止点移至下止点。此时排气门关闭,进气门开启。在活塞移动过程中,气缸容积逐渐增大,气缸内形成一定的真空度。空气和汽油的混合物通过进气门被吸入气缸,并在气缸内进一步混合形成可燃混合气	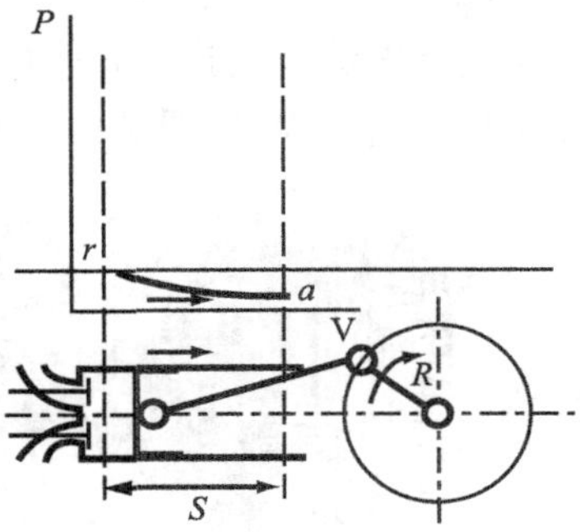
压缩行程	进气行程结束后,曲轴继续带动活塞由下止点移至上止点。这时,进、排气门均关闭。随着活塞移动,气缸容积不断减小,气缸内的混合气被压缩,其压力和温度同时升高	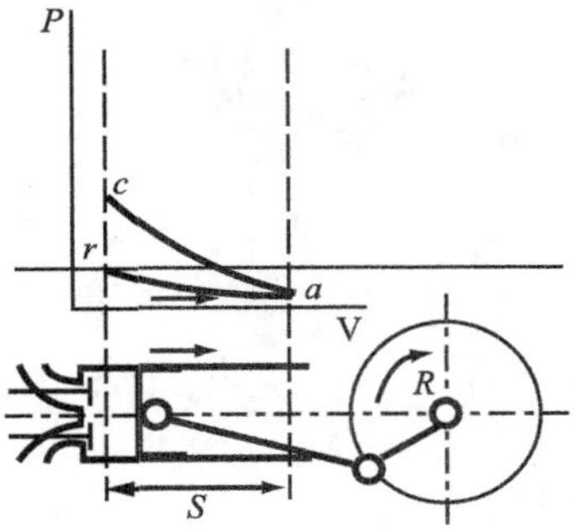
做功行程	压缩行程结束时,安装在气缸盖上的火花塞产生电火花,将气缸内的可燃混合气点燃,火焰迅速传遍整个燃烧室,同时放出大量的热能。燃烧气体的体积急剧膨胀,压力和温度迅速升高。在气体压力的作用下,活塞由上止点移至下止点,并通过连杆推动曲轴旋转作功。这时,进、排气门仍旧关闭	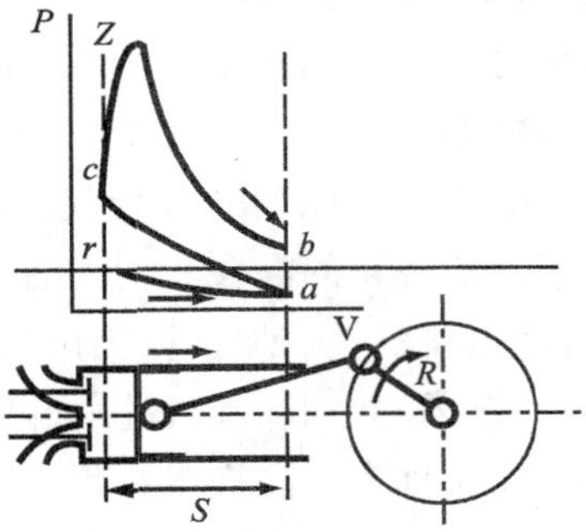
排气行程	排气行程开始,排气门开启,进气门仍然关闭,曲轴通过连杆带动活塞由下止点移至上止点,此时膨胀过后的燃烧气体(或称废气)在其自身剩余压力和在活塞的推动下,经排气门排出气缸之外。当活塞到达上止点时,排气行程结束,排气门关闭	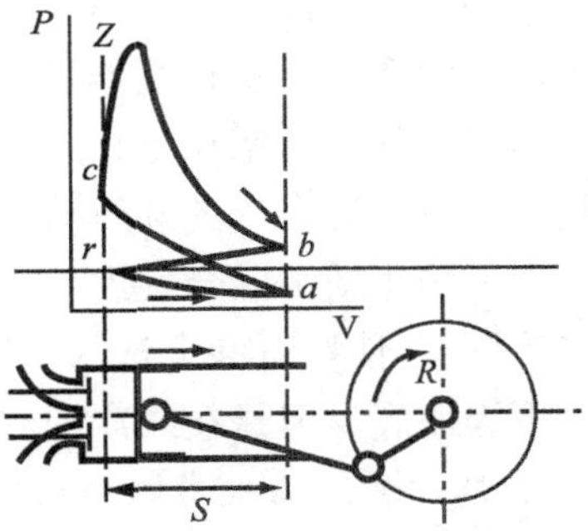

2. 二冲程汽油发动机的工作原理

二冲程内燃机的工作循环是在两个活塞行程即曲轴旋转一周的时间内完成的。在四冲程内燃机中,常把排气过程和进气过程合称为换气过程。在二冲程内燃机中换气过程是指废气从气缸内被新气扫除并取代的过程。这两种内燃机工作循环的不同之处主要在于换气过程。其工作过程,如图 1-2-3 所示。

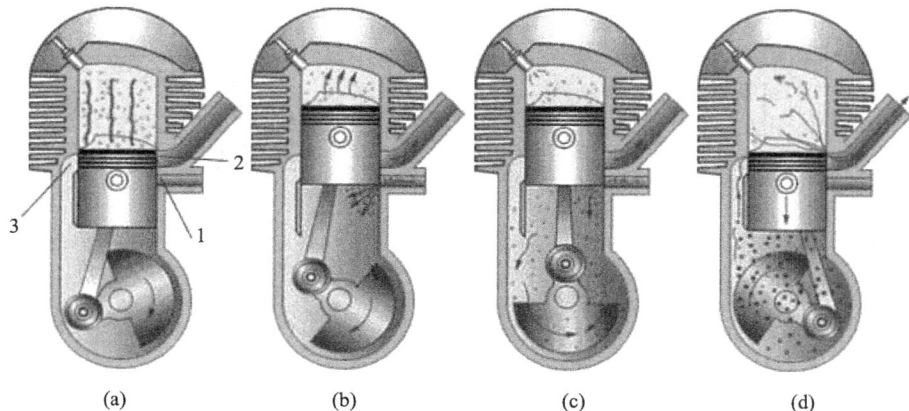

图 1-2-3 二冲程汽油发动机的工作过程

(a) 压缩; (b) 进气; (c) 燃烧; (d) 排气

1—进气孔; 2—排气孔; 3—扫气孔

图 1-2-3(a)所示,表示活塞向上运动,到活塞将三个孔都关闭时,开始压缩在上一循环即气缸内的可燃混合气,同时在活塞下面的曲轴箱内形成真空度(这种发动机的曲轴箱必须是密封的)。当活塞继续上行时,进气孔开启。在大气压作用下,可燃混合气便自化油器流入曲轴箱[如图 1-2-3(b)所示],活塞接近上止点时[如图 1-2-3(c)所示],火花塞发出电火花,点燃被压缩的混合气。高温、高压气体膨胀迫使活塞向下移动。进气孔渐渐被关闭,流入曲轴箱的混合气则因活塞的下移而被预行压缩,当活塞接近下止点时,排气孔开启,废气经过排气孔、排气管、消声器排到大气中,受到预压的新鲜混合气便自曲轴箱经扫气孔流入气缸内,并扫除废气[如图 1-2-3(d)所示]。废气从气缸内被新鲜混合气扫除并取代的过程,称为气缸换气过程。因此,扫气孔也称为换气孔。

由上述可知,在二冲程汽油机内,一个工作循环所包含的两个行程是:

第一行程。活塞从下止点向上止点运动,事先已充满活塞上方气缸内的混合气被压缩,新的可燃混合气又从化油器被吸入活塞下方的曲轴箱内。

第二行程。活塞从上止点向下止点运动,活塞上方进行作功过程和换气过程,而活塞下方则进行可燃混合气的预压缩。

为了防止新鲜混合气大量和废气混合并随废气一起排出气缸而造成浪费,活塞顶做成特殊的形状,使新鲜混合气的气流被引向上部。这样还可以利用新鲜混合气来扫除废气,使排气更为彻底。但是在二冲程汽油机中,要完全正确避免可燃混合气的损失是很困难的。

3. 二冲程汽油机与四冲程汽油机比较

其主要特点如下:

（1）曲轴每转一周就有一个做功行程，因此当二冲程发动机的工作容积和转速与四冲程发动机相同时，在理论上它的功率应等于四冲程发动机的 2 倍。

（2）由于发生做功过程的频率较大，故二冲程发动机的运转比较均匀平稳。

（3）由于没有专门的配气机构，所以它的构造较简单，质量也较小。

（4）使用简便。因为附属机构少，因此易受磨损和经常需要修理的运动部件数量也比较少。

（5）由于构造上的关系，二冲程发动机最大的缺点是不易将废气自气缸内排除干净，并且在换气时减少了有效工作过程。因此在同样的工作工作容积和曲轴转速下，二冲程发动机的功率并不等于四冲程发动机 2 倍，只等于 1.5～1.6 倍；而且在换气时有一部分新鲜可燃混合气随同废气被排出。因此，二冲程发动机不如四冲程发动机的经济性好。

由于以上的缺点，二冲程发动机在汽车上较少使用。但是这种发动机制造费用低廉，构造简单，质量轻，所以在摩托车上广泛应用。汽车上使用喷射二冲程发动机，可以减少扫气损失，改善燃油经济性差的缺点，可望以后在汽车上得到发展。

4. 四冲程柴油机的工作原理

四冲程柴油机的工作循环同样包括进气、压缩、作功和排气等四个过程，在各个活塞行程中，进、排气门的开闭和曲柄连杆机构的运动与汽油机完全相同。只是由于柴油和汽油的使用性能不同，使柴油机和汽油机在混合气形成方法及着火方式上有着根本的差别。柴油机工作示意如图 1-2-4 所示。

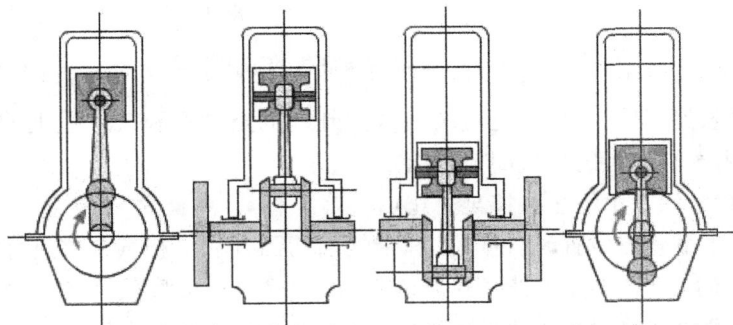

图 1-2-4　四冲程柴油机的工作原理

1）进气行程

在柴油机进气行程中，被吸入气缸的只是纯净的空气。由于柴油机进气系统阻力较小，残余废气的温度较低，因此进气行程结束时气缸内气体的压力较高，为 0.085～0.095MPa，温度较低，为 320～370K。

2）压缩行程

不同于汽油机的是压缩的是纯空气。

由于柴油机压缩比高（一般 16～22），故压缩终了时气缸内空气压力可达 3～5MPa，同时温度高达 800～1 000K，大大超过柴油的自然温度。

3）做功行程

在压缩行程结束时，柴油机经喷油泵将油压提高到 10MPa 以上，将柴油泵入喷油器，并通过喷油器喷入燃烧室。因为喷油压力很高,喷孔直径很小,所以喷出的柴油呈细雾状。细微的油滴在炽热的空气中迅速蒸发汽化,并借助于空气的运动,迅速与空气混合形成可燃混合气。由于气缸内的温度远高于柴油的自燃点,因此柴油随即自行着火燃烧。燃烧气体的压力升高(6～9MPa)、温度也迅速升高(2 000～2 500K),体积急剧膨胀。在气体压力的作用下,活塞推动连杆,连杆推动曲轴旋转做功。

　　4)排气行程

　　排气行程开始,排气门开启,进气门仍然关闭,燃烧后的废气排出气缸。

　　5. 二冲程柴油机的工作原理

　　二冲程柴油机的工作过程和二冲程汽油机的工作过程相似。所不同的是:进入柴油机气缸的不是可燃混合气,而是纯空气。如图1-2-5所示为带有扫气泵的二冲程柴油机的工作示意图。

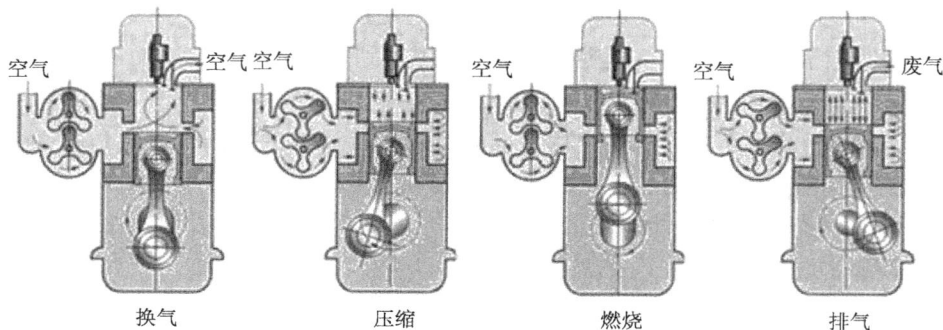

图1-2-5　二冲程柴油机的工作原理

　　空气由扫气泵提高压力以后,经过装在气缸外部的空气室和气缸壁上的许多小孔进入气缸内,废气经由气缸盖上的排气门被排出。

　　1)第一行程　活塞由下止点移至上止点

　　当活塞还处于下止点位置时,进气孔和排气门均已开启。扫气泵将纯净的空气增压到0.12～0.14MPa后,经空气室和进气孔送入气缸,扫除其中的废气。废气经气缸顶部的排气门排出。当活塞上移将进气孔关闭的同时,排气门也关闭,进入气缸内的空气开始被压缩。活塞运动至上止点,压缩过程结束。

　　2)第二行程　活塞由上止点移至下止点

　　当压缩过程终了时,高压柴油经喷油器喷入气缸,并自行着火燃烧。高温高压的燃烧气体推动活塞作功。当活塞下移2/3行程时,排气门开启,废气经排气门排出。活塞继续下移,进气孔开启,来自扫气泵的空气经进气孔进入气缸进行扫气。扫气过程将持续到活塞上移时将进气孔关闭为止。

　　6. 多缸发动机的工作原理

　　前面介绍的是单缸发动机的工作过程,而现代汽车发动机都是多缸四冲程发动机,那么,多缸四冲程发动机与单缸四冲程发动机的工作过程有什么区别呢? 就能量转换过程,发动机的每一个气缸和单缸机的工作过程是完全一样的,都要经过进气、压缩、作功和排气四个行程。但是单缸发动机的四个行程中只有一个行程作功,其余三个行程不作功,即曲轴转两圈,只有半圈作功,所以运转平稳性较差,功率越大,平稳性就越差。为了使运转平稳,单缸机一般都装有一个大飞轮。而多缸发动机的作功行程是错开的,按照工作顺序作功,即曲轴转两圈交替作功,因此,运转平稳、振动小。缸数越多,作功间隔角越小,同时参与作功的气缸越多,发动机运转越平稳。多缸机使用最多的有四缸发动机、六缸发动机和八缸发动机。

7. 汽油机与柴油机、四冲程与二冲程内燃机的比较

1) 四冲程汽油机与四冲程柴油机异同之处

如表1-2-5所示。

表1-2-5 四冲程汽油机与四冲程柴油机异同之处

共同点		(1) 每个工作循环都包含进气、压缩、作功和排气等四个活塞行程,每个行程各占180°曲轴转角,即曲轴每旋转两周完成一个工作循环 (2) 四个活塞行程中,只有一个作功行程,其余三个是耗功行程。显然,在作功行程曲轴旋转的角速度要比其他三个行程时大得多,即在一个工作循环内曲轴的角速度是不均匀的。为了改善曲轴旋转的不均匀性,可在曲轴上安装转动惯量较大的飞轮或采用多缸内燃机并使其按一定的工作顺序依次进行工作
不同点	四冲程汽油机	汽油机的可燃混合气在气缸外部开始形成并延续到进气和压缩行程终了,时间较长。汽油机的可燃混合气是用火花塞点燃,即点燃式内燃机
	四冲程柴油机	柴油机的可燃混合气在气缸内部形成,从压缩行程接近终了时开始,并占小部分作功行程,时间很短。柴油机则是自燃,即压燃式内燃机

2) 二冲程内燃机与四冲程内燃机

相比具有下列一些特点:

(1) 曲轴每转一周完成一个工作循环,作功一次。当曲轴转速相同时,二冲程内燃机单位时间的作功次数是四冲程内燃机的两倍。由于曲轴每转一周作功一次,因此曲轴旋转的角速度比较均匀。

(2) 二冲程内燃机的换气过程时间短,仅为四冲程内燃机的1/3左右。另外,进、排气过程几乎同时进行,利用新气扫除废气,新气可能流失,废气也不易清除干净。因此,二冲程内燃机的换气质量较差。

(3) 曲轴箱换气式二冲程内燃机因为没有进、排气门,而使结构大为简化。

(三) 发动机附件名称、安装的位置及其作用

1. 定义

在维持发动机基本运转所需之外还有一些机件,而这些机件由发动机附件皮带所驱动,被称为发动机附件。不同厂家的定义有所差异,通常有压缩机、发电机、起动机、转向助力泵、张紧轮、惰轮、皮带等,如图1-2-6所示。

2. 发动机附件安装的位置及其作用

如表1-2-6所示。

图1-2-6 发动机附件

表1-2-6　发动机附件安装的位置及其作用

名　称	一般安装位置	作　用	图　解
压缩机	压缩机安装在发动机前端，与皮带轮平行	压缩机是制冷回路的"泵"，俗称"空调泵"它由发动机通过皮带和电磁离合器驱动，对制冷剂进行加压，使其循环，达到制冷的目的	
起动机	起动机安装位置在曲轴输出端与离合器的中间位置，也就是飞轮的位置	启动发动机，启动机上的齿轮工作时和发动机曲轴相连的飞轮啮合，驱动飞轮，带动发动机	
发电机	发电机安装位置在发动机前端	发电机是汽车的主要电源，由汽车发动机驱动。发电机正常工作时，向除起动机以外的所有用电设备供电，还向蓄电池充电以补充蓄电池在使用中所消耗的电能，即将发动机的部分机械能变成电能	
转向助力泵	助力泵安装位置在发动机前端	将发动机输入的机械能转化为液压能向外输出	
张紧轮	张紧轮安装位置在发动机前端，与皮带轮平行	调整皮带的松紧度	
惰　轮	惰轮安装位置在发动机前端，与皮带轮平行	辅助连接作用	
皮　带	皮带安装位置在发动机前端	将各个附件连接一起	

笔 记

（四）发动机附件的检测项目、方法、技术要求

发动机附件的检测项目、方法、技术要求如表 1-2-7 所示。

表 1-2-7 发动机附件的检测项目、方法、技术要求

检测项目	作 业 要 领	技 术 要 求
压缩机	（1）电磁离合器检修 　①电磁线圈的检测：电阻的大小，是否有短路和断路 　②压盘和皮带轮之间的间隙：是否过大或过小 （2）活塞的检测：磨损情况检测 （3）密封圈的检测：是否老化或变形 （4）泵体检测：是否有裂纹	（1）电磁线圈的电阻一般为：3.5～4.5Ω （2）压盘和皮带轮之间的间隙：0.3～0.6mm （3）泵体外表是否漏油
起动机	（1）转子检查：电枢绕组间应导通，与搭铁绝缘 （2）换向器的检查：是否严重烧蚀或圆度误差是否正常 （3）励磁绕组的检查：两电刷之间应该相通 （4）单向离合器的检查：承受一定转矩不打滑 （5）电磁开关的检查：检测吸引线圈和保持线圈的电阻	（1）换向器的圆度误差：≥0.025mm （2）单向离合器转矩为：25.5 N·m （3）吸引线圈的电阻：0.3～0.5Ω （4）保持线圈的电阻：1.0～1.2Ω
发电机	（1）整流器的检查：二极管的单向导通性 （2）励磁绕组的检查：换向器的电阻 （3）定子绕组的检查：4条导线间的电阻	（1）换向器的电阻：3～5Ω （2）定子绕组的各绕组间的电阻：0.1～0.2Ω
转向助力泵	（1）表面是否漏油 （2）叶片或齿轮的磨损情况 （3）皮带轮是否松动	表面不能有油污
张紧轮	（1）判断轴承是否有卡滞现象，有无非正常响声 （2）与同步带的接触表面有无磨损和损伤	轴承有卡滞时应更换
惰 轮	表面的磨损程度	表面的磨损程度不得超过磨损极限
皮 带	是否有裂纹、磨损、橡胶老化、纤维拉毛起层和掉牙	用拇指和食指捏住两带轮之间、同步带的中间部位，用力翻转刚好能翻转90°

（五）常用工具的种类、使用方法

常用工具的种类、使用方法如表 1-2-8 所示。

表 1－2－8　常用工具的种类、使用方法

常用工具名称	使　　用	图　　示
呆扳手	(1) 规格:常见的呆扳手有:5.5～7,8～10,9～11,12～14,13～15,14～17,17～19,21～23,22～24mm 等规格型号 (2) 使用方法 　① 根据螺栓、螺母的尺寸,选用合适规格的呆扳手 　② 将扳手的开口垂直或水平插入螺栓头部 　③ 将扳手较厚的一边置于受力大的一侧,扳动扳手 (3) 使用注意事项 　① 不能用于扭紧力矩较大的螺栓和螺母 　② 使用时应将扳手手柄往身边拉,切不可向外推,以免将手碰伤(如图1-2-7所示) 　③ 扳转时不准在呆扳手上任意加套管、锤击,以免损坏扳手或损伤螺栓螺母的棱角 　④ 禁止使用开口处磨损过甚的呆扳手,以免损坏螺栓螺母的棱角 　⑤ 不能将呆扳手当撬棒使用	 呆扳手 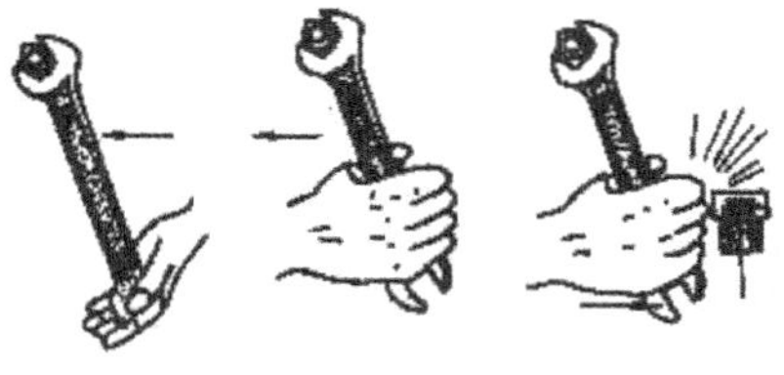 (a)　　(b)　　(c) 图 1-2-7　呆扳手的使用 (a) 不正确;　(b) 正确;　(c) 不正确
花扳手	(1) 规格:常见的花扳手有:5.5～7,8～10,9～11,12～14,13～15,14～17,17～19,21～23,22～24mm 等规格型号(如图 1-2-8 所示) (2) 使用方法 　① 根据螺栓、螺母的尺寸,选用合适规格的花扳手 　② 将扳手垂直套入螺栓头部 　③ 轻扳转时,手势与呆扳手相同;用力扳转时,四指与拇指应上下握紧扳手手柄,往身边扳转 (3) 使用注意事项 　① 扳转时,不准在花扳手上任意套加力套管或锤击 　② 禁止使用内孔磨损过甚的花扳手 　③ 不能将花扳手当撬棒使用	 图 1-2-8　花扳手

（续表）

常用工具名称	使 用	图 示
套筒扳手	(1) 规格：常见的套筒扳手有 24 件套和 32 件套等几种，套筒规格有：6～24mm 和 6～32mm 两种(如图 1-2-9 所示) (2) 使用方法 ① 使用时根据螺栓、螺母的尺寸选好套筒 ② 将套筒套在快速摇柄的方形端头上(视需要可与接杆或短杆配合使用) ③ 再将套筒套住螺栓或螺母上，转动快速摇柄进行拆装 (3) 使用注意事项 ① 不准拆装过紧的螺栓、螺母 ② 用快速摇柄拆装时，握摇柄的手切勿摇晃，以免套筒滑出或损坏螺栓、螺母的六角 ③ 禁止用锤子将套筒击入变形的螺栓、螺母的六角进行拆装，以免损坏套筒 ④ 禁止使用内孔磨损过甚的套筒 ⑤ 工具用毕，应清洗油污，妥善放置	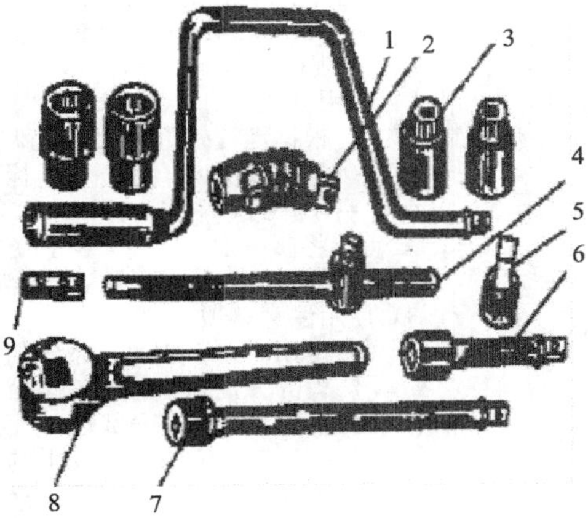 图 1-2-9 套筒扳手 1—快速摇柄； 2—万向接头； 3—套筒； 4—滑头手柄； 5—旋具接头； 6—短接杆； 7—长短接杆； 8—棘轮手柄； 9—直接杆
扭力扳手	(1) 规格：常用的扭力扳手有预调式和指针式两种形式(如图 1-2-10 所示) (2) 使用方法 ① 将套筒插入扭力扳手的方芯上 ② 用左手把住套筒，右手握紧扭力扳手手柄往身边扳转 ③ 预调式扭力扳手使用前先将力矩调校至规定值 (3) 使用注意事项 ① 禁止往外推扭力扳手手柄，以免滑脱而损伤身体(如图 1-2-11 所示) ② 对要求拧紧力矩较大、工件较大、螺栓数较多的螺栓、螺母时，应分次按一定顺序拧紧 ③ 拧紧螺栓、螺母时，不能用力过猛，以免损坏螺纹 ④ 禁止使用无刻度盘或刻度线不清的扭力扳手 ⑤ 拆装时，禁止在扭力扳手的手柄上再加套管或用锤子锤击	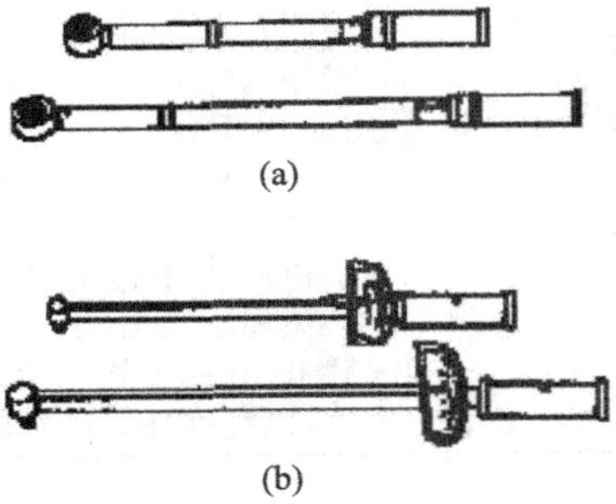 (a) (b) 图 1-2-10 扭力扳手 (a) 预调式； (b) 指针式 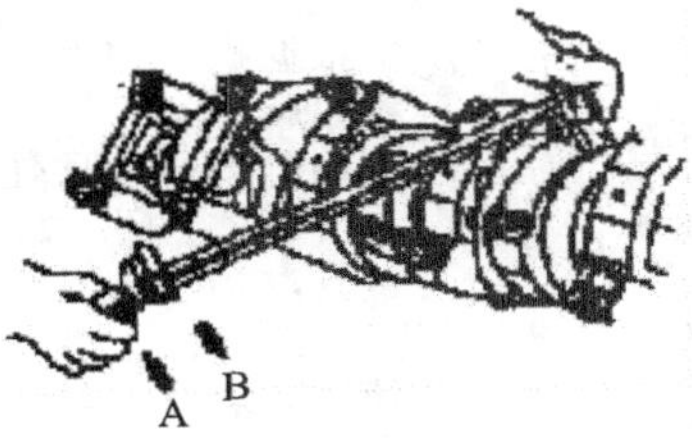 图 1-2-11 扭力扳手的使用 (a) 正确； (b) 不正确

笔 记

常用工具名称	使　　　用	图　　示
活扳手	（1）规格：常用的活扳手尺寸型号有：200mm×24mm、300mm×36mm 等多种规格 （2）使用方法 　① 根据螺栓螺母的尺寸先调好活扳手的开口大小，使之与螺栓螺母的大小一致（不松旷） 　② 将扳手固定部分置于受力大的一侧，垂直或水平插入螺栓头部 （3）使用注意事项 　① 使用时，应使固定部分朝向承受拉力的方向，以免损坏螺栓的棱角和活扳手（如图1-2-12所示） 　② 使用时，不准在活扳手的手柄上随意加套管或锤击，以免损坏扳手或螺栓 　③ 禁止将活扳手当锤子使用	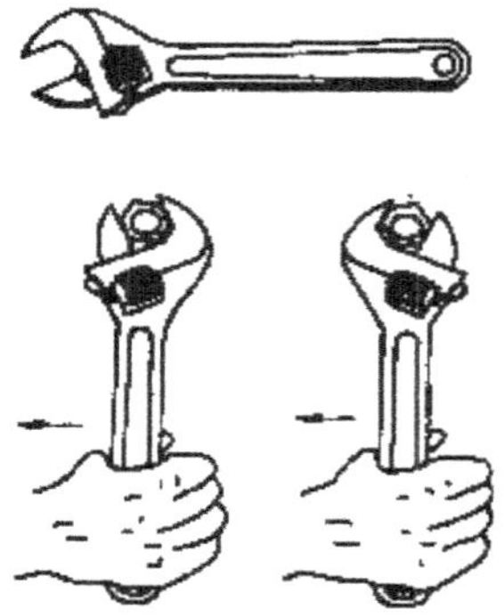 （a）　　　（b） 图1-2-12　活扳手的使用 （a）正确；（b）错误
管子钳	（1）结构：管子钳由固定和可调两部分组成，钳口有齿，以增大与工件的摩擦力 （2）使用方法 　① 使用时，应根据圆柱件的尺寸预先调好管子钳的钳口，使之夹住管件 　② 使固定部分承受拉力，以免扳转时滑脱（如图1-2-13所示） （3）使用注意事项 　① 管子钳使用时不得用锤子锤击，也不可将管子钳当锤子使用 　② 禁止用管子钳拆装六角螺栓螺母，以免损坏六角 　③ 禁止用管子钳拆装精度较高的管件，以免损坏管件表面	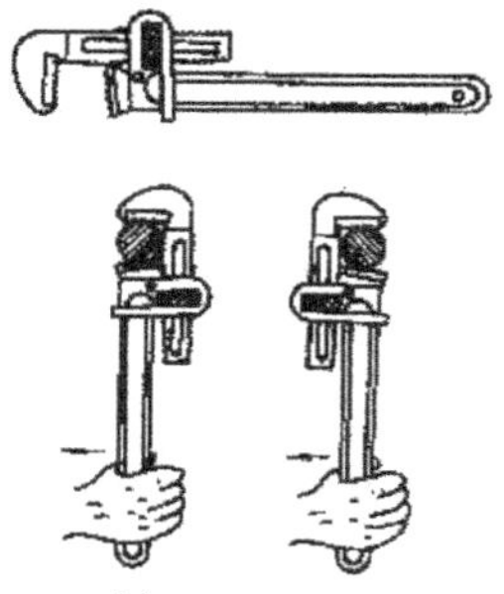 （a）　　　（b） 图1-2-13　管子钳的使用 （a）正确；（b）错误
螺钉旋具	（1）规格：常用有一字形、十字形和梅花头三种，各种类型都有不同的规格（如图1-2-14所示） （2）使用方法 　① 应根据螺钉类型、大小选用合适的螺钉旋具 　② 使用时手心应顶住柄端，并用手指旋转旋具手柄。如使用较长的螺钉旋具，左手应把住旋具的前端 （3）使用注意事项 　① 使用时螺钉旋具不可偏斜，扭转的同时施加一定压力，以免旋具滑脱 　② 螺钉旋具或工件上有油污时应擦干净 　③ 禁止将螺钉旋具当撬棒或錾子使用	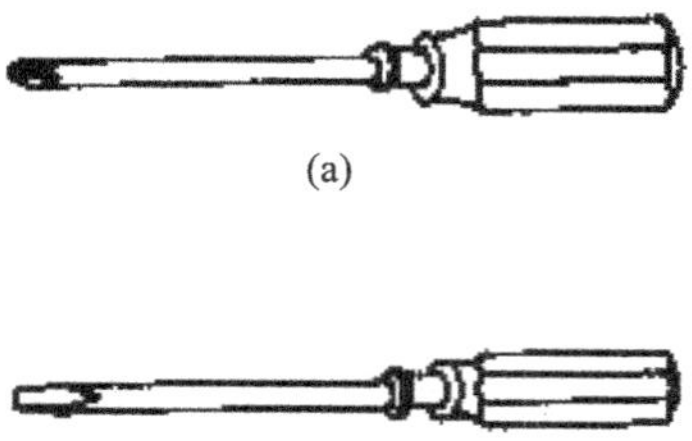 （a） （b） 图1-2-14　螺钉旋具 （a）十字螺钉旋具； （b）一字螺钉旋具

（续表）

常用工具名称	使 用	图 示
钳 子	（1）规格：汽车拆装中常用的钳子是鲤鱼钳和尖嘴钳（如图 1-2-15 所示） （2）使用方法 　① 根据需要选用尖嘴钳和鲤鱼钳，擦干净油污 　② 用手握住钳柄后端，使钳口闭合夹紧工件 （3）使用注意事项 　① 禁止将钳子当扳手、撬棒或锤子使用 　② 不准用锤子击打钳子 　③ 禁止用钳子夹持高温机件	 （a）  （b） 图 1-2-15　钳子 （a）鲤鱼钳；（b）尖嘴钳
锤 子	（1）规格：按锤子形状分有圆头、扁头及尖头三种，按锤子材料分有铁锤、木锤和橡胶锤（如图 1-2-16 所示） （2）使用方法 　① 使用时，右手握紧后端 10cm 处，眼睛注视工件 　② 击锤方法有：腕挥、肘挥和臂挥三种，根据用力程度选择 （3）使用注意事项 　① 手柄应安装牢固，防止锤头飞出伤人 　② 锤子落在工件上时不得歪斜，以防损坏工件 　③ 禁止锤子直接锤击重要表面和易损部位以防损坏工件表面	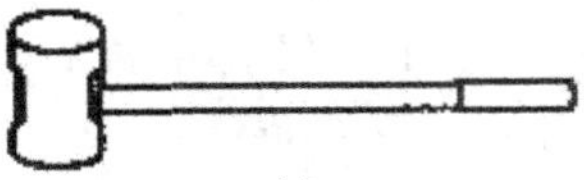 （a）  （b）  （c） 图 1-2-16　锤子 （a）铁锤；（b）木锤；（c）橡胶锤
铜 棒	（1）使用方法 　一般和锤子配合使用，左手握住铜棒使其一端置于工件表面，右手用锤击打铜棒另一端（如图 1-2-17 所示） （2）使用注意事项 　① 不准将铜棒当撬棒使用，以免弯曲。 　② 不准将铜棒当锤子使用	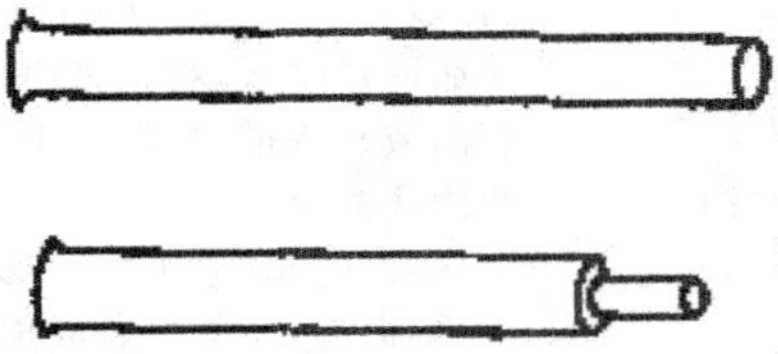 图 1-2-17　铜棒

（续表）

常用工具名称	使　用	图　示
火花塞套筒	（1）使用方法 ① 根据火花塞的装配位置和火花塞六角的尺寸选用不同高度的径向尺寸的火花塞套筒（如图1-2-18所示） ② 对正火花塞孔，并与火花塞六角套接可靠，用力转动套筒，使火花塞旋入或旋出 （2）使用注意事项 ① 拆装火花塞时，火花塞套筒不得歪斜，以免套筒滑脱 ② 扳转火花塞套筒时，不准随意加长手柄，以免损坏套筒	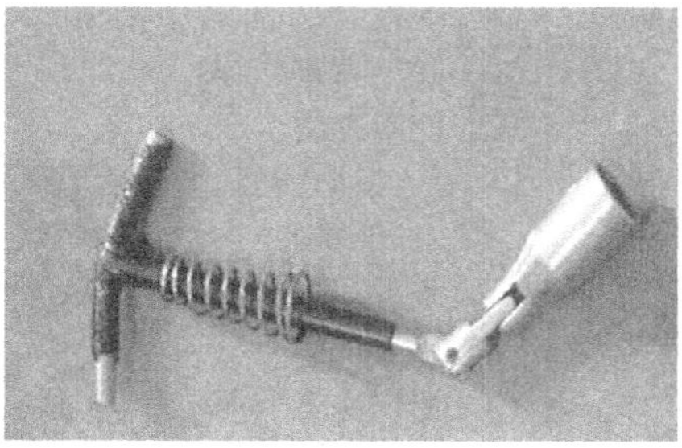 图1-2-18　火花塞套筒
顶拔器	（1）使用方法 根据轴端与被拉工件的距离转动顶拔器（如图1-2-19所示）的丝杆，至丝杆顶端住轴端，拉爪钩住工件（轴承或齿轮）的边缘，然后慢慢转动丝杆将工件拉出 （2）使用注意事项 ① 拉工件时，不能在手柄上随意加装套管，更不能用锤子敲击手柄，以免损坏顶拔器 ② 顶拔器工作时，其中心线应与被拉件轴线保持同轴，以免损坏顶拔器。如被拉件过紧，可边转动丝杆，边用木锤轴向轻轻敲击丝杆尾端，将其拉出	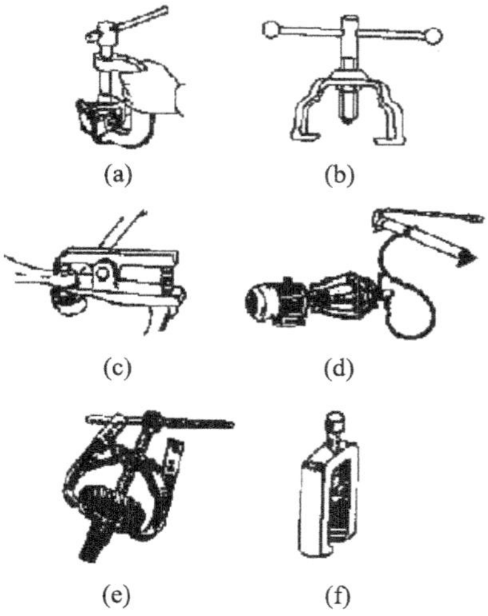 图1-2-19　顶拔器
活塞环拆装钳	（1）使用方法 将拆装钳卡入活塞环的端口，并使其与活塞环贴紧，然后握住手把慢慢捏紧，使活塞环张开，将活塞环从活塞环槽内取出或装入槽内（如图1-2-20所示） （2）使用注意事项 ① 操作时应垂直上下移动活塞环，不得扳转，以免滑脱或损坏活塞环 ② 操作时用力要适度，以免折断活塞环	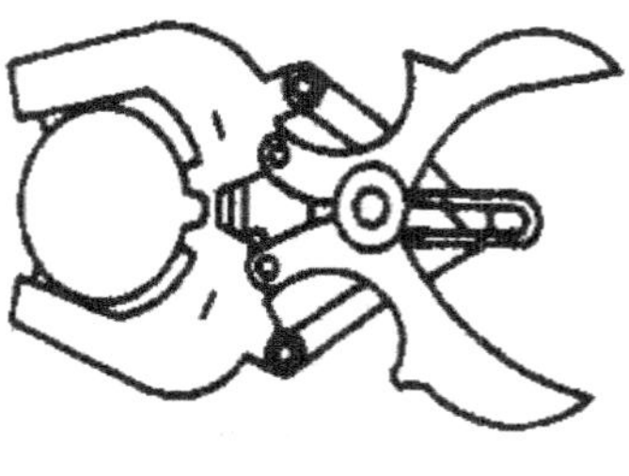 图1-2-20　活塞环拆装钳

（续表）

常用工具名称	使 用	图 示
滤清器扳手	（1）使用方法 ① 选择尺寸合适的滤清器扳手,可调式滤清器扳手使用前应根据滤清器的直径调节好尺寸(如图1-2-21所示) ② 将扳手套入滤清器,转动滤清器将滤清器旋紧或旋松 （2）使用注意事项 ① 使用前尽量将扳手套在滤清器根部底座位置,以免损坏滤清器 ② 安装前应在滤清器螺纹口处涂上润滑油 ③ 安装时不可用力过大,以免损坏滤清器	 图1-2-21 滤清器扳手
气门弹簧钳	（1）规格:有弓形气门弹簧钳和杠杆式气门弹簧钳等多种(如图1-2-22所示) （2）使用方法 ① 使用弓形气门弹簧钳时,先旋出螺杆至凸台顶住气门头,并使压头贴住气门弹簧座,再转动螺杆,带动压头压缩弹簧,使销片落在压头凹槽内 ② 使用杠杆式气门弹簧钳时,将前端孔套到缸盖螺柱上,旋上螺母定位,并使槽孔对准气门弹簧座,然后压下弹簧钳手柄,将气门弹簧压缩,用尖嘴钳取出气门销片 （3）使用注意事项 ① 气门弹簧钳与弹簧座接触要可靠,以防滑出 ② 气门弹簧钳的活动部分应保持良好的润滑	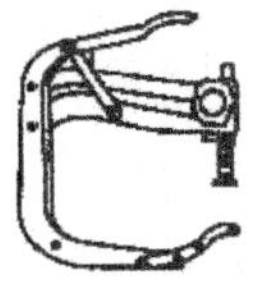 (a) 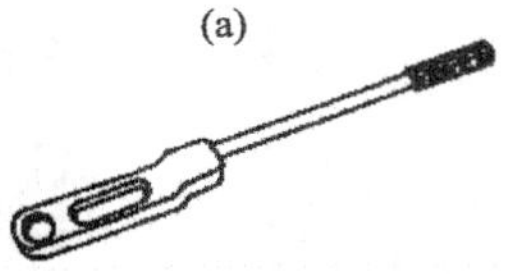 (b) 图1-2-22 气门弹簧钳 （a）弓形气门弹簧钳； （b）杠杆式气门弹簧钳

三、制订拆检计划

制订发动机附件拆检计划如表1-2-9所示。

表 1 - 2 - 9   制订发动机附件拆检计划

1. 查阅资料,了解车辆发动机类型信息和汽车发动机附件拆卸作业注意事项
2. 查阅资料,熟悉四冲程汽油发动机工作原理、常用工具的使用
3. 查阅维修手册,制订发动机附件拆检计划

1. 车辆发动机类型 信息描述	车辆描述	
	发动机类型信息描述	

| 2. 汽车发动机附件
拆卸作业注意事
项描述 | (1) 遵守操作规程和合理的拆卸顺序,保持作业场地的清洁和整齐
(2) 拆卸附件时,人员应合理分工,保证有条不紊地工作
(3) 拆卸附件时不能造成零件的损伤,并充分考虑到拆卸后的装配工作
(4) 空调压缩机、发电机、起动机、转向助力泵的电线、插头等应无破裂或损坏现象,以防触电
(5) 在拆空调压缩机、发电机、起动机、转向助力泵前,将蓄电池的负极接线柱断开,以防短路而烧毁导线
(6) 拆装蓄电池时,应小心轻放、不倾斜,以免电解液漏出
(7) 蓄电池导线断开后,应重新调整时钟上的时间、音响系统和其他电器存储器上的内容和信息
(8) 有些车型的音响系统或其他电器存储器上的信息会在断开蓄电池导线时被擦掉。因此,断开负极接线之前一定要将存储器内容记录下来
(9) 不能用含铅汽油清洗零件,严禁明火接近汽油 |

| 3. 发动机基本构造
信息描述(填写部
件名称) | 

1. _____   2. _____   3. _____
4. _____   5. 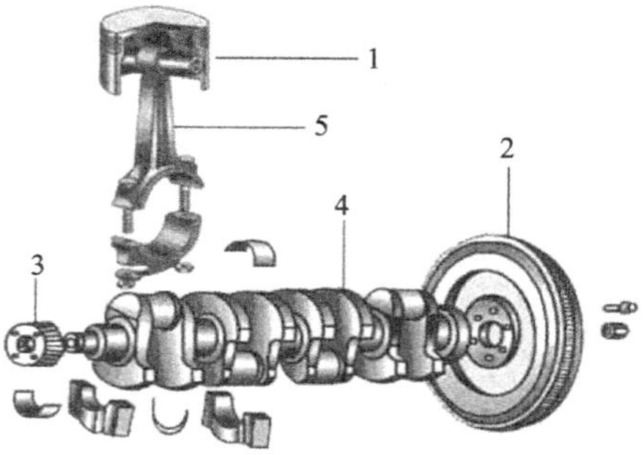 _____

1. _____
2. _____
3. _____
4. _____
5. _____ |

（续表）

4. 四冲程汽油发动机工作原理描述（根据图上的数字写出相应行程）	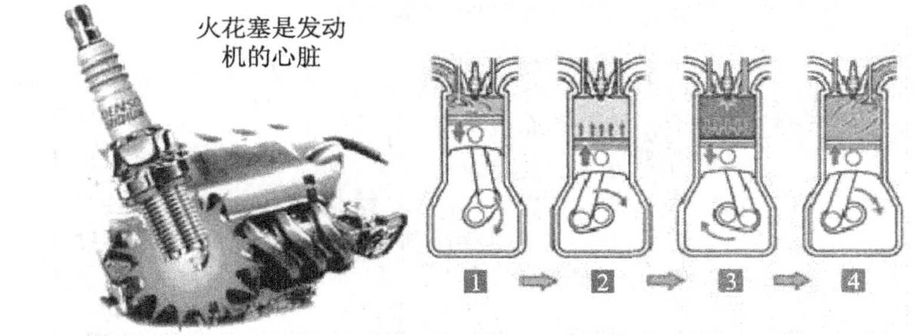 火花塞是发动机的心脏 1 ⟶ 2 ⟶ 3 ⟶ 4 1. _____　2. _____ 3. _____　4. _____
5. 常用工具的使用描述	
6. 汽车发动机附件检修计划	➤ 压缩机的检修 ➤ 发电机的检修 ➤ 起动机的检修 ➤ 转向助力泵的检修 ➤ 皮带的检修 ➤ 张紧轮的检修 ➤ 惰轮的检修

四、实施拆检作业

汽车发动机附件拆检作业如表 1-2-10 所示。

表 1-2-10　汽车发动机附件拆检作业

1. 学习汽车发动机附件检修安全事项 2. 能正确地进行汽车发动机附件拆检作业		
1. 车辆信息描述	车辆描述	
	车辆发动机各附件的型号描述	
2. 汽车发动机附件检修描述		

笔 记

（续表）

	检查项目	作 业 要 领	技 术 标 准	检 查 记 录
3. 汽车发动机检修作业	压缩机	(1) 在停用制冷系统后，每两周起动压缩机工作 5min (2) 检查压缩机皮带张力 (3) 检查加注冷冻机油量，是否有泄漏	张力：376N ± 50N（约 38kg±5kg）	(1) 皮带张力：_____ (2) 冷冻机油量：_____ (3) 是否有泄漏：_____
	起动机	(1) 转子检查：电枢绕组间应导通，与搭铁绝缘 (2) 换向器的检查：是否严重烧蚀或圆度误差是否正常 (3) 励磁绕组的检查：两电刷之间应该相通 (4) 单向离合器的检查：承受一定转矩不打滑 (5) 电磁开关的检查：检测吸引线圈和保持线圈的电阻	(1) 换向器的圆度误差：≥0.025mm (2) 单向离合器转矩为：25.5N·m (3) 吸引线圈的电阻：0.3～0.5Ω (4) 保持线圈的电阻：1.0～1.2Ω	(1) 换向器的圆度误差：_____ (2) 单向离合器转矩为：_____ (3) 吸引线圈的电阻为：_____ (4) 保持线圈的电阻为：_____
	发电机	(1) 整流器的检查：二极管的单向导通性 (2) 励磁绕组的检查：换向器的电阻 (3) 定子绕组的检查：4 条导线间的电阻	(1) 换向器的电阻：3～5Ω (2) 定子绕组的各绕组间的电阻：0.1～0.2Ω	(1) 换向器的电阻为：_____ (2) 定子绕组的各绕组间的电阻为：_____
	转向助力泵	(1) 表面是否漏油 (2) 叶片或齿轮的磨损情况 (3) 皮带轮是否松动	表面不能有油污	表面是否有油污_____
	皮 带	(1) 判断轴承是否有卡滞现象，有无非正常响声 (2) 与同步带的接触表面有无磨损和损伤	轴承有卡滞时应更换	轴承有无卡滞_____
	张紧轮	表面的磨损程度	表面的磨损程度不得超于磨损极限	表面的磨损程度为_____
	惰 轮	是否有裂纹、磨损、橡胶老化、纤维拉毛起层和掉牙	用拇指和食指捏住两带轮之间、同步带的中间部位，用力翻转刚好能翻转 90°	用拇指和食指捏住两带轮之间同步带的中间部位，用力翻转刚好能翻转为___
	检修后的结论			

五、检验评估

项目一任务 1.2 的检验评估如表 1-2-11 所示。

表 1-2-11 检验评估

评 价 指 标	检 验 说 明	检 验 记 录
维护检查项目	➤ 吊卸设备 ➤ 附件外观 ➤ 其他	
汽车发动机总成吊卸过程情况		

评价内容	检 验 指 标	权重	自评	互评	总评
检查任务 完成情况	1. 完成任务的情况 2. 任务完成的质量 3. 在小组完成任务过程中所起的作用	4			
专业知识和 专业技能	1. 能描述发动机的基本结构 2. 能描述发动机的工作原理 3. 能描述汽车发动机附件的名称、安装位置及作用 4. 会使用常用工量具对发动机附件进行检测，以及说出其技术要求 5. 能正确地使用常用工具拆装发动机	8			
职业素养	1. 学习态度：积极主动参与学习 2. 团队合作：与小组成员一起分工合作，不影响学习进度 3. 现场管理：服从工位安排、执行实训室"5S"管理规定	3			
综合评议 与建议					

项目拓展

想一想：

1. 汽车四冲程汽油发动机与四冲程柴油发动机工作原理的异同
2. 其他车型汽车发动机附件的检修方法

项目二　检修曲柄连杆机构

Description 项目描述	一辆桑塔纳 3000 汽车在行车过程中有冒黑烟、加速无力和发动机异响等现象,进厂经检测后确认需要发动机大修 　　你是一名中级修理工,在发动机大修中应如何对发动机曲柄连杆机构进行检修
Objects 项目目标	1. 能分析发动机基本工作原理 2. 会拆检机体组件 3. 能拆检活塞连杆组件 4. 能拆检曲轴飞轮组件 5. 能进行曲柄连杆机构常见故障诊断、排除
Tasks 项目任务	任务 2.1　分析发动机基本工作原理 任务 2.2　拆检机体组件 任务 2.3　拆检活塞连杆组件 任务 2.4　拆检曲轴飞轮组件 任务 2.5　曲柄连杆机构常见故障诊断、排除
Implementation 项目实施	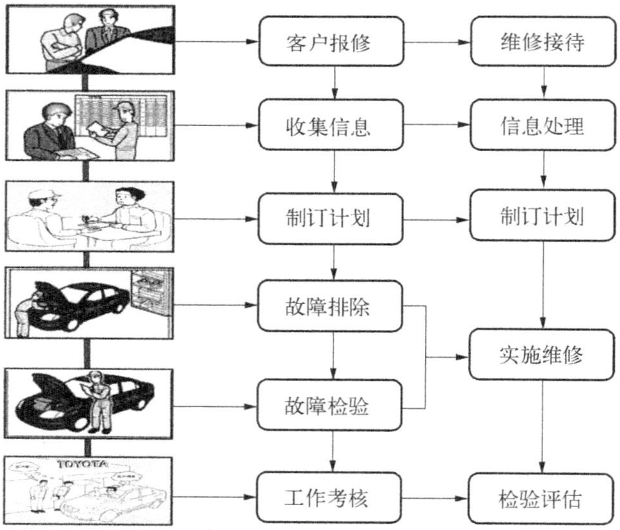

任务 2.1　分析发动机基本工作原理

任务描述	一辆桑塔纳 3000 汽车在行车过程中有冒黑烟、加速无力和发动机异响等现象,进厂经检测后确认需要发动机大修,大修前必须查阅相关资料熟悉发动机的工作原理
任务目标	1. 能说出曲柄连杆机构的作用、工作环境及受力分析 2. 能说出曲柄连杆机构的构造和领会工作原理

一、维修接待

按照表 2-1-1 完成待修车辆的维修接待，并准确填写接车问诊表。

表 2-1-1　维修接待与接车问诊表

1. 通过询问客户了解发动机发生故障情况，填写接车问诊表
2. 车间检测初步确认检测需对曲柄连杆机构检修及其相关零部件更换

接 车 问 诊 表

车牌号：_____　　车架号：_____　　行驶里程：_____（km）

用户名：_____　　电　话：_____　　来店时间：_____／

用户陈述及故障发生时的状况：**一辆桑塔纳 3000 汽车在行车过程中有冒黑烟、加速无力和发动机异响等现象**

故障发生状况提示：**行驶速度、发动机状态、发生频度、发生时间、部位、天气、路面状况、声音描述**

接车员检测确认建议：**需对发动机进行大修**

车间检测确认结果及主要故障零部件：**需对发动机进行大修，必要时更换故障零部件**

车间检查确认者：_____

外观确认：

（请在有缺陷部位作标识）

功能确认：（工作正常√　不正常×）
□音响系统　　□门锁（防盗器）　　□全车灯光　　□工具
□后视镜　　　□顶窗　　　　　　　□座椅　　　　□点烟器
□玻璃升降器　□玻璃

物品确认：（有√　无×）
□贵重物品提示
□工具　□备胎　□灭火器
□其他（　　　　　　　）
旧件是否交还用户　□是　□否
用户是否需要洗车　□是　□否

· 检测费说明：本次检测的故障如用户在本店维修，检测费包含在修理费用内；如用户不在本店维修，请您支付检测费。本次检测费：￥_____元。

· 贵重物品：在将车辆交给我店检查修理前，已提示将车内贵重物品自行收起并保存好，如有遗失恕不负责。

接车员：_____　　　　　　　用户确认：_____

笔记

二、信息收集与处理

按照表 2 - 1 - 2 完成任务 2.1 的信息收集与处理。

表 2 - 1 - 1　信息收集与处理

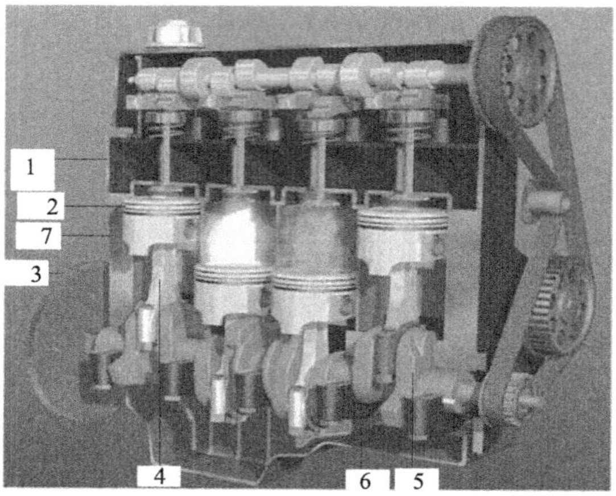

序号	部件名称	作　　用
1		
2		
3		
4		
5		
6		
7		

1. 曲柄连杆机构的作用：＿＿＿＿＿＿＿＿＿＿＿＿＿＿＿＿＿＿＿＿＿＿＿＿＿＿＿
2. 曲柄连杆机构的构造：＿＿＿＿＿＿＿＿＿；＿＿＿＿＿＿＿＿＿＿和＿＿＿＿＿＿＿

（一）曲柄连杆机构的作用、工作环境及受力分析

1. 作用

曲柄连杆机构是内燃机实现工作循环，完成能量转换的传动机构，用来传递力和改变运动方式。即把燃气作用在活塞顶上的力转变为曲轴的转矩，以向工作机械输出机械能。

2. 工作环境

发动机工作时，气缸内的最高气温可达到 2 200℃以上，最高压力可达 3～5MPa，现代发动机最高转速可达 3 000～6 000r/min，活塞往复运动的线速度相当大。同时与可燃混合气和燃烧废气接触，曲柄连杆机构还受到化学腐蚀作用，并且机构润滑困难。可见，曲柄连杆机构的工作条件相当恶劣，它要承受高温、高压、高速和化学腐蚀作用。

3. 受力分析

曲柄连杆机构工作时所受的力主要有气体作用力、运动质量惯性力与离心力、相对运动件接触表面的摩擦力等。

1）气体作用力

在每个工作循环中，气体压力始终存在并不断变化。但由于进气、排气两行程中气体压力较小，对机件影响不大。这里主要分析做功和压缩两行程中气体作用力。

在做功行程中，气体压力是推动活塞向下运动的力，这时，燃烧气体产生的高压直接作用在活塞顶部。

在做功行程中，气体压力推动活塞向下运动，燃烧气体作用在活塞顶部的压力设为 F_p，可分解为 F_{p1} 和 F_{p2}。F_{p1} 除了使主轴承与主轴颈产生压紧力外，还对曲轴形成转矩，推动曲轴旋转。F_{p2} 把活塞压向气缸壁，形成活塞与气缸壁间的侧压力，使机体有翻转的趋势故机体两侧应支撑在车架上，如图 2-1-1(a) 所示。

在压缩行程中，气体压力阻碍活塞向上运动。作用在活塞顶部的总压力也可分解为两个分力，这两个力使曲轴主轴颈与主轴承间压紧，还对曲轴产生一个阻止曲轴旋转的转矩。而另一个力使活塞压向气缸的另一侧气缸壁，如图 2-1-1(b) 所示。

在发动机工作的任一行程中，气体作用力的大小都是随着活塞的位移而变化的，因而造成发动机气缸与曲轴轴颈的磨损不均匀。

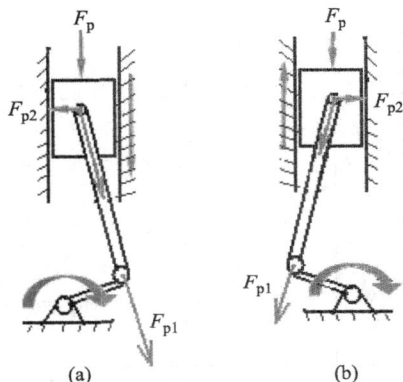

图 2-1-1　气体压力作用情况
（a）做功行程；　（b）压缩行程

2）往复惯性力与离心力

作往复运动的物体，当运动速度变化时，就要产生往复惯性力。物体绕某一中心作旋转运动时，就会产生离心力。这两种力在曲柄连杆机构的运动过程中都是存在的。

3）摩擦力

发动机工作时，曲柄连杆机构各部件中互相接触的表面作相对运动，在这些互相接触的表面产生摩擦力，摩擦力的大小与接触表面的正压力和摩擦系数成正比，方向与相对运动的方向相反。摩擦力是造成曲柄连杆机构配合表面磨损的根源。

上述各种力，作用在曲柄连杆机构的各零件上，使零件受到挤压、弯曲和扭转等不同形式的载荷。为了保证零件工作可靠、减少磨损、减轻振动，在曲柄连杆机构的结构上应采取相应的措施。如为了减小曲轴离心力的影响，在曲轴上设置平衡块；为防止连杆的拉伸和弯扭变形，连杆杆身的断面制成"工"字形；为减小惯性力，活塞采用密度小的铝合金材料制造；为减小机件磨损，可提高相对运动接触表面的加工精度，提高材料的硬度和加强润滑等措施。

（二）曲柄连杆机构的构造、工作原理

1. 组成

曲柄连杆机构由机体组、活塞连杆组、曲轴飞轮组三部分组成，如表 2-1-3 所示。

笔记

表 2-1-3　曲柄连杆机构的组成

组成	说　明	图　示
机体组	主要包括气缸体、气缸盖、气缸套、气缸垫、油底壳等机件图	
活塞连杆组	主要包括活塞、活塞环、活塞销和连杆等机件	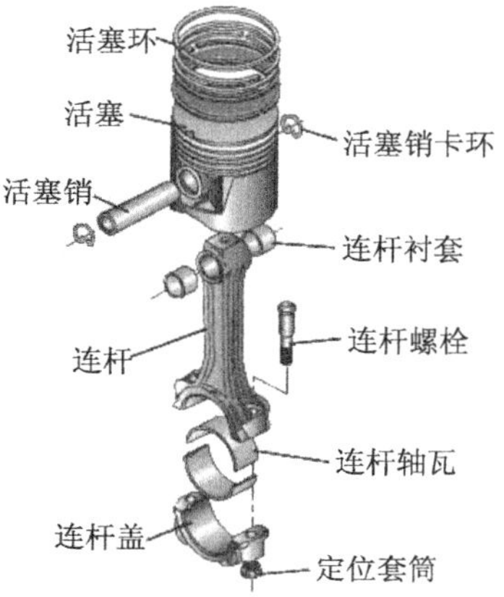
曲轴飞轮组	主要包括曲轴、飞轮、扭转减振器等机件	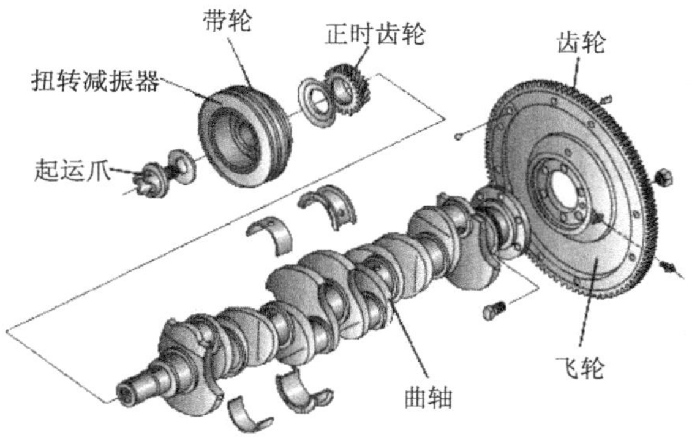

2. 工作原理

　　曲柄连杆机构是内燃机实现工作循环,完成能量转换的传动机构,用来传递力和改变运动方式。工作中,曲柄连杆机构在作功行程中把活塞的往复运动转变成曲轴的旋转运动,对外输出动力,而在其他三个行程中,即进气、压缩、排气行程中又把曲轴的旋转运动转变成活塞的往复直线运动。总的来说曲柄连杆机构是发动机借以产生并传递动力的机构。通过它把燃料燃烧后发出的热能转变为机械能。

三、制订分解计划

制订发动机曲柄连杆机构分解计划如表 2-1-4 所示。

表 2-1-4　发动机曲柄连杆机构分解计划

1. 查阅维修手册,学习汽车发动机曲柄连杆机构分解作业注意事项和发动机曲柄连杆机构分解步骤,制订汽车发动机曲柄连杆机构分解计划 2. 查阅资料,了解发动机曲柄连杆机构信息	

1. 车辆发动机类型信息描述	车辆描述	
	发动机编号描述	

| 2. 汽车发动机曲柄连杆机构分解作业注意事项描述 | (1) 一些重要的螺钉、螺栓、螺母连接件,如气缸盖、主轴承、连杆轴承、飞轮等,安装时应按顺序,分数次(一般分三次)逐步上紧到规定的扭矩。拆卸时也应按顺序逐步均匀拧松,以免零件变形。缸盖螺栓拧紧顺序,一般按先中间,后两旁,对角线交叉的原则进行
(2) 拆卸前应对零件在制造时所做的记号加以核对和辨认,没有记号时,要在零件非工作面上做出必要的记号。如:正时齿轮、曲轴和飞轮,连杆和连杆轴承盖等。使用过的活塞、活塞销、活塞环、连杆轴瓦、主轴瓦、平衡重、气门等都没有互换性,拆卸时应注意缸号、配对记号。装配时必须按原位装复,不得错乱
(3) 取出活塞前,须将气缸上边缘的积碳仔细擦净,以免取出活塞连杆时,刮伤活塞和活塞环
(4) 推出活塞连杆时,只许用手或用头部光圆的木棒轻轻推出,禁止敲击连杆大头,以免在瓦座表面和瓦盖接合面上造成击痕
(5) 拆装活塞环、气缸套以及活塞连杆组向气缸安装时可使用专用工具。安装湿式气缸套时,必须更换新的橡胶封水圈。缸体和缸套上的环槽和支承台肩应清理干净 |

3. 发动机曲柄连杆机构信息描述	 ＿＿＿＿＿＿＿＿＿＿＿＿＿　和　＿＿＿＿＿＿＿＿＿＿＿＿

4. 发动机曲柄连杆机构分解描述	

5. 汽车发动机曲柄连杆机构分解计划	➤ 分解工具的准备 ➤ 分解步骤的确定 ➤ 分解作业安全事项的学习

四、实施分解作业

汽车发动机曲柄连杆机构分解作业,如表2-1-5所示。

表2-1-5 汽车发动机曲柄连杆机构分解作业

1. 学习汽车发动机曲柄连杆机构分解作业安全事项 2. 会正确对汽车发动机曲柄连杆机构分解作业				
1. 车辆信息描述	车辆描述			
	车辆发动机类型描述			
2. 汽车发动机曲柄连杆机构分解计划描述				
3. 汽车发动机曲柄连杆机构分解作业安全事项学习	1. 注意人身和机件的安全,不了解情况的先了解后动手,特别是注意在车底下工作时的人身安全 2. 未经许可,不准扳动机件和乱动电器按钮开关 3. 注意防火 4. 认真接受实习前的安全知识教育			
4.汽车发动机曲柄连杆机构分解	作业项目	作业要领	技 术 标 准	检查记录
	分解工具设备选用	(1) 扭力扳手 (2) 开口扳手 (3) 活动扳手 (4) 套筒扳手	(1) 扭力扳手常用有294N·m、490N·m两种 (2) 开口扳手开口的中心平面和本体中心平面成15°角,这样既能适应人手的操作方向,又可降低对操作空间的要求 (3) 活动扳手常用有150mm、300mm两种 (4) 常用套筒扳手的规格是10~32mm	(1) 选用的扭力扳手为 _____ (2) 选用的开口扳手为 _____ (3) 选用的活动扳手为 _____ (4) 选用的套筒扳手为 _____
	分解步骤	(1) 先卸下气门室罩盖,按由四周向中心顺序旋松缸盖螺栓,以防缸盖变形。拆下缸盖螺栓,用橡皮锤锤松缸盖,取下缸盖 (2) 拧松油底壳紧固螺栓,卸下油底壳,取下集滤器、机油泵及机油扰流板 (3) 旋松连杆大头紧固螺母,取下螺母,取下连杆头轴承座。用锤柄轻击连杆大头螺栓,顶出活塞,将连杆大头、轴承座装在一起 (4) 取下正时齿轮、曲轴前后的油封端盖,旋松并取下曲轴主轴承盖,抬出曲轴,取出上轴瓦止推轴承		(1) 油底壳是否漏洞: (2) 密封圈是否损坏: (3) 各个螺栓的状况: _____、 _____、 _____、 _____、 _____、 _____等
	分解后的体会			

五、检验评估

项目二任务 2.1 的检验评估如表 2-1-6 所示。

表 2-1-6　检验评估

评价指标	检验说明	检验记录
维护检查项目	➤ 拆解工具设备 ➤ 检查是否漏油 ➤ 检查零部件的损坏情况	
汽车发动机曲柄连杆机构分解过程情况		

评价内容	检验指标	权重	自评	互评	总评
检查任务完成情况	1. 完成任务的情况 2. 任务完成的质量 3. 在小组完成任务过程中所起的作用	4			
专业知识和专业技能	1. 能描述发动机曲柄连杆机构的作用 2. 能描述汽车发动机曲柄连杆机构的工作环境 3. 能描述汽车发动机曲柄连杆机构的受力分析和构造 4. 能正确分解汽车发动机曲柄连杆机构 5. 会描述汽车发动机曲柄连杆机构的工作原理	8			
职业素养	1. 学习态度:积极主动参与学习 2. 团队合作:与小组成员一起分工合作,不影响学习进度 3. 现场管理:服从工位安排、执行实训室"5S"管理规定	3			
综合评议与建议					

项目拓展

想一想:

1. 桑塔纳 3000 与其他车型发动机的曲柄连杆机构分解步骤是否相同

2. 其他车型汽车发动机曲柄连杆机构分解步骤

任务 2.2　拆检机体组件

任务描述	一辆桑塔纳 3000 汽车行车时发动机有异响、加速无力等现象,进厂维修。针对维修接待和车间确认意见,需对机体组件进行拆检
任务目标	1. 能说出机体组件的结构 2. 会使用塞尺、内径百分表、钢直尺、内外卡钳和千分尺测量气缸圆度和圆柱度 3. 能熟练地使用量具对机体组件进行检修

一、维修接待

按照表2-2-1完成待修车辆的维修接待,并准确填写接车问诊表。

表2-2-1 维修接待与接车问诊表

1. 通过询问客户了解发动机发生故障情况,填写接车问诊表
2. 车间检测初步确认结果是要拆检机体组及更换主其故障零部件

接 车 问 诊 表

| 车牌号:_____ | 车架号:_____ | 行驶里程:_____(km) |
| 用户名:_____ | 电 话:_____ | 来店时间:_____/_____ |

用户陈述及故障发生时的状况:**一辆桑塔纳3000汽车行车时有发动机有异响、加速无力等现象**

故障发生状况提示:**行驶速度、发动机状态、发生频度、发生时间、部位、天气、路面状况、声音描述**

接车员检测确认建议:**需对发动机曲柄连杆机构进行综合修理**

车间检测确认结果及主要故障零部件:**需对发动机曲柄连杆机构进行综合修理,必要时更换故障零部件**

车间检查确认者:_____

外观确认:

(请在有缺陷部位作标识)

功能确认:(工作正常√ 不正常×)
☐音响系统   ☐门锁(防盗器)   ☐全车灯光   ☐工具
☐后视镜   ☐顶窗   ☐座椅   ☐点烟器
☐玻璃升降器 ☐玻璃

物品确认:(有√ 无×)
☐贵重物品提示
☐工具 ☐备胎 ☐灭火器
☐其他(   )
旧件是否交还用户 ☐是   ☐否
用户是否需要洗车 ☐是   ☐否

· 检测费说明:本次检测的故障如用户在本店维修,检测费包含在修理费用内;如用户不在本店维修,请您支付检测费。本次检测费:**¥_____元**。
· 贵重物品:在将车辆交给我店检查修理前,已提示将车内贵重物品自行收起并保存好,如有遗失恕不负责。

接车员:_____   用户确认:_____

二、信息收集与处理

按照表2-2-2完成任务2.2的信息收集与处理。

表 2 - 2 - 2 信息收集与处理

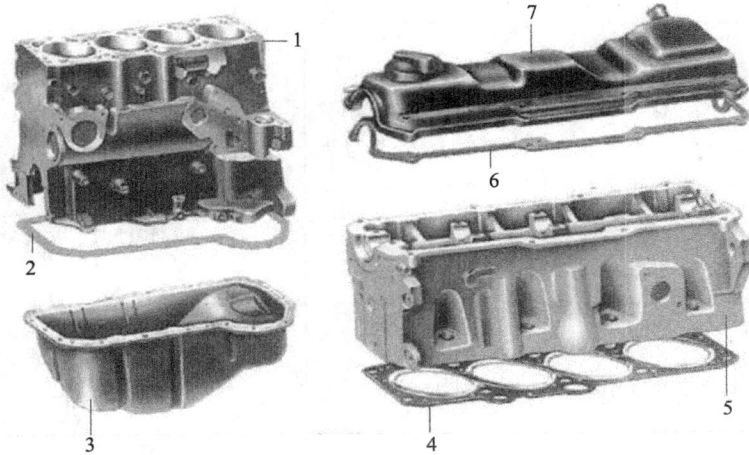

机体组

序号	部件名称	作 用
1		
2		
3		
4		
5		
6		
7		

1. 机体组的构造: _____;_____;_____;

和_____

(一) 机体组件结构认识

1. 机体组

1) 功用

机体组是发动机的支架,是曲柄连杆机构、配气机构和发动机各系统主要零部件的装配基体。气缸盖用来封闭气缸顶部,并与活塞顶和气缸壁一起形成燃烧室。另外,气缸盖和机体内的水套和油道以及油底壳又分别是冷却系统和润滑系统的组成部分。

2) 机体组的组成

机体组的构成如表 2 - 2 - 3 所示。

表 2-2-3　机体组的构成

零件名称	说　　　明	图　　　示
气缸盖	气缸盖的主要功用是封闭气缸上部,并与活塞顶部和气缸壁一起形成燃烧室	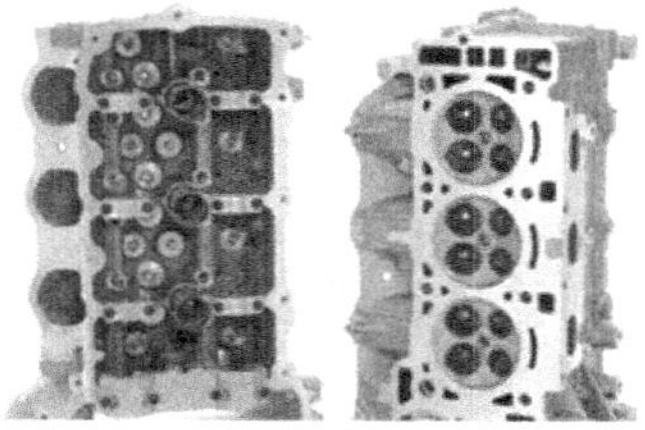
气缸垫	装在气缸盖与气缸体之间,以保证燃烧室的密封性	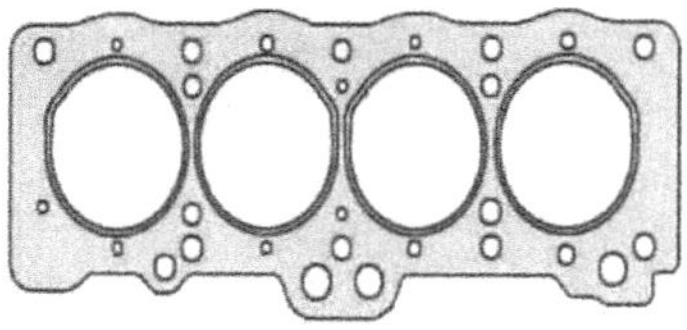
气缸体	发动机的气缸体和曲轴箱常铸成一体,称为气缸体-曲轴箱,简称为气缸体	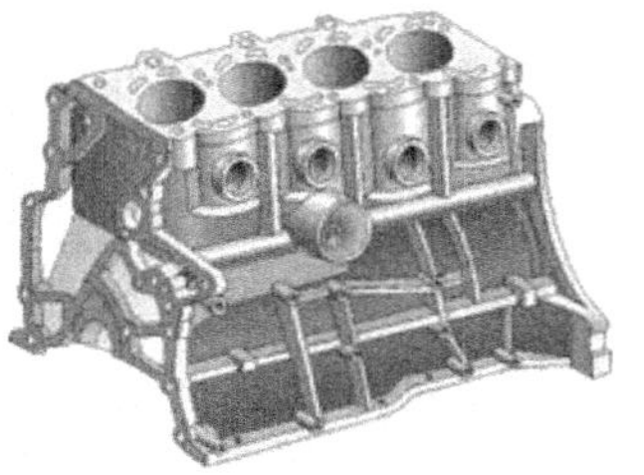
油底壳	装在气缸体的下部,功用是储存机油并封闭曲轴箱	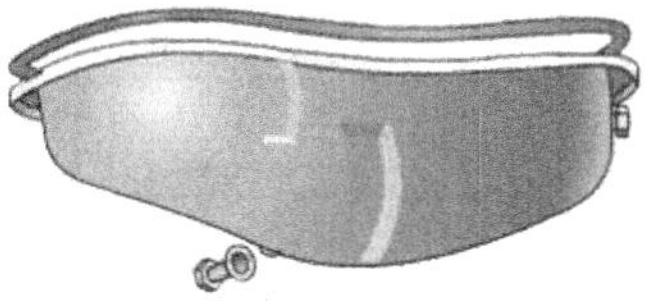

2. 气缸体

1）工作条件及要求

机体是气缸体与曲轴箱的连铸体。绝大多数水冷发动机的气缸体与曲轴箱连铸在一起,而且多缸发动机的各个气缸也合铸成一个整体。风冷发动机几乎无一例外地将气缸体与曲轴箱分别铸制。在发动机工作时,机体承受拉、压、弯、扭等不同形式的机械负荷,同时还因为气缸壁面与高温燃气直接接触而承受很大的热负荷。因此,机体应具有足够的强度和刚度,且耐磨损和耐腐蚀,并应对气缸进行适当的冷却,以免机体损坏和变形。机体也是发动机最重的零件,应该力求结构紧凑、质量轻,以减小整机的尺寸和质量。

2）机体材料

机体一般用高强度灰铸铁或铝合金铸造。最近,在轿车发动机上采用铝合金机体的越来越普遍。

3）气缸体的结构及特点如表 2-2-4 所示。

表 2-2-4　气缸体的结构及特点

项目	分类	图　示	描　　述
结构形式	一般式	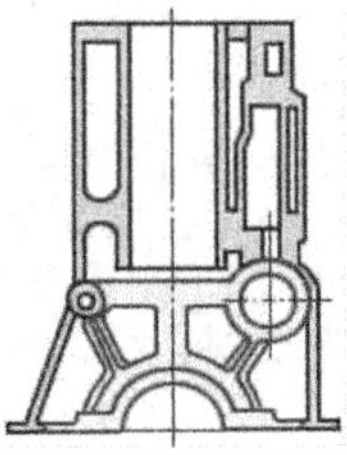	特点:油底壳安装平面和曲轴旋转中心在同一高度 优点:机体高度小、质量轻、结构紧凑,便于加工,曲轴拆装方便 缺点:刚度和强度较差
	龙门式	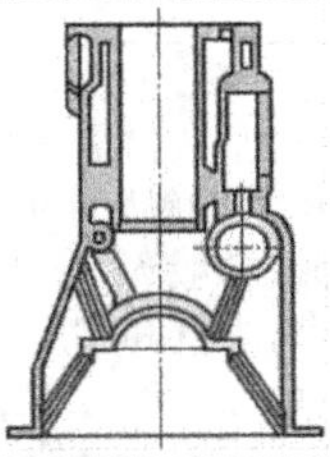	特点:油底壳安装平面低于曲轴的旋转中心 优点:强度和刚度都好,能承受较大的机械负荷 缺点:工艺性较差、结构笨重、加工较困难
	隧道式	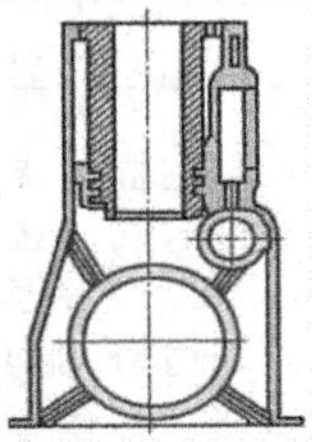	特点:这种形式的气缸体曲轴的主轴承孔为整体式,采用滚动轴承,主轴承孔较大,曲轴从气缸体后部装入 优点:结构紧凑、刚度和强度好 缺点:加工精度要求高、工艺性较差、曲轴拆装不方便
布置形式	直列式	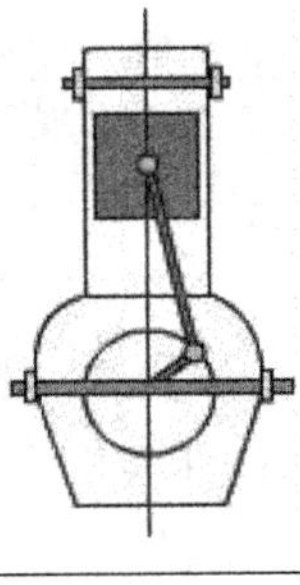	发动机的各个气缸排成一列,一般是垂直布置的。但为了降低高度有的也把气缸布置成倾斜甚至水平的 六缸以下发动机多采用直列式
	V 形	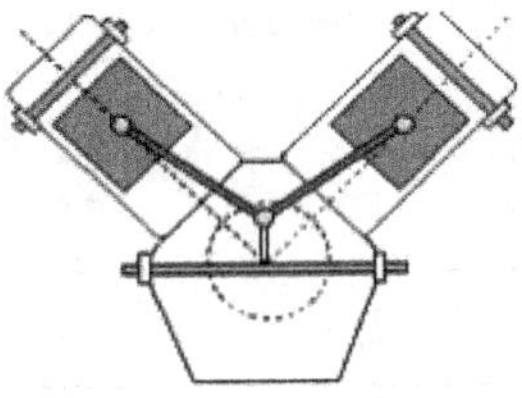	发动机将气缸排成两列,其气缸中心线的夹角 $\gamma < 180°$。缩短了发动机的长度,降低了发动机高度,增加了气缸体的刚度,但形状复杂,加工困难,八缸以上发动机多采用 V 型式
	对置式	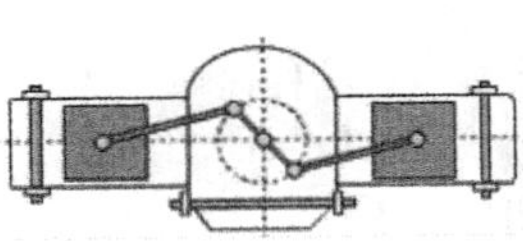	对置式发动机的高度比其他型式的小得多,在某些情况下,使得汽车(特别是轿车或大型客车)的总布置更为方便

笔记

项目	分 类	图 示	描 述
气缸套	无气缸套式	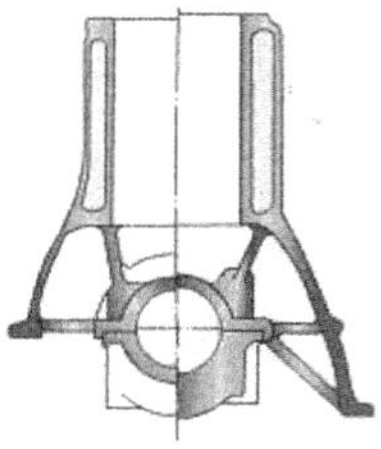	特点:直接由气缸体加工而成,与气缸一体,提高气缸的使用寿命,强度和刚度都较好 缺点:加工比较复杂,内、外表面都需要进行精加工,散热效果一般
	干 式	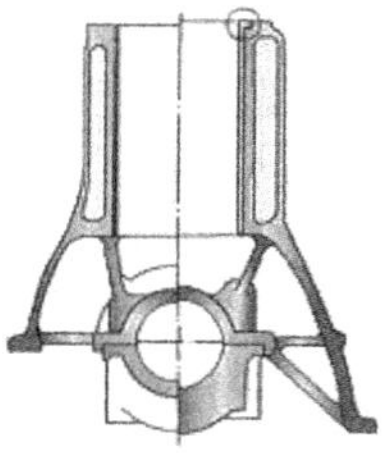	特点:是气缸套装入气缸体后,其外壁不直接与冷却水接触,而和气缸体的壁面直接接触,壁厚较薄,一般为1~3mm。它具有整体式气缸体的优点,强度和刚度都较好 缺点:加工比较复杂,内、外表面都需要进行精加工,拆装不方便,散热不良
	湿 式	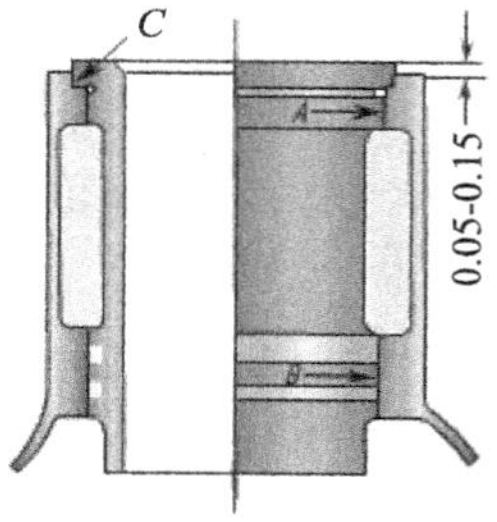	特点:是气缸套装入气缸体后,其外壁直接与冷却水接触,气缸套仅在上、下各有一圆环地带和气缸体接触,壁厚一般为5~9mm。它散热良好、冷却均匀、加工容易,通常只需要精加工内表面,而与水接触的外表面不需要加工,拆装方便 缺点:是强度、刚度都不如干式气缸套好,而且容易产生漏水现象。应该采取一些防漏措施
冷却方式	水 冷	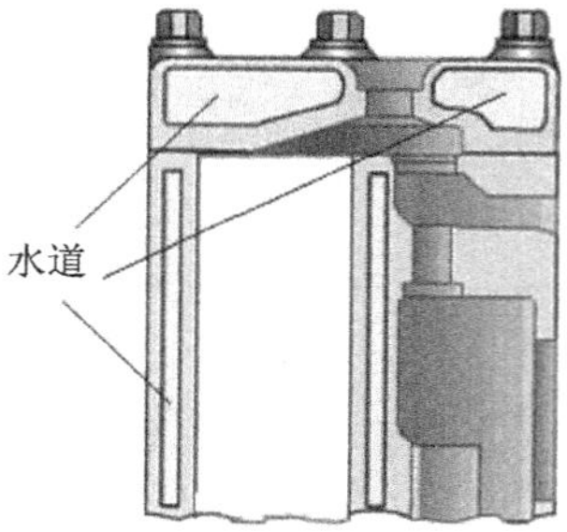	在气缸体的内部制有冷却水道,利用冷却水散热 优点:散热性能好 缺点:结构复杂、加工困难
	风 冷	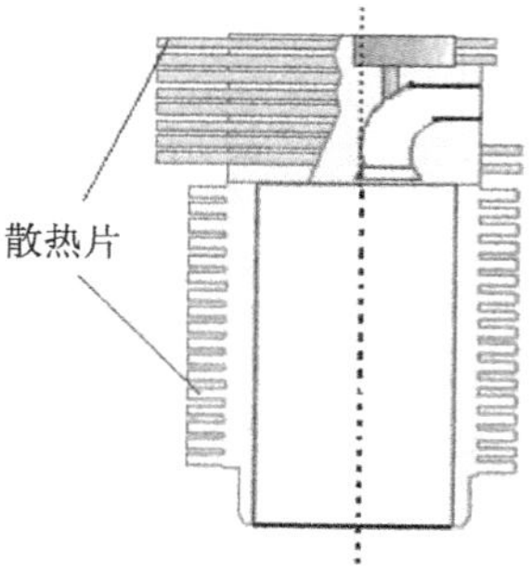	在气缸体的外表面制有散热片,利用散热片散热 优点:结构简单 缺点:散热性能较差

3. 气缸盖

1）气缸盖工作条件及要求

气缸盖承受气体力和紧固气缸盖螺栓所造成的机械负荷,同时还由于与高温燃气接触而承受很高的热负荷。为了保证气缸的良好密封,气缸盖既不能损坏、也不能变形,为此气缸盖应具有足够的强度和刚度。为了使气缸盖的温度分布尽可能地均匀,避免进、排气门座之间发生热裂纹,应对气缸盖进行良好的冷却。

2）气缸盖材料

气缸盖一般都由优质灰铸铁或合金铸铁铸造,轿车用的汽油机则多采用铝合金气缸盖。

3）结构形式

结构形式如表2-2-5所示。

表 2-2-5　结构形式

结构形式	描　　述	图　　示
整体式	在多缸发动机中,全部气缸共用一个气缸盖的,则称该气缸盖为整体式气缸盖	
单体式	若每缸一盖,则为单体式气缸盖	
分块式	若每两缸一盖或三缸一盖,则该气缸盖为分块式气缸盖	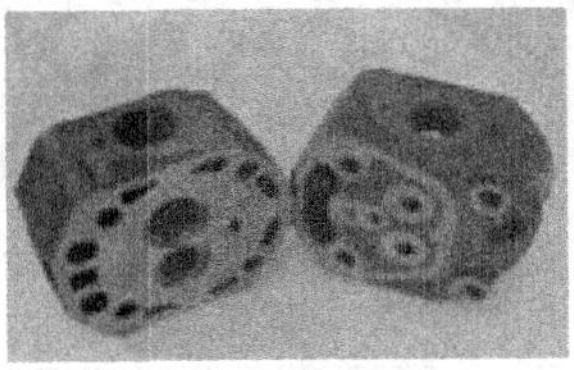

4）气缸盖构造

气缸盖(如图2-2-1所示)安装在气缸体的上面,从上部密封气缸并构成燃烧室。它经常与高温高压燃气相接触,因此承受很大的热负荷和机械负荷。水冷发动机的气缸盖内部制有冷却水套,缸盖下端面的冷却水孔与缸体的冷却水孔相通。利用循环水来冷却燃烧室等高温部分。

气缸盖是结构复杂的箱形零件。其上加工有进、排气门座孔,气门导管孔,火花塞安装孔(汽油机)或喷油器安装孔(柴油机)。在气缸盖内还铸有水套、进排气道和燃烧室或燃烧

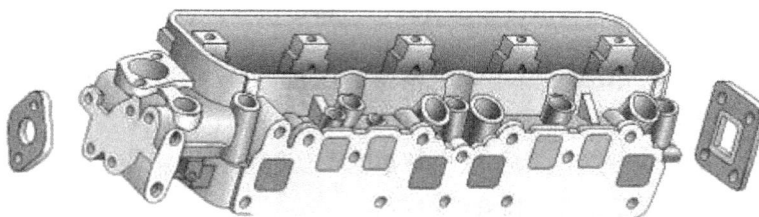

图 2-2-1 气缸盖

室的一部分。若凸轮轴安装在气缸盖上,则气缸盖上还加工有凸轮轴承孔或凸轮轴承座及其润滑油道。

5)气缸盖拆卸

气缸盖的拆卸步骤如表 2-2-6 所示。

表 2-2-6 气缸盖拆卸

图　　　示	步　　　骤
	(1) 拆下发动机附件及气门室盖,若气门室盖被胶粘住,可用螺丝刀或其他工具撬动
	(2) 按规定的次序将缸盖螺栓分成二至三次拧松,每次拧松一点,然后拆下 注意:若不按照次序拆卸螺栓,可能使气缸盖变形,拆卸最好在常温下进行
	(3) 如缸盖及缸体平面附着密封垫材料,可使用密封垫刮刀刮净,并用软质刷子与溶剂进行清洗,再用压缩空气吹净

6）气缸盖安装

气缸盖的安装步骤如表 2-2-7 所示。

表 2-2-7　气缸盖的安装

图　　示	步　　骤
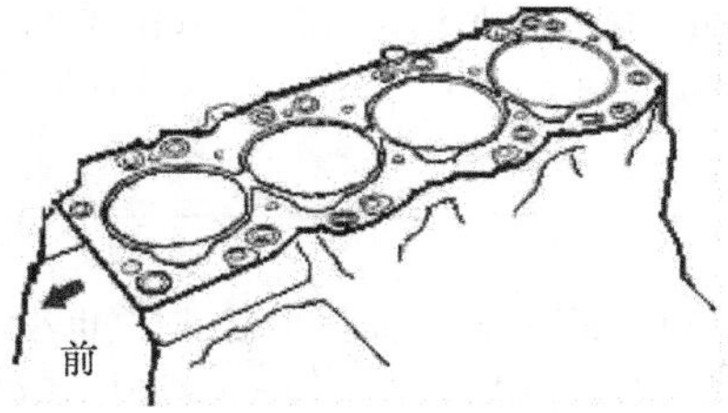 前	（1）将新的气缸垫安装到气缸体上,安装方向：金属石棉垫、缸盖缸体同为铸铁,卷边应朝缸盖,铝气缸盖铸铁气缸体,卷边应朝气缸体,气缸盖气缸体同为铝合金卷边应朝湿式缸套的凸沿.还需特别注意压力油路的油孔,对准缸体的压力油孔
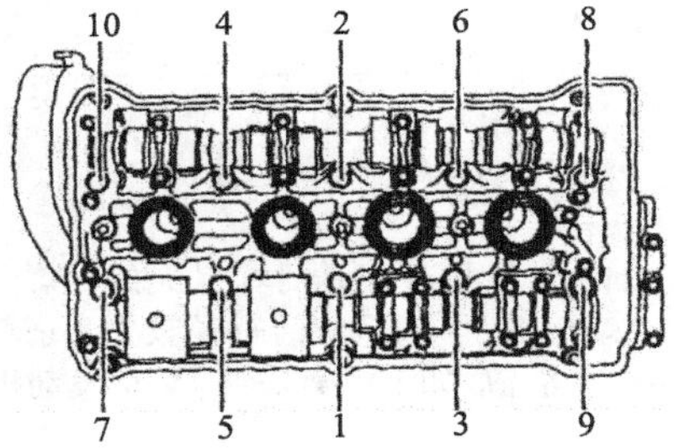	（2）装上缸盖后,放入缸盖螺栓。按图上规定的编号次序,分 2～3 次拧紧螺栓,每次按规定的 1/2～1/3 扭力拧紧,在最后一次按按拧紧力矩要求完全拧紧缸盖螺栓

注　意

● 在螺栓的螺纹部及其头部下端,薄薄地涂上一层机油。并注意气缸体的螺纹孔内除去多余的机油和水,否则会影响螺栓的拧紧扭力的精确性。

4. 燃烧室

1）定义

当活塞位于上止点时,活塞顶面以上、气缸盖底面以下所形成的空间称为燃烧室。在汽油机气缸盖底面通常铸有形状各异的凹坑,习惯上称这些凹坑为燃烧室。

2）结构形式

汽油机燃烧室如表 2-2-8 所示,柴油机燃烧室如表 2-2-9 所示。

表 2-2-8　汽油机燃烧室的五种形式

燃烧室形状及图示		特点及应用车型
半球形	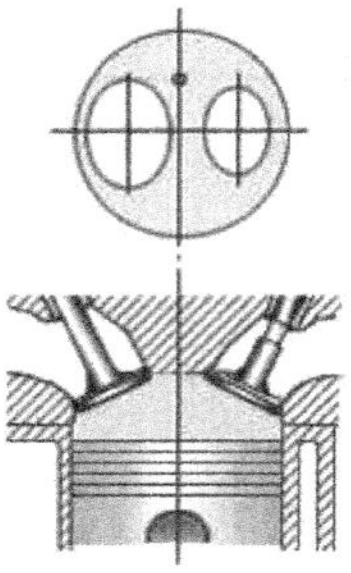	半球形燃烧室结构紧凑,火花塞布置在燃烧室中央,火焰行程短,故燃烧速率高、散热少,热效率高。这种燃烧室结构上也允许气门双行排列,进气口直径较大,故充气效率较高,虽然使配气机构变得较复杂,但有利于排气净化,在轿车发动机上被广泛地应用,如二汽富康 TV32/K 型发动机
楔形	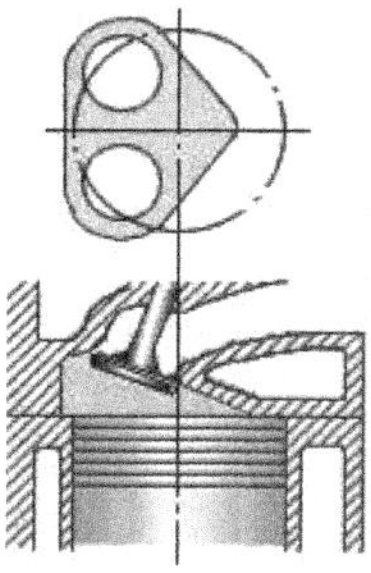	楔形燃烧室结构简单、紧凑、散热面积小,热损失也小,能保证混合气在压缩行程中形成良好的涡流运动,有利于提高混合气的混合质量,进气阻力小,提高了充气效率。气门排成一列,使配气机构简单,但火花塞置于楔形燃烧室高处,火焰传播距离长些,切诺基轿车发动机采用这种形式的燃烧室,另如解放 CA6102 型、捷达 EA827 型发动机
多球形	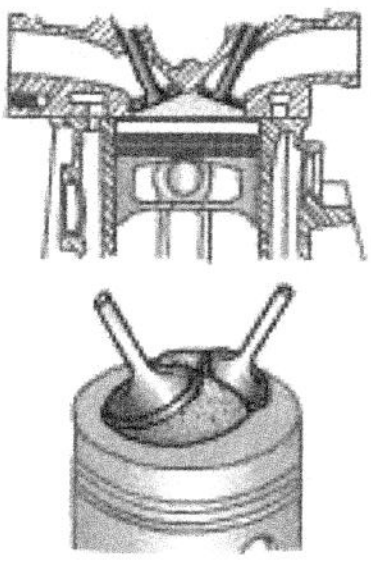	多球形燃烧室是由两个以上半球形凹坑组成的,其结构紧凑,面容比小,火焰传播距离短,气门直径较大,气道比较平直,且能产生挤气涡流,如上海桑塔纳 JV 型发动机
篷形	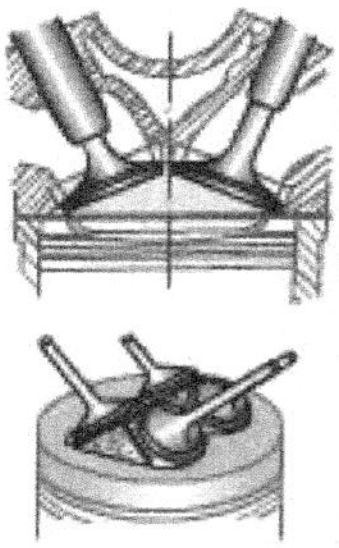	篷形燃烧室,是近年来在高性能多气门轿车发动机上广泛应用的燃烧室,如三菱 3G81 型和欧宝 V6 型发动机
盆形	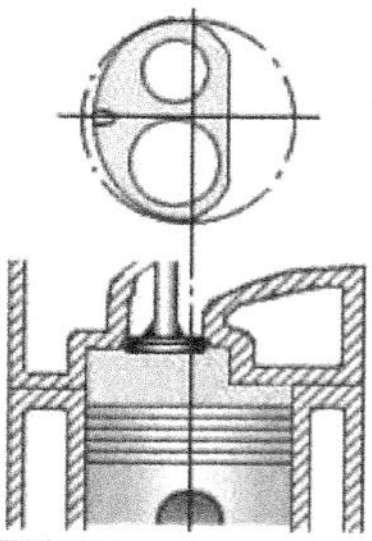	盆形燃烧室,气缸盖工艺性好,制造成本低,但因气门直径易受限制,进、排气效果要比半球形燃烧室差。捷达轿车发动机、奥迪轿车发动机采用盆形燃烧室,另如东风 EQ61001 型、奥迪 JW 型发动机

表 2 - 2 - 9　柴油机燃烧室的两种形式

燃烧室形状及图示		特　点
涡流室燃烧室		涡流室燃烧室,其主、副燃烧室之间的连接通道与副燃烧室切向连接,在压缩行程中,空气从主燃烧室经连接通道进入副燃烧室,在其中形成强烈的有组织的压缩涡流,因此称副燃烧室为涡流室。燃油顺气流方向喷射
预燃室燃烧室		预燃室燃烧室,其主、副燃烧室之间的连接通道不与副燃烧室切向连接,且截面积较小。在压缩行程中,空气在副燃烧室内形成强烈的无组织的紊流。燃油迎着气流方向喷射,并在副燃烧室顶部预先发火燃烧,故称副燃烧室为预燃室

5. 气缸衬垫

1) 气缸衬垫的功用、工作条件及要求

气缸衬垫是机体顶面与气缸盖底面之间的密封件。其作用是保持气缸密封不漏气,保持由机体流向气缸盖的冷却液和机油不泄漏。气缸衬垫承受拧紧气缸盖螺栓时造成的压力,并受到气缸内燃烧气体高温、高压的作用以及机油和冷却液的腐蚀。气缸衬垫应该具有足够的强度,并且要耐压、耐热和耐腐蚀。另外,还需要有一定的弹性,以补偿机体顶面和气缸盖底面的粗糙度和不平度以及发动机工作时反复出现的变形。

2) 气缸衬垫的分类及结构

按所用材料的不同,气缸衬垫(见图 2-2-2)可分为金属-石棉衬垫、金属-复合材料衬垫和全金属衬垫等多种

6. 油底壳

如图 2-2-3 所示。

1) 功用

储存机油和封闭机体或曲轴箱。

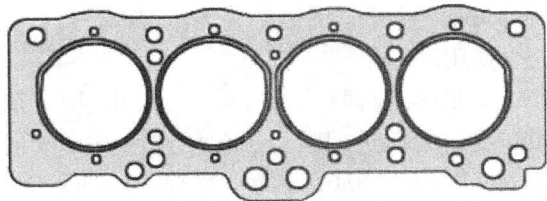

图 2 - 2 - 2　气缸衬垫

图 2 - 2 - 3　油底壳

2）材料和结构

油底壳用薄钢板冲压或用铝铸制而成。油底壳内设有挡板，用以减轻汽车颠簸时油面的振荡。此外，为了保证汽车倾斜时机油泵能正常吸油，通常将油底壳局部做得较深。油底壳底部设放油螺塞。有的放油螺塞带磁性，可以吸引机油中的铁屑。

7. 发动机的支承

发动机一般通过机体和飞轮壳或变速器壳上的支承支撑在车架上。发动机的支承方法，一般有三点支承（如图 2 - 2 - 4 所示）和四点支承两种（如图 2 - 2 - 5 所示）。三点支承可布置成前一后二或前二后一。采用四点支承法时，前后各有两个支承点。

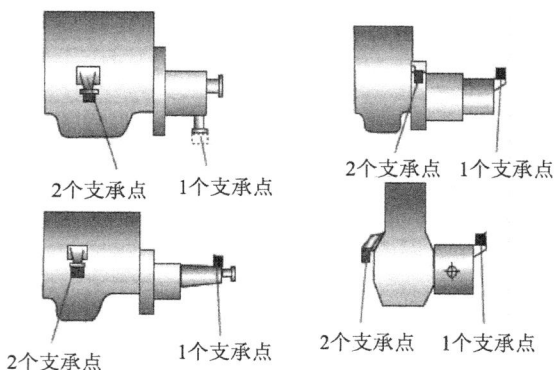

图 2 - 2 - 4　三点支承

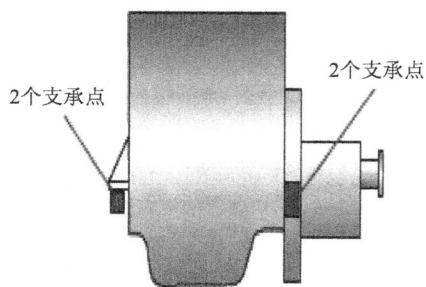

图 2 - 2 - 5　四点支承

（二）塞尺、内径百分表、钢直尺、内外卡钳、千分尺的使用方法

1. 塞尺

塞尺又称厚薄规或间隙片。主要用来检验机床特别紧固面和紧固面、活塞与气缸、活塞环槽和活塞环、十字头滑板和导板、进排气阀顶端和摇臂、齿轮啮合间隙等两个结合面之间的间隙大小。塞尺是由许多层厚薄不一的薄钢片组成（如图 2 - 2 - 6 所示），按照塞尺的组别制成一把一把的塞尺，每把塞尺中的每片具有两个平行的测量平面，且都有厚度标记，以供组合使用。

测量时，根据结合面间隙的大小，用一片或数片重迭在一起塞进间隙内。例如用 0.03mm 的一片能插入间隙，而 0.04mm 的一片则不能插入间隙，这说明间隙在 0.03～0.04mm 之间，所以塞尺也是一种界限量规。塞尺的规格如表 2 - 2 - 10 所示。

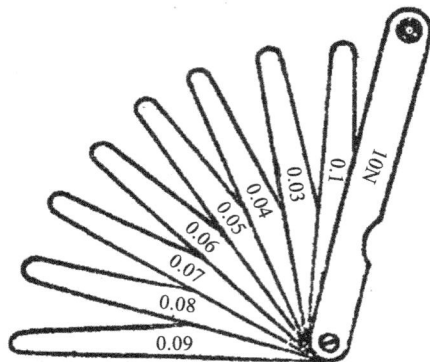

图 2 - 2 - 6　塞尺

表 2-2-10 塞尺的规格

A 型	B 型	塞尺片长度/mm	片 数	塞尺的厚度(mm)及组装顺序
组 别 标 记				
75A13	75B13	75	13	0.02;0.02;0.03;0.03;0.04;0.04; 0.05;0.05;0.06;0.07;0.08;0.09; 0.10
100A13	100B13	100		
150A13	150B13	150		
200A13	200B13	200		
300A13	300B13	300		
75A14	75B14	75	14	1.00;0.05;0.06;0.07;0.08;0.09; 0.19;0.15;0.20;0.25;0.30;0.40; 0.50;0.75
100A14	100B14	100		
150A14	150B14	150		
200A14	200B14	200		
300A14	300B14	300		
75A17	75B17	75	17	0.50;0.02;0.03;0.04;0.05;0.06; 0.07;0.08;0.09;0.10;0.15;0.20; 0.25;0.30;0.35;0.40;0.45
100A17	100B17	100		
150A17	150B17	150		
200A17	200B17	200		
300A17	300B17	300		

如图 2-2-7 所示是主机与轴系法兰定位检测,将直尺贴附在以轴系推力轴或第一中间轴为基准的法兰外圆的素线上,用塞尺测量直尺与之连接的柴油机曲轴或减速器输出轴法兰外圆的间隙 Z_X、Z_S,并依次在法兰外圆的上、下、左、右四个位置上进行测量。如图 2-2-8 所示是检验机床尾座紧固面的间隙小于 0.04mm。

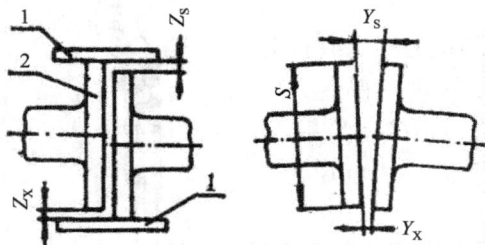

图 2-2-7 用直尺和塞尺测量轴的偏移和曲折
1—直尺; 2—法兰

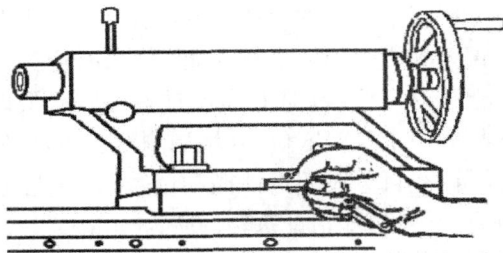

图 2-2-8 用塞尺检验车床尾座紧固面间隙

使用塞尺时必须注意下列几点:
(1) 根据结合面的间隙情况选用塞尺片数,但片数愈少愈好。
(2) 测量时不能用力太大,以免塞尺遭受弯曲和折断。
(3) 不能测量温度较高的工件。

笔记

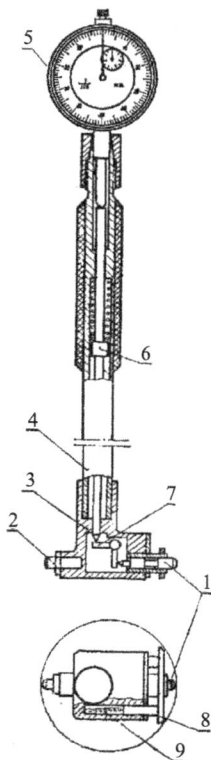

图 2 - 2 - 9　内径百分表

1—活动测头；　2—测量头；　3—三通管；　4—连杆；　5—百分表；　6—活动杆；　7—杠杆；　8—定心护桥；　9—弹簧

2. 内径百分表

内径百分表是内量杠杆式测量架和百分表的组合，如图 2-2-9 所示。用以测量或检验零件的内孔、深孔直径及其形状精度。

内径百分表测量架的内部结构，如图 2-2-9 所示。在三通管 3 的一端装着活动测量头 1，另一端装着可换测量头 2，垂直管口一端，通过连杆 4 装有百分表 5。活动测头 1 的移动，使传动杠杆 7 回转，通过活动杆 6，推动百分表的测量杆，使百分表指针产生回转。由于杠杆 7 的两侧触点是等距离的，当活动测头移动 1mm 时，活动杆也移动 1mm，推动百分表指针回转一圈。所以，活动测头的移动量，可以在百分表上读出来。

两触点量具在测量内径时，不容易找正孔的直径方向，定心护桥 8 和弹簧 9 就起了一个帮助找正直径位置的作用，使内径百分表的两个测量头正好在内孔直径的两端。活动测头的测量压力由活动杆 6 上的弹簧控制，保证测量压力一致。

内径百分表活动测头的移动量，小尺寸的只有 0～1mm，大尺寸的可有 0～3mm，它的测量范围是由更换或调整可换测头的长度来达到的。因此，每个内径百分表都附有成套的可换测头。国产内径百分表的读数值为 0.01mm，测量范围有 10～18；18～35；35～50；50～100；100～160；160～250；250～450mm。

用内径百分表测量内径是一种比较量法，测量前应根据被测孔径的大小，在专用的环规或百分尺上调整好尺寸后才能使用。调整内径百分尺的尺寸时，选用可换测头的长度及其伸出的距离（大尺寸内径百分表的可换测头，是用螺纹旋上去的，故可调整伸出的距离，小尺寸的则不能调整），应使被测尺寸在活动测头总移动量的中间位置。

内径百分表的示值误差比较大，如测量范围为 35～50mm 的，示值误差为 ±0.015mm。为此，使用时应当经常地在专用环规或百分尺上校对尺寸（习惯上称校对零位），必要时可在由块规附件装夹好的块规组上校对零位，并增加测量次数，以便提高测量精度。

内径百分表的指针摆动读数，刻度盘上每一格为 0.01mm，盘上刻有 100 格，即指针每转一圈为 1mm。

内径百分表的使用方法：

内径百分表用来测量圆柱孔，它附有成套的可调测量头，使用前必须先进行组合和校对零位，如图 2-2-10 所示。

组合时，将百分表装入连杆内，使小指针指在 0～1 的位置上，长针和连杆轴线重合，刻度盘上的字应垂直向下，以便于测量时观察，装好后应予紧固。

粗加工时，最好先用游标卡尺或内卡钳测量。因内径百分表同

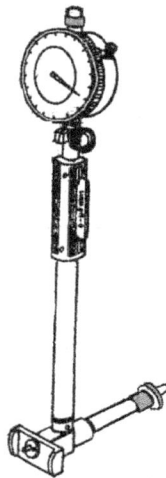

图 2 - 2 - 10　内径百分表

<<<<

其他精密量具一样属贵重仪器,其好坏与精确直接影响到工件的加工准确度和其使用寿命。粗加工时因工件加工表面粗糙不平而测量不准确,也使测头易磨损。因此,须加以爱护和保养,精加工时再进行测量。

测量前应根据被测孔径大小用外径百分尺调整好尺寸后才能使用,如图 2-2-11 所示。在调整尺寸时,正确选用可换测头的长度及其伸出距离,应使被测尺寸在活动测头总移动量的中间位置。

测量时,连杆中心线应与工件中心线平行,不得歪斜,同时应在圆周上多测几个点,找出孔径的实际尺寸,看是否在公差范围以内,如图 2-2-12 所示。

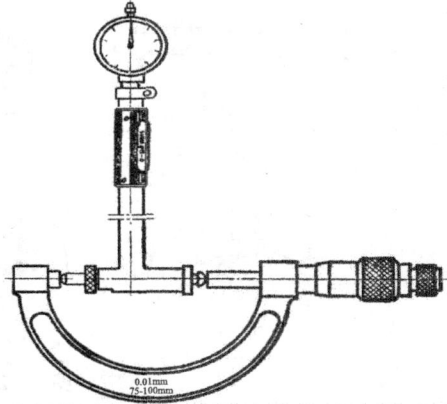

图 2-2-11　用外径百分尺调整尺寸

图 2-2-12　内径百分表的使用方法

3. 钢直尺

钢直尺是最简单的长度量具,它的长度有 150、300、500 和 1 000mm 四种规格。如 2-2-13 所示是常用的 150mm 钢直尺。

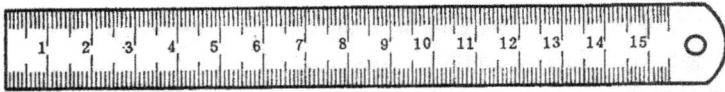

图 2-2-13　150mm 钢直尺

钢直尺用于测量零件的长度尺寸(如图 2-2-14 所示),它的测量结果不太准确。这是由于钢直尺的刻线间距为 1mm,而刻线本身的宽度就有 0.1～0.2mm,所以测量时读数误差比较大,只能读出毫米数,即它的最小读数值为 1mm;比 1mm 小的数值,只能估计而得。

如果用钢直尺直接去测量零件的直径尺寸(轴径或孔径),则测量精度更差。其原因是:除了钢直尺本身的读数误差比较大以外,还由于钢直尺无法正好放在零件直径的正确位置。

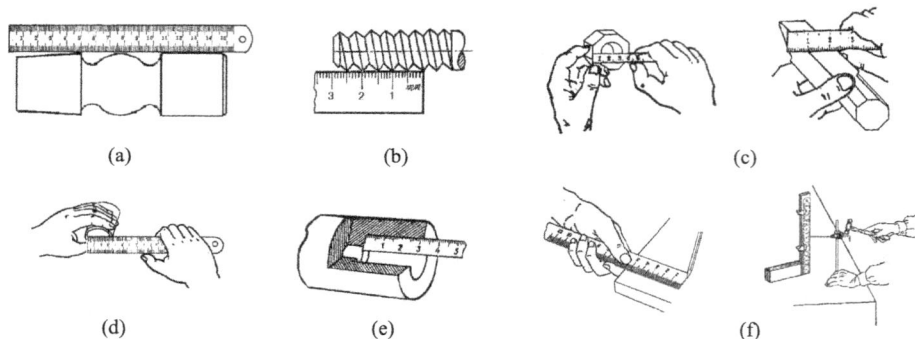

图 2 - 2 - 14　钢直尺的使用方法

（a）量长度；　（b）量螺距；　（c）量宽度；　（d）量内孔；　（e）量深度；　（f）划线

所以，零件直径尺寸的测量，也可以利用钢直尺和内外卡钳配合起来进行。

4. 内外卡钳

如图 2 - 2 - 15 所示是常见的两种内外卡钳。内外卡钳是最简单的比较量具。外卡钳是用来测量外径和平面的，内卡钳是用来测量内径和凹槽的。它们本身都不能直接读出测量结果，而是把测量得到的长度尺寸（直径也属于长度尺寸），在钢直尺上进行读数，或在钢直尺上先取下所需尺寸，再去检验零件的直径是否符合。

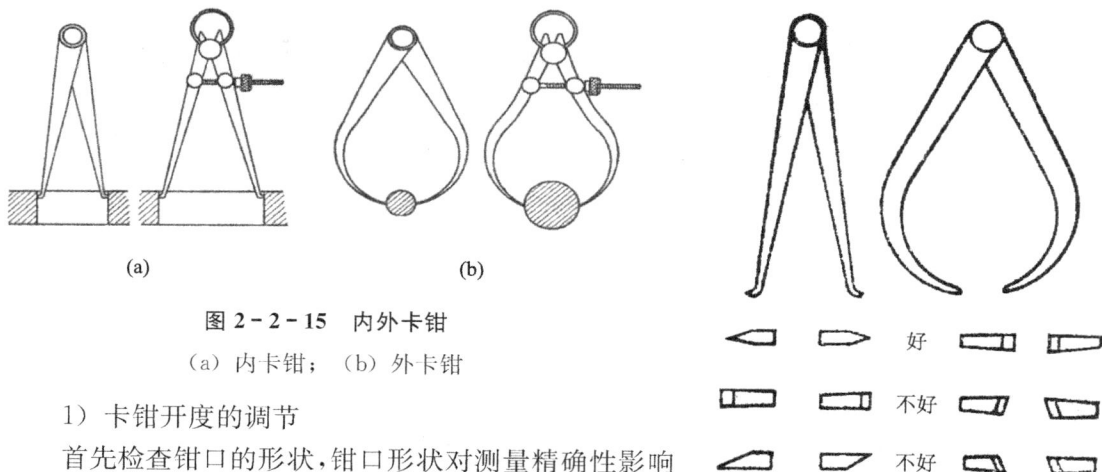

图 2 - 2 - 15　内外卡钳

（a）内卡钳；　（b）外卡钳

1）卡钳开度的调节

首先检查钳口的形状，钳口形状对测量精确性影响很大，应注意经常修整钳口的形状，如图 2 - 2 - 16 所示为卡钳钳口形状好与坏的对比。调节卡钳的开度时，应轻轻敲击卡钳脚的两侧面。先用两手把卡钳调整到和

图 2 - 2 - 16　卡钳钳口形状好与坏的对比

工件尺寸相近的开口，然后轻敲卡钳的外侧来减小卡钳的开口、敲击卡钳内侧来增大卡钳的开口，如图 2 - 2 - 17（a）所示。但不能直接敲击钳口，如图 2 - 2 - 17（b）所示，这会因卡钳的钳口损伤测量面而引起测量误差。更不能在机床的导轨上敲击卡钳，如图 2 - 2 - 17（c）所示。

2）外卡钳的使用

外卡钳在钢直尺上取下尺寸时，如图 2 - 2 - 18（a）所示，一个钳脚的测量面靠在钢直尺

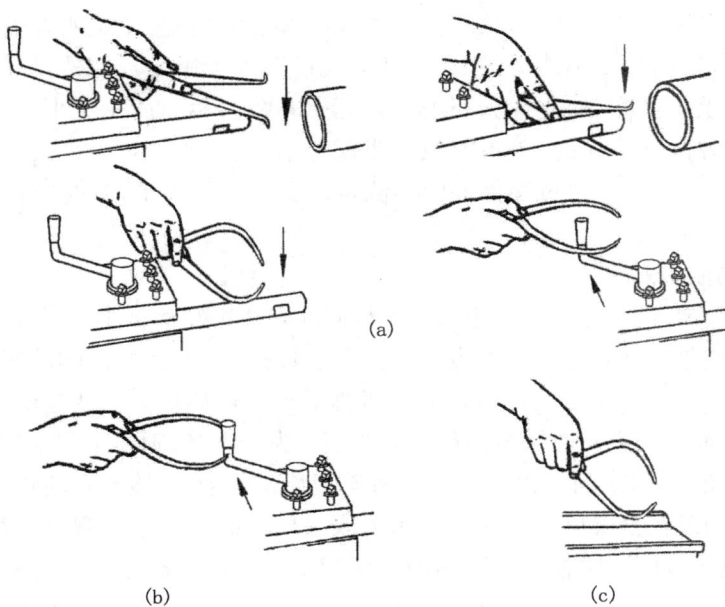

图 2-2-17　卡钳开度的调节

（a）正确；（b）错误；（c）错误

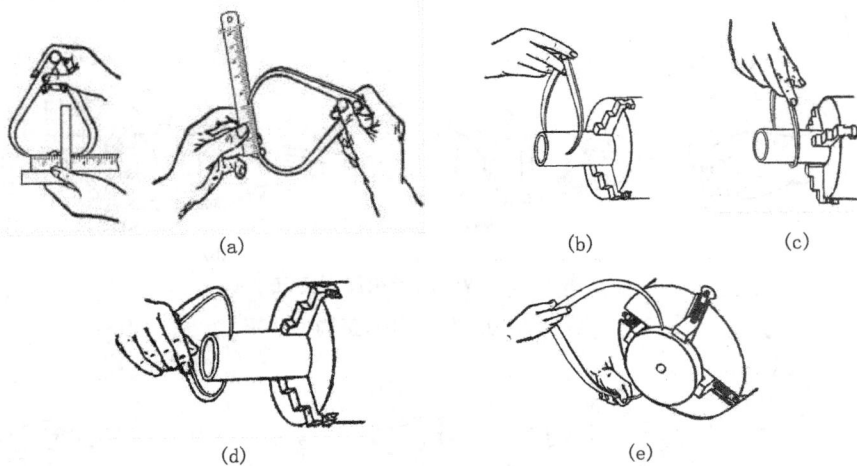

图 2-2-18　外卡钳在钢直尺上取尺寸和测量方法

（a）正确；（b）正确；（c）错误；（d）错误；（e）正确

的端面上，另一个钳脚的测量面对准所需尺寸刻线的中间，且两个测量面的联线应与钢直尺平行，人的视线要垂直于钢直尺。

　　用已在钢直尺上取好尺寸的外卡钳去测量外径时，要使两个测量面的联线垂直零件的轴线，靠外卡钳的自重滑过零件外圆时，我们手中的感觉应该是外卡钳与零件外圆正好是点接触，此时外卡钳两个测量面之间的距离，就是被测零件的外径。所以，用外卡钳测量外径,就是比较外卡钳与零件外圆接触的松紧程度,如图 2-2-18(b)以卡钳的自重能刚好滑下为合适。如当卡钳滑过外圆时,手中没有接触的感觉,就说明外卡钳比零件外径尺寸大,如靠外卡钳的自重不能滑过零件外圆,就说明外卡钳比零件外径尺寸小。切不可将卡钳歪斜地放上工件测量,这样会有误差,如图 2-2-18(c)所示。由于卡钳有弹性,把外卡钳用力压过外圆是错误的,更不能把卡钳横着卡上去,如图 2-2-18(d)所示。对于大尺寸的外卡钳,靠它自重滑过零件外圆的测量压力已经太大了,此时应托住卡钳进行测量,如图 2-2-18(e)所示。

3) 内卡钳的使用

用内卡钳测量内径时,应使两个钳脚的测量面的联线正好垂直相交于内孔的轴线,即钳脚的两个测量面应是内孔直径的两端点。因此,测量时应将下面的钳脚的测量面停在孔壁上作为支点[如图 2-2-19(a)所示],上面的钳脚由孔口略往里面一些逐渐向外试探,并沿孔壁圆周方向摆动,当沿孔壁圆周方向能摆动的距离为最小时,则表示内卡钳脚的两个测量面已处于内孔直径的两端点了。再将卡钳由外至里慢慢移动,可检验孔的圆度公差,如图2-2-19(b)所示。用已在钢直尺上或在外卡钳上取好尺寸的内卡钳去测量内径,如图 2-2-20(a)所示。就是比较内卡钳在零件孔内的松紧程度。如内卡钳在孔内有较大的自由摆动时,就表示卡钳尺寸比孔径内小了;如内卡钳放不进,或放进孔内后紧得不能自由摆动,就表示内卡钳尺寸比孔径大了,如内卡钳放入孔内,按照上述的测量方法能有 1～2mm 的自由摆动距离,这时孔径与内卡钳尺寸正好相等。测量时不要用手抓住卡钳测量,如图 2-2-20(b)所示,这样手感就没有了,难以比较内卡钳在零件孔内的松紧程度,并使卡钳变形而产生测量误差。

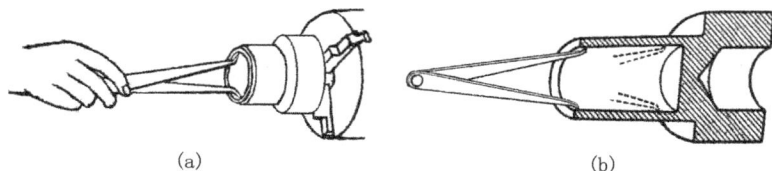

(a)   (b)

图 2-2-19 内卡钳测量方法

(a) 正确; (b) 正确

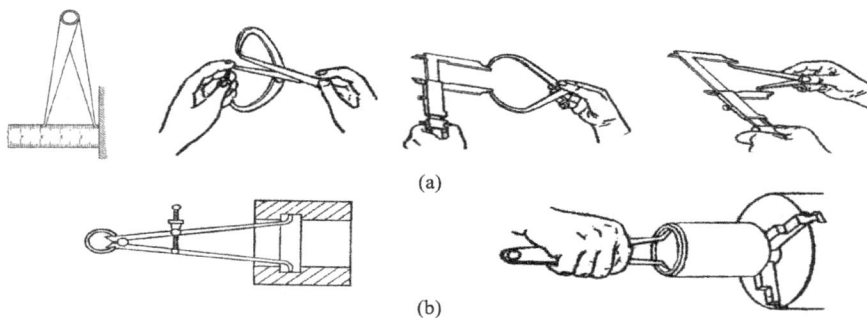

(a)

(b)

图 2-2-20 卡钳取尺寸和测量方法

(a) 正确; (b) 错误

<<<<　--------

4）卡钳的适用范围

卡钳是一种简单的量具，由于它具有结构简单、制造方便、价格低廉、维护和使用方便等特点，广泛应用于要求不高的零件尺寸的测量和检验，尤其是对锻铸件毛坯尺寸的测量和检验，卡钳是最合适的测量工具。

卡钳虽然是简单量具，但只要我们掌握得好，也可获得较高的测量精度。例如用外卡钳比较两根轴的直径大小时，就是轴径相差只有 0.01mm，有经验的老师傅也能分辨得出。又如用内卡钳与外径百分尺联合测量内孔尺寸时，有经验的老师傅完全有把握用这种方法测量高精度的内孔。这种内径测量方法，称为"内卡搭百分尺"，是利用内卡钳在外径百分尺上读取准确的尺寸，如图 2－2－21 所示，再去测量零件的内径；或内卡在孔内调整好与孔接触的松紧程度，再在外径百分尺上读出具

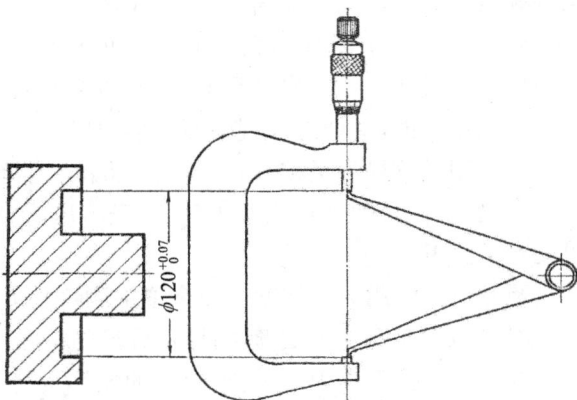

图 2－2－21　内卡搭外径百分尺测量内径

体尺寸。这种测量方法，不仅在缺少精密的内径量具时，是测量内径的好办法，而且，对于某些零件的内径，如图 2－2－21 所示的零件，由于它的孔内有轴而使用精密的内径量具有困难，这时应用内钳搭外径百分尺测量内径方法，就能解决问题。

5. 千分尺

1）千分尺结构

结构由尺架、测砧、测微螺杆、棘轮、微分筒、固定套筒和销紧装置等组成（如图 2－2－22 所示）。

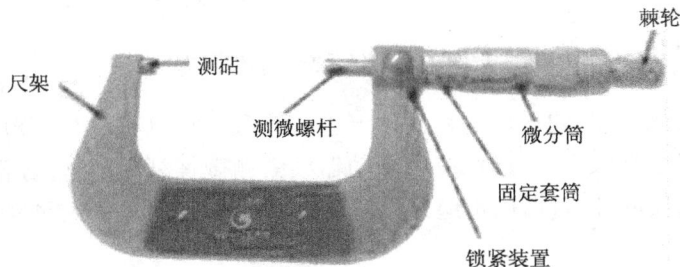

图 2－2－22　千分尺结构图

2）千分尺的使用方法

千分尺使用得是否正确，对保持精密量具的精度和保证产品质量的影响很大，指导人员和实习的学生必须重视量具的正确使用，使测量技术精益求精，务使获得正确的测量结果，确保产品质量。

使用百分尺测量零件尺寸时，必须注意下列几点：

（1）使用前，应把百分尺的两个测砧面揩干净，转动测力装置，使两测砧面接触（若测量上限大于 25mm 时，在两测砧面之间放入校对量杆或相应尺寸的量块），接触面上应没有间隙和漏光现象，同时微分筒和固定套筒要对准零位。

（2）转动测力装置时，微分筒应能自由灵活地沿着固定套筒活动，没有任何轧卡和不灵活的现象。如有活动不灵活的现象，应送计量站及时检修。

（3）测量前，应把零件的被测量表面揩干净，以免有脏物存在时影响测量精度。绝对不允许用百分尺测量带有研磨剂的表面，以免损伤测量面的精度。用百分尺测量表面粗糙的零件亦是错误的，这样易使测砧面过早磨损。

（4）用百分尺测量零件时，应当手握测力装置的转帽来转动测微螺杆，使测砧表面保持标准的测量压力，即听到嘎嘎的声音，表示压力合适，并可开始读数。要避免因测量压力不等而产生测量误差。

绝对不允许用力旋转微分筒来增加测量压力，使测微螺杆过分压紧零件表面，致使精密螺纹因受力过大而发生变形，损坏百分尺的精度。有时用力旋转微分筒后，虽因微分筒与测微螺杆间的连接不牢固，对精密螺纹的损坏不严重，但是微分筒打滑后，百分尺的零位走动了，就会造成质量事故。

（5）使用百分尺测量零件时（如图 2-2-23 所示），要使测微螺杆与零件被测量的尺寸方向一致。如测量外径时，测微螺杆要与零件的轴线垂直、不要歪斜。测量时，可在旋转测力装置的同时，轻轻地晃动尺架，使测砧面与零件表面接触良好。

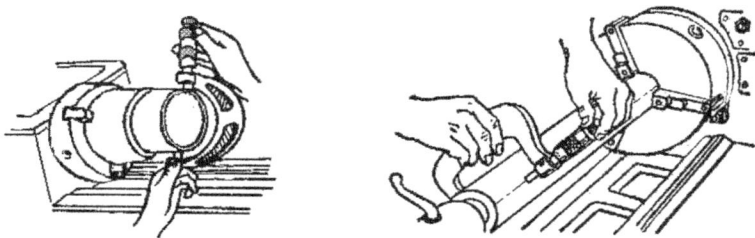

图 2-2-23　外径百分尺的使用方法

（6）用百分尺测量零件时，最好在零件上进行读数，放松后取出百分尺，这样可减少测砧面的磨损。如果必须取下读数时，应用制动器锁紧测微螺杆后，再轻轻滑出零件，把百分尺当卡规使用是错误的，因这样做不但易使测量面过早磨损，甚至会使测微螺杆或尺架发生变形而失去精度。

（7）在读取百分尺上的测量数值时，要特别留心不要读错 0.5mm。

（8）为了获得正确的测量结果，可在同一位置上再测量一次。尤其是测量圆柱形零件时，应在同一圆周的不同方向测量几次，检查零件外圆有没有圆度误差，再在全长的各个部位测量几次，检查零件外圆有没有圆柱度误差等。

（9）对于超常温的工件，不要进行测量，以免产生读数误差。

（10）用单手使用外径百分尺时，如图 2-2-24(a)所示，可用大拇指和食指或中指捏住活动套筒，小指勾住尺架并压向手掌上，大拇指和食指转动测力装置就可进行测量。

用双手测量时,可按如图 2-2-24(b)所示的方法进行。

值得提出的是下列几种使用外径百分尺的错误方法,比如用百分尺测量旋转运动中的工件,很容易使百分尺磨损,而且测量也不准确;又如贪图快一点得出读数,握着微分筒来挥转(如图 2-2-25 所示)等,这与碰撞一样,也会破坏百分尺的内部结构。

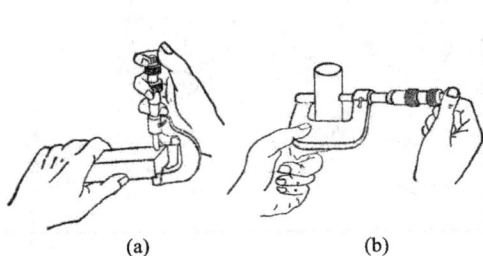

图 2-2-24　正确使用　　　　　　　　图 2-2-25　错误使用
(a) 单手使用;　(b) 双手使用

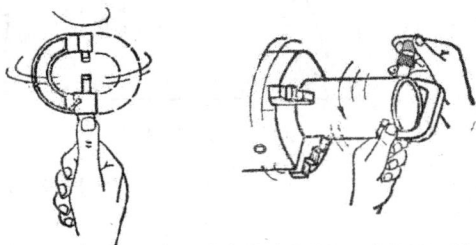

(三) 气缸圆度、圆柱度和最大磨损量

1. 气缸圆度误差定义

圆度用同一截面上最大直径与最小直径之差的一半表示,取三个圆度的最大值为气缸的圆度。气缸圆度误差达到 0.050～0.063mm,必须进行修理或更换气缸(套)。

2. 气缸圆柱度误差的定义

圆柱度误差用被测气缸所测的最大直径与最小直径之差的一半表示。圆柱度误差达到 0.175～0.250mm,必须进行修理或更换气缸(套)。

3. 最大磨损量的定义

气缸的最大磨损量用所测量的最大直径与最小直径之差的一半表示。最大磨损量达到 0.2mm,必须进行修理或更换气缸(套)。

(四) 机体组件的检修

1. 气缸的磨损检修

1) 气缸的磨损检测

气缸经长期使用后,其尺寸和形状将会改变。虽然引起发动机技术状况变坏的因素很多,但气缸磨损程度是决定发动机是否需要大修的主要依据。所以,掌握气缸磨损规律、分析气缸磨损原因、提高检测和维修质量,并在使用中减轻气缸磨损,是延长发动机使用寿命的重要措施。

(1) 气缸磨损规律。气缸正常的磨损特点是不均匀磨损。在气缸轴线方向上呈上大下小的不规则锥形磨损,最大磨损部位在第一道活塞环上止点稍下的部位;在气缸最上沿不与活塞环接触的部位,几乎没有磨损,形成一明显台阶,通常称为"缸肩";在断面上的磨损呈不规则的椭圆形,磨损最大部位往往随气缸结构、使用条件的不同而异,一般是前后或左右方向磨损最大;磨损量不大于 0.01mm/10 000km,磨损特点如图 2-2-26 所示。

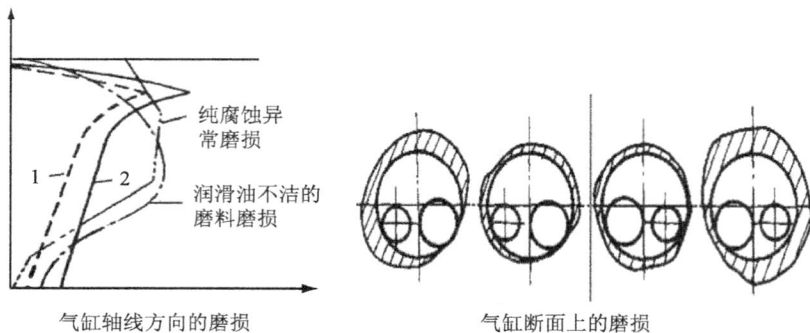

图 2-2-26　气缸磨损的规律

1—纵向；　2—横向

（2）气缸磨损的原因分析。气缸的最大磨损位置通常处在第一道活塞环上止点稍下的部位,其原因很多,首先是由于活塞环换向,其运动速度几乎为零,环的布油能力最差、润滑能力弱。其次,因爆发燃烧的压力、温度最高,可燃混合气燃烧产生的酸性氧化物生成的矿物酸最多,附着在气缸壁上不但不能被油膜完全覆盖,甚至破坏缸壁上的润滑油膜,在这个部位上,腐蚀磨损严重。第三,进气流对缸壁局部的冷却以及未雾化的燃油颗粒对局部缸壁上润滑油膜的破坏,强化了局部缸壁的"冷激"效应。第四,进气中的灰尘在此处缸壁上的附着量较多,不但能加剧此处的腐蚀磨损,也加剧了此处的磨料磨损。第五,活塞在此处所承受的侧向力大,活塞环的背压最大,容易破坏缸壁上的润滑油膜,加剧此部位的粘着磨损。所以,第一活塞环上止点稍下,其对应的缸壁上磨损量最大。但是,如有曲轴轴向间隙过大、活塞偏缸、气缸体变形等故障就会改变气缸的磨损规律,使最大磨损出现在气缸中部或下部。

（3）气缸磨损的检测。气缸的检查一般包括两项内容:一是外观检查,检查气缸的机械损伤、表面质量和化学腐蚀程度等;二是用量缸表(如图 2-2-27 所示)检测气缸的最大磨损量、圆度误差和圆柱度误差。气缸测量的方法如表 2-2-11 所示。

图 2-2-27　量缸表

表 2-2-11　气缸测量步骤

步　　骤	图　　示
（1）将百分表装在量缸表的上端,百分表表针有少量摆动即可,并且使百分表表面与活动测杆在同一方向,然后用锁紧螺母把百分表紧固。根据气缸的直径,选择合适的接杆,固定在量缸表的下端。接杆固定好后与活动测杆的总长度应比被测气缸的直径大 1.5～2mm 左右	

（续表）

步　骤	图　示
（2）矫正量缸表的尺寸。将千分尺调到被测气缸的标准尺寸，再将量缸表测杆放到千分尺中，旋转百分表表盘，使其大指针对准零位。注意观察百分表的大小指针的位置	
（3）将量缸表的测杆伸入气缸上部，测量第一道活塞环在上止点位置附近时所对应的气缸壁"Ⅰ—Ⅰ"截面，通常分别测量平行和垂直于曲轴轴线方向的直径	
（4）将量缸表下移，测量气缸中部"Ⅱ—Ⅱ"截面和下部"Ⅲ—Ⅲ"截面的平行和垂直于曲轴轴线方向的直径。"Ⅲ—Ⅲ"截面一般位于离缸套底部 10～20mm 处	

分别计算出气缸的最大磨损量、圆度和圆柱度误差。气缸的最大磨损量用所测量的最大直径与最小直径之差的一半表示；圆度用同一截面上最大直径与最小直径之差的一半表示，取三个圆度的最大值为气缸的圆度；圆柱度误差用被测气缸所测的最大直径与最小直径之差的一半表示。

测量时，应按图 2-2-28 所示摆动量缸表，摆动到指针示值为顺时针最大的位置时，即表明在此位置上测杆已与气缸轴线垂直，也就是气缸的直径位置。对于多缸发动机，最大磨损量、圆度和圆柱度误差取所有气缸中的最大值。实践证明，多数发动机前、后两缸的磨损较其他缸严重，因此测量时，应根据气缸的磨损情况重点测量前后两缸或缸肩较深的气缸。

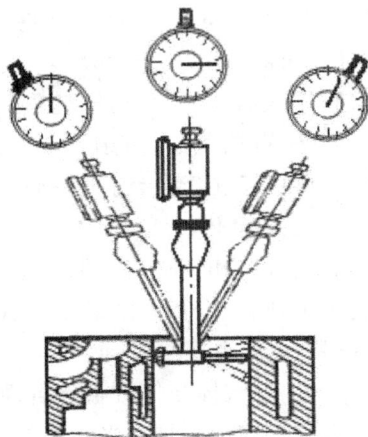

图 2-2-28　气缸测量的方法

笔记

　　当气缸的圆度误差达到 0.050～0.063mm；圆柱度误差达到 0.175～0.250mm；最大磨损量有修理尺寸的气缸达到 0.2mm，无修理尺寸的气缸（薄型缸套）达到 0.4mm 时，必须进行修理或更换气缸（套）。

　　当气缸的圆度误差和圆柱度误差均小于限值，磨损量小于 0.15mm 时，可更换活塞及活塞环。

　　2）气缸的修理

　　（1）气缸的镗削和珩磨。当气缸的圆度、圆柱度、最大磨损量超过极限或缸壁上有严重的刮伤、沟槽麻点时时，应进行镗缸修理或更换活塞-气缸套组件。若进行镗缸时，修理尺寸的确定应以磨损最大一缸为准。

　　气缸的镗削需要按照修理尺寸进行，气缸修理尺寸一般分为六级，在标准尺寸的基础上，每加大 0.25mm 为一级，现代汽车发动机的修理尺寸一般为六级，有的汽油机允许加大到 1.50mm，柴油机允许加大到 2.00mm。现代轿车发动机的修理尺寸一般为二到三级。

　　气缸修理尺寸的级数选择可按如下公式确定：

$$级数 \geqslant (D_{max} - D_0 + X)/\Delta D$$

　　式中：D_{max}——镗削前气缸的最大直径；

　　　　　D_0——气缸的标准直径；

　　　　　X——气缸的镗削余量，一般取 0.1～0.2mm；

　　　　　ΔD——修理尺寸的级差。

　　汽车维修行业常用的镗缸设备有 T716 型单柱金钢镗床和 T8011 型移动式镗磨缸机。气缸镗削后，表面有螺旋形刀痕，所以必须对气缸表面进行珩磨，使气缸具有合适的表面粗糙度和配合特性，常用的珩磨设备是 M4215 立式珩磨机。因为现代汽车发动机镗缸作业一般由专业人员操作，故镗缸和珩磨作业过程在本书中不做详细介绍。

　　（2）气缸套的镶换。气缸套磨损超过最大修理尺寸或有裂纹、与承孔配合松旷等，都必须用镶套修复法来更换气缸套。以延长气缸体的使用寿命。

　　① 干式气缸套的镶换。根据气缸套的外径尺寸，将气缸镗削至所需的尺寸，使其配合有一定过盈量。一般无凸缘的气缸套过盈量为 0.07～0.10mm，有凸缘的为 0.05～0.07mm。再在气缸套外表面涂上机油，放正气缸套，用压床以 20～50kN 的力缓慢压入。气缸压入后，上平面与气缸体上平面平齐。

　　② 湿式气缸套的镶换。首先用拉器将旧气缸套拉出，并清除气缸体承孔结合面上沉积物。再将气缸套装上水封圈，在水封圈部位涂上密封胶，用专用工具将气缸套压入气缸体内。

　　2. 气缸体与气缸盖变形的检修

　　气缸体和气缸盖变形的检查，主要是检查两者接合面的平面度。若经检验后，平面度超过规定，则应进行磨削加工，但最大磨削量不能超过其规定值，否则会影响压缩比和其他技术参数。

　　1）气缸体与气缸盖接合面平面度检验

　　气缸体和气缸盖平面度的检测，多采用刀口尺和厚薄规来检测，可按图 2-2-29 所示，将刀口尺的边缘逐一沿气缸体或气缸盖的纵向、横向和对角线方向多处进行测量，然后用厚薄规测量刀口尺边缘与被测平面之间的间隙，以确定被测平面的平面度。

2) 曲轴主轴承孔与气缸轴线垂直度检查

轴线垂直度检验如图 2－2－30 所示,当转动手柄 6 带动柱塞 3 与测头 8 并使之转动 180°时,百分表读数的差值,即表示气缸轴线对曲轴主轴承座座孔轴线在 70mm(因柱塞轴线距测量球头形触头的距离为 35mm)长度范围内的垂直度。当垂直孔长度为 210mm 时,210÷70＝3,百分表读数的差值乘以 3 为气缸全长上的垂直度。

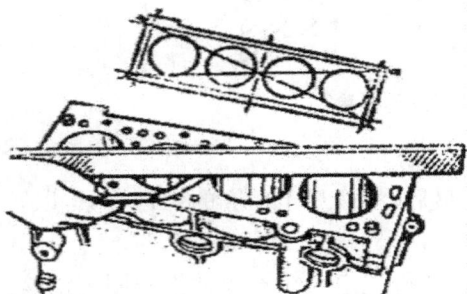

图 2－2－29 气缸盖和气缸体平面度的检验

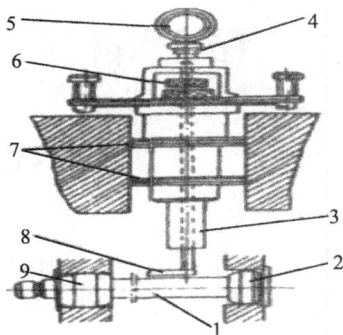

图 2－2－30 气缸轴线对曲轴轴线垂直度的检查

1—定心轴; 2—前定心套; 3—测量杆;
4—百分表触头; 5—百分表; 6—转动手柄;
7—气缸定心套; 8—测头; 9—后定心套

3) 气缸体曲轴主轴承座孔同轴度检验

在检验气缸体曲轴主轴承座孔同轴度时,先要装好轴承盖,并按规定力矩拧紧其固定螺栓,并调整座孔的圆度,使其符合规定。

各轴承座孔的轴线应与曲轴轴线重合。以气缸体两端的曲轴主轴承座孔的公共轴线为基准,全部主轴承座孔的同轴度不大于 0.15mm,相邻两道主轴承座孔的同轴度公差应不大于 0.10mm。检验气缸体主轴承座孔同轴度有以下两种方法。

(1) 量棒法。使用量棒检验,就是将与座孔直径尺寸相同的量棒插入气缸体曲轴主轴承座孔中,若各主轴承座孔的中心在同一轴线上,则量棒就能顺利通过。为了适应检验要求,量棒应做成长短不同的两根。采用量棒法进行检验,其优点是工具结构简单,缺点是通用性差,不适用修理车型较多的企业。

(2) 用同轴度检验仪进行检验。采用同轴度检验仪检验气缸体曲轴主轴承座孔同轴度的操作方法如下:

① 检验仪的安装,如图 2－2－31 所示。同轴度检测仪为轴孔同轴度检验的常用仪器。在测量时,使等臂杠杆的球形轴头 3 触及被测孔表面,当转动定心轴时,若孔不同轴,则等臂杠杆的球形触点便产生径向移动,其移动量经杠杆传给百分表,便从而测出轴孔的同轴度。

② 将定心轴及前、后定位轴套和定位圈擦净,然后把轴套分别套在定心轴两端的 ϕ40mm 的轴颈上。

③ 定心轴连同前、后轴套和定位套放在气缸体曲轴主轴承座孔中,前定位轴的法兰面应紧贴第一道主轴承座孔的外端面,0°刻度对准轴承盖接合面(此时 90°刻度线应转向气缸体上平面),定心轴上的测量限位线应与轴套法兰外端面重合,并使测量刻度线指向 270°,后

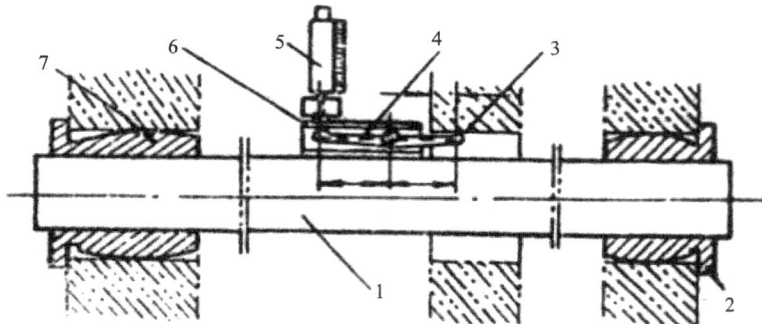

图 2-2-31 曲轴承孔同轴度误差的检验

1—心轴； 2,7—定心套； 3—钢珠； 4—等臂杠杆； 5—百分表； 6—本体

定位轴套的法兰应放在最后一道轴承座孔的油槽中。最后,将两只定位圈的螺钉拧紧,以防止定心轴轴向移动。

④ 装好气缸体曲轴的前、后两道主轴承的轴承盖,并按规定力矩拧紧轴承盖固定螺栓。检验并确保安装后定心轴在轴套内能均匀、灵活地转动。

⑤ 旋动本体上的压板螺母,使其顶面与压板尾端齐平。松开调节螺钉,使尾部离开等臂杠杆。将等臂杠杆的触头插入待测座孔中,使触头与座孔表面接触及本体后端面上的定位刻度线垂直落到定心轴纵横刻度线的交点上,然后拧紧压板螺母。再把百分表安装在本体上,拧动调节螺钉,使表针压缩一周半,然后把螺母固定住。

⑥ 取任意位置将百分表调零,利用手柄顺时针转动心轴,并同时观察百分表的读数,表针的摆动量,即为轴线的偏差值。

气缸体变形必须进行修理,主要通过定位镗缸、导向镗削曲轴轴承(或轴承承孔)、修整气缸体上平面与后端面等方法进行。曲轴轴承承孔的导向镗削是在由于拉缸或烧轴承引起的缸体严重变形或承孔严重磨损情况下,在曲轴轴承镗床上,利用导向镗芯轴,以两端曲轴轴承承孔为基准镗削承孔,校正承孔和轴承的同轴度和承孔圆度,然后再用刷镀技术恢复承孔直径的修理工艺。

气缸体上平面与气缸盖下平面的平面度可通过铲削或磨削加工进行修理。

3. 气缸体与气缸盖裂纹与螺纹损伤的检修

1) 气缸体与气缸盖裂纹的检修

气缸体与气缸盖容易产生裂纹的部位往往与它们的结构有关、与它们的工作条件和使用不当有关。常见的有曲轴箱的共振裂纹;水套的冰冻裂纹;气缸套承孔因型芯偏移,加上修理尺寸级数过多和镶装气缸套过盈量过大,压装工艺不当等造成的裂纹。

气缸体与气缸盖裂纹的检查,通常采用水压法试验,如图 2-2-32 所示。方法是:将气缸盖及气缸衬垫装在气缸体上,将水压机出水管接头与气缸前端水泵入水口处连接好,堵住其他水道口,然后将水压入水套,在 $300 \sim 400 kPa$ 的压力下,保持 5min,气缸体和气缸盖应无渗漏。如气缸体、气缸盖由里向外有水珠渗出,即表明该处有裂纹。对曲轴箱等应力大的部位的裂纹采取加热减应力焊进行修理,对水套及其应力小的部位的裂纹可以采用胶粘或补漏剂修复。

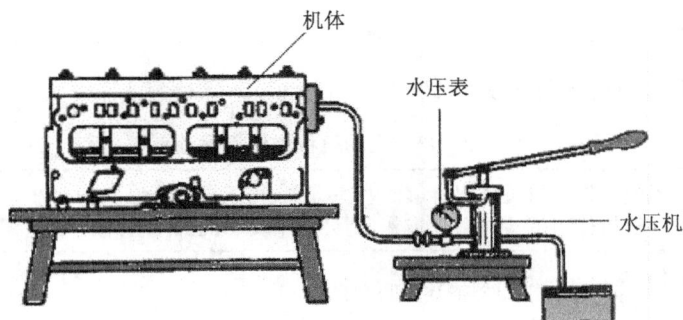

图 2 - 2 - 32　气缸体、气缸盖的水压试验

2）螺纹损伤的检验

螺纹的损伤，常发生在螺纹孔的入口处，可用检视法进行检验，并要求气缸盖上装火花塞的螺纹孔螺纹损伤不得超过 1 牙，气缸体和气缸盖上其他螺纹孔螺纹损伤不能超过 2 牙。对于螺纹孔内的螺纹，可以用与螺纹相配合的螺柱作旋入检验，若螺柱能顺利地拧到底且无松动感，则视为合格，否则应进行修理，通常采取加大螺纹直径的方法来处理。

3）几种常见国产车型的气缸盖的形位公差

几种国产车型气缸盖和气缸体—曲轴箱的形位公差如表 2 - 2 - 12 所示。

表 2 - 2 - 12　几种国产车型气缸盖的形位公差要求　　　　　　　　（mm）

项目 \ 车型		上海桑塔纳	捷达	富康	北京 BJ2022 1040	天津 TJ7100 7100V	解放 CA1091	东风 EQ1090
下平面的平面度 /mm	全长	0.05	0.10	0.05	0.10	<0.05	0.20	0.10
	局部				50：0.025		100：0.05	100：0.03
气缸盖厚度/mm		>132.6	>132.6	>111		126	105.8±0.10	106
气缸盖厚度减小不大于 /mm						0.30	1.5	1
燃烧室容积/(mL)					88±3	39	116±3	137.2±3
各缸燃烧室容积差不大 /mL					3	1.5	3	4
进、排气平面的平面度 /mm		<0.10		<0.10	<0.10	<0.10		0.30

几种国产车型气缸体—曲轴箱的形位公差要求（mm）					
项　目		车　型	解放 CA1091	东风 EQ1090	北京 BJ1040
上下平面的平面度公差	在全长上	出厂规定	0.10	0.15	0.10
		大修允许	0.30	0.15	0.10
	每 50mm 长度上	出厂规定	100：0.05	0.025	0.05
		大修允许	100：0.05	100：0.05	0.05

三、制订拆检计划

制订发动机机体组拆解计划如表2-2-13所示。

表2-2-13　发动机机体组拆解计划

1. 查阅维修手册,熟悉汽车发动机机体组拆解作业注意事项 2. 查阅资料,了解发动机机体组拆检项目和步骤,制订汽车发动机机体组拆解计划		
1. 车辆发动机类型信息描述	发动机类型描述信息描述	
2. 汽车发动机曲柄连杆机构的机体拆检作业注意事项描述	(1) 一些重要的螺钉、螺栓、螺母连接件,如气缸盖,安装时应按顺序,分数次(一般分三次)逐步拧紧到规定的扭矩。拆卸时也应按顺序逐步均匀拧松,以免零件变形。缸盖螺栓拧紧顺序,一般按先中间、后两旁,对角线交叉的原则进行 (2) 拆卸前应对零件在制造时所做的记号加以核对和辨认,没有记号时,要在零件非工作面上做出必要的记号 (3) 拆油底壳时螺丝时应该分二到三次,且用力不能过大。若是在车上拆油底壳时,应先拆下副梁和发动机橡胶支撑	
3. 发动机曲柄连杆机构机体组信息描述	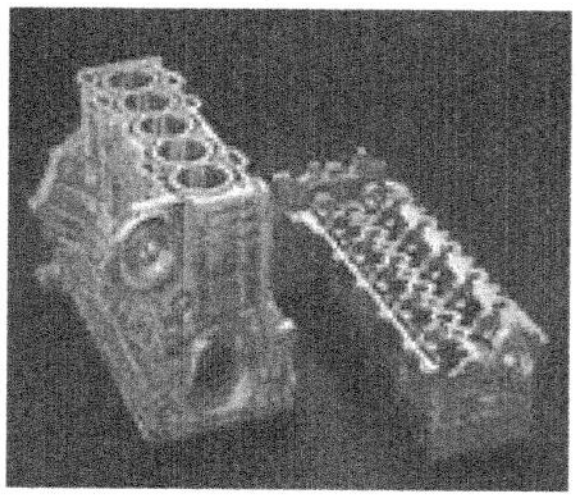 _____和_____  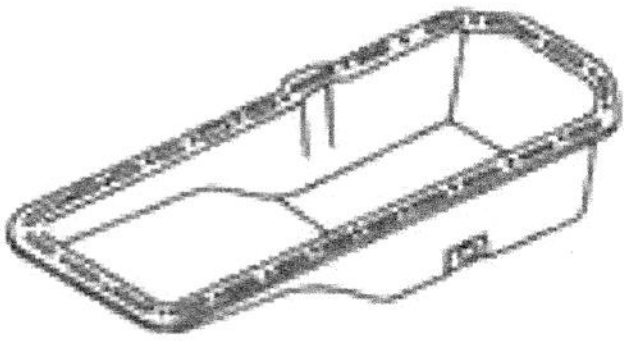 _____和_____	
4. 发动机曲柄连杆机构机体组拆卸描述		
5. 汽车发动机曲柄连杆机构分解计划	➤ 分解工具的准备 ➤ 分解步骤的确定 ➤ 分解作业安全事项的学习	

四、实施拆检作业

汽车发动机机体组拆解作业如表 2 – 2 – 14 所示。

表 2 – 2 – 14　汽车发动机机体组拆解作业

1. 学习汽车发动机曲柄连杆机构分解作业安全事项 2. 会正确对汽车发动机曲柄连杆机构分解作业			
1. 汽车发动机曲柄连杆机构机体组分解计划描述			
2. 汽车发动机曲柄连杆机构分解作业安全事项学习	(1) 注意人身和机件的安全,不了解情况的先了解后动手,特别是注意在车底下工作时的人身安全,操作时工具和地板必须保持清洁 (2) 未经许可,不准扳动机件和乱动电器按钮开关 (3) 注意防火 (4) 认真接受实习前的安全知识教育		

	作业项目	作业要领	技　术　标　准	检查记录
3. 汽车发动机曲柄连杆机构分解	分解工具设备选用	(1) 扭力扳手 (2) 开口扳手 (3) 活动扳手 (4) 套筒扳手	(1) 扭力扳手常用有 294N·m,490 N·m 两种 (2) 开口扳手开口的中心平面和本体中心平面成 15°角,这样既能适应人手的操作方向,又可降低对操作空间的要求 (3) 活动扳手常用有 150mm,300mm 两种 (4) 常用套筒扳手的规格是 10～32mm	(1) 选用的扭力扳手为 _____ (2) 选用的开口扳手为 _____ (3) 选用的活动扳手为 _____ (4) 选用的套筒扳手为 _____
	分解步骤	(1) 拆卸气缸盖总成附件。若在拆卸总成前未拆去附件,则应拆卸进气管总成、排气管总成、火花塞及其垫圈 (2) 拆卸加油口盖 (3) 拆卸气门罩盖,分批逐渐松开坚固螺母,取下气门罩盖 (4) 取下气门罩盖压条 (5) 取下气门罩盖密封条和衬垫 (6) 按顺序旋松气缸盖螺栓,旋出螺栓,抬下气缸盖 (7) 将发动机反转倒置在工作台架上 (8) 分两次拧松油底壳的螺栓,取下油底壳 (9) 拆下集滤器	(1) 油底壳是否有漏洞: _____ (2) 密封圈是否损坏: _____ (3) 各个螺栓的状况: _____ _____、_____ _____、_____ _____、_____ _____、_____ _____、_____等
检查的结论和体会				

笔记

五、检验评估

项目二任务 2.2 的检验评估，如表 2-2-15 所示。

表 2-2-15　检验评估

评价指标	检验说明	检验记录
维护检查项目	➢ 拆解工具设备 ➢ 检查是否漏油 ➢ 检查零部件的损坏情况	
汽车发动机机体组件拆解过程情况		

评价内容	检验指标	权重	自评	互评	总评
检查任务完成情况	1. 完成任务的情况 2. 任务完成的质量 3. 在小组完成任务过程中所起的作用	4			
专业知识和专业技能	1. 能描述发动机机体组件的结构 2. 会使用塞尺、量缸表、钢直尺、刀口尺、千分尺 3. 能描述气缸的圆度和圆柱度 4. 懂得机体组件的拆卸和检修	8			
职业素养	1. 学习态度：积极主动参与学习 2. 团队合作：与小组成员一起分工合作，不影响学习进度 3. 现场管理：服从工位安排、执行实训室"5S"管理规定	3			
综合评议与建议					

项目拓展

想一想：

1. 桑塔纳 3000 与其他车型发动机的曲柄连杆机构机体组的拆卸步骤是否相同

2. 其他车型汽车发动机曲柄连杆机构机体组的拆卸步骤

任务 2.3　拆检活塞连杆组件

任务描述	一辆桑塔纳 3000 汽车在行驶时有冒黑烟、加速不良等现象，经维修接待和车间检测确定后，需对活塞连杆组件进行拆检
任务目标	1. 能说出活塞连杆组件的结构组成、类型和作用 2. 会正确使用游标卡尺、千分尺测量活塞圆度和圆柱度 3. 会使用连杆检测仪对连杆进行测量和矫正 4. 会进行活塞连杆组件的选配、检修和拆装

一、维修接待

按照表2-3-1完成待修车辆的维修接待，并准确填写接车问诊表。

表2-3-1　维修接待与接车问诊表

1. 通过询问客户了解发动机发生故障情况，填写接车问诊表
2. 车间检测结果，初步确认是需对活塞连杆组拆检及更换故障零部件

接 车 问 诊 表

车牌号：_____　　车架号：_____　　行驶里程：_____（km）

用户名：_____　　电　话：_____　　来店时间：_____/_____

用户陈述及故障发生时的状况：**一辆桑塔纳3000汽车在行驶时有冒黑烟、加速不良等现象**

故障发生状况提示：**行驶速度、发动机状态、发生频度、发生时间、部位、天气、路面状况、声音描述**

接车员检测确认建议：**需对发动机曲柄连杆机构进行综合修理**

车间检测确认结果及主要故障零部件：**需对发动机曲柄连杆机构进行综合修理，必要时更换故障零部件**

车间检查确认者：_____

外观确认：

（请在有缺陷部位作标识）

功能确认：（工作正常✓　不正常×）
□音响系统　　□门锁（防盗器）　□全车灯光　□工具
□后视镜　　　□顶窗　　　　　　□座椅　　　□点烟器
□玻璃升降器　□玻璃

物品确认：（有✓　无×）
□贵重物品提示
□工具　□备胎　□灭火器
□其他（　　　　　　　）
旧件是否交还用户　□是　□否
用户是否需要洗车　□是　□否

· 检测费说明：本次检测的故障如用户在本店维修，检测费包含在修理费用内；如用户不在本店维修，请您支付检测费。本次检测费：¥_____元。
· 贵重物品：在将车辆交给我店检查修理前，已提示将车内贵重物品自行收起并保存好，如有遗失恕不负责。

接车员：_____　　　　用户确认：_____

二、信息收集与处理

按照表2-3-2完成任务2.3的信息收集与处理。

笔记

表 2 - 3 - 2　信息收集与处理

序号	部件名称	作　　用
1		
2		
3		
4		
5		
6		
7		

1. 活塞连杆组件的构造：_____；_____；_____；和
_____等

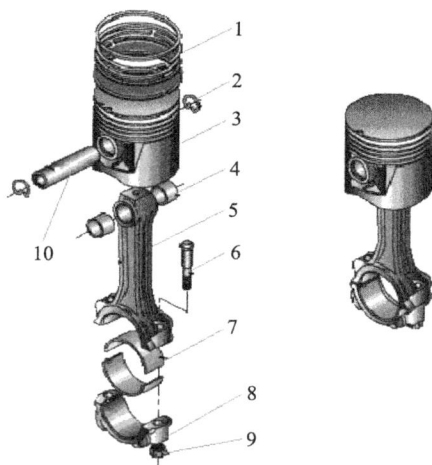

图 2 - 3 - 1　活塞连杆组

1—活塞环；　2—活塞销卡环；
3—活塞；　4—活塞销铜套；　5—连
杆；　6—连杆螺栓；　7—连杆轴承；
8—连杆盖；　9—连杆螺母；　10—活
塞销

（一）活塞连杆组件的结构组成、类型和作用

1. 活塞连杆组体的结构组成

活塞连杆组件由活塞、活塞环、活塞销、连杆等机件组成，如图 2 - 3 - 1 所示。

2. 活塞

1）作用

活塞的主要功用是承受燃烧气体压力，并将此力通过活塞销传给连杆以推动曲轴旋转。此外活塞顶部与气缸盖、气缸壁共同组成燃烧室。

2）活塞的工作条件

活塞在高温、高压、高速、润滑不良的条件下工作。活塞直接与高温气体接触，瞬时温度可达 2 200℃以上，受热严重而散热条件又很差，所以活塞工作时温度很高，顶部高达 350～450℃，且温度分布很不均匀。活塞顶部承受气体压力很大，特别是做功行程中压力最大，汽油发动机中压力高达 3～5MPa，柴油发动机中压力高达 6～9MPa，这就对活塞产生冲击，并承受侧压力的作用。活塞在气缸内以很高的速度(8～12m/s)往复运动，且速度在不断地变化，这就产生了很大的惯性力，使活塞受到很大的附加载荷。活塞在这种恶劣的条件下工作，会产生变形并加速磨损，还会产生附加载荷和热应力，同时受到燃气的化学腐蚀作用。因此要求活塞具有以下特点：

（1）要有足够的刚度和强度。

（2）导热性能好，要耐高压、耐高温、耐磨损。

（3）质量小，质量轻，尽可能地减小往复惯性力。

铝合金材料基本上满足上面的要求，因此，活塞一般都采用高强度铝合金，但在一些低速柴油机上采用灰铸铁材料。

3）活塞的结构

活塞可分为三部分：活塞顶部、活塞头部和活塞裙部，如图 2-3-2 所示。

（1）活塞顶部。活塞顶部承受气体压力，它是燃烧室的组成部分，其形状、位置、大小都和燃烧室的具体形式有关，都是为满足可燃混合气形成和燃烧的要求。根据其顶部形状，活塞可分为四大类：平顶活塞、凹顶活塞、凸顶活塞和成型活塞，如图 2-3-3 所示。

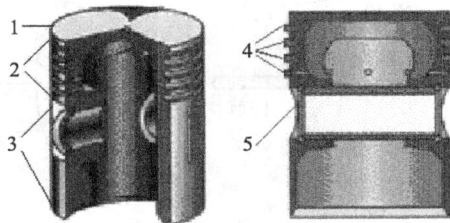

图 2-3-2　活塞

1—活塞顶部；　2—活塞头部；　3—活塞裙部；　4—活塞环；　5—活塞销座孔

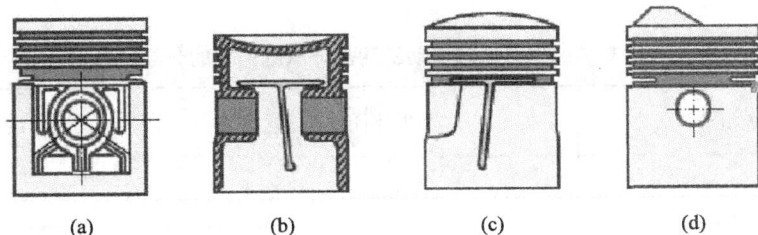

图 2-3-3　活塞顶部的形状

（a）平顶活塞；　（b）凹顶活塞；　（c）凸顶活塞；　（d）成型顶活塞

平顶活塞顶部是一个平面，结构简单，制造容易，受热面积小，顶部压力分布较为均匀，一般用在汽油机上。

凸顶活塞顶部凸起呈球顶形，其顶部强度高，起导向作用，有利于改善换气过程。二冲程汽油机常采用凸顶活塞。

凹顶活塞顶部呈凹陷形，凹坑的形状和位置必须有利于可燃混合气的燃烧，有双涡流凹坑、球形凹坑、U 形凹坑等，一般用在柴油机上。

成型顶活塞顶部呈不规则形状，有利于改善换气过程，一般用在二冲程汽油机上采用。

有的活塞顶部打有剪头作为装配记号，安装时剪头指向前方。如图 2-3-4 所示为一般活塞顶部的标记，标号 1～8 依次表示：发动机前方标记、气缸的顺序记号、裙部直径的尺寸组别标记、修理尺寸的标记、测量硬度处、活塞质量组别、技术检验的验印、在裙部此边开槽。

笔记

如图 2-3-5 所示为富康轿车发动机活塞顶部标记,A,B,C 分别代表活塞与缸套内径分组尺寸。在选配时,活塞应与缸套内径分组尺寸的打印标记对应配套,如表 2-3-3 所示。富康轿车采用分组选配方式,主要是为了使普通修理部门能在较低的加工精度下,可以获得较高的装配精度,在较低的生产成本下保证较好的使用性能。

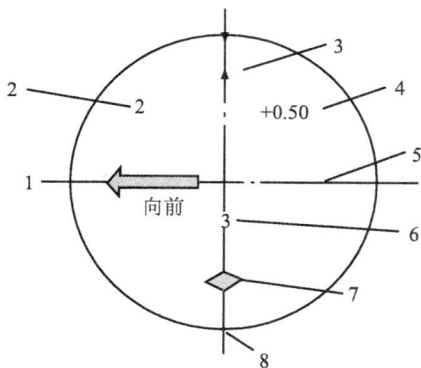

图 2-3-4　一般活塞顶部的标记

1—前方标记;　2—顺序记号;
3—裙部尺寸组别标记;　4—修理尺寸示记;　5—测量硬度处;　6—活塞质量组别;　7—技术检验印;
8—在裙部此边开槽

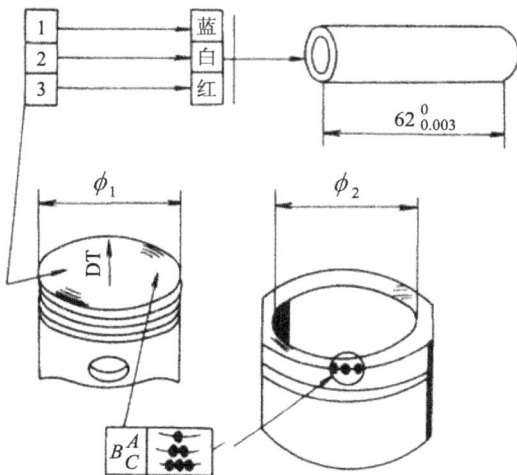

图 2-3-5　富康轿车 TU 发动机活塞及缸套标记

表 2-3-3　富康轿车发动机活塞与气缸内径的分组尺寸　　　　　　(单位:mm)

活塞标记	活塞外径	缸套内径
A	$74.950^{+0.01}_{0}$	$75.00^{+0.01}_{0}$
B	$74.960^{+0.01}_{0}$	$75.01^{+0.01}_{0}$
C	$74.970^{+0.01}_{0}$	$75.02^{+0.01}_{0}$

(2) 活塞头部。活塞头部指第一道活塞环槽到活塞销孔以上部分。它有数道环槽,用以安装活塞环,起密封作用,又称为防漏部。柴油机压缩比高,一般有四道环槽,上面三道安装气环,最后一道安装油环。汽油机一般有三道环槽,其中有两道气环槽和一道油环槽,在油环槽底面上钻有许多径向小孔,使被油环从气缸壁上刮下的机油经过这些小孔流回油底壳。第一道环槽工作条件最恶劣。活塞顶部的热量主要也是经过头部通过活塞环传给气缸壁,再由冷却水传出去。

(3) 活塞裙部。活塞裙部指从油环槽下端面起至活塞最下端的部分,它包括装活塞销的销座孔。活塞裙部对活塞在气缸内的往复运动起导向作用,并承受侧压力。裙部的长短取决于侧压力的大小和活塞直径。所谓侧压力是指在压缩行程和做功行程中,作用在活塞顶部的气本压力的水平分力使活塞压向气缸壁。压缩行程和做功行程气体的侧压力方向正好相反,由于燃烧压力大大高于压缩压力,所以,做功行程中的侧压力也大大高于压缩行程中的侧压力。活塞裙部承受侧压力的两个侧面称为推力面,它们处于与活塞销轴线相垂直的方向上。

由于活塞裙部的厚度很不均匀,活塞销座孔部分的金属厚,受热膨胀量大,沿活塞销座轴线方向的变形量大于其他方向。另外,裙部承受气体侧压力的作用,导致沿活塞销轴向变形量较垂直活塞销方向大(如图 2-3-6 所示)。这样,如果活塞冷态时裙部为圆形,那么工作时活塞就会变成一个椭圆,使活塞与气缸之间圆周间隙不相等,造成活塞在气缸内卡住,发动机就无法正常工作。因此,在加工时预先把活塞裙部做成椭圆形。椭圆的长轴方向与销座垂直,短轴方向沿销座方向,这样活塞在工作时趋近于正圆。

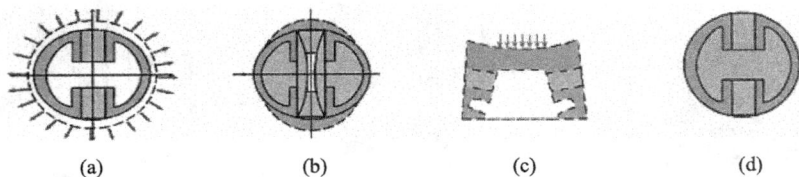

图 2-3-6 活塞裙部的椭圆变形

(a) 销座热膨胀; (b) 挤压变形; (c) 弯曲变形; (d) 裙部变形

活塞沿高度方向的温度和质量分布很不均匀,因此活塞在工作时受热膨胀也不均匀,膨胀呈上部大、下部小。为了使工作时活塞上下直径趋于相等,即为圆柱形,就必须预先把活塞制成上小下大的阶梯形或锥形,如图 2-3-7 所示。

为了减小活塞裙部的受热量,通常在裙部开横向的隔热槽。为了补偿裙部受热后的变形量,裙部开有纵向的膨胀槽。槽的形状有"T"形或"Ⅱ"形(见图 2-3-8)。横槽一般开在最下一道环槽的下面,裙部上边缘销座的两侧(也有开在油环槽之中的),以减小头部热量向裙部传递,故称为隔热槽。竖槽会使裙部具有一定的弹性,从而使活塞装配时与气缸间具有尽可能小的间隙,而在热态时又具有补偿作用,不致造成活塞在气缸中卡死,故将竖槽称为膨胀槽。裙部开竖槽后,会使其开槽的一侧刚度变小,在装配时应使其位于做功行程中承受侧压力较小的一侧。柴油机活塞受力大,裙部一般不开槽。

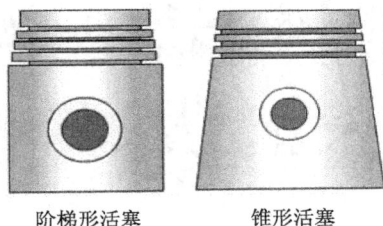

图 2-3-7 活塞形状

阶梯形活塞　　　锥形活塞

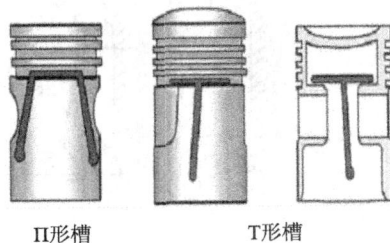

图 2-3-8 开槽活塞

Ⅱ形槽　　　T形槽

有些活塞为了减轻重量,在裙部开孔或把裙部不受侧压力的两边切去一部分,以减小惯性力,减小销座附近的热变形量,形成拖板式活塞(如图 2-3-9 所示)或短活塞。拖板式结构裙部弹性好,质量小,活塞与气缸的配合间隙较小,适用于高速发动机。

　　为了减小铝合金活塞裙部的热膨胀量,目前在汽车上广泛采用双金属活塞,根据其结构和工作原理不同,双金属活塞可分为自动调节式(如图 2-3-10 所示)、筒形钢片式和恒范钢片式(如图 2-3-11 所示)等数种。一般在活塞裙部或销座内嵌入钢片。恒范钢片式活塞的结构特点是:由于恒范钢为含镍33%~36%的低碳铁镍合金,其膨胀系数仅为铝合金的1/10,而销座通过恒范钢片与裙部相连,牵制了裙部的热膨胀变形量。自动调节式活塞由膨胀系数较小的低碳钢片贴在销座铝层内侧,一方面依靠钢片的牵制作用,另一方面是利用钢片与铝壳之间的双金属效应来减小裙部侧压力方向的膨胀量。

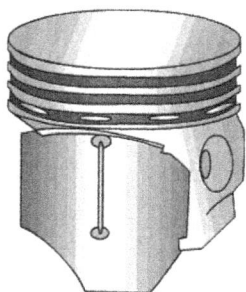

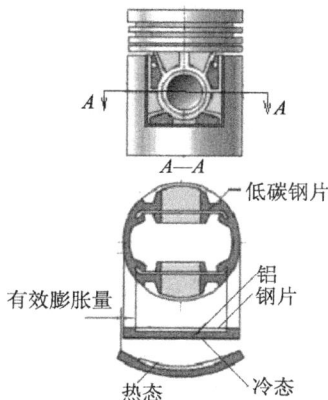

图 2-3-9　拖板式活塞　　　图 2-3-10　自动调节式活塞　　　图 2-3-11　恒范钢片式活塞

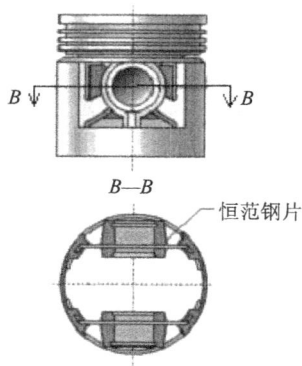

　　一般发动机活塞销座孔的中心线与活塞中心线相交。但有的高速汽油机上,活塞销孔中心线是偏离活塞中心线平面的,向做功行程中受主侧压力的一方偏移了1~2mm(如图 2-3-12 所示)。这种结构可使活塞在从压缩行程到做功行程中较为柔和地从压向气缸的一面过渡到压向气缸的另一面,以减小敲缸的声音。在安装时,这种活塞销偏置的方向不能装反,否则换向敲击力会增大,使裙部受损。

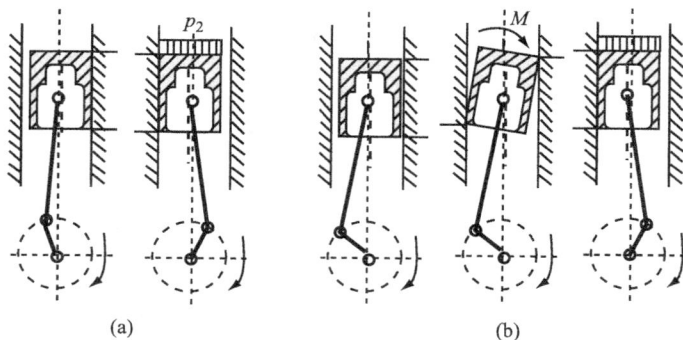

图 2-3-12　活塞销偏置时的工作情况
(a)活塞销对中布置;　(b)活塞销偏置

3. 活塞环

活塞环按其功用可分为气环和油环两类,如图 2-3-13 所示。

　　活塞环在高温、高压、高速和润滑极其困难的条件下工作,尤其是第一道环最为困难,目前广泛采用的活塞环材料是合金铸铁(在优质灰铸铁中加入少量铜、铬、钼等合金元素),第一道环镀铬,其余环一般镀锡或磷化。

图 2 - 3 - 13　活塞环

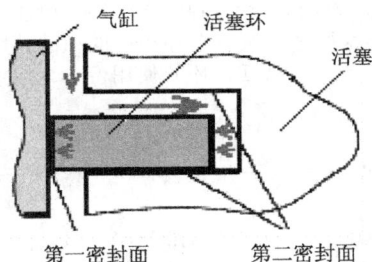

　　1)气环

　　(1)气环的功用。气环是保证气缸与活塞间的密封性,防止漏气,并且要把活塞顶部吸收的大部分热量传给气缸壁,由冷却水带走。其中密封作用是主要的,因为密封是传热的前提。如果密封性不好,高温燃气将直接从气缸表面流入曲轴箱。这样不但使环面和气缸壁面贴合不严而不能很好散热,而且,由于外圆表面吸收附加热量而导致活塞和气环烧坏。

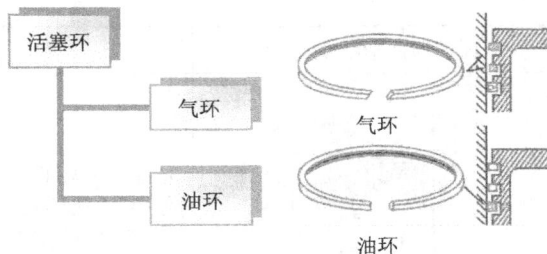

图 2 - 3 - 14　活塞环的密封

　　气环开有切口,具有弹性,在自由状态下外径大于气缸直径,它与活塞一起装入气缸后,外表面紧贴在气缸壁上,形成第一密封面,被封闭的气体进入了环与环槽的空隙,一方面把环压到环槽端面形成第二密封面,同时,作用在环背的气体压力又大大加强了第一密封面的密封作用(如图 2 - 2 - 14 所示)。气环密封效果一般与气环数量有关,汽油机一般采用 2 道气环,柴油机一般多采用 3 道气环。

　　(2)气环的形状。气环的断面形状很多,最常见的有矩形环、扭曲环、锥面环、梯形环和桶面环,如表 2 - 3 - 4 所示。

表 2 - 3 - 4　气环断面形状

环的断面形状及图示		说　　　　明
矩形环		断面为矩形,其结构简单、制造方便、易于生产,应用最广。但是矩形环随活塞往复运动时,会把气缸壁面上的机油不断送入气缸中。这种现象称为"气环的泵油作用"
锥面环		断面呈锥形,外圆工作面上加工一个很小的锥面(0.5°～1.5°),减小了环与气缸壁的接触面,提高了表面接触压力,有利于磨合和密封。活塞下行时,便于刮油;活塞上行时,由于锥面的"油楔"作用,能在油膜上"飘浮"过去,减小磨损,安装时,不能装反,否则会引起机油上窜

笔 记

环的断面形状及图示	说　明
扭曲环	是在矩形环的内圆上边缘或外圆下边缘切去一部分,使断面呈不对称形状,在环的内圆部分切槽或倒角的称内切环,在环的外圆部分切槽或倒角的称外切环。装入气缸后,由于断面不对称,产生不平衡力的作用,使活塞环发生扭曲变形。活塞上行时,扭曲环的边缘与环槽的上、下端面接触,扭曲环在环槽中上、下跳动的行程缩短,可以减轻"泵油"的副作用。目前被广泛地应用于第2道活塞环,安装时必须注意断面形状和方向,内切口朝上,外切口朝下,不能装反。扭曲环目前在发动机上应用较广泛
梯形环	断面呈梯形,工作时,梯形环在压缩行程和做功行程随着活塞受侧压力的方向不同而不断地改变位置,这样会把沉积在环槽中的积碳挤出去,避免了环被粘在环槽中而折断。可以延长环的使用寿命。但主要缺点是加工困难,精度要求高
桶面环	桶面环的外圆为凸圆弧形,是近年来兴起的一种新型结构。当桶面环上下运动时。均能与气缸壁形成楔形空间,使机油容易进入摩擦面,减小磨损。由于它与气缸呈圆弧接触,故对气缸表面的适应性和对活塞偏摆的适应性均较好,有利于密封,但凸圆弧表面加工较困难

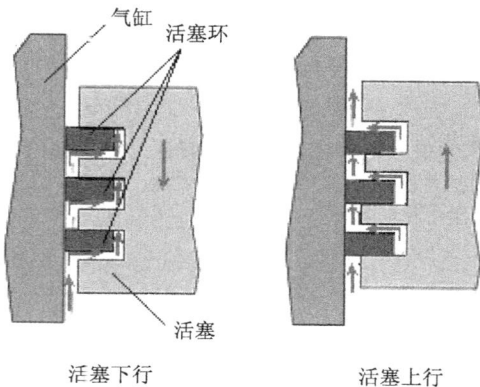

图 2-3-15　气环的泵油原理

（3）气环的泵油作用。气环的泵油原理如图 2-3-15 所示。活塞下行时,由于环与缸壁之间的摩擦阻力以及环本身的惯性,环将压靠着环槽的上端面,缸壁上的机油就被刮入下边隙与背隙内。当活塞上行时,环又压靠着环槽的下端面上,结果第一道环背隙里的油就进入气缸中。如此反复,结果就像油泵的作用一样,将缸壁的机油最后压入燃烧室。

2）油环

（1）油环的功用。油环起布油和刮油的作用,下行时刮除气缸壁上多余的机油,上行时在气缸壁上铺涂一层均匀的油膜。这样既可以防止机油窜入气缸燃烧掉,又可以减少活塞、活塞环与气缸壁的摩擦阻力,此外,油环还能起到封气的辅助作用。

（2）油环的分类。油环分为普通油环和组合油环,如图 2-3-16 所示。

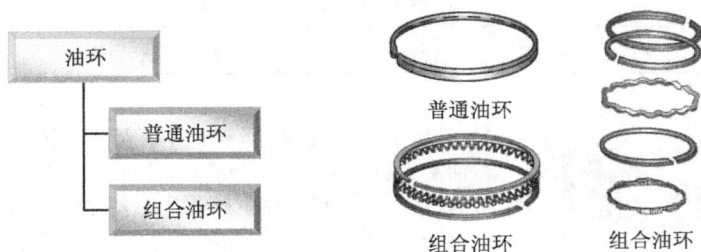

图 2 - 3 - 16　油环

普通油环又叫整体式油环。环的外圆柱面中间加工有凹槽,槽中钻有小孔或开切槽,当活塞向下运动时,将缸壁上多余的机油刮下,通过小孔或切槽流回曲轴箱;当活塞上行时,刮下的机油仍通过回油孔流回曲轴箱。有些普通环还在其外侧上边制有倒角,使环在随活塞上行时形成油楔,可起均布润滑油的作用,下行刮油能力强,减少了润滑油的上窜。

组合油环由上下两片刮油钢片与中间的弹性衬簧组成。刮油钢片用镀铬钢片制成;弹性衬簧的周边比气缸内圆周略大一些,可将刮油钢片紧紧压向气缸壁。这种油环的刮油钢片很薄,因此与气缸壁的接触压力高,因而刮油作用强。上下刮片是各自独立的,对气缸壁面适应性好。而且回油通路大,回油阻力小,刮油效果明显。近年来汽车发动机上越来越多地采用了组合式油环,它的缺点主要是制造成本高。

4. 活塞销

1) 功用

活塞销的作用是连接活塞和连杆小头,并把活塞承受的气体压力传给连杆。

2) 分类

常用的活塞销有三种形状:圆柱形、两段截锥与一段圆柱组合、两段截锥形,如图 2 - 3 - 17 所示。圆柱形孔结构简单,加工容易,但从受力角度分析,中间部分应力最大,两端较小,所以这种结构质量较大,往复惯性力大。为了减小质量,减小往复惯性力,活塞销做成两段截锥形孔,接近等强度梁,但孔的加工较复杂。两段截锥与一段圆柱组合的结构介于两者之间。

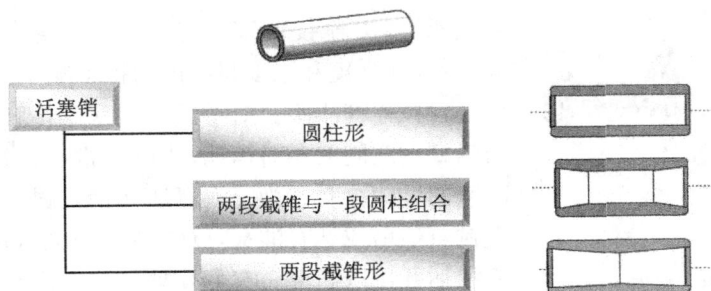

图 2 - 3 - 17　活塞销

3) 活塞销的连接方式

活塞销与活塞销座孔及连杆小头衬套孔的连接配合有两种方式:全浮式安装和半浮式安装,如表 2 - 3 - 5 所示。

表 2 - 3 - 5　活塞销与活塞销座孔的连接配合

活塞销的连接方式		说　　明
全浮式		当发动机工作时,活塞销、连杆小头和活塞销座都有相对运动,这样,活塞销能在连杆衬套和活塞销座中自由摆动,使磨损均匀。为了防止全浮式活塞销轴向窜动刮伤气缸壁,在活塞销两端装有卡环,进行轴向定位。由于活塞是铝活塞,而活塞销采用钢材料,铝比钢热膨胀量大。为了保证高温工作时活塞销与活塞销座孔为过渡配合。装配时,先把铝活塞放在温度为 70~90℃的油中加热,然后再把活塞销装入,这种安装方式应用较广泛
半浮式		安装的特点是活塞销中部与连杆小头采用紧固螺栓连接,活塞销只能在两端销座内作自由摆动,而和连杆小头没有相对运动。活塞销不会作轴向窜动,不需要锁片。小轿车上应用较多

5. 连杆

1）功用

连杆的功用是连接活塞与曲轴。连杆小头通过活塞销与活塞相连,连杆大头与曲轴的连杆轴颈相连,并把活塞承受的气体压力传给曲轴,使活塞的往复直线运动转变成曲轴的旋转运动。

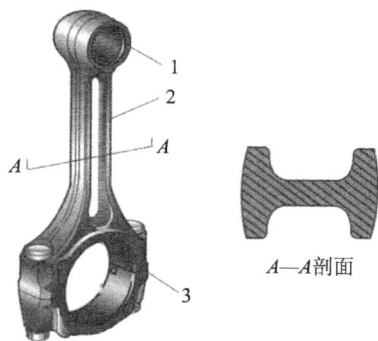

图 2 - 3 - 18　连杆

2）结构

连杆分为三个部分,即连杆小头 1、连杆杆身 2 和连杆大头 3（包括连杆盖）,如图 2 - 3 - 18 所示。连杆小头与活塞销相连,以连接活塞。连杆杆身通常做成“工”字形断面,以求在强度和刚度足够的前提下减小质量。

（1）连杆小头。对全浮式活塞销,由于工作时小头孔与活塞销之间有相对运动,所以常常在连杆小头孔中压入减磨的青铜衬套。为了润滑活塞销与衬套,在小头和衬套上铣有油槽或钻有油孔,以收集发动机运转时飞溅上来的润滑油并用以润滑。有的发动机连杆小头采用压力润滑,在连杆杆身内钻有纵向的压力油通道。对于半浮式活塞销,其是与连杆小头紧配合的,所以小头孔内不需要衬套,也不需要润滑。

（2）连杆大头。连杆大头与曲轴的连杆轴颈相连,大头有整体式和分开式两种。一般都采用分开式,被分开的部分称为连杆盖,用连杆螺栓紧固在连杆大头上。连杆盖与连杆大头是组合镗孔的,为防止装配时配对错误,在同一侧一般都刻有配对记号。大头内表面有很高的光洁度,以便与连杆瓦紧密贴合。连杆大头上还铣有连杆轴承的定位凹坑。有的连杆大头连同轴承还铣有直径 1～1.5mm 的小油孔,从中喷出的机油加强气缸壁的润滑。

　　分开式连杆大头按剖分面的方向可分为平切口(如图 2-3-19 所示)和斜切口两种。平切口连杆的剖分面垂直于连杆轴线。一般汽油机连杆大头尺寸小于气缸直径,采用平切口。

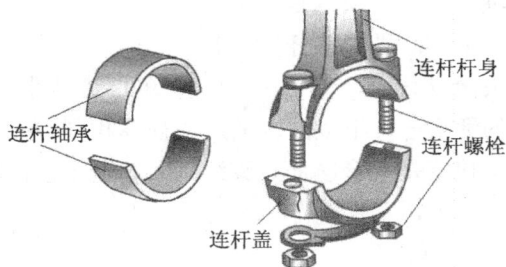

图 2-3-19　平切口连杆

　　斜切口连杆的剖分面与连杆杆身轴线成 30°～60°夹角,柴油机多采用这种连杆。因为柴油机压缩比大,受力较大,曲轴的连杆轴颈较粗,相应的连杆大头尺寸往往超过了气缸直径,为了使连杆大头能通过气缸,便于拆装,一般都采用斜切口,最常见的是 45°夹角。

　　(3) 连杆盖。把连杆大头分开可取下的部分叫连杆盖,连杆与连杆盖配对加工,加工后,在它们同一侧打上配对记号,安装时不得互相调换或变更方向。为此,在结构上采取了定位措施。平切口连杆盖与连杆的定位多采用连杆螺栓定位,利用连杆螺栓中部精加工的圆柱凸台或光圆柱部分与经过精加工的螺栓孔来保证的。斜切口连杆常用的定位方法有锯齿定位、圆销定位、套筒定位和止口定位,如图 2-3-20 所示。

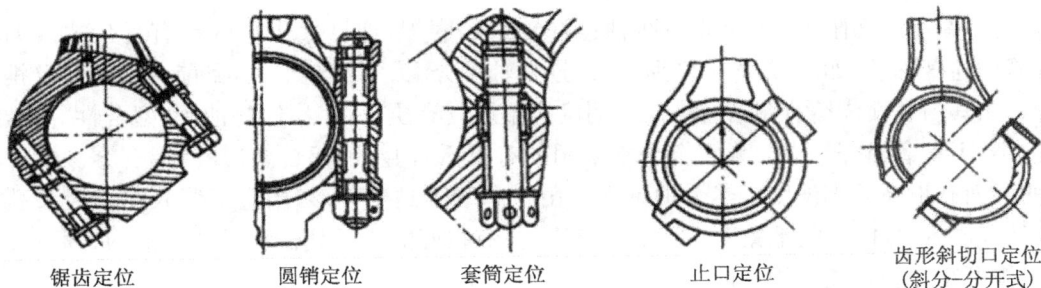

| 锯齿定位 | 圆销定位 | 套筒定位 | 止口定位 | 齿形斜切口定位 (斜分—分开式) |

图 2-3-20　连杆盖与连杆的定位方式

　　连杆盖和连杆大头用连杆螺栓连在一起,连杆螺栓在工作中承受很大的冲击力,若折断或松脱,将造成严重事故。为此,连杆螺栓都采用优质合金钢,并经精加工和热处理特制而成。安装连杆盖,在拧紧连杆螺栓螺母时,要用扭力扳手分 2～3 次交替均匀地拧紧到规定的扭矩,拧紧后还应可靠地锁紧。连杆螺栓损坏后绝不能用其他螺栓来代替。

　　3) V 形发动机连杆的布置形式

　　V 形发动机左右两侧对应两个气缸的连杆是装在曲轴的一个连杆轴颈上的,有以下 3 种布置形式。

　　(1) 并列连杆式。相对应的左右两缸的连杆一前一后地装在同一个连杆轴颈上。这样的布置优点是连杆轴颈可以通用,两列气缸的活塞连杆组的运动规律相同。缺点是曲轴的长度增加、刚度降低。

（2）主副连杆式。一列气缸的连杆为主连杆，其大头直接安装在连杆轴颈上，另一列气缸的连杆为副连杆，其大头与对应的主连杆大头（或连杆盖）上的两个凸耳作铰链连接。这样的布置，左右两列气缸的主副连杆与其气缸中心线位于同一平面内，故不致加大发动机的轴向长度。缺点是主副连杆不能互换。

（3）叉形连杆（如图 2-3-21 所示）。左右两列气缸的对应两个连杆中，一个连杆的大头做成叉形，跨于另一个连杆的厚度较小的片形大头两端。这样的布置优点是：两列气缸中的活塞连杆组成部分的运动规律相同；左右对应的两气缸轴心线不需要在曲轴轴向上错位。其缺点是叉形连杆大头结构和制造工艺比较复杂，而且大头的刚度也较低。

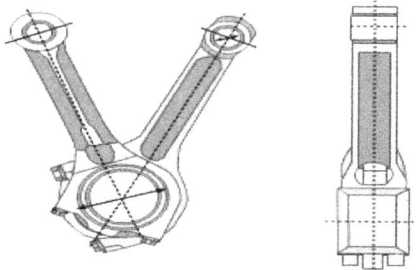

图 2-3-21　叉形连杆

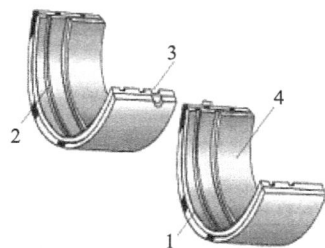

图 2-3-22　连杆轴承

1—钢背；　2—油槽；　3—定位止口；
4—减摩合金

6. 连杆轴承

为了减小摩擦阻力，从而减小曲轴连杆轴颈的磨损，连杆大头孔内装有瓦片式滑动轴承，简称连杆轴承（如图 2-3-22 所示）。连杆轴承分上、下两个半片，目前多采用薄壁钢背轴承，在其内表面浇铸有耐磨合金层。耐磨合金层具有质软，容易保持油膜，磨合性好，摩擦阻力小，不易磨损等特点。耐磨合金常采用的有巴氏合金、铜铅合金、高锡铝合金。连杆轴承的背面有很高的光洁度。半个轴承在自由状态下不是半圆形，当它们装入连杆大头孔内时，又有过盈，故能均匀地紧贴在大头孔壁上，具有很好的承受载荷和导热的能力，并可以提高工作可靠性和延长使用寿命。

连杆轴承上制有定位凸键，供安装时嵌入连杆大头和连杆盖的定位槽中，以防轴承前后移动或转动，有的轴承上还制有油孔，安装时应与连杆上相应的油孔对齐。

（二）游标卡尺、连杆检测仪的使用方法

1. 游标卡尺

1）结构组成

外量尺、内量尺、游标、尺身和深度尺，如图 2-3-23 所示。

2）使用

量具使用是否合理，不但影响量具本身的精度，且直接影响零件尺寸的测量精度，甚至发生

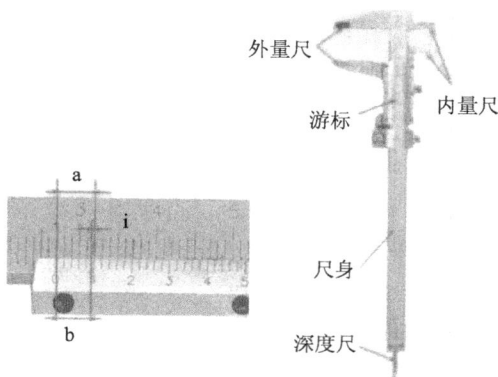

图 2-3-23　游标卡尺

质量事故,造成不必要的损失。所以,我们必须重视量具的正确使用,对测量技术精益求精,务必获得正确的测量结果,确保产品质量。

使用游标卡尺测量零件尺寸时,必须注意下列几点:

(1) 测量前应把卡尺揩干净,检查卡尺的两个测量面和测量刃口是否平直无损,把两个量爪紧密贴合时,应无明显的间隙,同时游标和主尺的零位刻线要相互对准。这个过程称为校对游标卡尺的零位。

(2) 移动尺框时,活动要自如,不应有过松或过紧,更不能有晃动现象。用固定螺钉固定尺框时,卡尺的读数不应有所改变。在移动尺框时,不要忘记松开固定螺钉,但亦不宜过松以免掉下。

(3) 当测量零件的外尺寸时:卡尺两测量面的连线应垂直于被测量表面,不能歪斜。测量时,可以轻轻摇动卡尺,放正垂直位置,如图 2-3-24(a)所示。否则,若量爪在如图 2-3-24(b)所示的错误位置上,将使测量结果 a 比实际尺寸 b 要大;先把卡尺的活动量爪张开,使量爪能自由地卡进工件,把零件贴靠在固定量爪上,然后移动尺框,用轻微的压力使活动量爪接触零件。如卡尺带有微动装置,此时可拧紧微动装置上的固定螺钉,再转动调节螺母,使量爪接触零件并读取尺寸。绝不可把卡尺的两个量爪调节到接近甚至小于所测尺寸,把卡尺强制地卡到零件上去。这样做会使量爪变形,或使测量面过早磨损,使卡尺失去应有的精度。

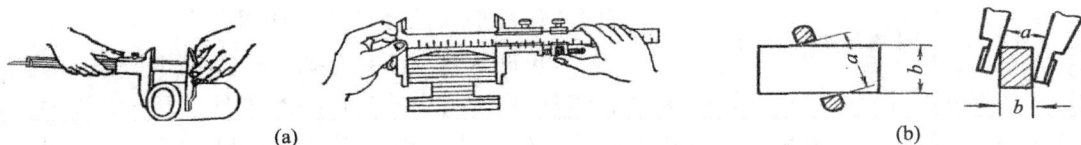

图 2-3-24 测量外尺寸时正确与错误的位置

(a) 正确; (b) 错误

测量沟槽时,应当用量爪的平面测量刃进行测量,尽量避免用端部测量刃和刀口形量爪去测量外尺寸。而对于圆弧形沟槽尺寸,则应当用刃口形量爪进行测量,不应当用平面形测量刃进行测量,如图 2-3-25 所示。

测量沟槽宽度时,也要放正游标卡尺的位置,应使卡尺两测量刃的连线垂直于沟槽如图

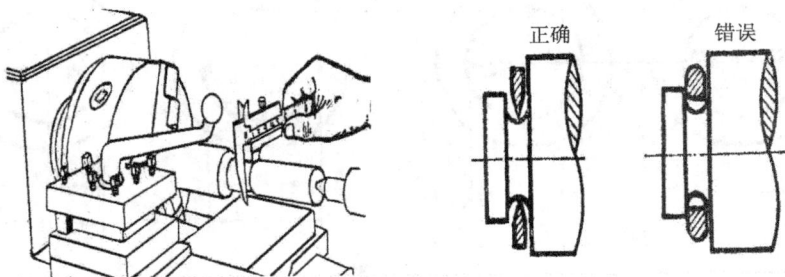

图 2-3-25 测量沟槽时正确与错误的位置

2-3-26(a)所示,不能歪斜. 否则,量爪若在如图2-3-26(b)所示的错误的位置上,也将使测量结果不准确(可能大也可能小)。

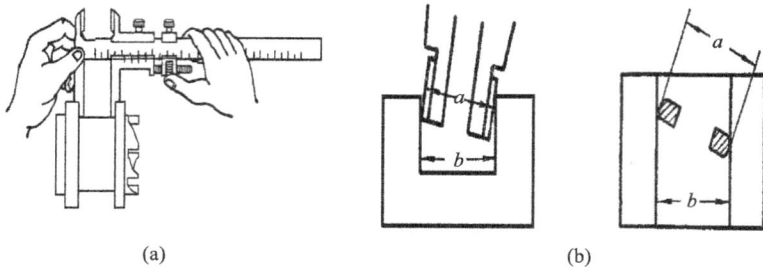

图 2 - 3 - 26　测量沟槽宽度时正确与错误的位置

（a）正确；　（b）错误

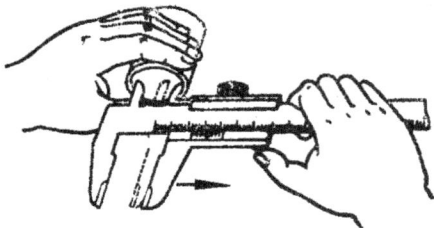

图 2 - 3 - 27　内孔的测量方法

（4）当测量零件的内尺寸时:如图2-3-27所示。要使量爪分开的距离小于所测内尺寸,进入零件内孔后,再慢慢张开并轻轻接触零件内表面,用固定螺钉固定尺框后,轻轻取出卡尺来读数。取出量爪时,用力要均匀,并使卡尺沿着孔的中心线方向滑出,不可歪斜,免使量爪扭伤;变形和受到不必要的磨损,同时会使尺框移位,影响测量精度。

卡尺两测量刃应在孔的直径上,不能偏歪。为带有刀口形量爪和带有圆柱面形量爪的游标卡尺,在测量内孔时正确的如图2-3-28(a)所示和错误的如图2-3-28(b)所示位置。当量爪在错误位置时,其测量结果,将比实际孔径 D 要小。

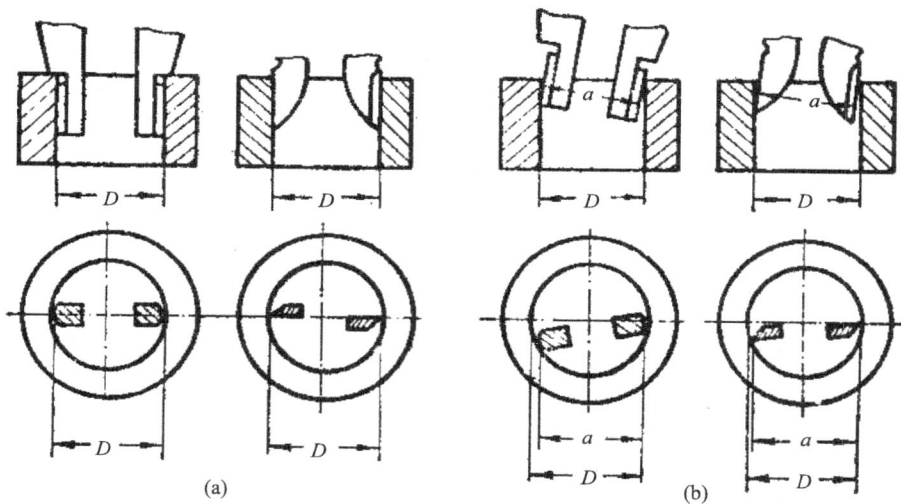

图 2 - 3 - 28　测量内孔时正确与错误的位置

（a）正确；　（b）错误

（5）用下量爪的外测量面测量内尺寸时如图 2-3-29 和图 2-3-30 所示的两种游标卡尺测量内尺寸,在读取测量结果时,一定要把量爪的厚度加上去。即游标卡尺上的读数,加上量爪的厚度,才是被测零件的内尺寸。测量范围在 500mm 以下的游标卡尺,量爪厚度一般为 10mm。但当量爪磨损和修理后,量爪厚度就要小于 10mm,读数时这个修正值也要考虑进去。

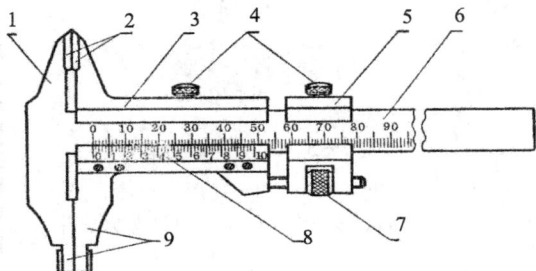

图 2-3-29　游标卡尺的结构型式之二

图 2-3-30　游标卡尺的结构型式之三

1—尺身;　2—上量爪;　3—尺框;　4—紧固螺钉;　5—微动装置;　6—主尺;　7—微动螺母;　8—游标;　9—下量爪

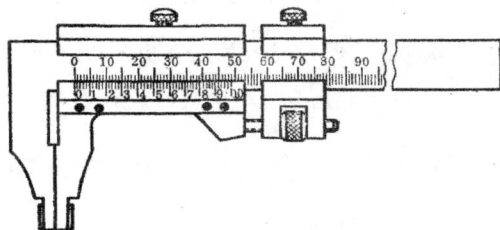

（6）用游标卡尺测量零件时,不允许过分地施加压力,所用压力应使两个量爪刚好接触零件表面。如果测量压力过大,不但会使量爪弯曲或磨损,且量爪在压力作用下产生弹性变形,使测量得到的尺寸不准确(外尺寸小于实际尺寸,内尺寸大于实际尺寸)。

在游标卡尺上读数时,应把卡尺水平的拿着,朝着亮光的方向,使人的视线尽可能和卡尺的刻线表面垂直,以免由于视线的歪斜造成读数误差。

（7）为了获得正确的测量结果,可以多测量几次。即在零件的同一截面上的不同方向进行测量。对于较长零件,则应当在全长的各个部位进行测量,务使获得一个比较正确的测量结果。为了使读者便于记忆,更好的掌握游标卡尺的使用方法,现把上述提到的几个主要问题,整理成顺口溜,供读者参考。

① 量爪贴合无间隙,主尺游标两对零。

② 尺框活动能自如,不松不紧不摇晃。

③ 测力松紧细调整,不当卡规用力卡。

④ 量轴防歪斜,量孔防偏歪,

⑤ 测量内尺寸,爪厚勿忘加。

⑥ 面对光亮处,读数垂直看。

2. 连杆检测仪的使用

如表 2-3-6 所示。

表 2 - 3 - 6　连杆检测仪的使用

操作步骤和技术要求	图　　　　示
1. 连杆弯曲、扭曲变形的检验 （1）将连杆大头的轴承盖装好，不装轴承衬瓦，并按规定扭力拧紧，同时装上已选配好的活塞销 （2）将连杆大头装在检验器的横轴上，并使心轴的定心块向外扩张，将连杆固定在检验器上，如图 2 - 3 - 31 所示	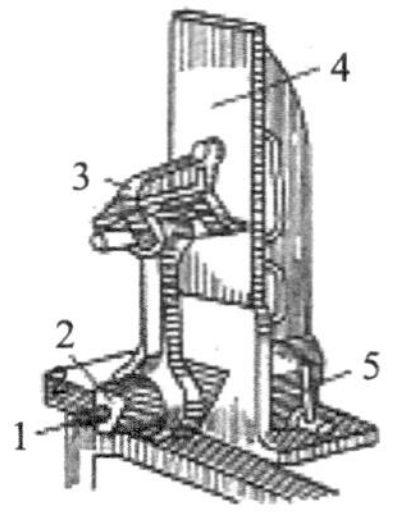 图 2 - 3 - 31　连杆检验仪 1—调整螺钉；　2—菱形支承座；　3—三点规；　4—检验平板；　5—锁紧支承轴杆
进行测量时，如果三点规的三个测点都与检验器接触，说明连杆无弯曲或扭曲 若上测点与平板接触，下面两侧点与平板不接触，且与平板的间隙相等，或下面的两测点与平板接触而上测点与平板不接触（如图 2 - 3 - 32 所示），则表明连杆发生弯曲，这时用塞尺测得的测点与平板的间隙值，即为连杆的弯曲度值 若只有一个下测点与平板接触，且上测点与平板接触，且上测点与平板的间隙等于另一个测点与平板的间隙的一半，则下测点与平板的间隙即为扭曲度值（如图 2 - 3 - 33 所示）。若不等于一半，则为弯、扭并存 连杆双重弯曲的检验如图 2 - 3 - 34 所示。连杆大端端面与平板靠紧（不用活塞销），测量出连杆小端端面与平板的距离 a，将连杆转 180° 后，再按同法测得距离 b。若两次测得的距离不等，说明连杆有双重弯曲，两次测量数值差（$a-b$）即为双重弯曲值	 图 2 - 3 - 32　用连杆检验仪检查连杆弯曲 1—调整螺钉；　2—三点规；　3—平板 图 2 - 3 - 33　用连杆检验仪检查连杆扭曲 图 2 - 3 - 34　连杆双重弯曲的检验

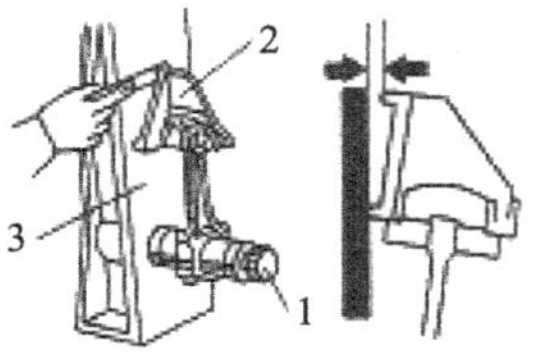

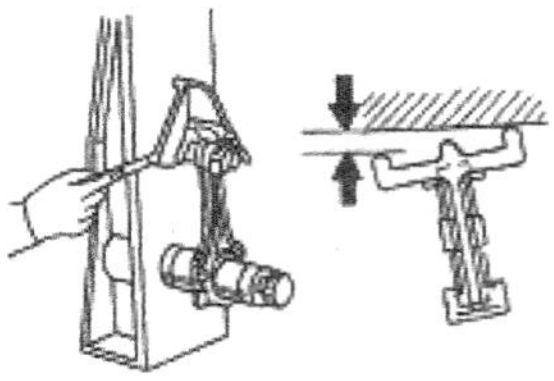

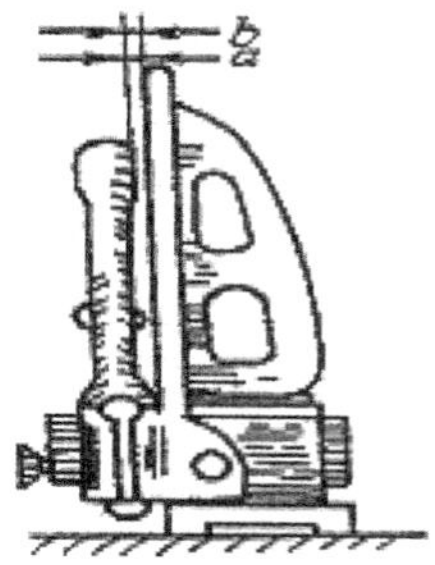

（续表）

操作步骤和技术要求	图　　　示
2. 连杆扭曲校正（如图 2-3-35 所示） 将连杆大端平稳地夹紧在台钳上（垫以软垫块）。用板钳向连杆扭曲的相反方向校正，停留一段时间，取下连杆进行检查，如仍不符合要求，应重新校正 3. 连杆弯曲校正（如图 2-3-36 所示） 将弯曲的连杆置于压具上，使弯曲的部位朝上，用压板压紧连杆弯曲凸起部位，施加压力，使连杆向已弯曲的反方向发生变形，并使连杆变形量为弯曲部位变形量的几倍到几十倍，停留一定时间待金属组织稳定后，再去掉外载荷。连杆经弯、扭校正后，两端座孔轴心线的距离变化应不大于 0.15mm，否则会影响气缸的压缩比	 图 2-3-35　连杆扭曲校正 图 2-3-36　连杆弯曲校正

（三）活塞的圆度、圆柱度和最大磨损量

1. 活塞裙部圆度误差

活塞裙部离活塞下底部 10mm 处，垂直于活塞销孔（长轴）的直径与其同一横截面平行于活塞销（短轴）的直径尺寸的差值，即为活塞裙部圆度误差。

2. 活塞裙部的圆柱度误差

活塞裙部活塞下底部 10mm 处的直径尺寸与活塞槽下部裙部直径尺寸之差，即为活塞裙部的圆柱度误差。

3. 技术标准

汽油机活塞裙部的圆柱度误差一般为 0.005～0.015mm，最大不超过 0.025mm，膨胀槽开到底的为 0.015～0.03mm；活塞圆度偏差一般 0.10～0.20mm，膨胀槽开到底的为 0～0.075mm。

（四）活塞连杆组件的选配及检修

1. 活塞的检修

检查活塞时，如图 2-3-37 所示，检测部位距离裙部下缘约 10mm，并与活塞销轴线成 90°，要求与公称尺寸的最大偏差为 0.04mm。

活塞更换时，应选用同一厂牌、质量和尺寸

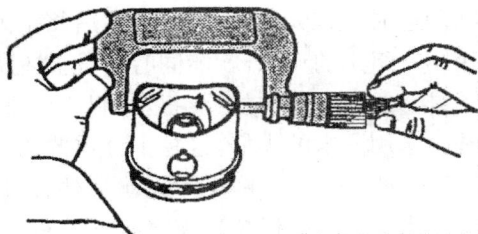

图 2-3-37　测量活塞尺寸

同一组的活塞，以保持材料、性能、质量和尺寸一致。同一组活塞外径尺寸差一般不得超过0.02～0.025mm。同一组活塞质量差应不大于2g。活塞裙部锥形及椭圆应符合原厂规定。一般汽油机活塞裙部的圆度为0.10～0.20mm，膨胀槽开到底的为0.05～0.075mm。圆柱度为0.005～0.015mm，最大不得超过0.025mm，膨胀槽开到底的为0.015～0.03mm。活塞裙部的标准尺寸及修理尺寸如表2-3-7所示。

表2-3-7　常见车型活塞裙部的标准尺寸及修理尺寸　　　　　　　　（单位:mm）

车　型	修理级别	活　塞	气　缸
捷　达	标准尺寸 第1次修理 第2次修理	80.98 81.23 81.48	81.01 81.26 81.51
桑塔纳	标准尺寸 第1次修理 第2次修理 第3次修理	79.48 79.73 79.98 80.48	79.51 79.76 80.01 80.51
富　康	标准尺寸 第1次修理	74.95 75.35	75.00 75.40
奥迪A6	基本尺寸 第一次加大尺寸 第二次加大尺寸	80.980 81.235 81.485	80.01 81.26 81.51

2. 活塞的选配

在发动机大修过程中，活塞、活塞销和活塞环等是作为易损件更换的，这些零件的选配是一项重要的工艺技术措施。所谓的选配，即不完全互换性，就是以较大的公差加工零件，得到较高配合精度的工艺。

在发动机维修时，对活塞的选用要求很高，如配缸间隙的变动量为0.01～0.02mm，销座孔的直径差为0.0025mm，活塞的质量差为4～15g，为了保证各缸活塞的机械性能和热处理性能的一致，同一台发动机必须选用同一厂牌的活塞。只有同时满足上述条件，发动机才能得到较高的动力性、经济性、可靠性和工作的稳定性。如果采用减小活塞的尺寸、形位公差的方法来达到配合要求，势必造成加工困难和加大废品率，制造和维修成本提高。为此，在制造时以较大的公差加工，然后将活塞分成若干组，使同组活塞的误差为最小，维修时选用同一组别的活塞，就能同时满足上述所有选配的要求。选配得到了较高的配合精度，降低了维修成本。零件的分组是在制造厂进行的，在运输和保管时要防止零件分组的错乱。修理时选用同组的零件，这是十分重要的。目前，一些进口和国产轿车在维修时常采用"三组合"或"四组合"套件，实际上就是对活塞、活塞销和活塞环的选配。

当气缸的磨损超过规定值及活塞发生异常损坏时，必须对气缸进行修复，并且要根据气缸的修理尺寸选配活塞。选配活塞时要注意以下几点：

（1）按气缸的修理尺寸选用同一修理尺寸和同一分组尺寸的活塞。活塞裙部的尺寸是镗磨气缸的依据，即气缸的修理尺寸是哪一级，活塞也选用哪一级修理尺寸的活塞。但是，由于活塞的分组，只有在活塞选配后，才能按选定活塞的裙部尺寸进行镗磨气缸。

（2）活塞是成套选配的，同一台发动机必须选用同一厂牌的活塞，以保证其材料和性能的一致性。

（3）在此选配的成组活塞中，其尺寸差一般为 0.01～0.15mm，质量差为 4～8g，销座孔的涂色标记应相同。若活塞的质量差过大，可适当车削活塞裙部的内壁或重新选配。车削后，活塞的壁厚不得小于规定尺寸，车削的长度一般不得超过 15mm。

新型汽车的活塞与气缸的配合都采用选配法，在气缸的技术要求确定的情况下，重点是选配相应的活塞。活塞的合理尺寸级别一般分为 ＋0.25mm、＋0.50mm、＋0.75mm、＋1.00mm 四级，有的只有 1～2 个级别。在第一个合理尺寸级别中又分为若干个组，通常分为 3～6 组不等，相邻两组的直径差为 0.010～0.015mm。选配时，要注意活塞的分组标记和涂色标记。有的发动机为薄型气缸套，活塞不设置修理尺寸，只区分标准系列活塞和维修系列活塞，每一系列活塞中也有若干组供选配。活塞的修理尺寸级别代号常打印在活塞的顶部。

3. 活塞环的选配

在发动机大修和小修时，活塞环是被当作易损件更换的。活塞环设有修理尺寸，但不因气缸和活塞的分组而分组。

活塞环选配时，以气缸的修理尺寸为依据，同一台发动机应选用与气缸和活塞修理尺寸等级相同的活塞环。发动机气缸磨损不大时，应选配与气缸同一级别的活塞环。气缸磨损较大尚未达到大修时，严禁选择将加大一级修理尺寸的活塞环锉其端隙使用。进口汽车发动机活塞环的更换，按原厂规定进行。

活塞环在工作时，由于受高温作用和润滑条件差的影响，将产生严重的磨损，活塞环磨损的特点是环端及外径的磨损。随磨损的加剧，活塞环的弹力逐渐减弱，端隙、侧隙增大，使气缸的密封性变差，出现窜油、漏气现象。由于活塞与活塞环配合件的磨损，都使气缸的密封性变差，引起漏气和窜油，所以在压缩过程中，混合气通过边隙漏入曲轴箱，降低了压缩终了的压力；在膨胀过程中，由于漏气，气缸压力也显著下降。因此使发动机动力性下降，经济性变坏。活塞与活塞环磨损后不修复，需更换新件。在更换新件时，要进行活塞与活塞环的选配。活塞环应与气缸和活塞选用同一级修理尺寸。

为确保活塞环与活塞环槽、气缸的良好配合，在选配时应进行活塞环的弹力检验、漏光检验、环的端面翘曲检验及环与环槽配合间隙的检验。

1）活塞环的弹力检验

活塞环的弹力是保证气缸密封性的条件之一，活塞环的弹力过大，则增加摩擦损失，气缸壁容易早期磨损；弹力过小，则活塞环在气缸内就不能起到良好的密封作用，容易使气缸漏气窜油。因此，活塞环的弹力必须符合技术性能要求。活塞环弹性的检验可以在专用检验器上进行，各车型均有具体要求。但随着活塞环制造技术的提高和制造质量的稳定，在修理中一般不做活塞环的弹力检验。

2）漏光检验

　　为了保证活塞环的密封作用,要求活塞环的外表面处处与气缸壁贴合。漏光度过大,活塞环局部接触面积小,易造成漏气和机油上窜。在选配活塞时,最好进行漏光度的检查。活塞环漏光度的简易检查方法是将活塞环平放在气缸内,在活塞环一边放一个灯泡,上面放一块盖板盖住活塞环的内圈,观察活塞环与缸壁之间的漏光缝隙。一般要求在活塞环开口端左右 30°范围内不允许有漏光点存在,在同一个活塞环上漏光不应多于两处,其他部位每处的漏光弧长所对应的圆心角不得超过 25°,同一活塞环上漏光弧长所对应的圆心角总和不得超过 45°,漏光处的缝隙应不大于 0.03mm。

　　3)活塞环侧隙的检查

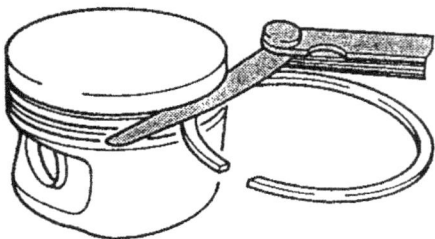

图 2 - 3 - 38　活塞环侧隙的检测

　　侧隙是指活塞环与活塞环槽上、下平面间的间隙。侧隙过大,将影响活塞环的密封作用,过小则可能卡死在环槽内,造成拉缸事故。检查方法如图 2 - 3 - 38 所示。检查活塞环侧隙前,要清洗活塞环槽,新装时侧隙为 0.02～0.05mm,极限间隙为 0.15mm。超过极限间隙时,应更换活塞环。

　　4)检查活塞环端隙

　　活塞环端隙是指将活塞环置入已镗好的气缸筒内,在活塞环开口处的间隙。它是防止活塞环受热膨胀而卡死在气缸里,端隙的大小与气缸直径有关。检查方法如图 2 - 3 - 39 所示,将活塞环平正地放入气缸,用一个活塞顶部将环推到离气缸底部 15～20mm 处,因为这里的磨损是最小的。然后取出活塞,用塞尺测量端口间隙。如间隙过大,则不能使用;如间隙过小,取出来可用细锉刀锉环口一端予以调整。其磨损极限为 1.00mm。

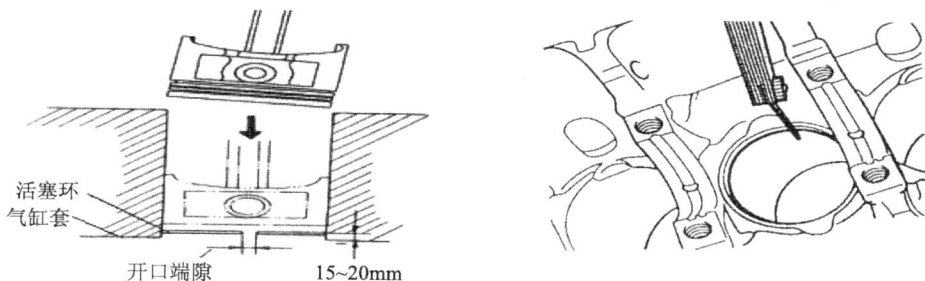

图 2 - 3 - 39　活塞环开口端隙的检测

　　5)检查活塞环的背隙

　　背隙是指活塞与活塞环装入气缸后,在活塞环背部与活塞环槽之间的间隙。常以槽深与环厚之差来表示,一般为 0.10～0.35mm。如背隙过小,会使活塞环在气缸中卡死,应更换活塞环。

　　在实际操作中,通常以经验法来判断活塞环的背隙和侧隙,即将活塞环装入活塞后,活塞环应能在环槽内滑动自如,无明显松旷感。

　　常见车型发动机活塞环间隙如表 2 - 3 - 8 所示。

表 2 – 3 – 8　常见车型发动机活塞环间隙　　　　　　　　　　（单位：mm）

车　型	第一道气环端隙	第二道气环端隙	第三道油环端隙	侧　　隙
桑塔纳	0.30～0.45	0.25～0.40	0.25～0.50	0.02～0.05
捷　达	0.30～0.45	0.30～0.45	0.25～0.50	0.02～0.05
富　康	0.30～0.45	0.30～0.45	0.30～0.45	0.02～0.05
奥迪 A6	0.20～0.40	0.20～0.40	0.20～0.40	0.02～0.07

4. 活塞销的选配

在发动机大修时，一般应更换活塞，选用标准尺寸的活塞销，为小修留有余地。

选配活塞销的原则：同一台发动机应选用同一厂牌和同一修理尺寸的成组活塞销；活塞销表面应无任锈蚀和斑点，表面粗造度 $R_a \leqslant 0.2\mu m$，圆柱度误差 $\leqslant 0.0025mm$ 质量差在 10g 的范围内。

为了适应修理的需要，活塞销设有四级修理尺寸，可以根据活塞销座和连杆衬套的磨损程度来选择相应修理尺寸的活塞销。

1）检查活塞销与连杆衬套及活塞座孔配合磨损状况

用千分尺测量活塞销外径，如图 2 – 3 – 40 所示，如果磨损超过标准，应更换活塞销。检查活塞销与连杆衬套磨损，也可采用经验法，握住活塞，将连杆竖直方向上下移动，如图 2 – 3 – 41 所示，如果感觉到有移动量则应更换活塞和活塞销。用百分表测量活塞销座及连杆衬套的内径，如图 2 – 3 – 42 所示。如果磨损超过标准，应更换活塞及连杆衬套。

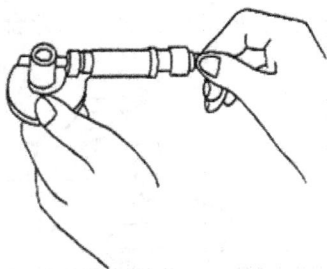

图 2 – 3 – 40　千分尺测量活塞销　　　图 2 – 3 – 41　经验法检查活塞销与座孔配合

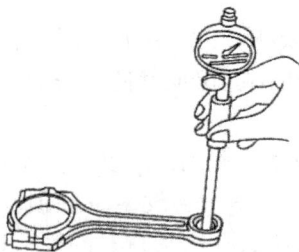

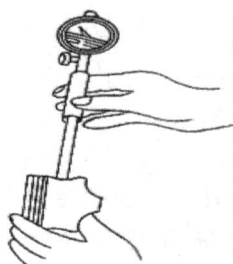

图 2 – 3 – 42　百分表测量活塞销座及连杆衬套的内径

2）活塞销修理尺寸的选配

活塞销与座孔因磨损使配合间隙增大，当增大到一定值时，使配合件松动而发出敲击声。如果检查发现连杆小头衬套及活塞销磨损超差，应进行活塞销的修理或选配。另外，在发动机大修时，也需要选配活塞销。一般应选用标准尺寸的活塞销。选配活塞销，对质量的要求是：表面粗糙度值一般不大于 R_a 0.8 μm，圆度、圆柱度不大于 0.002 5mm，质量差在 10g 以内。

3）活塞销的修配

磨损了的活塞销，其修理方法是：标准尺寸的活塞销可采用多孔镀铬或扩胀法修复，加大尺寸的活塞销可磨削成下一级修理尺寸，以适应发动机两次大修之间修理的要求，活塞销、活塞与活塞销座孔在制造厂都已经过精加工，并按每组尺寸差为 0.025mm 分为四组，有些车型活塞销用各种不同颜色作标志，使用时选同种颜色进行装配即可，现代汽车发动机多采用这种方法修配。

采用修理尺寸法修理时，活塞销与活塞销座孔的配合要求，一般是通过对活塞销座孔的铰削或镗削来实现的。铰削时，应保持活塞销座孔轴线与活塞轴线的垂直度在规定的范围内，同时，可利用专用长刃铰刀对活塞销两边座孔进行铰削，使两座孔达到规定的同轴度。

铰削过程中应随时用活塞销进行试配，如图 2-3-43 所示，当铰削到用手掌的力量能将活塞销推入活塞销座孔深度的 1/3 左右时，停止铰削。然后将活塞销轻轻打入活塞销销座孔，测其接触面积，进行刮削修整。刮削后，活塞销应能用手掌力量推入 1/2～2/3，接触面积达 75% 以上。

另外，连杆小头衬套经镗削或抛光以及铰削修刮后，也应用活塞销进行试配，如图 2-3-44 所示。如果能以手掌（或大拇指）的力量把活塞销推入衬套内，则松紧度认为合适，接触面积应分布均匀。

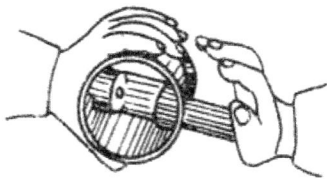

图 2-3-43　活塞销与活塞销座孔的配合检验

图 2-3-44　活塞销与小头衬套的配合检验

为了使活塞销与活塞销座孔的配合符合标准要求，尽量采用专用设备对其进行加工。普通铰削等修理手段一般很难达到技术要求，而且也不能保证其使用寿命。

5. 连杆的检修

连杆在工作中承受着活塞传来的巨大而又变化着的作用力，以及活塞连杆组件在运动所产生的方向、大小变化着的惯性力。因此，连杆在使用中会发生各种损伤，连杆的主要损伤有：杆身发生弯曲、扭曲、弯扭并存和双重弯曲；大小头孔磨损；螺栓孔损坏；大头端接触面损伤以及杆身裂纹等。连杆弯曲或扭曲，会使活塞在气缸内歪斜，造成活塞与气缸及曲轴连杆轴颈的偏磨、活塞组与气缸间漏气和窜油。因此，必须对连杆进行检查和校正。

笔记

1) 检查连杆弯曲和扭曲

连杆弯曲一般产生在大小端轴线所形成的平面内(前后弯),弯曲后,连杆大小端轴承孔轴线不平行。连杆扭曲将使大小端轴线不处在同一平面内。连杆的双重弯曲往往发生在校正时,校正部位与弯曲部位不一致时而产生的。这时大小头中心线在同一平面内但中心线间的距离缩短了。连杆弯曲和扭曲变形的检查,采用连杆检验器或连杆校正器或直线度检验仪。

如图 2-3-45 所示,连杆检验器上有支持连杆大头孔的心轴与平板相垂直。进行连杆的弯扭检验时,先卸去轴承,将连杆盖与连杆装合,按扭力要求拧紧,检查内孔圆度、圆柱度误差,误差值不得大于 0.002 5mm。然后再将连杆大头装在检验器的横轴上,并使心轴的定心块向外扩张,将连杆固定在检验器上。测量工具是一个带有 V 形块的三点规。三点规上的三个点共面与 V 形块垂直,下面两点间的距离为100mm,上测点与两下测点连线的垂直距离也是 100mm。若连杆衬套与活塞销间隙合适,则将活塞销插入连杆小头衬套内,放上三点规;若

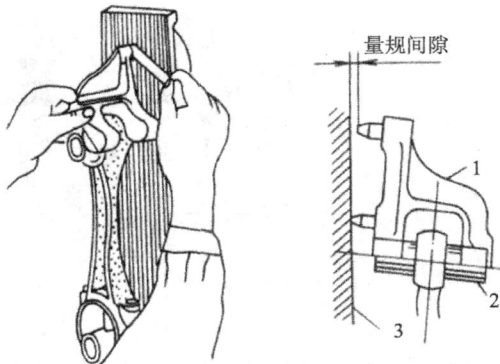

图 2-3-45 用三点规检查连杆弯曲和扭曲

1—三点规; 2—活塞销; 3—连杆检验器平板

衬套由于磨损而过松,则将衬套拆除,改用测量心轴直接装入连杆小头孔再测量。仔细观察三点规上的三个指点与精磨平面的接触情况,用塞尺测量其间隙,记录其数据。将连杆翻面再检测一次,记录其数据。根据两次记录,进行弯曲度和扭转度的计算,取其平均值作为检验结果。连杆在直线度检验仪上检验时,量规的三个指点的情况有以下几种。

(1) 正常。量规的三个指点全部与平板接触。

(2) 弯曲。量规的下两个指点(或上下指点)与平板接触,而上指点(或下两指点)不与平板接触。这时用塞尺测得的测点与平板间的间隙值,即为连杆在 100mm 长度上的弯曲度值。连杆弯曲程度不得大于 0.05mm/100mm。

(3) 扭转。上指点、下两指点中的一指点接触平板,而另一指点不接触平板。这时该指点与平板间隙为连杆在 100mm 长度上的扭曲度数值。连杆扭曲程度不得大于 0.05mm/100mm。

(4) 弯曲和扭曲并存。下两指点中的一个指点接触平板或仅上指点接触平板,而下两指点与平板间的间隙不一致(其接触间隙太小,可用不同的塞尺测得)。

连杆弯曲和扭曲变形的检查也可采用通用量具,其检查方法是:在连杆大头和小头内装入标准心轴,放在平板上的 V 形铁上,用百分表测量。如图 2-3-46 所示,通过测定活塞销的两端高度差,即可计算出连杆弯曲值。

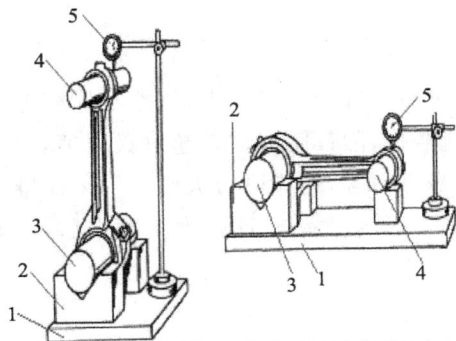

图 2-3-46 用百分表检查连杆弯曲和扭曲

1—平板; 2—V 型块; 3,4—标准心轴; 5—带表座的百分表

2）连杆的修理

（1）经过检验发现连杆产生弯曲和扭曲，应使用专用工具校正或更换。如弯曲和扭曲同时并存时，一般先校正其扭转变形，再校正弯曲变形。校正连杆的方法如图 2-3-47 所示。

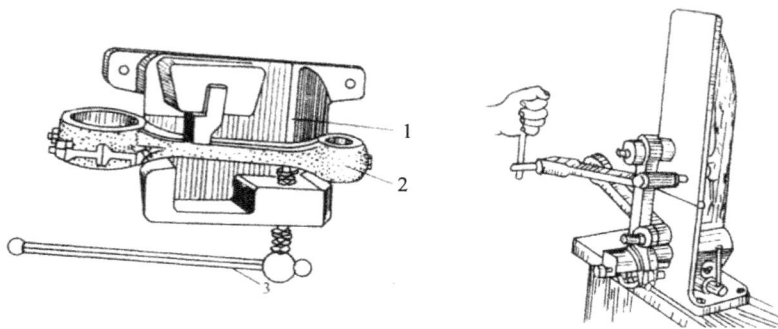

图 2-3-47　连杆校正

1—连杆校正器；　2—连杆；　3—手柄

连杆的校正可在弯曲校正器和扭转校正器进行。常温下进行连杆的弯扭校正时，卸去负荷后有复原的趋势，因此校正后应进行消除残余应力的处理，即将校正后的连杆加热至 400～450℃，保温 0.5～1h，以消除残余应力，才能避免在工作中恢复弯曲状态。双重弯曲校正比较困难，因此有条件时为保证发动机修理质量，最好更换弯曲、扭曲较严重的连杆。

（2）如果连杆小头衬套磨损逾限或已损坏，就要将其更换。更换时，可用铣头将旧衬套铣出或压出。装配新衬套时，在轴孔磨床上抛光加工连杆小头衬套内孔，衬套油眼必须对准连杆小头油孔，用压器或台虎钳垫以软垫，将它平平正正地压入，使其具有 0.10～0.20mm 的过盈，以保证衬套在工作时不致松旷。衬套压入后还应留出一定的加工余量，以便通过铰削修刮后与活塞销有良好的配合。

衬套磨损较大时，才更换新件，有时也可按照活塞销的加大尺寸对衬套进行铰削或刮削。

3）连杆大头孔及端面磨损的检验与修理

连杆大头孔磨损可用内径千分尺测量；端面磨损可将连杆放在平板上，用塞尺测缝隙和用深度尺测量大头孔深度的方法来测量。连杆大头孔磨损，因其圆度误差超过极限值，由于端面磨损而减薄超过允许值，或因修锉结合面而使杆身缩短等，均应进行大修。可采用堆焊修复，恢复设计要求。为了保证发动机的工作性能，现代汽车发动机连杆大头磨损后，一般应更换新件。

（五）活塞连杆组件的拆装

1. 活塞连杆组在机体上的拆卸

活塞连杆组在机体上的拆卸步骤见表 2-3-9。

表 2 - 3 - 9　活塞连杆组在机体上的拆卸

步　　　骤	图　　　示
（1）拆发动机附件和气缸盖	
（2）检查各缸活塞连杆组是否有标记（活塞顶部），若有标记则进行下一步，若无标记，则在活塞连杆组上做标记	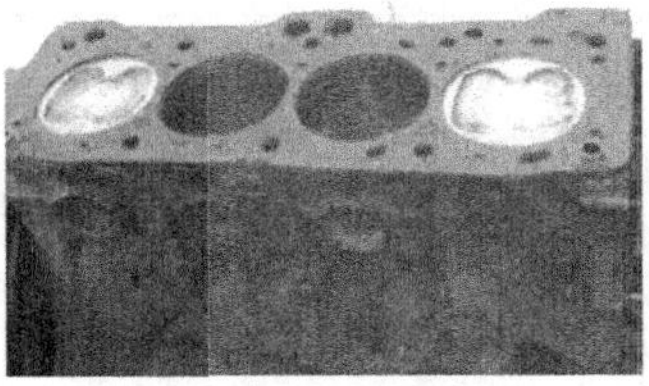
（3）把缸体放到水平位置将要拆卸的活塞连杆组转到下止点位置	
（4）用扳手分两到三次拧松连杆螺钉、螺母，拆下连杆轴承下盖	
（5）用手锤柄轻敲连杆上瓦接合面，使活塞连杆组从缸体上平面方向拆出	
（6）将拆下的活塞连杆组配对装好，将活塞连杆组总成按顺序放好	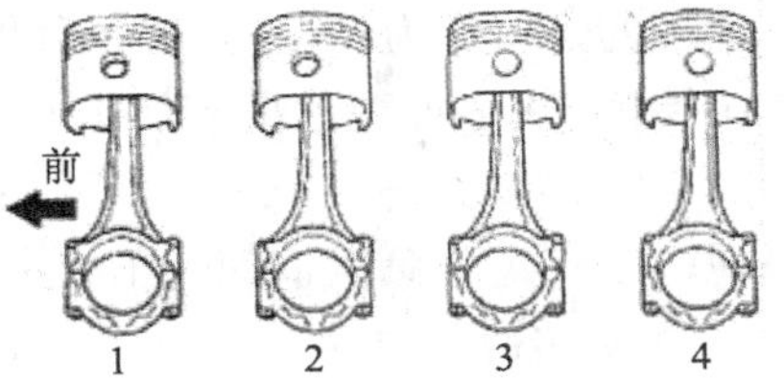

笔记

2. 活塞环的拆装

活塞环的拆装步骤如表 2-3-10 所示。

表 2-3-10　活塞环的拆装

		步　骤	图　示
气环	拆卸	用活塞环钳钳口抵住活塞开口两端后,边使活塞环撑开,边向前推移至内径大于活塞即可拆出	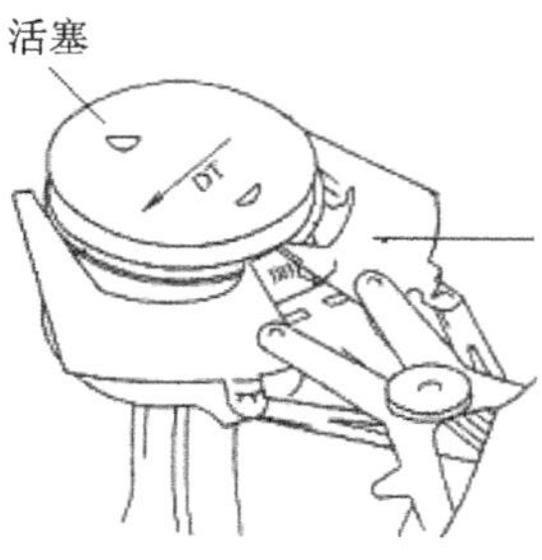
	安装	用活塞环钳钳口抵住活塞环口两端后,撑开活塞环至其内径略大于活塞外径即可入,先装最下一道环,逐步向上装完为止	
油环	拆卸	先将上、下钢片拆出,再拆衬簧,拆钢片时注意,由于钢片很薄,不要用力过猛,防止造成永久性变形,应用一拇指顶住开口一端,用另一拇指撑开环口另一端至出环槽,用木片插入,环与活塞外径之间作圆周移动,导出钢片	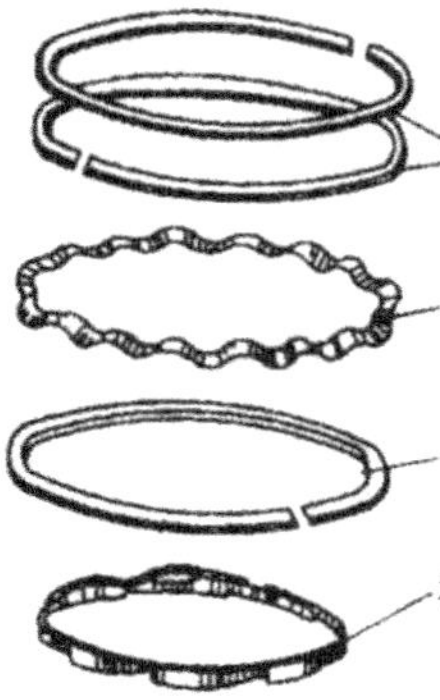
	安装	先装入衬簧,再装上、下钢片,上、下钢片开口要错开 180°,并要对正活塞销轴线方向及活塞销轴线垂直方向之间的 45°的位置最好。胀圈接头应在环端的对面	

　　活塞环在安装时,要注意其安装顺序及端口方向。安装气环时,有镀铬的活塞环一般装在第一道。现代发动机的活塞环的端部侧面都制有装配标记,活塞环有标记的一面朝上安装,并且要注意每道环的装配位置。活塞环的标记一般为字母或数字,有的活塞环上还制有尺寸标记或厂标,字母为厂标,数字为尺寸标记。

　　为了提高发动机的密封性,避免压缩空气泄漏,要求活塞环的开口应交错布置,一般以第一道环的开口作为始点,其他各环的开口布置成迷宫状。第一道环应布置在做功行程压力较小一侧,并尽可能远离燃烧中心。如两道环的发动机,相隔 180°;三道环的发动机每道环相隔 120°(如图 2-3-48(a)所示);四道环的第一道与第二道间隔 180°,第二道与第三道间隔 90°,第三道与第四道间隔 180°(如图 2-3-48(b)所示)。油环的上下刮片间隔 180°。

　　3. 活塞销的装配

　　对于全浮式活塞销和半浮式活塞销,在装配时应注意区别。

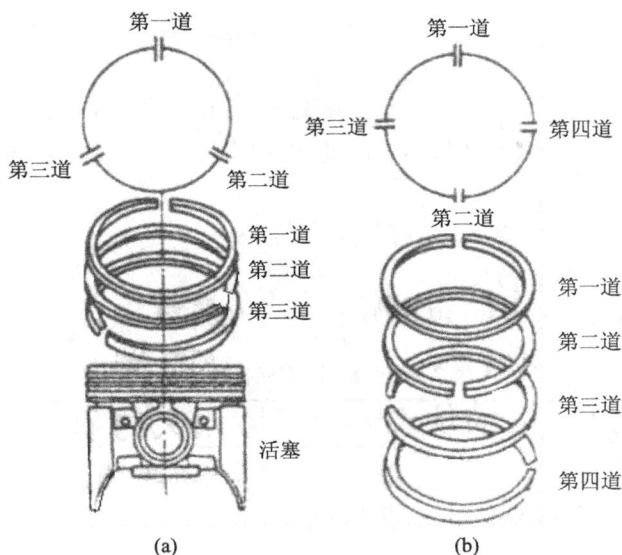

图 2-8-48　活塞环开口布置形式

全浮式活塞销与活塞销座孔的装配。对于汽油机,要求在常温下应有微量的过盈一般为 0.002 5~0.007 5mm。当活塞处于 60℃ 以下时,也只有 0.005~0.010mm 微量的间隙,活塞销应能在销座孔转动,但无间隙感,这样高的配合要求一般量具难以测量,通常只能凭经验和感觉去判断。

对于柴油机,常温下是过渡配合,允许有轻微间隙。因为全浮式活塞销与活塞销座孔在常温下有微量过盈,所以安装时一定要将活塞加热再行装配。先加热活塞,如图 2-3-49 所示,将活塞加热至 60~80℃,迅速擦净活塞销座孔,在活塞销表面涂上少量机油后推入活塞一端座孔,将连杆小端衬套涂上一层机油,放入活塞销两座孔之间。然后将活塞销推入连杆衬套,直至活塞的另一端,再装上卡簧。

图 2-3-49　活塞销的装配过程

半浮式活塞销在安装时,也应在加温条件下,使用专用设备进行安装。如富康 TU 发动机活塞销为半浮式,活塞销与活塞销座孔的配合间隙为 0.01~0.015mm,活塞销与连杆小头为过盈配合。在连杆、活塞装配时,将连杆小头加热至 230℃,在专用压销工具上把活塞销压入。装配中连杆小头在靠向活塞销座孔两边时,活塞销的端面距活塞销座孔外面的距离要一致,活塞销在销孔中可以灵活转动。

4. 连杆轴承的拆装

1）拆卸

用手压没有凸缘的那一端面,使有凸缘的端面压出的 1/5 左右即可拿出轴承,拆出后,应按缸数顺序和上下瓦位置摆放好,不可调乱.如用手压不出,可用手锤在无凸缘端面敲击。

2）安装

按顺序标记将上、下瓦盖装入,不可弄乱。

5. 活塞连杆组在机体上的安装

活塞连杆组在机体上的安装步骤如表 2-3-11 所示。

表 2-3-11　活塞连杆组安装

说　　　明	图　　　示
将活塞连杆组及机体组零件彻底清洗干净,并用压缩空气吹净	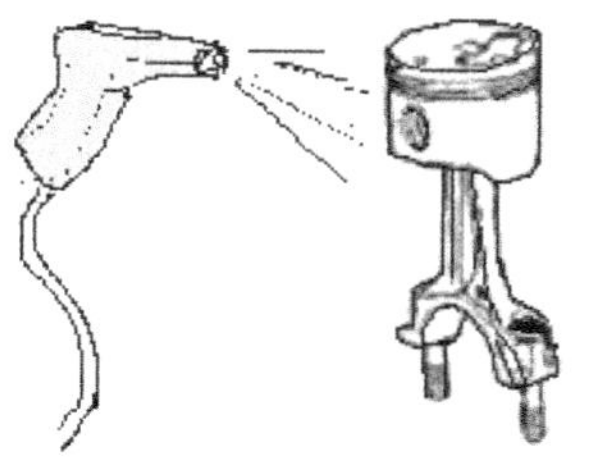
把机体缸及活塞连杆组各摩擦表面涂上干净机油后,用手拧动活塞环,检查活塞环是否有卡滞及将机油涂均匀	
转动曲轴,把要装的连杆轴颈转到下止点位置,再把活塞环环口按规定要求对好位置（如右图所示）,每环开口错开 120°,4 道环应错开 180°	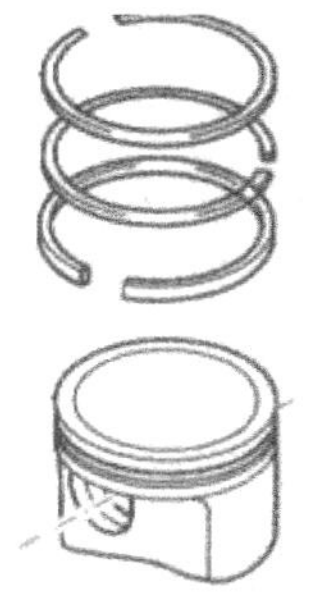
根据活塞朝前记号及缸号标记正确将活塞连杆组放入缸	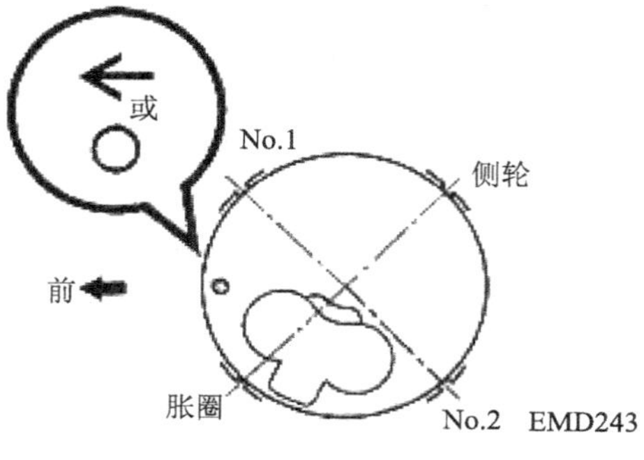

（续表）

说　　明	图　　示
用活塞环夹具夹好活塞环,再用手锤柄敲活塞环夹具四周,确认活塞环带进入环槽内后,用手锤柄轻敲活塞顶,使活塞完全进入气缸	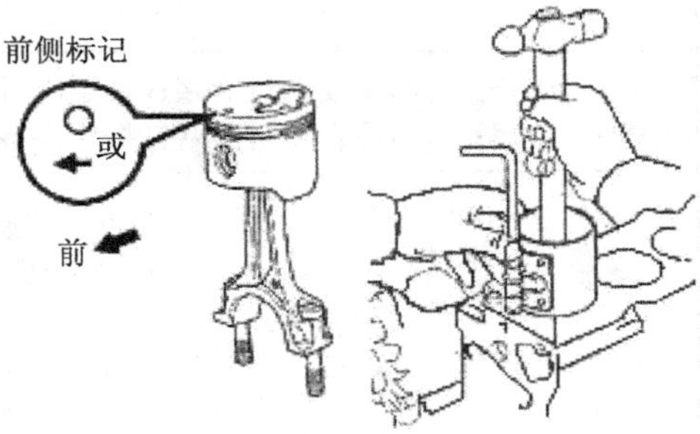 前侧标记 或 前
当活塞完全进入气缸后,用手扶正连杆大头对准连杆轴颈,另一只手继续用手锤柄敲打活塞顶至连杆大头完全进入连杆轴颈	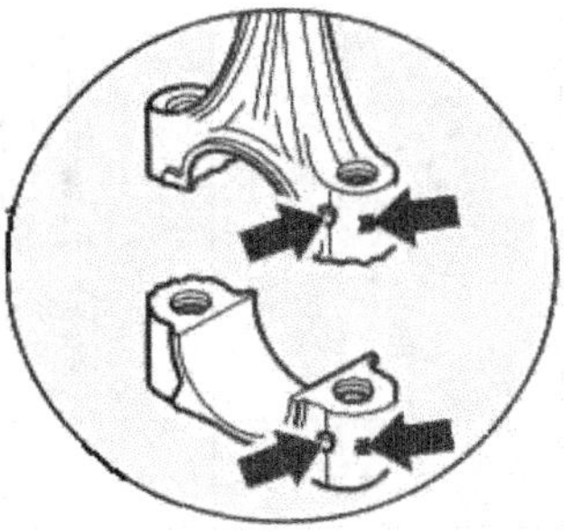
按安装方向要求装入连杆瓦盖	
完全装入轴承盖后,即可分两到三次按规定扭力上紧连杆螺丝;装上机体组零件和发动机其他附件	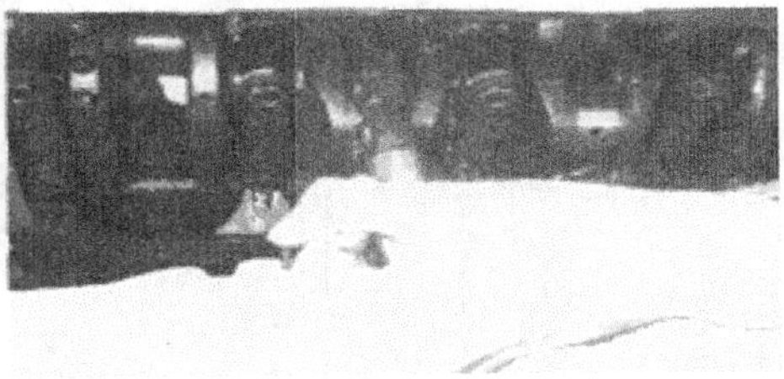

注　意

● 活塞连杆组装好后转动曲轴,应转动自如,轻敲下瓦盖,无虚声即径向间隙正常,再从发动机前、后方向轻敲连杆大头,应有微量移动为轴向间隙正常。

三、制订拆检计划

制订发动机活塞连杆组拆解计划如表 2 - 3 - 12 所示。

表 2 - 3 - 12　发动机活塞连杆组拆解计划

1. 查阅资料,了解汽车发动机活塞连杆组件拆检作业注意事项和发动机活塞连杆组件的信息 2. 查阅维修手册,熟悉发动机活塞连杆组件拆解项目和步骤,制订发动机活塞连杆组件拆解计划	
1. 汽车发动机活塞连杆组件乔检作业注意事项描述	(1) 一些重要的螺钉、螺栓、螺母连接件,如主轴承、连杆轴承等,安装时应按顺序,分数次(一般分三次)逐步上紧到规定的扭矩。拆卸时也应按顺序逐步均匀拧松,以免零件变形。缸盖螺栓拧紧顺序,一般按先中间、后两旁、对角线交叉的原则进行 (2) 拆卸前应对零件在制造时所做的记号加以核对和辨认,没有记号时,要在零件非工作面上做出必要的记号。如:活塞、连杆和连杆轴承盖等。使用过的活塞、活塞销、活塞环、连杆轴瓦、主轴瓦、平衡块、气门等都没有互换性,拆卸时应注意缸数、配对记号。装配时必须按原位装复,不得错乱 (3) 取出活塞前,须将气缸上边缘的积碳仔细擦净,以免取出活塞连杆时,刮伤活塞和活塞环 (4) 推出活塞连杆时,只许用手或头部光圆的木棒轻轻推出,禁止敲击连杆大头,以免在瓦座表面和瓦盖接合面上造成击痕 (5) 拆装活塞环、气缸套以及活塞连杆组向气缸安装时可使用专用工具。安装湿式气缸套时,必须更换新的橡胶封水圈。缸体和缸套上的环槽和支承台肩应清理干净
2. 发动机活塞连杆组件的信息描述	 1. _____　2. _____ 3. _____　4. _____
3. 发动机活塞连杆组件拆检描述	
4. 汽车发动机活塞连杆组件拆检计划	➤ 拆卸工具和检测量具的准备 ➤ 拆卸步骤的确定 ➤ 拆卸作业安全事项的学习

四、实施拆检作业

汽车发动机机体组件拆解作业如表 2-3-13 所示。

笔记

表 2-3-13　汽车发动机机体组件拆解作业

1. 学习汽车发动机活塞连杆组拆卸作业安全事项 2. 会正确对汽车发动机活塞连杆组件进行拆卸和检测作业		

1. 车辆信息描述	车辆描述	
	车辆发动机类型描述	

2. 汽车发动机活塞连杆组拆卸计划描述	

3. 汽车发动机活塞连杆组拆卸作业安全事项学习	(1) 注意人身和机件的安全,不了解的先了解后动手,特别是注意在车底下工作时的人身安全 (2) 注意防火 (3) 认真接受实习前的安全知识教育

	作业项目	作业要领	技 术 标 准	检查记录
4.汽车发动机活塞连杆组拆检	拆卸工具和检测量具的选用	(1) 扭力扳手 (2) 开口扳手 (3) 活动扳手 (4) 套筒扳手 (5) 游标卡尺 (6) 连杆检测仪	(1) 扭力扳手常用有 294 N·m,490 N·m 两种 (2) 开口扳手开口的中心平面和本体中心平面成 15°角,这样既能适应人手的操作方向,又可降低对操作空间的要求 (3) 活动扳手常用有 150mm,300mm 两种 (4) 常用套筒扳手的规格是10~32mm	(1) 选用的扭力扳手为_____ (2) 选用的开口扳手为_____ (3) 选用的活动扳手为_____ (4) 选用的套筒扳手为_____ (5) 选用的游标卡尺_____
	拆卸步骤	(1) 转动曲轴将准备拆卸的连杆对应的活塞转到下止点 (2) 拆卸连杆螺母,取下连杆轴承盖,并按顺序放好 (3) 用橡胶锤或手锤木柄推出活塞连杆组(应事先刮去气缸上的台阶,以免损坏活塞环),注意不要硬撬、硬敲,以免损伤气缸 (4) 取出活塞连杆组后,应将连杆轴承盖、螺栓螺母按原位装回,并注意连杆的装配标记。标记应朝向皮带盘,活塞、连杆和连杆轴承盖上打上对应缸号	(1) 活塞的磨损情况:_____ (2) 活塞环磨损情况:_____ (3) 各个螺栓的状况:_____、_____、_____、_____、_____、_____等

笔 记

（续表）

	作业项目	作业要领	技 术 标 准	检查记录
4.汽车发动机活塞连杆组拆检	检 测	（1）活塞公称尺寸最大偏差 （2）活塞裙部的圆度 （3）活塞裙部圆柱度 （4）活塞环的弹力检验 （5）活塞环的漏光检验 （6）活塞环的侧隙的检查 （7）活塞环的端隙检查 （8）活塞环的背隙检查 （9）活塞销的表面粗糙度检查 （10）活塞销的圆度、圆柱度检查	（1）活塞公称尺寸的最大偏差：0.04mm （2）活塞裙部的圆度：0.10～0.20mm （3）活塞裙部圆柱度：0.005～0.015mm （4）活塞环的弹力：符合弹力要求 （5）活塞环的漏光：漏光处的缝隙应不大于0.03mm （6）活塞环的侧隙：0.02～0.05mm，极限间隙为0.15mm （7）活塞环的端隙：磨损极限为1.00mm （8）活塞环的背隙：0.10～0.35mm （9）活塞销的表面粗糙度：不大于$R_a0.8\mu m$ （10）活塞销的圆度、圆柱度：不大于0.0025mm	（1）活塞公称尺寸最大偏差：_____ （2）活塞裙部的圆度：_____ （3）活塞裙部圆柱度：_____ （4）活塞环的弹力检验：_____ （5）活塞环的漏光检验：_____ （6）活塞环的侧隙的检查：_____ （7）活塞环的端隙检查：_____ （8）活塞环的背隙检查：_____ （9）活塞销的表面粗糙度检查：_____ （10）活塞销的圆度、圆柱度检查：_____
检查后的结论和体会				

五、检验评估

项目二任务 2.3 的检验评估，如表 2-3-14 所示。

笔记

表 2-3-14　检验评估

评价指标	检验说明	检验记录
维护检查项目	➢ 拆解工具设备 ➢ 检查是否漏油 ➢ 检查零部件的损坏情况	
汽车发动机活塞连杆组拆卸和检测过程情况		

评价内容	检验指标	权重	自评	互评	总评
检查任务完成情况	1. 完成任务的情况 2. 任务完成的质量 3. 在小组完成任务过程中所起的作用	4			
专业知识和专业技能	1. 能描述发动机活塞连杆组的结构组成 2. 能描述发动机活塞连杆组的类型和作用 3. 会使用游标卡尺和千分尺测量活塞的圆度和圆柱度 4. 会使用连杆检测仪对连杆进行测量和矫正 5. 能够熟练地对发动机活塞连杆组件进行选配、检修和组装	8			
职业素养	1. 学习态度:积极主动参与学习 2. 团队合作:与小组成员一起分工合作,不影响学习进度 3. 现场管理:服从工位安排、执行实训室"5S"管理规定	3			
综合评议与建议					

任务 2.4　拆检曲轴飞轮组件

任务描述	一辆桑塔纳 3000 汽车发动机有起动打滑、加速无力和发动机异响等现象,针对维修接待和车间检测确认,需对曲轴飞轮组件进行拆检
任务目标	1. 能说出曲轴飞轮组件的结构和拆装 2. 会使用磁性座百分表和千分尺测量曲轴圆度、圆柱度和弯扭 3. 能正确地使用量具对曲轴飞轮组件进行检修及测量轴承间隙、轴向间隙

笔记

一、维修接待

按照表2-4-1完成待修车辆的维修接待,并准确填写接车问诊表。

表2-4-1 维修接待与接车问诊表

---

1. 通过询问客户了解发动机发生故障情况,填写接车问诊表
2. 车间检测初步确认对曲轴飞轮拆检及其主要故障零部件更换

接 车 问 诊 表

车牌号:_____ 车架号:_____ 行驶里程:_____(km)

用户名:_____ 电　话:_____ 来店时间:_____/_____

用户陈述及故障发生时的状况:**一辆桑塔纳3000发动机起动打滑、加速无力和发动机异响等现象**

故障发生状况提示:**行驶速度、发动机状态、发生时间、部位、天气、路面状况、声音描述**

接车员检测确认建议:**需对发动机曲柄连杆机构进行综合修理**

车间检测确认结果及主要故障零部件:**需对发动机曲柄连杆机构进行综合修理**

车间检查确认者:_____

外观确认:

(请在有缺陷部位作标识)

功能确认:(工作正常✓　不正常×)

□音响系统　　□门锁(防盗器)　□全车灯光　□工具

□后视镜　　　□顶窗　　　　　□座椅　　　□点烟器

□玻璃升降器　□玻璃

物品确认:(有✓　无×)

□贵重物品提示

□工具　□备胎　□灭火器

□其他(　　　　　)

旧件是否交还用户　□是　□否

用户是否需要洗车　□是　□否

· 检测费说明:本次检测的故障如用户在本店维修,检测费包含在修理费用内;如用户不在本店维修,请您支付检测费。本次检测费:￥_____元。

· 贵重物品:在将车辆交给我店检查修理前,已提示将车内贵重物品自行收起并保存好,如有遗失恕不负责。

接车员:_____　　　　用户确认:_____

二、信息收集与处理

按照表 2-4-2 完成任务 2.4 的信息收集与处理。

表 2-4-2　信息收集与处理

序号	部件名称	作　　用
1		
2		
3		
4		
5		

1. 曲轴飞轮组的构造：_____；_____；_____；
_____和_____。

（一）曲轴飞轮组件的结构认识

1. 构造与工作原理

曲轴飞轮组主要由曲轴、飞轮、扭转减振器、皮带轮、正时齿轮（或链轮）和一些附件组成，如图 2-4-1 所示。

2. 曲轴

1）曲轴的功用及工作条件

曲轴的功用是把活塞、连杆传来的气体力转变为转矩，用以驱动汽车的传动系统和发动机的配气机构以及其他辅助装置。曲轴在周期性变化的气体力、惯性力及其力矩的共同作用下工作，承受弯曲和扭转交变载荷。因此，曲轴应

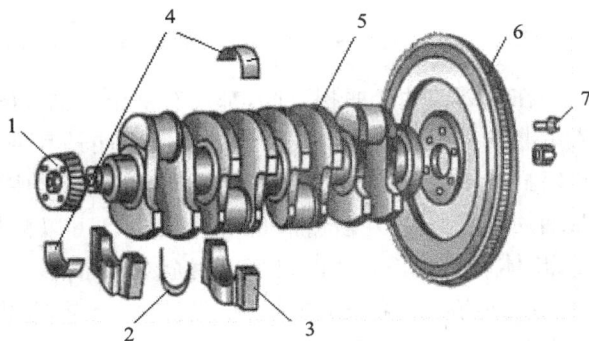

图 2-4-1　曲轴飞轮组

1—皮带轮；　2—止推垫片；　3—主轴承盖；
4—主轴承；　5—曲轴；　6—飞轮；　7—飞轮螺丝

有足够的抗弯曲、抗扭转的疲劳强度和刚度;轴颈应有足够大的承压表面和耐磨性;曲轴的质量应尽量小;对各轴颈的润滑应该充分。

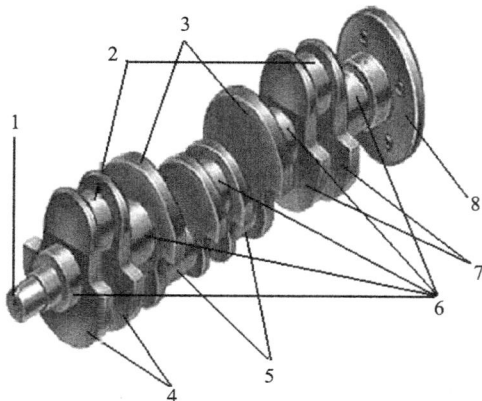

图 2 - 4 - 2   曲轴构造

1—前端;   2,5—连杆轴颈;   3,4,7—平衡块;   6—主轴颈;   8—后端

2) 曲轴材料

曲轴一般由 45,40Cr,35Mn2 等中碳钢和中碳合金钢模锻而成,轴颈表面经高频淬火或氮化处理,最后进行精加工。现代汽车发动机广泛采用球墨铸铁曲轴。球墨铸铁价格便宜,耐磨性能好,轴颈不需硬化处理,同时金属消耗量少,机械加工量也少。为提高曲轴的疲劳强度,消除应力集中,轴颈表面应进行喷丸处理,圆角处要经滚压处理。

3) 构造

曲轴一般由主轴颈,连杆轴颈、曲柄、平衡块、前端和后端等组成,如图 2 - 4 - 2 所示。一个主轴颈、一个连杆轴颈和一个曲柄组成了一个曲拐,曲轴的曲拐数目等于气缸数(直列式发动机);V 形发动机曲轴的曲拐数等于气缸数的一半。

4) 曲轴的支承方式

按照曲轴的支承方式,可以把曲轴分为全支承曲轴和非全支承曲轴两种,如图 2 - 4 - 3 所示。

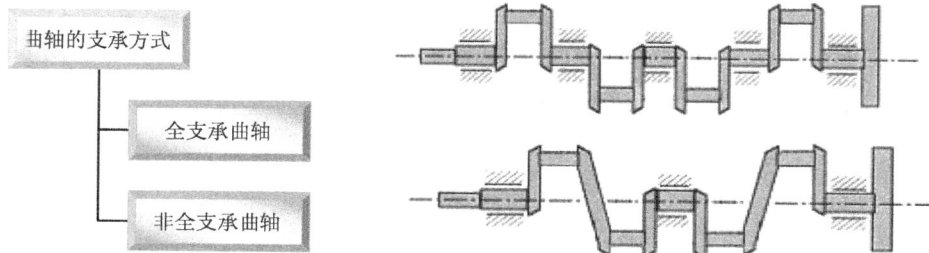

图 2 - 4 - 3   曲轴的支承方式

在相邻的两个曲拐之间,都设有一个主轴颈的曲轴,称为全支承式曲轴;否则,称为非全支承曲轴。因此直列式发动机的全支承曲轴其主轴颈总数(包括曲轴前端和后端的主轴颈)比气缸数多一个;V 形发动机的全支承曲轴,其主轴颈总数比气缸数的一半多一个。全支承曲轴的优点是可以提高曲轴的刚度,并且可以减轻主轴承的载荷;其缺点是曲轴主轴承数多,机体尺寸较长。柴油机多采用全支承曲轴。

曲轴前端是第一道主轴颈之前的部分,其上装有驱动配气凸轮轴的正时齿轮、驱动风扇和水泵的皮带轮以及推力片等。为了防止机油沿曲轴轴颈外漏,在曲轴前端上有一个甩油盘,随着曲轴旋转,当被齿轮挤出和甩出来的机油落到盘上时,由于离心力的作用,被甩到齿轮室盖的壁面上,再沿壁面流下来,回到油底壳中。即使还有少量的机油落到甩油盘前面的曲轴段上,也被压配在齿轮室盖上的油封挡住。甩油盘的外斜面应向后,如果装错,效果将适得其反。

曲轴后端是最后一道主轴颈之后的部分,有安装飞轮用的凸缘。为防止机油向后漏出,在曲轴后端通常切出回油螺纹或其他封油装置。回油螺纹可以是梯形的或矩形的,其螺旋方向应为右旋。回油螺纹的工作原理是:当曲轴旋转时,流到回油螺纹槽中的机油也被带动旋转。因为机油本身有黏性,所以受到机体后盖孔壁的摩擦阻力,机油在摩擦阻力的作用下,顺着螺纹槽道被推送向前,流回油底壳,如图2-4-4所示。

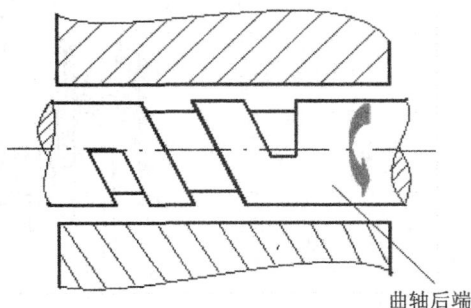

图2-4-4 曲轴后端的封油原理

在发动机工作时,曲轴受到离合器施加于飞轮的轴向力作用而有轴向窜动的趋势。曲轴轴向窜动将破坏曲柄连杆机构各零件的正确相对位置,因此,曲轴必须有轴向定位装置(一般是滑动推力轴承)。而曲轴受热膨胀时,又应允许它能自由伸长,所以曲轴上只能有一处设置轴向定位装置。曲轴轴向定位装置的形式有两种:翻边轴承的翻边部分、单制的具有减摩合金层的止推片,如图2-4-5所示。

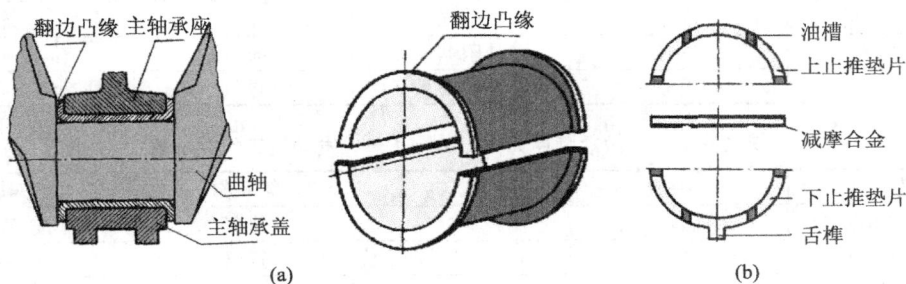

图2-4-5 曲轴轴向定位装置的两种形式

(a) 翻边轴承; (b) 具有减摩合金层的止推片

5) 曲拐布置与多缸发动机的工作顺序

各曲拐的相对位置或曲拐布置取决于气缸数、气缸排列形式和发动机工作顺序。当气缸数和气缸排列形式确定之后,曲拐布置就只取决于发动机工作顺序。在选择发动机工作顺序时,应注意以下几点:

(1) 应该使接连作功的两个气缸相距尽可能地远,以减轻主轴承载荷和避免在进气行程中发生抢气现象。

(2) 各气缸发火的间隔时间应该相同。发火间隔时间若以曲轴转角计则称发火间隔角。在发动机完成一个工作循环的曲轴转角内,每个气缸都应发火作功一次。对于气缸数为 i 的四冲程发动机,其发火间隔角应为 $720°/i$,即曲轴每转 $720°/i$ 时,就有一缸发火做功,以保证发动机运转平稳。

(3) V型发动机左右两列气缸应交替发火。

多缸发动机的点火顺序:

（1）四冲程直列四缸发动机的点火顺序和曲拐布置如图 2-4-6 所示。四冲程直列四缸发动机的点火间隔角为 $720°/4=180°$。4 个曲拐在同一平面内。发动机工作顺序为 1—3—4—2 或 1—2—4—3，其工作循环分别如表 2-4-3 和表 2-4-4 所示。

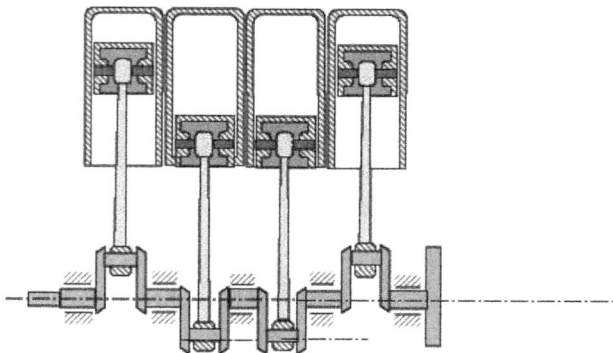

图 2-4-6　四冲程直列四缸发动机的曲拐布置

表 2-4-3　做功顺序为 1—3—4—2 发动机工作循环表

曲轴转角/(°)	第一缸	第二缸	第三缸	第四缸
0～180	做功	排气	压缩	进气
180～360	排气	进气	做功	压缩
360～540	进气	压缩	排气	做功
540～720	压缩	做功	进气	排气

表 2-4-4　做功顺序为 1—2—4—3 发动机工作循环表

曲轴转角/(°)	第一缸	第二缸	第三缸	第四缸
0～180	做功	压缩	排气	进气
180～360	排气	做功	进气	压缩
360～540	进气	排气	压缩	做功
540～720	压缩	进气	做功	排气

（2）四冲程直列六缸发动机的点火顺序和曲拐布置。四冲程直列六缸发动机的点火顺序和曲拐布置如图 2-4-7 所示。

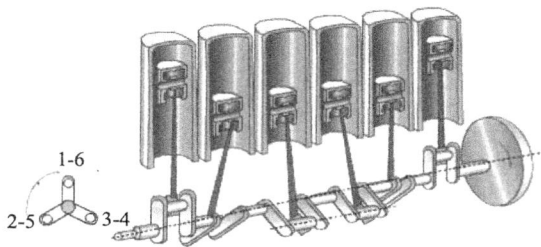

图 2-4-7　四冲程直列六缸发动机的曲拐布置

四冲程直列六缸发动机点火间隔角为 $720°/6=120°$，六个曲拐分别布置在三个平面内，一种点火顺序是 1—5—3—6—2—4，国产汽车的六缸直列发动机都用这种，其工作循环表如表 2-4-5 所示。

笔记

表 2 - 4 - 5　做功顺序为 1—5—3—6—2—4 发动机工作循环表

曲轴转角(°)		第一缸	第二缸	第三缸	第四缸	第五缸	第六缸
0~180	60	做功	排气	进气	做功	压缩	进气
	120	做功	排气	压缩	排气	压缩	进气
	180	做功	进气	压缩	排气	做功	进气
180~360	240	排气	进气	压缩	排气	做功	压缩
	300	排气	进气	做功	进气	做功	压缩
	360	排气	压缩	做功	进气	排气	压缩
360~540	420	进气	压缩	做功	进气	排气	做功
	480	进气	压缩	排气	压缩	排气	做功
	540	进气	做功	排气	压缩	进气	做功
540~720	600	压缩	做功	排气	压缩	进气	排气
	660	压缩	做功	进气	做功	进气	排气
	720	压缩	排气	进气	做功	压缩	排气

（3）四冲程 V 形八缸发动机点火顺序和曲拐布置。四冲程 V 形八缸发动机点火顺序和曲拐布置如图 2 - 4 - 8 所示。

四冲程 V 形八缸发动机点火间隔角为 720°/8＝90°。V 形发动机左右两列中相对应的一对连杆共用一个曲拐。所以 V 形八缸发动机只有四个曲拐，其布置可以与四缸机一样，四个曲拐布置在同一平面内，也可以布置在两互相错开 90°的平面内，这样可以使发动机得到更好的平衡性。这种布置形式的发动机点火顺序比较多，如表 2 - 4 - 6 所示为点火顺序为 1—8—4—3—6—5—7—2 的发动机的工作循环表。

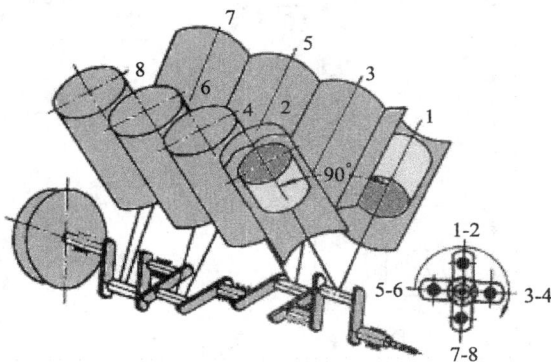

图 2 - 4 - 8　四冲程 V 形八缸发动机的曲拐布置

表 2 - 4 - 6　做功顺序为 1—8—4—3—6—5—7—2 发动机工作循环表

曲轴转角(°)		第一缸	第二缸	第三缸	第四缸	第五缸	第六缸	第七缸	第八缸
0~180	90	做功	做功	进气	压缩	排气	进气	排气	压缩
	180	做功	排气	压缩	压缩	进气	进气	排气	做功
180~360	270	排气	排气	压缩	做功	进气	压缩	进气	做功
	360	排气	进气	做功	做功	压缩	压缩	进气	排气
360~540	450	进气	进气	做功	排气	压缩	做功	压缩	排气
	540	进气	压缩	排气	排气	做功	做功	压缩	进气
540~720	630	压缩	压缩	排气	进气	做功	排气	做功	进气
	720	压缩	做功	进气	进气	排气	排气	做功	压缩

3. 飞轮

1）功用

飞轮将在做功行程中输入于曲轴的功的一部分贮存起来，用以在其他行程中克服阻力，带动曲柄连杆机构越过上、下止点,保证曲轴的旋转角速度和输出转矩尽可能均匀,并使发动机有可能克服短时间的超载荷,同时,飞轮又用作摩擦式离合器的驱动件。

2) 构造

为了在保证有足够的转动惯量的前提下,尽可能减小飞轮的质量,应使飞轮的大部分质量都集中在轮缘上,因而轮缘通常做得宽而厚。飞轮外缘上压有一个齿环,可与起动机的驱动齿轮啮合,供起动发动机用,如图 2-4-9 所示。飞轮上通常刻有第一缸的上止点记号,以便校准点火时间。当这个记号与飞轮壳上的刻线对正时,即表示 1 缸和 1 缸的同步缸活塞处在上止点位置,如图 2-4-10 所示。

飞轮与曲轴装配后应进行动不平衡试验,否则在旋转时因质量不平衡而产生离心力,将引起发动机振动并加速主轴承的磨损。为了在拆装时不破坏它们的平衡状态,飞轮与曲轴之间应有严格的相对位置,用定位销或不对称布置螺栓予以保证。

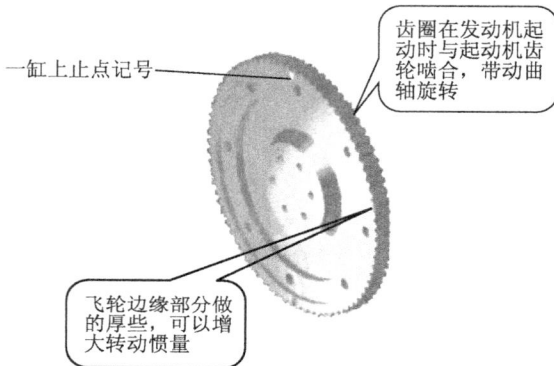

一缸上止点记号

齿圈在发动机起动时与起动机齿轮啮合,带动曲轴旋转

飞轮边缘部分做的厚些,可以增大转动惯量

图 2-4-9 飞轮的结构

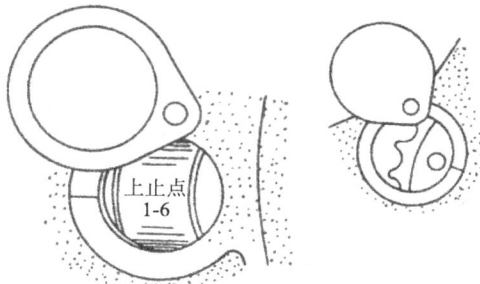

上止点 1-6

图 2-4-10 飞轮正时记号

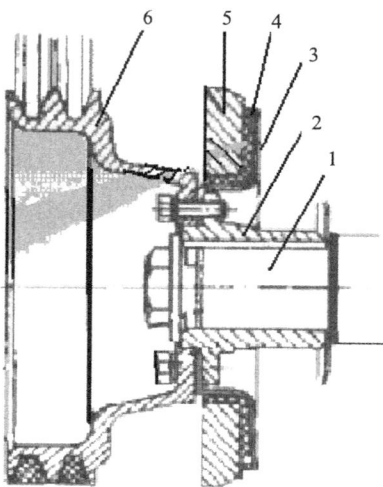

图 2-4-11 橡胶式曲轴扭转减振器

1—曲轴前端; 2—皮带轮毂;
3—减振器圆盘; 4—橡胶垫;
5—惯性盘; 6—皮带盘

4. 曲轴扭转减振器

1) 功用

曲轴扭转减振器的作用是吸收曲轴扭转振动的能量,削减扭转振动。

2) 分类

汽车发动机常用的曲轴扭转减振器是摩擦式扭转减振器,分为橡胶式扭转减振器、硅油式扭转减振器和硅油-橡胶扭转减振器三种。

3) 橡胶式扭转减振器

如图 2-4-11 所示,所示为橡胶式扭转减振器,转动惯量较大的惯性盘 5 和用一层橡胶垫和薄钢片冲压制成的圆盘 3 相连。盘 3 和惯性盘 5 都与橡胶垫 4 硫化黏接。盘 3 的毂部用螺钉固定在装于曲轴前端的风扇皮带轮上。当曲轴发生扭转振动时,力图保持等速转动的惯性盘便与橡胶层发生了内摩擦,从而消耗了扭转振动的能量,消减了扭振。

<<<< --

4）硅油扭转减振器

由钢板冲压而成的减振器壳体与曲轴连接。侧盖与减振器壳体组成封闭腔,其中滑套着扭转振动惯性质量。惯性质量与封闭腔之间留有一定的间隙,里面充满高黏度硅油。当发动机工作时,减振器壳体与曲轴一起旋转、一起振动,惯性质量则被硅油的黏性摩擦阻尼和衬套的摩擦力所带动。由于惯性质量相当大,因此它近似作匀速转动,于是在惯性质量与减振器壳体间产生相对运动。曲轴的振动能量被硅油的内摩擦阻尼吸收,使扭振消除或减轻。硅油扭转减振器减振效果好,性能稳定,工作可靠,结构简单,维修方便,所以在汽车发动机上的应用日益普遍。但它需要良好的密封和较大的惯性质量,致使减振器尺寸较大,如图2-4-12所示。

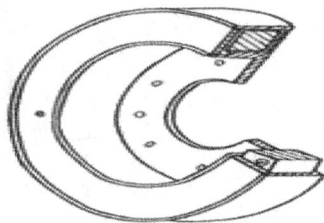

图 2-4-12 硅油减振器

5）硅油-橡胶扭转减振器

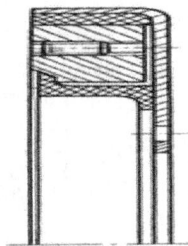

图 2-4-13 硅油-橡胶扭转器

硅油-橡胶扭转减振器中的橡胶环6主要作为弹性体,并用来密封硅油和支撑惯性质量1。在封闭腔内注满高黏度硅油。硅油-橡胶扭转减振器集中了硅油扭转减振器和橡胶扭转减振器两者的优点,即体积小、质量轻和减振性能稳定等,如图2-4-13所示。

5. 曲轴前、后端密封

（1）曲轴前端借助甩油盘和橡胶油封实现密封。发动机工作时,落在甩油盘上的机油,在离心力的作用下被甩到定时传动室盖的内壁上,再沿壁面流回油底壳。即使有少量机油落到甩油盘前面的曲轴上,也会被装在定时传动室盖上的自紧式橡胶油封挡住,如图2-4-14所示。

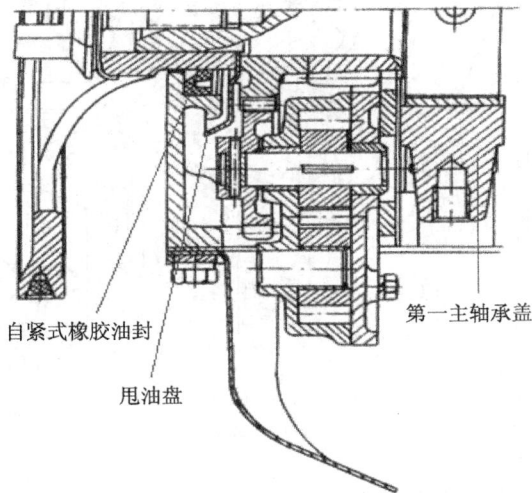

自紧式橡胶油封

甩油盘

第一主轴承盖

图 2-4-14 曲轴前端的密封

（2）曲轴后端的密封装置。由于近年来橡胶油封的耐油、耐热和耐老化性能的提高,在现代汽车发动机上曲轴后端的密封越来越多地采用与曲轴前端一样的自紧式橡胶油封。自

笔记

紧式油封由金属保持架、氟橡胶密封环和拉紧弹簧构成，如图 2-4-15 所示。

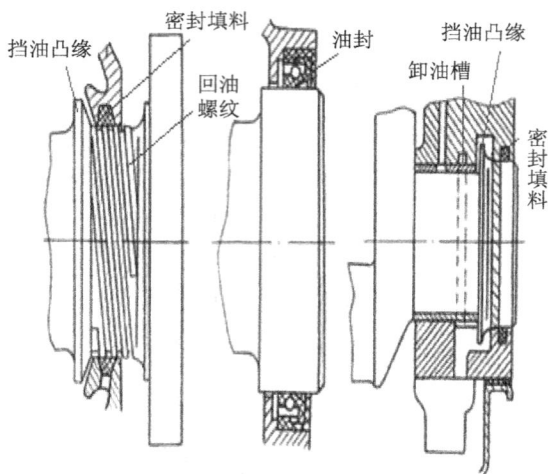

图 2-4-15　曲轴后端的密封

（二）曲轴飞轮组件拆装

曲轴飞轮组零件的装配图如图 2-4-16 所示。

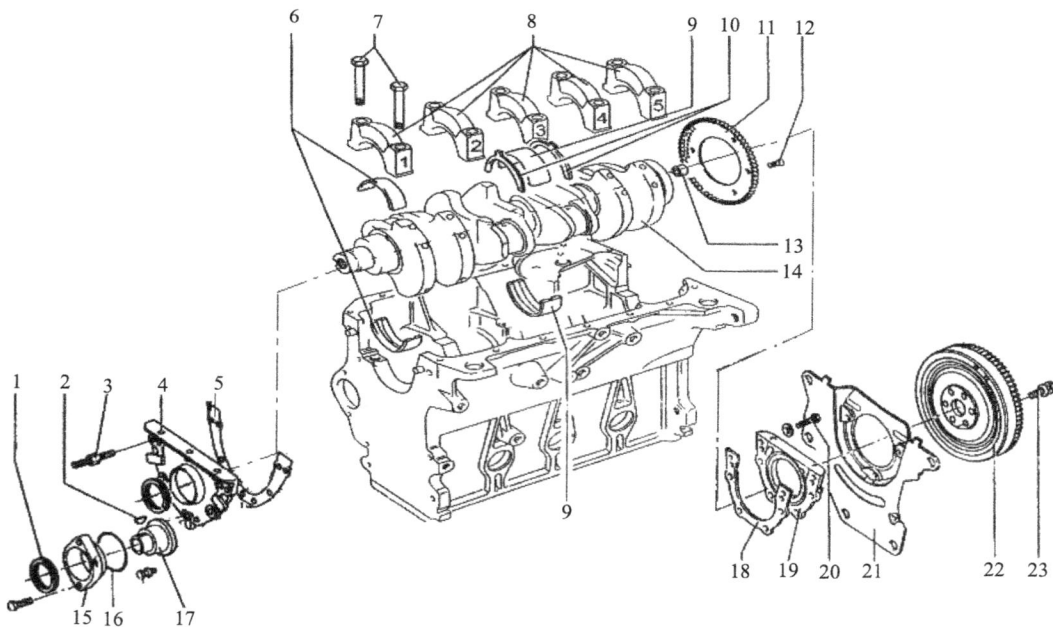

图 2-4-16　曲轴飞轮组零件装配图

1—曲轴油封；　2—半圆键；　3—螺栓；　4—密封法兰；　5—衬垫；　6—主轴承(1.2.4.5 道)；
7—螺栓；　8—主轴承盖；　9—主轴承(3 道)；　10—止推垫片；　11—发动机转速传感器盘；　12—螺栓；
13—滚针轴承(自动变速器车型没有此轴承)；　14—曲轴；　15—密封法兰(中间轴)；　16—O 形环套；
17—中间轴；　18—衬垫；　19—密封法兰及后油封；　20—螺栓；　21—衬板；　22—飞轮；　23—螺栓

1. 曲轴飞轮组件的拆卸

曲轴飞轮组件的拆卸步骤如表 2-4-7 所示。

表 2-4-7 曲轴飞轮组件拆卸步骤

步 骤	图 示
(1) 如曲轴后油封是整体式的,要先拆卸飞轮;拆卸前看清楚飞轮的安装形式,如有销钉定位的,不需检查记号;无销钉定位的,需检查或做上记号,再按顺序对角拆下飞轮螺丝,以卸下飞轮	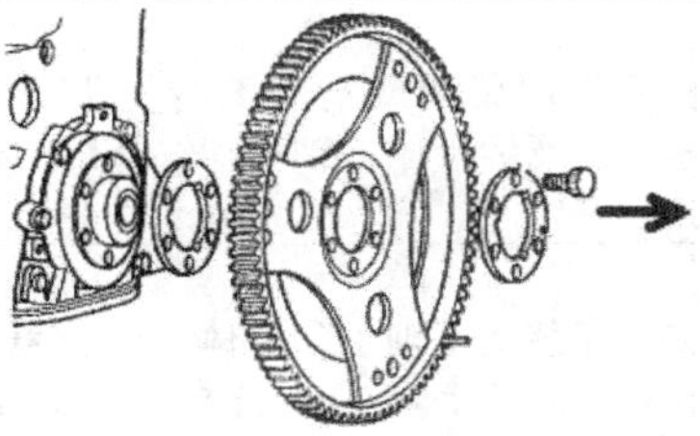
(2) 拆卸曲轴前机油泵壳体总成和曲轴后油封壳体	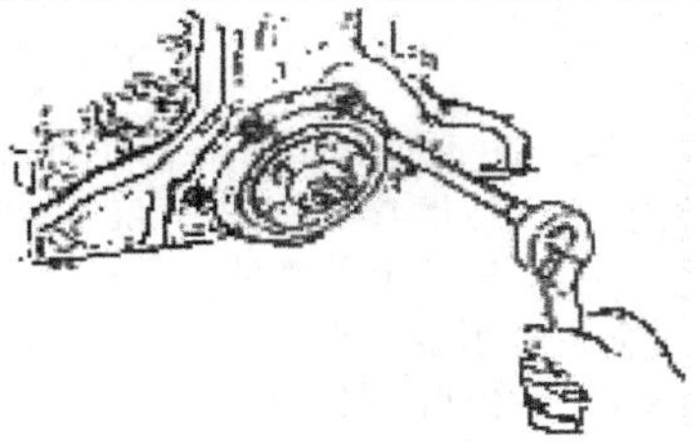
(3) 检查主轴承是否有顺序记号,如果无应及时做上记号,按右图示的顺序分二次或三次拧松主轴承螺栓,把轴承盖拆出按顺序记号摆放好	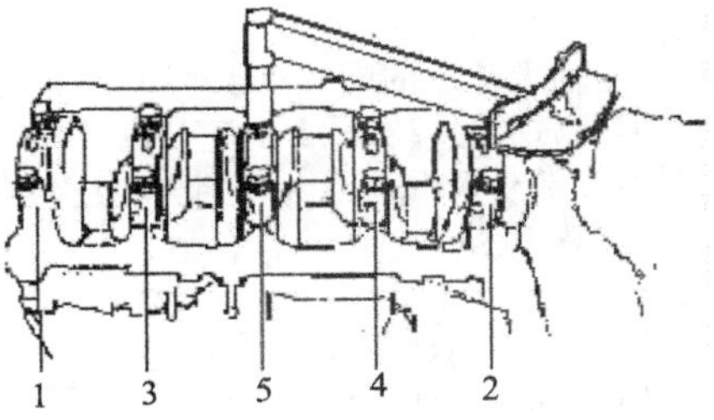
(4) 拆卸曲轴与上部主轴承;拆下曲轴,从气缸体拆下轴承,将曲轴垂直吊放或与飞轮固定垂直放好	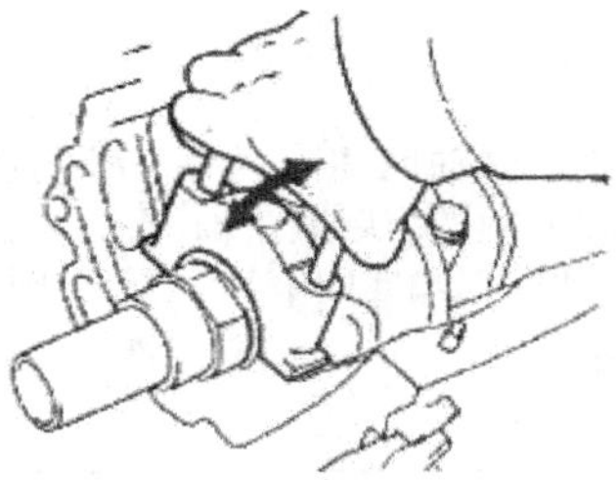
注意:将轴承盖,轴承与止推垫片按次序放好,拆卸主轴承方法与连杆轴承方法相同	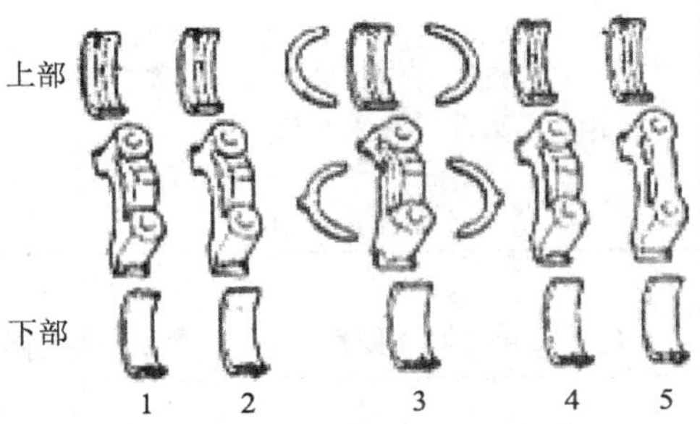

2. 曲轴飞轮组安装

曲轴飞轮组安装步骤如表 2-4-8 所示。

表 2-4-8　曲轴飞轮组安装步骤

步　　骤	图　　示
(1) 将零件用柴油或清洗剂清洗干净,用压缩空气吹净。注意清干净主轴承螺纹孔内的机油和水	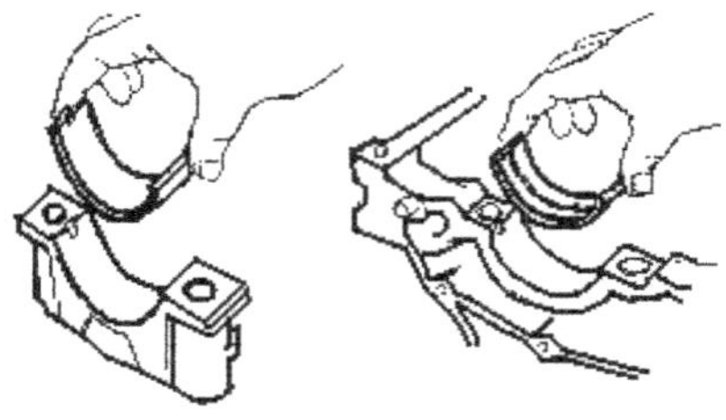
(2) 按顺序装上主轴承到缸体和轴承盖上,注意有油孔的装在缸体上,方法与连杆轴承安装方法相同	
(3) 在主轴承和曲轴主轴颈涂上机油,装曲轴置于气缸件上,然后按顺序编号装上每个主轴承盖,将止推垫片装上,轴承上使油槽面向外侧。 注意:每个主轴承盖有朝前记号的按记号装,如无记号则按上下轴承缘朝向同一平面安装	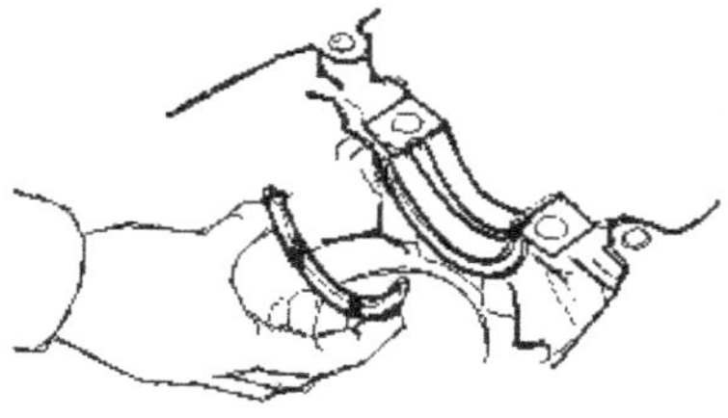
(4) 在主轴承螺栓的螺纹部及其头部下端涂上一层机油,按右图的编号顺序分二次到三次拧紧轴承盖螺栓,拧紧一次扭力的一道轴承盖,需检查一次曲轴是否转动灵活	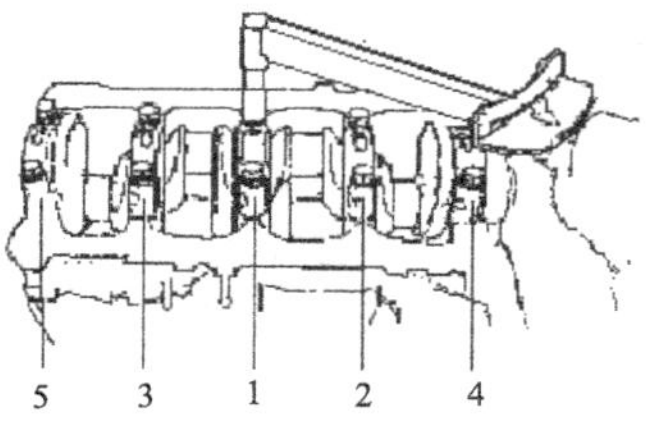
(5) 校扭力要求上紧最后一道轴承盖后,检查应曲轴转动自如,装上前机油泵壳体和后油封壳体	5　3　1　2　4
(6) 检查曲轴轴向间隙,如图使用表盘式指示器,用螺丝刀或撬棍前后撬曲轴,百分表摆差值即为轴向间隙,如曲轴轴向间隙符合要求,则安装飞轮	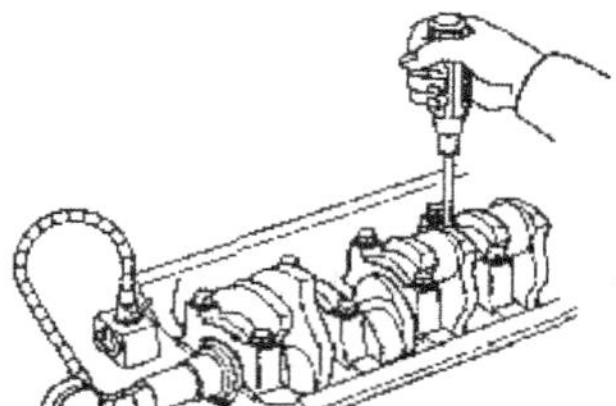
(7) 按记号或销钉定位装上飞轮,按上紧顺序和扭力要求分二次拧紧飞轮螺栓	

(三) 曲轴的圆度、圆柱度和弯扭的计算方法

1. 曲轴的圆度误差

在同一轴颈的同一横截面最大直径与最小直径之差的一半,即为该轴颈的圆度误差。如

图 2 - 4 - 17 所示。曲轴主轴颈和连杆轴颈的圆度误差不得大于 0.025mm。

2. 曲轴的圆柱度误差

在同一轴颈的全长范围内,轴向移动千分尺,测其不同截面的最大值与最小值,其差值的一半,即为该轴颈的圆柱度误差,如图 2 - 4 - 17 所示。曲轴主轴颈和连杆轴颈的圆柱度误差不得大于 0.025mm。

3. 弯扭

将曲轴两端主轴颈分别放置在检验平板的

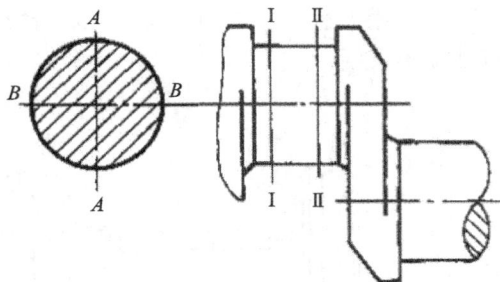

图 2 - 4 - 17　曲轴每道轴颈检测截面

V 形块上,将百分表触头垂直地抵在中间主轴颈上,慢慢转动曲轴一圈,百分表指针所示的最大摆差,即为中间主轴颈的径向圆跳动误差值。中间主轴颈的径向圆跳动误差一半,即为曲轴轴线的弯曲量。

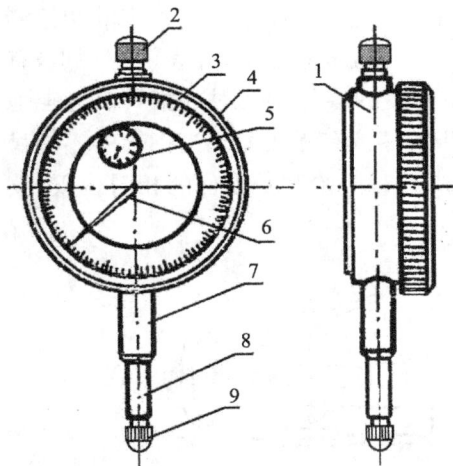

图 2 - 4 - 18　磁性座百分表

(四) 磁性座百分表的使用方法

1. 结构组成

1 是表体;2 是手提测量杆用的圆头;3 是表盘上面刻有 100 个等分格;4 是旋转表圈;5 是短针表;6 为指针;7 是套筒;8 为测量杆;9 是测量头,如图 2 - 4 - 18 所示。

2. 使用方法

1) 使用磁性座百分表时,必须注意以下几点

(1) 使用前,应检查测量杆活动的灵活性。即轻轻推动测量杆时,测量杆在套筒内的移动要灵活,没有任何卡滞现象,且每次放松后,指针能回复到原来的刻度位置。

(2) 使用百分表时,必须把它固定在可靠的夹持架上(如固定磁性表座上,如图 2 - 4 - 19 所示),夹持架要安放平稳,免使测量结果不准确或摔坏百分表。

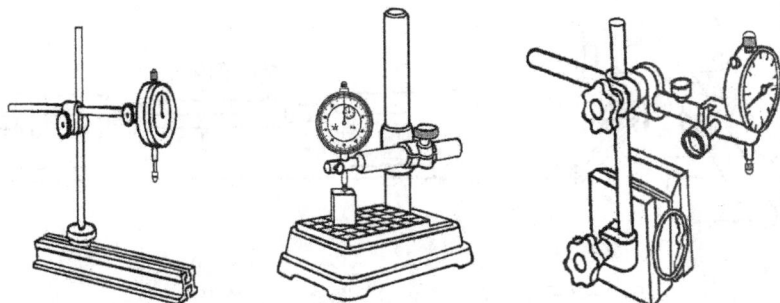

图 2 - 4 - 19　安装在专用夹持架上的百分表

（3）用夹持百分表的套筒来固定百分表时，夹紧力不要过大，以免因套筒变形而使测量杆活动不灵活。

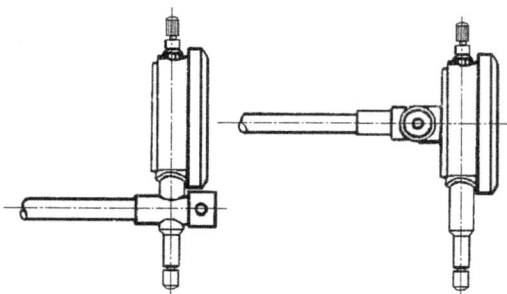

图 2 - 4 - 20　百分表安装方法

2）使用方法

（1）用百分表测量零件时，测量杆必须垂直于被测量表面，如图 2 - 4 - 20 所示。即使测量杆的轴线与被测量尺寸的方向一致，否则将使测量杆活动不灵活或使测量结果不准确。

（2）测量时，不要使测量杆的行程超过它的测量范围；不要使测量头突然撞在零件上；不要使百分表和千分表受到剧烈的振动和撞击，亦不要把零件强迫推入测量头下，免得损坏百分表和千分表的机件而失去精度。因此，用百分表测量表面粗糙或有显著凹凸不平的零件是错误的。

（3）用百分表校正或测量零件时，如图 2 - 4 - 21 所示。应当使测量杆有一定的初始测力。即在测量头与零件表面接触时，测量杆应有 0.3～1mm 的压缩量（千分表可小一点，有 0.1mm 即可），使指针转过半圈左右，然后转动表圈，使表盘的零位刻线对准指针。轻轻地拉动手提测量杆的圆头，拉起和放松几次，检查指针所指的零位有无改变。当指针的零位稳定后，再开始测量或校正零件的工作。如果是校正零件，此时开始改变零件的相对位置，读出指针的偏摆值，就是零件安装的偏差数值。

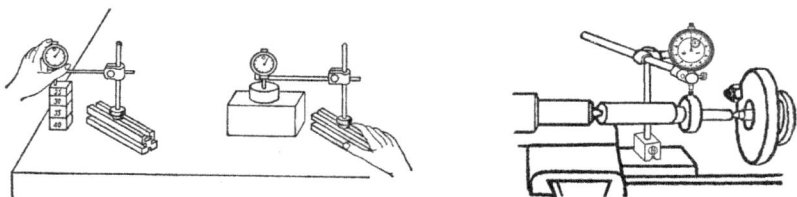

图 2 - 4 - 21　百分表尺寸校正与检验方法

（4）检查工件平整度或平行度时（如图 2 - 4 - 22 所示），将工件放在平台上，使测量头与工件表面接触，调整指针使摆动 $\frac{1}{3}$～$\frac{1}{2}$ 转，然后把刻度盘零位对准指针，跟着慢慢地移动表

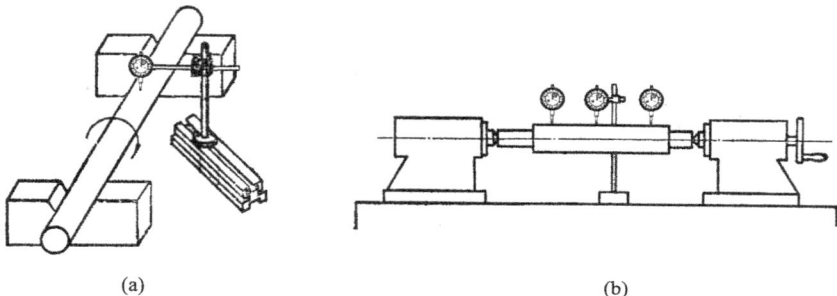

（a）　　　　　　　　　　　　　　（b）

图 2 - 4 - 22　检查轴类零件圆度、圆柱度及跳动

（a）工件放在 V 形铁上；　（b）工件放在专用检验架上

座或工件,当指针顺时针摆动时,说明工件偏高,若反时针摆动,则说明工件偏低。

　　当进行轴测的时候,就是以指针摆动最大数字为读数(最高点),测量孔的时候,就是以指针摆动最小数字(最低点)为读数。

　　检验工件的偏心度时,如果偏心距较小,可按图2-4-23所示方法测量偏心距,把被测轴装在两顶尖之间,使百分表的测量头接触在偏心部位上(最高点),用手转动轴,百分表上指示出的最大数字和最小数字(最低点)之差的就等于偏心距的实际尺寸。偏心套的偏心距也可用上述方法来测量,但必须将偏心套装在心轴上进行测量。

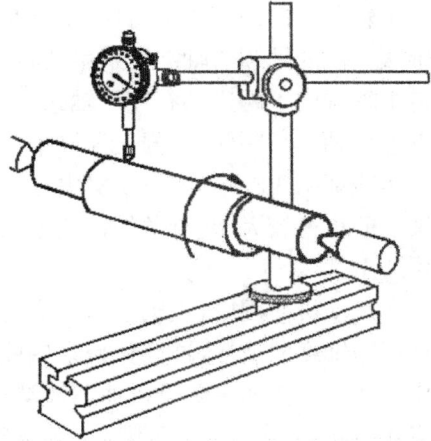

图 2-4-23　在两顶尖上测量偏心距的方法

(五)　曲轴飞轮组件的检修

1. 曲轴的磨损、检验与校正

1) 曲轴的磨损

(1) 轴颈的磨损。曲轴主轴颈和连杆轴颈的磨损是不均匀的,且磨损部位有一定的规律性。通常,各主轴颈的最大磨损靠近连杆轴颈一侧;而连杆轴颈的最大磨损部位在主轴颈一侧,如图 2-4-24 所示。另外,曲轴轴颈沿轴向还有锥形磨损。

　　连杆轴颈的径向不均匀磨损是由于发动机工作时,作用在连杆轴颈上的力沿圆周方向分布不均匀造成的。由于工作时,连杆轴颈承受着由连杆传来的周期性变化的气体压力、活塞连杆组往复运动的惯性力及连杆大端回转运动的离心力作用,这些力的合力作用在连杆轴颈内侧,方向始终沿曲柄半径向外,使连杆大头始终压紧在连杆轴颈内侧,从而导致连杆轴颈的内侧磨损最大。

　　连杆轴颈轴向也呈不均匀磨损,由于通往连杆轴颈的油道是倾斜的,曲轴旋转时,在离心力的作用下,与油流相背的一侧的轴承间隙形成涡流,使机械杂质偏积在连杆轴颈的这一端(如图 2-4-25 所示),因而加速了这一端轴颈的磨损,使连杆轴颈磨损呈锥形。此外,由于连杆弯曲、连杆大头不对称结构等原因,造成轴颈受力不均匀都会使轴颈沿轴向呈不均匀磨损。

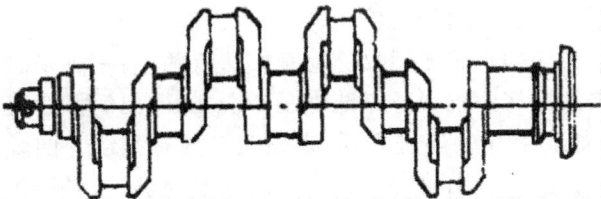

图 2-4-24　曲轴轴颈的磨损规律

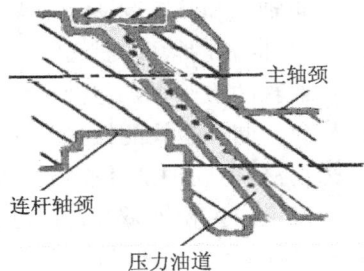

图 2-4-25　曲轴连杆轴颈润滑

主轴颈径向的不均匀磨损,主要是受连杆、连杆轴颈及曲柄臂离心力的影响,使靠近连杆轴颈一侧的轴颈与轴承间发生的相对磨损较大。如图2-4-24所示,五个主轴颈中,二、四道主轴颈由于两边都有连杆轴颈,受力较均匀,磨损也较均匀,而其余三道轴颈的磨损是靠近连杆轴颈的一侧,磨损较为严重。

实践证明,在单列式发动机中,连杆轴颈的磨损比主轴颈的磨损严重,这主要是由于连杆轴颈的负荷较大、润滑条件较差等原因所造成的;在V形发动机中,主轴颈的磨损比连杆轴颈严重。

在发动机使用中,主轴颈的不均匀磨损后果也相当严重,各轴颈不同方向的磨损,导致主轴颈同轴度的破坏,这往往是某些曲轴断裂的原因。曲轴轴颈表面除磨损外还可能出现擦伤和烧伤。擦伤主要是机油不清洁,其中较大的机械杂质在轴颈表面划成沟痕。烧伤是由烧瓦引起的,烧瓦后,轴颈表面会出现严重的擦伤划痕,轴颈表面烧灼变成蓝色。

(2)曲轴弯曲与扭曲变形。曲轴主轴颈的同轴度误差大于0.15mm,称为曲轴弯曲。若连杆轴颈分配角误差大于$0°30'$,则称为曲轴扭曲。

曲轴产生弯曲变形,是由于使用不当和维修、装配不当造成的。如发动机在爆震和超负荷等条件下工作,个别气缸不工作或工作不均衡,各道主轴承松紧度不一致,主轴承承孔同轴度偏差增大等,都会造成曲轴承载后的弯曲变形。当变形逾限后,将加剧活塞连杆组和气缸的磨损,以及曲轴和轴承的磨损,严重时,会使曲轴疲劳折断。

曲轴扭曲变形主要是烧瓦和个别活塞卡缸(胀缸)造成的。当个别气缸壁间隙过小或活塞热膨胀过大,活塞运动阻力将增大,曲轴运转不均匀,发展到活塞卡缸,未及时发现或卡缸发生后处理不当,便会导致曲轴的扭曲。此外,拖带挂车时起步过猛和紧急制动(未踩下离合器时)以及超速、超载等,都会引起曲轴的扭曲变形及其他耗损。曲轴产生扭曲变形后,将使连杆轴颈分配角改变,影响发动机的配气定时和点火正时。

(3)曲轴的断裂。曲轴的裂纹多发生在曲柄与轴颈之间的过渡圆角处,以及油孔处。前者是横向裂纹,危害极大,严重时造成曲轴断裂,如有裂纹应更换曲轴;后者多为轴向裂纹,沿斜置油孔的锐边沿轴向发展,必要时也应更换曲轴。

曲轴的横向、轴向裂纹主要是由应力集中引起的,曲轴变形和修磨不慎也会使过渡区的应力陡增,加剧曲轴的疲劳断裂。

(4)曲轴的其他损伤。曲轴的其他损伤有:轴颈表面的烧蚀、起动爪螺纹孔的损伤、曲轴前后油封轴颈的磨损、曲轴后凸缘固定飞轮的螺栓孔磨损、凸缘盘中间支承孔磨损,以及皮带轮轴颈和凸缘圆跳动误差过大等。

2)曲轴的检验与校正

曲轴的检验主要包括裂纹的检验、变形的检验和磨损的检验。

(1)曲轴裂纹的检验。曲轴清洗后,首先应检查有无裂纹。检查方法有两种:一种是磁力探伤法;另一种是浸油敲击法。浸油敲击法即将曲轴置于煤油中浸一会儿,取出后擦净表面并撒上白色粉末,然后分段用小锤敲击,如有明显的油迹出现,则表明该处有裂纹。曲轴若有横向裂纹,则曲轴应报废;纵向裂纹经磨光后,可用放大镜检查。其技术要求是,各轴颈沿轴线方向的裂纹未延至两端圆角处或油孔边缘时,则允许使用,否则应予以更换。

(2)曲轴变形的检验。曲轴的变形包括弯曲变形和扭曲变形。曲轴弯曲的检验应以两端主轴颈的公共轴线为基准,检查中间主轴的颈径向圆跳动误差,如图 2-4-26 所示。检验时,将曲轴两端主轴颈分别放置在检验平板的 V 形块上,将百分表触头垂直地抵在中间主轴颈上,慢慢转动曲轴一圈,百分表指针所示的最大摆差,即为中间主轴颈的径向圆跳动误差值。若大于 0.15mm,应予校正;低于此限可结合磨削主轴颈时进行修正。中间主轴颈径向圆跳动误差的一半,即为曲轴轴线的弯曲量。

曲轴弯曲的校正可在压床上进行,即将曲轴置于压床上,并用 V 形块支撑其两端的主轴颈,然后向曲轴弯曲的反方向施加压力进行校正。在校正过程中,为了消除撤消压力后曲轴发生弹性变形,校正量的大小与曲轴材料和原变形程度有关。其校正时曲轴加压变形量应是弯曲量的 10~15 倍,并在加压 1~2min 后,可基本校正。对于弯曲变形较大的曲轴,应进行多次反复的校正,并达到要求为止,校正后的曲轴,应进行时效处理。时效分为人工时效和自然时效,自然时效是将校正后的曲轴搁置 10~15 天,然后再重新检验,并必要时再一次进行校正;人工时效是将曲轴在炉中加热至 300~500℃,然后保温 0.5~1h,便可消除因校正而产生的内应力。

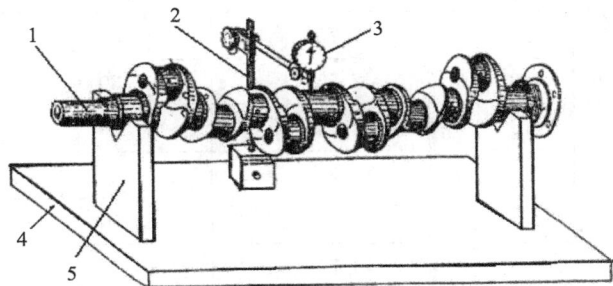

图 2-4-26　曲轴变形检测

1—曲轴;　2—磁性座;　3—百分表;　4—平面;　5—V 形块

曲轴扭曲变形的检验,可在曲轴磨床上进行。也可将曲轴置于 V 形块上,把两端同平面内的连杆轴颈转到水平位置,用百分表测量这同一方位上两个连杆轴颈的高度差,扭转变形扭转角 θ 可用公式计算,公式如下:

$$\theta = \Delta A \frac{360}{\pi D} = 57 \Delta A / R$$

式中:R 为曲轴的旋转半径,单位 mm。D 为连杆轴颈直径,单位 mm。ΔA 为同一水平面上两连杆轴颈高度差。

若 θ 大于 $0°30'$,可进行表面加热校正或敲击校正。

(3) 曲轴磨损检测。曲轴轴颈磨损的检验,首先检视轴颈有无磨痕,然后用外径千分尺测量曲轴各轴颈的直径,从而完成圆度和圆柱度的测量。在同一轴颈的同一横截面内的圆周行多点测量,取其最大与最小直径差的一半,即为该轴颈的圆度误差。在同一轴颈的全长范围内,轴向移动千分尺,测其不同截面的最大值与最小值,其差值的一半,即为该轴颈的圆柱度误差,一般每道轴颈取两个截面,如图 2-4-27 所示。曲轴主轴颈和连杆轴颈的圆度、圆柱度误差不得大于 0.025mm,超过该值,应按修理尺寸对轴颈进行磨削修理。检测方法如图 2-4-28 所示。

笔记

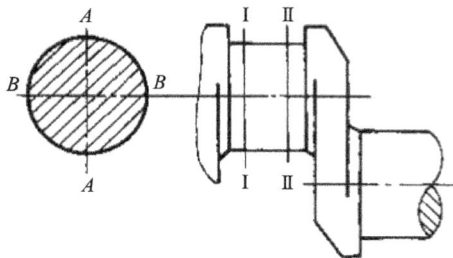

图 2 - 4 - 27　曲轴每道轴颈检测截面

图 2 - 4 - 28　曲轴轴颈磨损检测

曲轴修理尺寸是根据曲轴轴颈上一次的修理尺寸、磨损程度和磨削余量来选择的。例如,现代汽车发动机常用的修理尺寸分为三到四个等级,级差为 0.25mm。几种常见车型发动机曲轴维修尺寸如表 2 - 4 - 9 所示。

表 2 - 4 - 9　几种常见车型发动机曲轴维修尺寸　　　　　　　　（单位:mm）

车　型	名　称	基本尺寸	第一次加工后尺寸	第二次加工后尺寸	第三次加工后尺寸
帕萨特 B5	主轴颈	$54.00^{-0.022}_{-0.042}$	$53.75^{-0.022}_{-0.042}$	$53.50^{-0.022}_{-0.042}$	$53.25^{-0.022}_{-0.042}$
	连杆轴颈	$47.80^{-0.022}_{-0.042}$	$47.55^{-0.022}_{-0.042}$	$47.30^{-0.022}_{-0.042}$	$47.05^{-0.022}_{-0.042}$
奥迪 A6	主轴颈	$54.00^{-0.022}_{-0.042}$	$53.75^{-0.022}_{-0.042}$	$53.50^{-0.022}_{-0.042}$	$53.25^{-0.022}_{-0.042}$
	连杆轴颈	$47.80^{-0.022}_{-0.042}$	$47.55^{-0.022}_{-0.042}$	$47.30^{-0.022}_{-0.042}$	$47.05^{-0.022}_{-0.042}$
捷　达	主轴颈	$54.00^{-0.022}_{-0.042}$	$53.75^{-0.022}_{-0.042}$	$53.50^{-0.022}_{-0.042}$	$53.25^{-0.022}_{-0.042}$
	连杆轴颈	$47.00^{-0.022}_{-0.042}$	$46.75^{-0.022}_{-0.042}$	$46.50^{-0.022}_{-0.042}$	$46.25^{-0.022}_{-0.042}$

2. 飞轮的检修

1）更换齿圈

飞轮齿圈有断齿或齿端磨损严重,与起动机啮合困难时,应更换齿圈(分开式)或飞轮(整体式)。齿圈更换时先将齿圈加热到 350～400℃,然后压入飞轮。

2）飞轮工作面修理

飞轮工作平面有严重烧灼或磨损沟槽深度大于 0.50mm 时,应进行修整。修正后工作表面的平面度应<0.10mm,飞轮厚度减薄量应<1mm;后端面圆跳动应<0.15mm。

3）曲轴飞轮组总成的不平衡试验

组件的不平衡量应不大于原厂规定,轿车不大于 30g·cm,货车和客车一般不大于70g·cm。组件的不衡量过大会造成曲轴早期断裂、飞轮壳早期产生裂纹等,因此曲轴飞轮组零件修理后,应进行不平衡试验。

3. 曲轴轴承的选配

为了适应高速、重载、高自锁性能的要求,达到便于大批量生产和降低成本的目的,现代汽车发动机的主轴承和连杆轴承普遍采用薄型多层合金(3～5层)的滑动轴承。轴承在结构上设计预留了高出量(压缩量),确保曲轴与承孔的配合过盈,使钢背与承孔产生足够的摩擦力而锁死轴承自身,防止工作中因轴承转动堵死油道而"烧瓦"。因此,轴承承孔剖分面处已不再允许加垫片。轴承结构的另一特点是轴承上预留了一定的自由弹开量(扩张量),确保轴承压缩后均匀地向外张,而不收缩"泯口",从而防止从"泯口"处"烧瓦"。直接选配、不刮"瓦"、不加垫是现代曲轴轴承的修理特点。

1) 轴承的耗损

轴承耗损形式有磨损、合金疲劳剥落、轴承疲劳收缩及粘着咬死等等。轴承的径向间隙的使用限度,轿车为 0.15mm,载货汽车为 0.20mm,逾限后因轴承对润滑油流动阻尼能力减弱,可使主油道压力降低 98kPa 左右,可能破坏轴承的正常润滑;加之引起的冲击载荷,又造成轴承疲劳应力剧增,使轴承疲劳而导致粘着咬死,使发动机丧失工作能力。因此行车中应注意油压变化,听察异响,发现异常时应立即停车检修。二级维护时,必须检查轴承间隙,发现轴承间隙逾限时,即更换轴承。若因曲轴异常磨损造成上述故障,应进行修磨或校正曲轴。发动机总成修理时应更换全部轴承。

2) 轴承的选配

轴承的选配包括选择合适内径的轴承以及检验轴承的高出量、自由弹开量、横向定位装配标记——凸唇、轴承钢背表面质量等内容。

(1) 选择轴承内径。根据曲轴轴颈的直径和规定的轴承径向间隙选择合适内径的轴承。现代发动机曲轴轴承制造时,根据选配的需要,其内径直径已制成一个尺寸系列,选择轴承时,根据曲轴的加工等级选择相同等级的轴承。

(2) 检验轴承钢背质量。轴承钢背光滑完整无损耗,横向定位凸唇完好,以确保钢背与座孔贴合良好。

(3) 检验轴承弹开量。轴承高出量过小,轴承装配后与承孔的过盈不足,自锁能力弱,在工作中容易产生转动引起"烧瓦"。高出量过大,装配后轴承局部可能翘起,在冲击载荷下,合金层不但容易疲劳剥落,加速轴承疲劳"泯口",引起"烧瓦",还可能造成承孔穴蚀,也同样破坏轴承的自锁性能。

3) 轴承的修理

现代发动机的曲轴轴承已按直接选配的要求设计制造,不需要再进行刮削。但由于我国汽车配件市场尚未完善,考虑到野外作业等特殊情况,仍供应一定数量的有刮削余量的轴承。

(1) 轴承的刮削。可刮削轴承的所预留刮削余量一般为 0.03~0.06mm。刮削时刮刀与轴承轴线保持 15°~20°夹角,走刀方向与轴承中心线约成 15°左右的夹角,以防止刮削时刮刀跳动,避免产生棱状刮痕。经刮削的轴承必须保证其原厂规定的径向间隙,轴承接触印痕必须均匀,面积应不小于总面积的 75%。

(2) 轴承的镗削。为了保证修理后各轴承轴线的同轴度,不少汽车修理企业在轴承镗床上,采用导向镗削法来镗削轴承,使在气缸体已经变形的条件下保证了各轴承的同轴度。为此,一些汽车制造厂在各种修理尺寸的曲轴轴承中配备有 0.15~0.20mm 镗削余量、专供镗削修配用的轴承。

(六) 曲轴轴承间隙、轴向间隙的检测和调整方法

1. 曲轴轴承间隙检查与调整

1) 手感检测法

技术熟练的工人,多用手感法来检视轴承的径向间隙。当单个主轴承的配合间隙符合

笔记

标准时,曲轴的转动力矩不大于 10N·m。连杆轴承的配合间隙符合标准时,将连杆按规定装在轴颈上,然后用手用力摇动连杆小头,连杆应能够转动 1.25~1.75 转。

2)用通用量具检验

略。

3)专用塑料线规检验法

(1)将主轴瓦被测面的机油清洗干净(因塑料线能溶于机油中)。

(2)在测量主轴承的总间隙时,应消除曲轴重量的影响。可在与被测轴瓦相邻的轴瓦下,垫上 0.255mm 厚的轴瓦纸板来消除上轴瓦与曲轴间的间隙(纸板应垫在相邻轴承下轴承盖之间,预紧固定螺栓的力矩为 10~20N·m)。如:检测第一道主轴承,可垫在第二道主轴承处,检测第二道主轴承,可垫在第一道和第三道主轴承处,以此类推,检测第五道主轴承,可垫在第四道主轴承处。在重新组装发动机前,必须取下所垫的纸板。

(3)将一小段塑料线间隙规横置于轴承盖中轴瓦的全宽上,离油孔 6.35mm 处(如图 2-4-29所示),拧紧被检测轴承的轴承盖螺栓到 60N·m。曲轴不能转动。

(4)卸下轴承盖,用塑料间隙规提供的量尺与压偏的塑料间隙规的宽度比较(如图 2-4-30所示),量尺条纹上的数值即为曲轴径向间隙值,两端间的读数差即为轴承的锥度值。曲轴径向间隙值一般不大于 0.15mm,极限为 0.20mm。

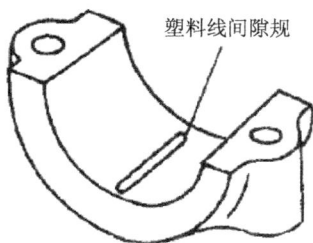

图 2-4-29

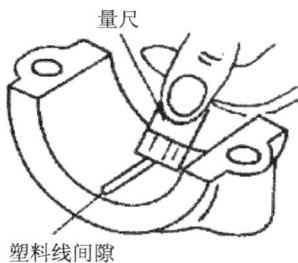

图 2-4-30

2. 曲轴轴向间隙检查与调整

1)磁性百分表检测法

用磁性百分表装在气缸上,百分表针接触曲轴后端凸缘,调好零后,用撬棒将曲轴向后或者向前推动,读取百分表摆动的幅度,该幅度就是曲轴的轴向间隙值。

2)塞尺检测法

检查应在未分解曲轴之前进行,先用撬棒将曲轴向后或者向前推动,用塞尺插入止推轴承与曲轴之间的缝隙内进行测量,测得的间隙值应符合标准,如果此值大于规定值,可采取更换加厚的止推轴承的方法进行调整。曲轴轴向间隙一般为 0.05~0.20mm,使用极限为 0.35mm。轴向间隙过大会引起气缸、主轴承和连杆轴承的的异常磨损,甚至粘结咬死。因此在二级维护时应检查曲轴的轴向间隙。

三、制订拆检计划

制订发动机曲轴飞轮组件拆检计划,如表 2-4-10所示。

笔记

表 2 - 4 - 10 发动机曲轴飞轮组件拆检计划

1. 查阅资料,学习汽车发动机曲轴飞轮组件拆检作业注意事项描述和发动机曲轴飞轮组结构信息 2. 查阅维修手册,熟悉发动机曲轴飞轮组件拆检步骤,制订汽车发动机曲轴飞轮组件拆检计划		
1. 车辆发动机类型信息描述	车辆描述	
	发动机类型描述信息描述	
2. 汽车发动机曲轴飞轮组拆检作业注意事项描述	(1) 一些重要的螺钉、螺栓、螺母连接件,如飞轮等,安装时应按顺序,分数次(一般分三次)逐步上紧到规定的扭矩。拆卸时也应按顺序逐步均匀拧松,以免零件变形 (2) 拆卸前应对主轴承盖在制造时所做的记号加以核对和辨认,没有记号时,要在零件非工作面上做出必要的记号。装配时必须按原位装复,不得错乱	
3. 发动机曲轴飞轮组信息描述	 1. _____ 2. _____ 3. _____ 4. _____	
4. 发动机曲轴飞轮组拆检描述		
5. 汽车发动机曲轴飞轮组拆检计划	➤ 拆卸工具和检测量具的准备 ➤ 拆卸步骤的确定 ➤ 拆卸作业安全事项的学习	

四、实施拆检作业

汽车发动机曲轴飞轮组件拆解作业,如表 2 - 4 - 11 所示。

笔记

表 2 - 4 - 11 发动机曲轴飞轮组件拆解作业

1. 学习汽车发动机曲轴飞轮组拆检作业安全事项 2. 会正确对汽车发动机曲轴飞轮组件进行拆卸和检测作业				
2. 汽车发动机曲轴飞轮组件拆检计划描述				
3. 汽车发动机曲轴飞轮组件拆检作业安全事项学习	(1) 注意人身和机件的安全,不了解的先了解后动手,特别是注意在车底下工作时的人身安全 (2) 注意防火 (3) 认真接受实习前的安全知识教育			

4. 汽车发动机活曲轴飞轮组拆检	作业项目	作业要领	技术标准	检查记录
	拆卸工具和检测量具的选用	(1) 扭力扳手 (2) 开口扳手 (3) 活动扳手 (4) 套筒扳手 (5) 磁性座百分表	(1) 扭力扳手常用有 294 N·m,490 N·m 两种 (2) 开口扳手开口的中心平面和本体中心平面成 15°角,这样既能适应人手的操作方向,又可降低对操作空间的要求 (3) 活动扳手常用有 150mm,300mm 两种 (4) 常用套筒扳手的规格是 10~32mm (5) 磁性座百分表的最小单位是 1 mm	(1) 选用的扭力扳手为 _____ (2) 选用的开口扳手为 _____ (3) 选用的活动扳手为 _____ (4) 选用的套筒扳手为 _____ (5) 选用的磁性座百分表 _____
	拆卸步骤	(1) 将气缸体倒置在工作台上,拆卸中间轴密封凸缘 (2) 拆卸缸体前端中间轴密封凸缘中的油封,装配时必须更换 (3) 拆卸中间轴,拆卸皮带盘端曲轴油封,拆卸前油封凸缘及衬垫 (4) 旋出飞轮固定螺栓,从曲轴凸缘拆下飞轮 (5) 拆下曲轴主轴承盖紧固螺栓,不能一次全部拧松,必须分次从两端到中间逐步拧松 (6) 抬下曲轴,再将轴承盖及垫片按原位装回,并将固定螺栓拧入少许。注意:推力轴承的定位及开口的安装方向,轴瓦不能互换		(1) 曲轴的磨损情况: _____ (2) 曲轴轴承的磨损情况: _____ (3) 各个螺栓的状况: _____ 、_____ 、_____ 、_____ 、_____ 等
	检测	(1) 曲轴中间主轴颈的径向圆跳动误差值检测 (2) 曲轴各轴颈的圆度检测 (3) 曲轴各轴颈圆柱度检测 (4) 曲轴的弯曲量检测	(1) 曲轴中间主轴颈的径向圆跳动误差值检测:≤0.15mm (2) 曲轴各轴颈的圆度检测:≤0.025mm (3) 曲轴各轴颈圆柱度检测:≤0.025mm (4) 曲轴的弯曲量检测:≤0.075mm	(1) 曲轴中间主轴颈的径向圆跳动误差值: _____ (2) 曲轴各轴颈的圆度检测: _____ (3) 曲轴各轴颈圆柱度检测: _____ (4) 曲轴的弯曲量检测: _____
检查后的结论和体会				

五、检验评估

项目二任务 2.4 的检验评估,如表 2-4-12 所示。

表 2-4-12 检验评估

评价指标	检验说明	检验记录
维护检查项目	➤ 拆解工具设备 ➤ 检查是否漏油 ➤ 检查零部件的损坏情况	
汽车发动机曲柄连杆机构分解过程情况		

评价内容	检验指标	权重	自评	互评	总评
检查任务完成情况	1. 完成任务的情况 2. 任务完成的质量 3. 在小组完成任务过程中所起的作用	4			
专业知识和专业技能	1. 能描述发动机曲轮飞轮组的结构 2. 会使用磁性座百分表测量曲轴的圆度、圆柱度和弯扭 3. 会曲轮飞轮组的拆卸和检修 4. 会使用量具测量曲轴轴承间隙、轴向间隙和调整	8			
职业素养	1. 学习态度:积极主动参与学习 2. 团队合作:与小组成员一起分工合作,不影响学习进度 3. 现场管理:服从工位安排、执行实训室"5S"管理规定	3			
综合评议与建议					

任务 2.5 曲柄连杆机构常见故障诊断、排除

任务描述	一辆桑塔纳 3000 汽车发动机冒黑烟、起动打滑、加速无力和发动机异响等现象,针对维修接待和车间检测确认意见,需对曲柄连杆机构故障诊断与排除
任务目标	1. 能说出曲轴连杆机构的工作特点 2. 能说出曲轴连杆机构常见故障的类型 3. 会根据曲轴连杆机构常见故障的现象、分析原因及确定排除的方法

一、维修接待

按照表 2 - 5 - 1 完成待修车辆的维修接待，并准确填写接车问诊表。

表 2 - 5 - 1　维修接待与接车问诊表

1. 通过询问客户了解发动机发生故障情况，填写接车问诊表 2. 车间检测初步确认结果及主要故障零部件

接 车 问 诊 表

车牌号：_____　　车架号：_____　　行驶里程：_____（km）

用户名：_____　　电　话：_____　　来店时间：_____ / _____

用户陈述及故障发生时的状况：**一辆桑塔纳 3000 汽车发动机冒黑烟、起动打滑、加速无力和发动机异响等现象**
故障发生状况提示：**行驶速度、发动机状态、发生时间、部位、天气、路面状况、声音描述**
接车员检测确认建议：**需对发动机曲柄连杆机构进行综合检修**
车间检测确认结果及主要故障零部件：**需对发动机曲柄连杆机构进行综合检修** 　　　　　　　　　　　　　　　　　　车间检查确认者：_____

外观确认：

（请在有缺陷部位作标识）

功能确认：（工作正常√　不正常×）

□音响系统　　□门锁（防盗器）　　□全车灯光　　□工具
□后视镜　　　□顶窗　　　　　　　□座椅　　　　□点烟器
□玻璃升降器　□玻璃

物品确认：（有√　无×）

　　　　　□贵重物品提示
　　　　　□工具　□备胎　□灭火器
　　　　　□其他（　　　　　　　）
　　　　　旧件是否交还用户　□是　□否
　　　　　用户是否需要洗车　□是　□否

- 检测费说明：本次检测的故障如用户在本店维修，检测费包含在修理费用内；如用户不在本店维修，请您支付检测费。本次检测费：￥_____ 元。
- 贵重物品：在将车辆交给我店检查修理前，已提示将车内贵重物品自行收起并保存好，如有遗失恕不负责。

接车员：_____　　　　　用户确认：_____

二、信息收集与处理

按照表 2-5-2 完成任务 2.5 的信息收集与处理。

表 2-5-2 信息收集与处理

序号	部件名称	作　　用
1		
2		
3		
4		
5		
6		
7		

1. 曲柄连杆机构常见故障有：＿＿＿＿＿＿＿＿；＿＿＿＿＿＿＿＿；＿＿＿＿＿＿＿＿；
＿＿＿＿＿＿＿＿；＿＿＿＿＿＿＿＿；＿＿＿＿＿＿＿＿；和＿＿＿＿＿＿＿＿

曲柄连杆机构的综合故障主要是常见异响。

曲柄连杆机构常见异响有：活塞敲缸响、活塞销响、曲轴轴承响、连杆轴承响、气缸窜气响、拉缸响和飞轮松动响等。

(一) 活塞敲缸响

活塞敲缸响是指工作行程开始的瞬间(或当活塞上行时)，活塞在气缸内摆动或蹿动，其头部或裙部与缸壁碰撞。

1. 冷态敲缸

1）故障现象

（1）低温时有敲击声，当温度正常后响声减弱或消失。

（2）急速时，发出有节奏的"嗒、嗒"敲击声，当转速提高后响声消失。

（3）有火花塞跳火 1 次，发响 2 次的规律。

（4）做某单缸断火试验，声响减弱或消失。

2）故障原因

（1）活塞与气缸壁的间隙超过极限值。

（2）气缸壁润滑不良。

（3）机油压力过低。

3）故障诊断与排除

（1）将发动机转速控制在声响明显处，察看机油加注口是否冒烟，排气管是否冒蓝烟，并用旋具抵触机油加注口处一侧的缸壁，将耳朵贴在旋具的木柄上，听是否有振动的敲击声。若有以上状况，则为活塞敲缸响。

（2）做逐缸断火试验。若某缸断火后其声响减弱或消失，复火时其声响明显增大一二声后又恢复原来响声，当发动机温度升高后声响减弱或消失，即可诊断为活塞裙部与气缸壁敲击。

（3）将有声响缸的火花塞拆下，并注入少量机油，装上火花塞，摇转曲轴数转后，再进行试验。如声响消失或明显减弱，但不久又重复出现，则可确诊为该缸活塞敲缸。

2. 热态敲缸

1）故障现象

（1）急速时发出"嗒、嗒"声，高速时发出"嘎、嘎"的连续金属敲击声，且机体伴有抖动现象。

（2）温度升高，响声加大。

（3）具有火花塞跳火 1 次，发响 2 次的规律。

（4）做某单缸断火试验，声响加大。

2）故障原因

（1）活塞与气缸壁的间隙过小。

（2）活塞与活塞销装配过紧使活塞变形。

（3）连杆轴颈与曲轴轴颈不平行。

（4）连杆弯曲、扭曲或连杆衬套轴向偏斜。

（5）活塞环背隙、端隙过小。

3）故障诊断与排除

（1）发动机低温时不响，而温度升高后在急速时出现"踏、塔"声，并有机体振动现象，且温度越高，响声越大，则可诊断为活塞变形或活塞环过紧，导致活塞与气缸壁配合间隙过小而润滑不良。

（2）发动机低温时不响，而温度升高后在中、高速时则发出急促而有节奏的"嘎、嘎"声，做断火实验时，其声响变化不大，则可诊断为连杆变形或连杆装配位置不准。

（3）做某缸断火试验，声响反而加大，则可诊断为该缸敲缸。

（4）发动机在热起动后敲缸，且单缸断火后声响加大，遇此情况应停机检修，以免拉缸或使故障恶化。

3. 冷热态均敲缸

1）故障现象

（1）发动机低速有"嗒、嗒"敲击声，转速提高后声响消失，或低速时发出有节奏且强弱分明的"吭、吭"声响，有时会短暂消失，但很快又出现，转速提高后消失。

（2）做某单缸断火试验，声响减弱或加大，并由有节奏声响变为连续声响。

（3）具有火花塞跳火 1 次，发响 2 次的规律。

2）故障原因

（1）活塞销与连杆小头装配过紧。

（2）连杆轴承装配过紧。

（3）活塞裙部圆柱度误差过大。

3）故障诊断与排除

（1）逐缸做断火试验。若某缸断火后其声响减小或消失，即可诊断为该缸连杆与曲轴或活塞销装配过紧。

（2）做断火试验时该缸声响加重，且由间断声响变为连续声响，可诊断为活塞磨损变形。

（3）低速有"嗒、嗒"敲击声，当转速提高后声响消失，可诊断为活塞裙部圆柱度误差过大。

（4）发动机在冷热均敲缸，一般是活塞连杆组技术状况恶化所致，应及时恢复技术性能。

（二）活塞销响

1. 故障现象

（1）发动机怠速时发出有节奏而清脆的声响，当突然加大节气门开度时，响声也随之加大。高速时，响声浑浊不清。

（2）做断火实验时，声响减弱或消失。

（3）具有火花塞跳火 1 次，发响 2 次的规律。

2. 故障原因

（1）活塞销与连杆衬套磨损过甚而松旷。

（2）活塞销与活塞销座孔松旷。

（3）润滑不良引起的活塞销严重烧蚀。

（4）活塞销锁环脱落而使活塞销蹿动。

（5）活塞销折断。

3. 故障诊断与排除

（1）使发动机处于怠速位置，抖动节气门到中速位置，如声响能灵活地随之变化，并且每抖动 1 次节气门均能听到明显、清晰、尖脆而连贯的"嗒、嗒"声响，则可诊断为活塞销响。

（2）将发动机转速控制在声响最明显处，然后逐缸做断火试验。若断火后响声减轻或消失，复火时发出"嗒、嗒"的敲击声，且在气缸上、中部听到的响声比在下部响声大，则可诊断为活塞销响。

（3）响声较严重，且发动机转速越高，响声越大，可在响声最大的转速下对异响敲缸做断火试验。若声响不仅不消失，反而变得更加杂乱，则可诊断为活塞销与衬套配合松旷。

（4）当发动机怠速运转时，出现有节奏而较沉重的"吭、吭"碰击声，转速提高后，声响并不消失，同时伴随出现发动机抖动现象，做断火试验时，声响反而加大，可诊断为该缸的活塞销自由蹿动。

（5）发动机急加速，此时声响剧烈而尖锐；再做断火试验，声响减轻或消失，则可诊断为该缸的活塞销折断。

（三）曲轴轴承响

1. 故障现象

（1）一般情况下，发动机稳定运转，并无声响；当发动机转速突然变化时，发出沉闷连续的"镗、镗"敲击声，发动机同时伴有振动现象。

（2）发动机负荷变化时，声响明显。

（3）发动机转速越高，声响越大。

（4）单缸断火时，声响无大变化，而相邻两缸断火时，声响明显减弱。

2. 故障原因

（1）曲轴轴承与轴颈间隙过大。

（2）曲轴轴向间隙过大。

（3）曲轴轴承盖螺栓松动。

（4）曲轴轴承与轴颈润滑不良，致使轴承合金烧毁脱落而发响。

（5）曲轴弯曲。

3. 故障诊断与排除

（1）发动机在低速、中速状态下抖动节气门，发出明显而沉闷的连续敲击声，同时发动机伴随有振动现象，则可诊断为曲轴轴承响。

（2）进行单缸断火试验，声响变化不大，而相邻两缸断火时，声响明显减弱或消失，则可诊断为两缸之间的曲轴轴承响。

（3）高速运转发动机，机体振动较大，同时拌有机油压力显著下降，则可诊断为曲轴轴承与轴颈间隙过大或轴承合金脱落。

（4）发动机转速并不高，机件却振动较大，甚至有摆动现象，同时发出沉闷而较大的"嘣、嘣"敲击声，则可诊断为曲轴断裂。

（5）发动机声响随温度升高而增大，到高速时声响变得杂乱，则可能是曲轴弯曲。

（四）连杆轴承响

1. 故障现象

（1）发动机怠速运转时无明显声响，而高速时有"嗒、嗒"敲击声，急加速时声响尤为明显。

（2）做断火试验,声响明显减弱或消失。

（3）当发动机负荷增加时,声响也随之增加。

（4）连杆轴承声响较曲轴轴承声响轻缓而短促。

2. 故障原因

（1）连杆轴承与轴颈磨损过量,径向间隙过大。

（2）连杆轴承盖紧固螺栓松动。

（3）连杆轴颈失圆。

（4）连杆轴承合金烧蚀、脱落。

（5）连杆轴承润滑不良。

3. 故障诊断与排除

（1）发动机转速则怠速向中速过渡,声响越加清晰。随着转速的增加,敲击声更为突出,则可诊断为连杆轴承响。

（2）对某缸进行断火试验,声响减弱或消失,则说明该缸连杆轴承响。

（3）发动机不论转速和温度的高低,都发出严重而无节奏性的"哐、哐"声响,且伴随发动机振动,做断火试验时声响不改变,则可诊断为连杆轴承合金烧蚀。

（五）气缸窜气响

1. 故障现象

气缸窜气响,是做功行程的部分高压气体,从活塞环与气缸壁间窜入曲轴箱中冲击而发出的响声。

2. 故障原因

窜气响多发生在发动更换活塞环的初期和后期,主要因为活塞环与气缸壁不密合。不密合的原因有:活塞环尺寸不符合、漏光度过大、端隙过大,环与环的端口重叠、活塞环被卡死在环槽内、活塞环弹性过弱以及气缸壁被拉伤等。

3. 故障诊断与排除

（1）反复做加力踩加速踏板的试验,发动机转速升高时,其内部响声明显;降低转速时,响声减弱或消失,断火后声音逐渐减弱至消失,但需经过一段过程。同时,从加机油口观察,会发现脉动性地冒烟(即废气),改变转速时,脉动性的冒烟与做功次数相一致,此异响类似连杆轴承响,严重时排气管冒蓝烟。

（2）为了确定是哪缸窜气,可通过逐缸做断火试验或加注机油验证,响声明显减弱或消失则说明该缸窜气响。

（3）当响声不严重或加机油口冒废气看不清时,对侧置式配气机构的发动机,可拆下气门室盖,在高转速下观察,一般可看出冒废气的情况和部位。

（4）如果一组活塞环多数被卡死在环槽内,大量做功气体窜入曲轴箱形成的冲击声,这时,在机油盘处听较明显。发动机更换活塞环后,因未完全磨合而引起的轻微窜气响,经过磨合能够逐渐消除,这是允许存在的。严重的窜气响,应查明原因予以排除,以免长期影响发动机的动力性和经济性,尤其对因拉缸而造成的窜气响,必须及时排除。

（六）拉缸响

1. 故障现象

拉缸响,是发动机运转中活塞与气缸相互拉损而发出的异响。

2. 故障原因

活塞与气缸的拉损,有修理和使用两方面的因素;

修理中往往因活塞与气缸配合间隙过小而引起。例如:镗、磨缸时与活塞配合间隙过小,当活塞受热膨胀后会失去间隙,装配活塞环时侧隙和背隙过小,发动机运转时会卡死在环槽内,活塞销座孔铰配过紧,会使活塞变形过大,活塞质量不符合要求,如顶部直径过大或活塞热膨胀系数过大等,都会引起活塞与气缸的拉损。

使用中造成气缸拉损的原因为:润滑不良,机油内机械杂质过多,发动机温度过高,活塞销锁环脱出等。

3. 故障诊断与排除

（1）怠速时,从加机油口可听到近似敲缸的响声,但发动机温度升高后,响声不但不减弱反而略有加重。

（2）提高发动机转速时其加速性能不灵敏。

（3）做断火试验时会出现两种情况:拉缸未到严重程度时,单缸断火响声无变化,相邻两缸断火响声会减弱或消失,同时加机油口会脉动地冒废气。

当确诊为拉缸响时,应停止发动机的运转及早排除。因为轻微的拉缸一般不易听出响声,当听出响声时说明拉损已经较重,当拉缸发展到判断中所讲的严重程度时,还会发生抱缸事故(即活塞卡死在气缸内使发动机突然熄火),所以一旦判明是严重拉缸时,不仅要及时熄火,而且在熄火后应立即用起动机间歇带动曲轴旋转,以防抱缸。

（七）飞轮松动响

1. 故障现象

响声沉重类似曲轴轴承响,但比曲轴轴承还响,声音连续无节奏。

2. 故障原因

飞轮固定螺栓松动。

3. 故障诊断与排除

（1）中高速响声明显。

（2）负荷大响声加剧。

（3）特别是靠近飞轮的缸断火,声音加大。

（4）踏下离合器响声减弱或消失。

首先找最响转速,找出最响转速后,进行逐缸断火试验,并在部位上虚实结合查听。若靠近飞轮的缸断火时,声音加大,说明很可能是飞轮松动响。此时,再踏下离合器进行验证,声音减弱或消失,即为飞轮松动响。

三、制订诊断与排除计划

制订发动机曲柄连杆机构诊断与排除计划,如表 2－5－3 所示。

表2-5-3 发动机曲柄连杆机构诊断与排除计划

1. 查阅资料,学习汽车发动机曲柄连杆机构故障诊断与排除注意事项
2. 查阅资料,熟悉发动机曲柄连杆机构故障类型,制订汽车发动机曲柄连杆机构故障与排除的计划

1. 汽车发动机曲柄连杆机构故障分析注意事项描述	（1）一定要仔细听清楚响声,分清响声类型,以免搞错故障现象 （2）必要时,一定亲自用手触摸故障部位,以便更直观、正确判断故障 （3）充分发挥经验优势和仔细看清故障部位,以便快速判断故障 （4）确定故障需要排除时,主要注意在安装过程中,各个轴瓦的固定螺丝的力矩要保持一致,应该使用力矩扳手,而不是用扳手随便拧上就算完了。另外,轴瓦要保持清洁,润滑孔道不能堵塞 （5）另外,一定记住正时系统的相对位置关系,以免造成大麻烦
2. 发动机曲柄连杆机构信息描述	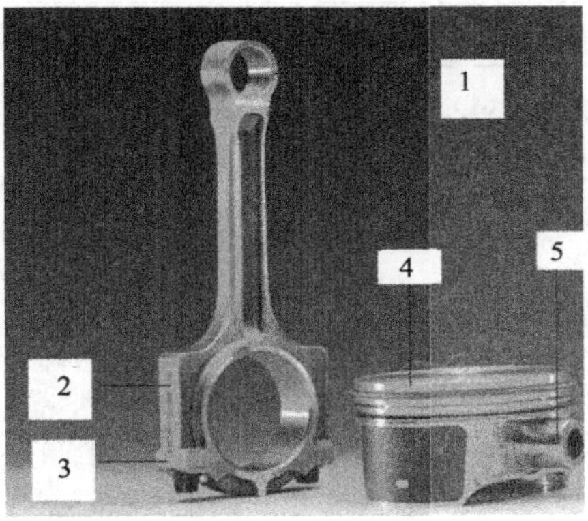 1. _____ 2. _____ 3. _____ 4. _____ 5. _____
3. 发动机曲柄连杆机构故障诊断与排除描述	
4. 汽车发动机曲柄连杆机构故障与排除的计划确定	➤ 排除故障工具的准备 ➤ 分析故障步骤的确定 ➤ 排除故障作业安全事项的学习

笔记

笔记

四、实施诊断与排除作业

汽车发动机曲柄连杆机构故障诊断与排除作业如表2-5-4所示。

表2-5-4　发动机曲柄连杆机构故障诊断与排除作业

1. 学习汽车发动机曲柄连杆机构故障排除作业安全事项 2. 会正确对汽车发动机曲柄连杆机构故障诊断与排除作业			
1. 汽车发动机曲柄连杆机构故障排除计划描述			
2. 汽车发动机曲柄连杆机构故障排除作业安全事项学习	(1) 注意人身和机件的安全,不了解情况的先了解后动手,特别是注意在车底下工作时的人身安全 (2) 未经许可,不准扳动机件和乱动电器按钮开关 (3) 注意防火 (4) 认真接受实习前的安全知识教育		

3. 汽车发动机曲柄连杆机构故障排除作业	作业项目	作业要领	技术标准	检查记录
	分解工具设备选用	(1) 扭力扳手 (2) 开口扳手 (3) 活动扳手 (4) 套筒扳手	(1) 扭力扳手常用有294N·m,490N·m两种 (2) 开口扳手开口的中心平面和本体中心平面成15°角,这样既能适应人手的操作方向,又可降低对操作空间的要求 (3) 活动扳手常用有150mm,300mm两种 (4) 常用套筒扳手的规格是10~32mm	(1) 选用的扭力扳手为＿＿＿＿ (2) 选用的开口扳手为＿＿＿＿ (3) 选用的活动扳手为＿＿＿＿ (4) 选用的套筒扳手为＿＿＿＿
	排除步骤	(1) 活塞磨损情况检查 (2) 活塞销磨损与变形检查 (3) 曲轴轴承磨损与变形情况检查 (4) 连杆变形量检测 (5) 气缸磨损检查 (6) 飞轮是否松动检查		(1) 活塞磨损情况:＿＿ (2) 活塞销磨损情况:＿＿ (3) 曲轴轴承磨损情况:＿＿ (4) 连杆变形情况:＿＿ (5) 气缸磨损情况:＿＿ (6) 飞轮是否松动:＿＿

检查后的结论和体会	

五、检验评估

项目二任务 2.5 的检验评估如表 2-5-5 所示。

表 2-5-5　检验评估

评 价 指 标	检 验 说 明	检 验 记 录
维护检查项目	➢ 排除故障工具设备 ➢ 检查是否漏油 ➢ 检查零部件的损坏情况	
汽车发动机曲柄连杆机构故障与排除过程情况		

评价内容	检 验 指 标	权重	自评	互评	总评
检查任务 完成情况	1. 完成任务的情况 2. 任务完成的质量 3. 在小组完成任务过程中所起的作用	4			
专业知识和 专业技能	1. 能说出曲轴连杆机构的工作特点 2. 能说出曲轴连杆机构常见故障的类型 3. 会曲轴连杆机构常见故障诊断与排除	8			
职业素养	1. 学习态度:积极主动参与学习 2. 团队合作:与小组成员一起分工合作,不影响学习进度 3. 现场管理:服从工位安排、执行实训室"5S"管理规定	3			
综合评议 与建议					

项目拓展

想一想:

1. 桑塔纳 3000 与其他车型发动机的曲柄连杆机构故障排除步骤是否相同
2. 其他车型汽车发动机曲柄连杆机构故障排除步骤

项目三　检修配气机构

Description 项目描述	一辆桑塔纳 3000 汽车在行车过程中冒黑烟、回火、加速无力和气门异响等现象,进厂经检测后确认发动机需要大修 　　你是一名中级修理工,在发动机大修中应如何对发动机配气机构进行检修
Objects 项目目标	1. 能认识配气机构的结构 2. 能使用工量具拆检气门组件 3. 能使用工量具拆检气门传动组件 4. 能进行配气机构的总体拆装、调整和故障诊断与排除
Tasks 项目任务	任务 3.1:配气机构结构认识 任务 3.2:气门组件结构认识和检修 任务 3.3:气门传动组件结构认识和检修 任务 3.4:配气机构的拆装、调整和常见故障诊断、排除
Implementation 项目实施	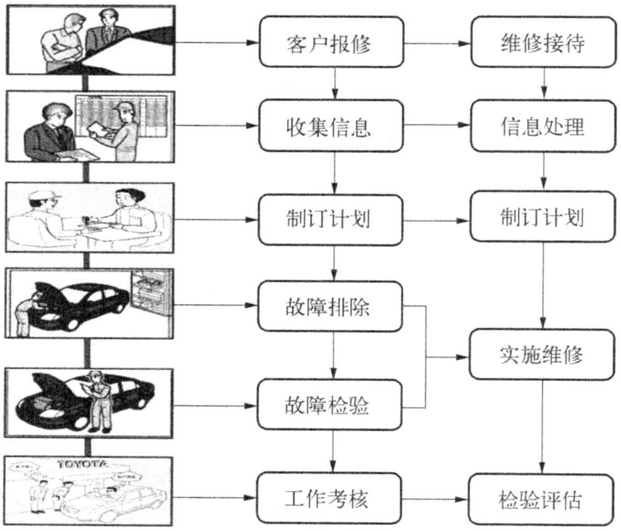

任务 3.1　配气机构结构认识

任务描述	一辆桑塔纳 3000 汽车在行车过程中有冒黑烟、回火、加速无力和气门异响等现象,进厂维修。针对维修接待和车间确认意见,首先要熟悉配气机构结构
任务目标	1. 能理解和说出配气机构的作用、类型及组成部分 2. 能理解和掌握配气相位

一、维修接待

按照表 3－1－1 完成待修车辆的维修接待,并准确填写接车问诊表。

表 3－1－1　维修接待与接车问诊表

1. 通过询问客户了解发动机发生故障情况,填写接车问诊表   2. 车间检测初步确认需对配气机构检修及其主要故障零部件更换

接 车 问 诊 表

车牌号:＿＿＿＿＿＿＿　　车架号:＿＿＿＿＿＿＿　　行驶里程:＿＿＿＿＿＿＿(km)

用户名:＿＿＿＿＿＿＿　　电　话:＿＿＿＿＿＿＿　　来店时间:＿＿＿＿/＿＿＿＿

用户陈述及故障发生时的状况:**一辆桑塔纳 3000 汽车在行车过程中冒黑烟、回火、加速无力和气门异响等现象**

故障发生状况提示:**行驶速度、发动机状态、发生频度、发生时间、部位、天气、路面状况、声音描述**

接车员检测确认建议:**需对发动机配气机构进行综合修理**

车间检测确认结果及主要故障零部件:**需对发动机配气机构进行综合修理,必要时更换故障零部件**

车间检查确认者:＿＿＿＿＿＿＿

外观确认:

(请在有缺陷部位作标识)

功能确认:(工作正常√　不正常×)

□音响系统　　□门锁(防盗器)　□全车灯光　□工具
□后视镜　　　□顶窗　　　　　□座椅　　　□点烟器
□玻璃升降器　□玻璃

物品确认:(有√　无×)

□贵重物品提示
□工具　□备胎　□灭火器
□其他(　　　　　　　)
旧件是否交还用户　□是　□否
用户是否需要洗车　□是　□否

- 检测费说明:本次检测的故障如用户在本店维修,检测费包含在修理费用内;如用户不在本店维修,请您支付检测费。本次检测费: ￥＿＿＿＿＿＿元。
- 贵重物品:在将车辆交给我店检查修理前,已提示将车内贵重物品自行收起并保存好,如有遗失恕不负责。

接车员:＿＿＿＿＿＿＿＿＿＿　　　用户确认:＿＿＿＿＿＿＿＿＿＿

笔记

二、信息收集与处理

按照表 3-1-2 完成任务 3.1 的信息收集与处理。

表 3-1-2   信息收集与处理

序号	部件名称	作　　用
1		
2		
3		
4		
5		
6		
7		

1. 配气机构的作用：＿＿＿＿＿＿＿＿＿＿＿＿＿＿＿＿＿＿＿＿＿＿＿＿＿＿＿＿＿＿＿＿＿
2. 配气机构的组成：＿＿＿＿＿＿＿＿＿＿＿＿＿＿＿＿＿＿＿＿＿和＿＿＿＿＿＿＿＿＿＿＿

（一）配气机构的作用

配气机构是进、排气管道的控制机构,它按照气缸的工作顺序和各缸工作循环的要求,定时开启和关闭进、排气门,向气缸供给可燃混合气(汽油机)或新鲜空气(柴油机),并及时导出废气。另外,当进、排气门关闭时,保证气缸密封,废气排净。四冲程发动机都采用气门式配气机构。

（二）配气机构的分类

配气机构的分类如表 3-1-3 所示。

表 3-1-3　配气机构的分类

分类	类型	说明	图示
气门驱动形式	摇臂驱动	凸轮轴推动液力挺柱，液力挺柱推动摇臂，摇臂再驱动气门；或凸轮轴直接驱动摇臂，摇臂驱动气门	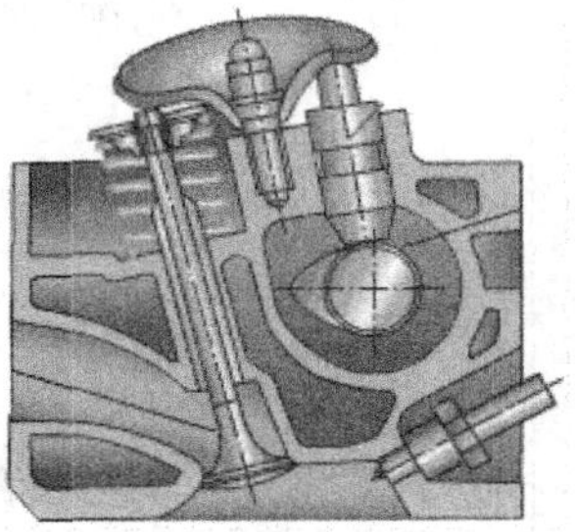
	摆臂驱动	由于摆臂驱动气门的配气机构比摇臂驱动式刚度更好，更有利于高速发动机，因此在轿车发动机上的应用比较广泛。如 CA4883、SH680Q、克莱斯勒 A452、奔驰 QM615、奔驰 M115 等发动机均为单上置凸轮轴（SOHC）摆臂驱动式配气机构；而本田 B20A、尼桑 VH45DE、三菱 3G81、富士 EJ20 等发动机都是双上置凸轮轴（DOHC）摆臂驱动式配气机构	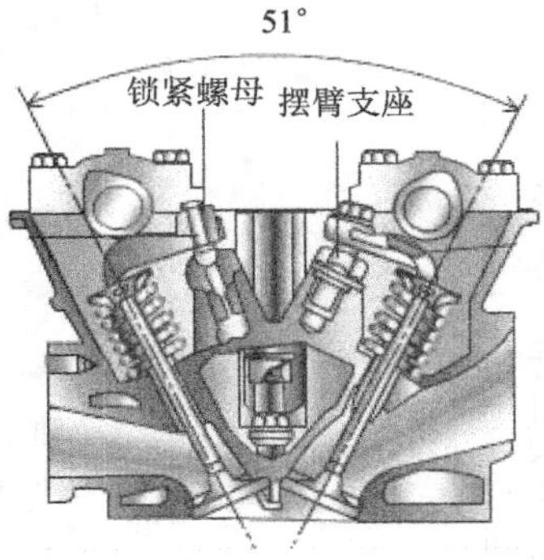 51°　锁紧螺母　摆臂支座
	直接驱动	在这种形式的配气机构中，凸轮通过吊杯形机械挺柱驱动气门；或通过吊杯形液力挺柱驱动气门。与上述各种形式的配气机构相比，直接驱动式配气机构的刚度最大，驱动气门的能量损失最小。因此，在高度强化的轿车发动机上得到广泛的应用。如奥迪、捷达、桑塔纳、马自达 6、欧宝 V6、奔驰 320E，还有依维柯 8140.01,8140.21 等均为直接驱动式配气机构	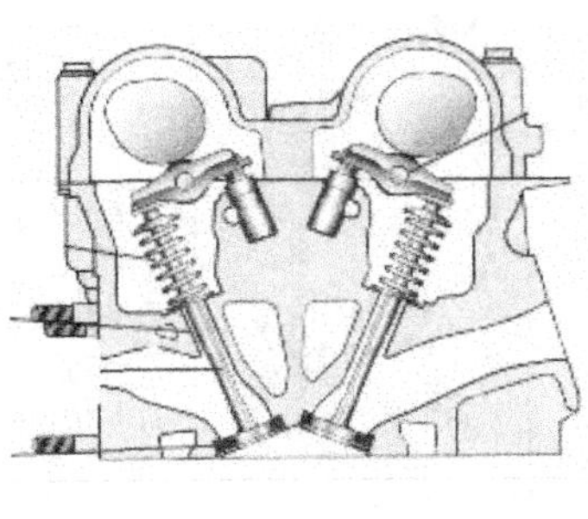
按气门安装位置	气门顶置式	气门位于气缸盖上，称为气门顶置式配气机构。国产车发动机大都采用气门顶置式配气机构	

笔记

分类	类型	说明	图示
按气门安装位置	气门侧置	气门位于气缸体侧面，称为气门侧置式配气机构，已逐渐被淘汰	
按凸轮轴布置位置	凸轮轴下置式	主要缺点是气门和凸轮轴相距较远，因而气门传动零件较多，结构较复杂，发动机高度也有所增加	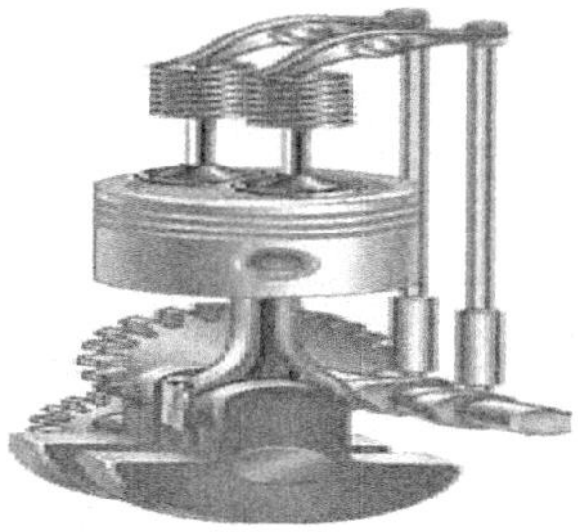
	凸轮轴中置	凸轮轴位于气缸体的中部，由凸轮轴经过挺柱直接驱动摇臂	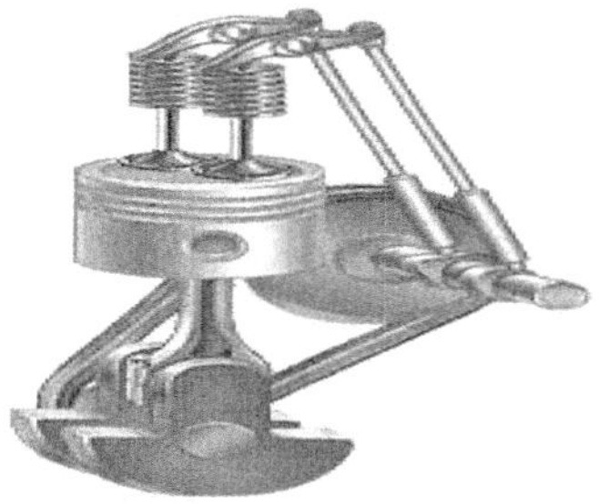
	凸轮轴上置	凸轮轴布置在气缸盖上。凸轮轴上置有两种结构：一种是凸轮轴直接通过摇臂来驱动气门；另一种是凸轮轴直接驱动气门或带液力挺柱的气门	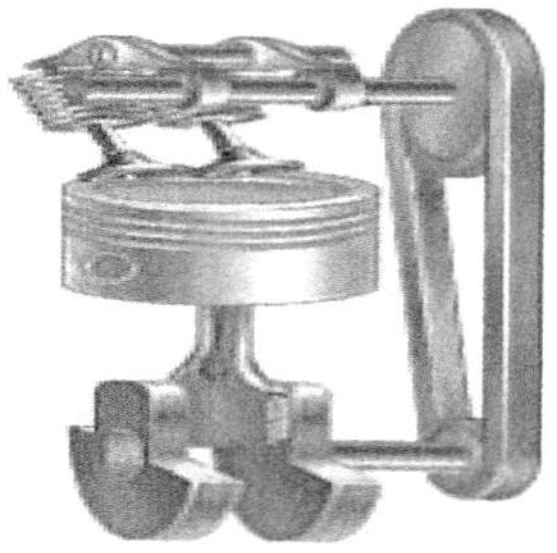
按凸轮轴与曲轴的传动方式	齿轮传动	凸轮轴下置、中置的配气机构大多采用圆柱形正时齿轮传动	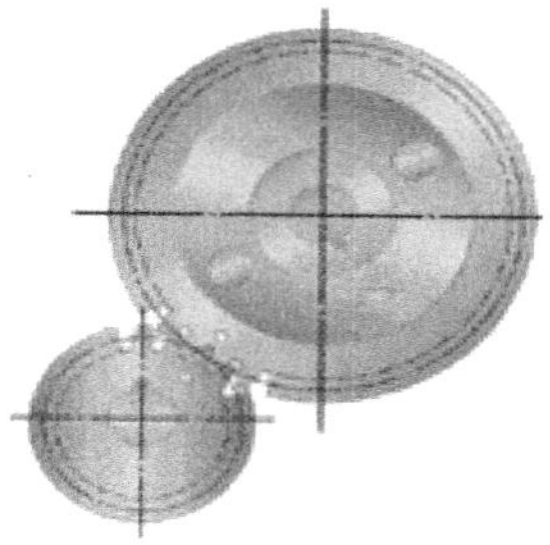

（续表）

分类	类　型	说　明	图　示
按凸轮轴与曲轴的传动方式	链条传动	链条与链轮的传动适用于凸轮轴上置的配气机构	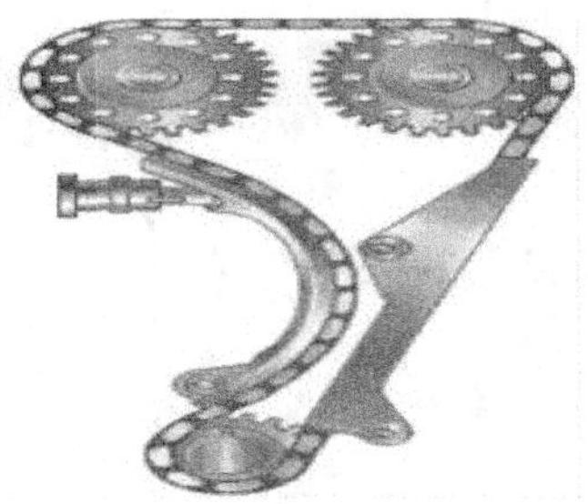
	齿带传动	近年来高速汽车发动机上广泛采用齿形皮带来代替传动链	
按每缸气门数	二气门式	一般发动机都采用每缸两个气门,即一个进气门和一个排气门的结构	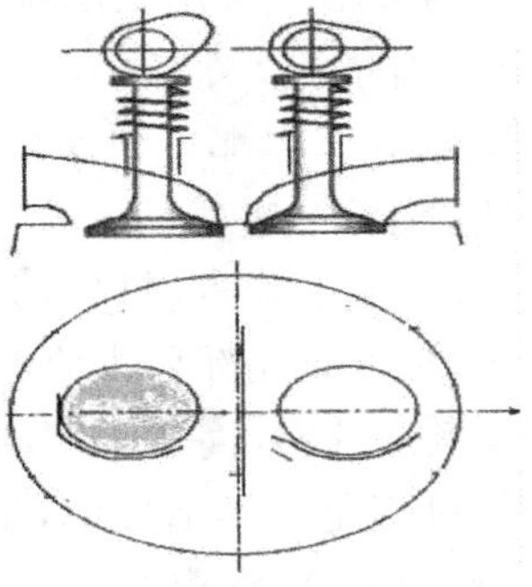 二气门
	多气门式	在很多新型汽车发动机上多采用每缸四个气门结构,即两个进气门和两个排气门。也有采用三个或五个气门甚至更多气门的形式	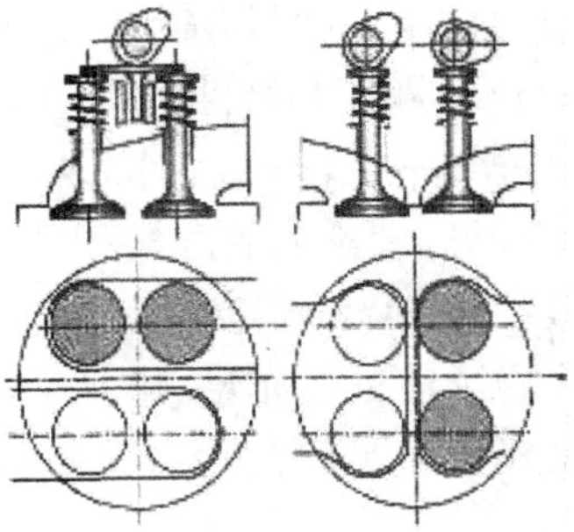 四气门

笔记

（三）配气机构的组成

配气机构由气门组和气门传动组构成，如图 3-1-1 所示。

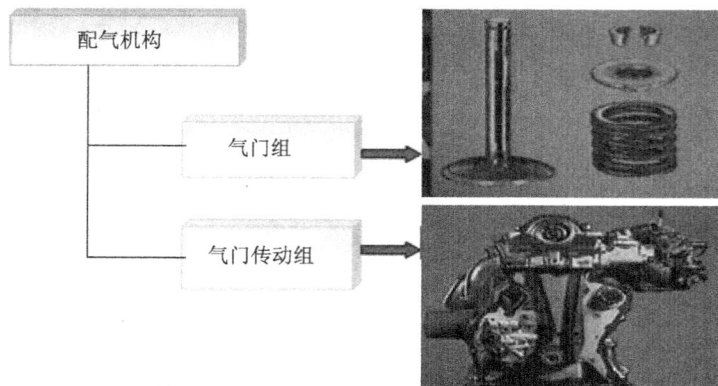

图 3-1-1　配气机构的构成

（四）配气定时

以由轴转角表示进、排气门开闭时刻及其开启的持续时间称为配气定时，又称配气相位。通常用环形图表示配气相位图，如图 3-1-2 所示。

1. 理论上的配气相位分析

理论上讲，进气、压缩、做功、排气四个行程各占 180°，即进、排气门都是在上、下止点开闭，延续时间都是曲轴转角 180°。

但实践证明，简单配气相位对发动机实际工作过程是很不适应的，不能满足发动机对进、排气门的要求。发动机曲轴转速很高，活塞每一行程历时都很短。例如，上海

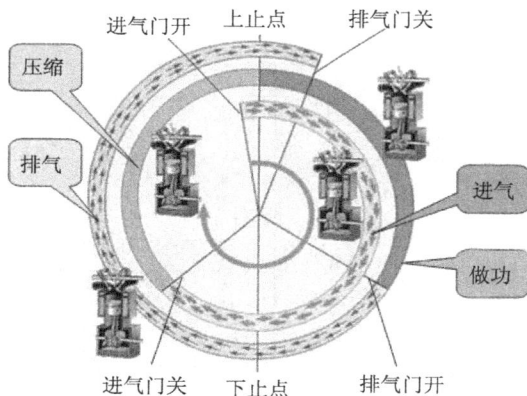

图 3-1-2　配气相位

桑塔纳轿车发动机，在最大功率时的转速为 5 600r/min，一个行程只有 60/(5 600×2)＝0.005 4s；即使是转速为 1500r/min，一个行程也只有 0.02s，这样短的进气或排气过程，使发动机进气不足，排气不净，从而使发动机功率下降。

可见，理论上的配气相位不能满足发动机"进气充足、排气干净"的要求。

2. 实际的配气相位分析

为了使进气充足，排气干净，除了从结构上进行改进外（如增大进、排气管道），还可以从配气相位上实现，如表 3-1-4 所示。

表 3-1-4　实际配气相位分析

改进方法	进　气	排　气	结　果
气门早开晚闭	进气门早开,可使进气一开始就有一个较大的通道面积,可增加进气量。活塞到达进气下止点时,由于进气吸力的存在,在大气压的作用下仍能进气。进气门晚关可以增加进气量	在做功行程快要结束时,排气门打开,可以利用做功的余压使废气高速冲出气缸。活塞到达排气上止点时,气缸内废气压力仍然高于外界大气压,加之排气气流的惯性,排气门晚关可使废气排得更净一些	进气门早开晚闭,能增加进气量;排气门早开晚闭,可使排气干净
气门重叠	由于可燃混合气流和废气流的流动惯性比较大,在短时间内是保持原来的流动方向。因此只要气门重叠角选择适当,就不会产生可燃混合气和废气倒流的现象		可燃混合气和废气不会乱串

1) 实际进气时刻和延续时间

在排气行程接近终了时,活塞到达上止点前,即曲轴转到离上止点还差一个角度 α,进气门便开始开启,进气行程直到活塞越过下止点后 β 时,进气门才关闭。整个进气过程延续时间相当于曲轴转角。

$$180° + \alpha + \beta$$

式中:α——进气提前角,一般 $\alpha = 10° \sim 30°$

　　　β——进气延迟角,一般 $\beta = 40° \sim 80°$

所以进气过程曲轴转角为 $230° \sim 290°$。

2) 实际排气时刻和延续时间

同样,做功行程接近终了时,活塞在下止点前排气门便开始开启,提前开启的角度 γ 一般为 $40° \sim 80°$,活塞越过下止点后 δ 角排气门关闭,δ 一般为 $10° \sim 30°$,整个排气过程相当曲轴转角。

$$180° + \gamma + \delta$$

式中:γ——排气提前角,一般 γ 为 $40° \sim 80°$

　　　δ——排气延迟角,一般 δ 为 $10° \sim 30°$

所以排气过程曲轴转角为 $230° \sim 290°$,气门重叠角 $\alpha + \delta = 20° \sim 60°$。

从上面的分析可以看出,实际配气相位和理论上的配气相位相差很大。实际配气相位,气门要早开迟闭,主要是为了满足进气充分、排气干净的要求。实际中,气门究竟何时开启与关闭为最佳,各种车型主要根据实验的方法确定,并由凸轮轴的形状、位置及配气机构来保证。部分车型配气相位值如表 3-1-5 所示。

表 3-1-5　部分车型配气相位值　　　　　　　　　　单位:(°)

车　型	α	β	γ	δ
桑塔纳	1	37	42	2
捷达 EA827	4.2	25	23	2.2
富康 TU3.2K	7	41	52	1
奥迪	3	41	33	5
切诺基	12	78	56	34
夏利	19	51	51	19
6135Q	20	48	48	20

三、制订分解计划

制订发动机配气机构诊断与排除计划如表 3-1-6 所示。

表 3-1-6　制订发动机配气机构诊断与排除计划

1. 查阅资料,学习汽车发动机配气机构结构信息和汽车发动机配气机构分解作业注意事项 2. 查阅维修手册,熟悉发动机配气机构整体分解步骤,制订汽车发动机配气机构分解计划		
1. 车辆发动机类型信息描述	车辆描述	
	发动机类型描述信息描述	
2. 汽车发动机配气机构分解作业注意事项描述	(1) 熟悉配气机构和机体零件的组成与结构特点及相互关系 (2) 拆装要点以及主要配合面的检查部位和测量方法 (3) 用专用工具拆卸气门弹簧,严禁在受弹簧力情况下,取下锁夹,有可能崩飞上弹簧座,发生危险 (4) 拆卸凸轮轴轴颈轴承盖时,应遵守拆卸原则,从两端到中间,而且分 2～3 次拆卸 (5) 要作好相应的记号和标记	
3. 发动机配气机构信息描述	 1. ＿＿＿＿＿＿＿ ; 2. ＿＿＿＿＿＿＿ ; 3. ＿＿＿＿＿＿＿ ; 4. ＿＿＿＿＿＿＿ ; 5. ＿＿＿＿＿＿＿ ; 6. ＿＿＿＿＿＿＿ ; 7. ＿＿＿＿＿＿＿	

（续表）

4. 发动机配气机构分解描述	
5. 汽车发动机配气机构分解计划	➢ 分解工具的准备 ➢ 分解步骤的确定 ➢ 分解作业安全事项的学习

四、实施分解作业

汽车发动机配气机构分解作业，如表3-1-7所示。

表3-1-7　发动机配气机构分解作业

1. 学习汽车发动机配气杆机构分解作业安全事项 2. 会正确对汽车发动机配气机构分解作业		
1. 车辆信息描述	车辆描述	
	车辆发动机类型描述	
2. 汽车发动机配气机构分解计划描述		
3. 汽车发动机配气机构分解作业安全事项学习	(1) 注意人身和机件的安全，不了解情况的先了解后动手，特别是注意在车底下工作时的人身安全 (2) 注意机、工、量具的正确使用。实训前检查工具车物品是否齐全，机具、量具是否完好，发现问题(包括实训前、实训过程、实训结束)及时汇报。实训结束后填写设备使用单 (3) 严格按技术规范、操作工艺要求进行拆装。首先考虑使用专用工具，再考虑通用工具进行拆装。对于配合表面，严禁敲打 (4) 在拆装机件时，应弄清是否可拆部位，不能强行拆卸，拆下的零件应按一定顺序放置 (5) 需调整的部位，应按出厂技术数据或技术规程规定的数据进行调整 (6) 注意拧紧螺钉、螺母、螺栓的顺序(一般情况用手将全部螺钉拧入后，再用扳手逐个预紧，最后依次拧紧，拆卸时与之相反循序，要求相同)，有规定力矩要求的，必须用扭力扳手拧紧 (7) 注意防火 (8) 认真接受实习前的安全知识教育		

笔记

（续表）

	作业项目	作业要领	技术标准	检查记录
4.汽车发动机配气机构分解	分解工具设备选用	(1) 扭力扳手 (2) 开口扳手 (3) 活动扳手 (4) 套筒扳手	(1) 扭力扳手常用有294N·m，490 N·m 两种 (2) 开口扳手开口的中心平面和本体中心平面成15°角，这样既能适应人手的操作方向，又可降低对操作空间的要求 (3) 活动扳手常用有150mm，300mm 两种 (4) 常用套筒扳手的规格是 10～32mm	(1) 选用的扭力扳手为 ＿＿＿＿＿＿＿ (2) 选用的开口扳手为 ＿＿＿＿＿＿＿ (3) 选用的活动扳手为 ＿＿＿＿＿＿＿ (4) 选用的套筒扳手为 ＿＿＿＿＿＿＿
	分解步骤	(1) 将实训二拆卸下来的发动机气缸盖进一步分解，分解前重新回顾一下已拆下的凸轮轴与相关传动部件的相互关系 (2) 取下吊杯式机械挺柱 (3) 用专用工具压下上气门弹簧座，使其上部索夹不受弹簧力，将之取下 注意：严禁在受弹簧力情况下，取下锁夹，有可能崩飞上弹簧座，发生危险 (4) 卸去上弹簧座所受的弹簧力 (5) 依次取下弹簧、油封、下弹簧座等件 (6) 分析气门运动方式及其结构原理 (7) 观察之前拆下的凸轮轴各凸轮小端方向、分析点火顺序 (8) 观察各凸轮形状，掌握凸轮机构位移变化原理 (9) 观察正时齿轮正时标记，分析其作用	(1) 气门弹簧是否变形： ＿＿＿＿＿＿＿ (2) 凸轮轴是否变形： ＿＿＿＿＿＿＿ (3) 各个螺丝的状况： ＿＿＿＿＿＿， ＿＿＿＿＿＿， ＿＿＿＿＿＿， ＿＿＿＿＿＿， ＿＿＿＿＿＿等
	分解后的感想			

五、检验评估

项目三任务 3.1 的检验评估，如表 3-1-8 所示。

表 3-1-8 检验评估

评 价 指 标	检 验 说 明	检 验 记 录
维护检查项目	➤ 拆解工具设备 ➤ 检查气门弹簧是否变形 ➤ 检查凸轮轴是否变形	
汽车发动机配气机构分解过程情况		

评价内容	检 验 指 标	权重	自评	互评	总评
检查任务完成情况	1. 完成任务的情况 2. 任务完成的质量 3. 在小组完成任务过程中所起的作用	4			
专业知识和专业技能	1. 能描述发动机配气机构的作用 2. 能描述汽车发动机配气机构的分类和组成 3. 能描述汽车发动机的配气相位 4. 会正确地进行汽车发动机配气机构分解	8			
职业素养	1. 学习态度:积极主动参与学习 2. 团队合作:与小组成员一起分工合作,不影响学习进度 3. 现场管理:服从工位安排、执行实训室"5S"管理规定	3			
综合评议与建议					

项 目 拓 展

想一想:

1. 桑塔纳 3000 与其他车型发动机的配气机构分解步骤是否相同
2. 其他车型汽车发动机配气机构分解步骤

任务 3.2 气门组件结构认识和检修

任务描述	一辆桑塔纳 3000 汽车在行车过程中冒黑烟、回火、加速无力和气门异响等现象,进厂进行维修。针对维修接待和车间确认意见,需对气门组件检修
任务目标	1. 能说出气门组件的结构、类型和作用 2. 能正确使用研磨工具对气缸进行研磨 3. 能熟练地使用工量具对气门组件进行检修

笔记

一、维修接待

按照表 3-2-1 完成待修车辆的维修接待，并准确填写接车问诊表。

表 3-2-1 　维修接待与接车问诊表

1. 通过询问客户了解发动机发生故障情况，填写接车问诊表   2. 车间检测初步确认结果及主要故障零部件

接 车 问 诊 表

车牌号：_____　　车架号：_____　　行驶里程：_____（km）

用户名：_____　　电　话：_____　　来店时间：_____/_____

用户陈述及故障发生时的状况：**一辆桑塔纳 3000 汽车在行车过程中冒黑烟、回火、加速无力和气门异响等现象**
故障发生状况提示：**行驶速度、发动机状态、发生频度、发生时间、部位、天气、路面状况、声音描述**
接车员检测确认建议：**需对发动机配气机构进行综合修理**
车间检测确认结果及主要故障零部件：**需对发动机配气机构进行综合修理，必要时更换故障零部件**   车间检查确认者：_____

外观确认：

（请在有缺陷部位作标识）

功能确认：（工作正常√　不正常×）

□音响系统　　□门锁（防盗器）　□全车灯光　　□工具
□后视镜　　　□顶窗　　　　　□座椅　　　　□点烟器
□玻璃升降器　□玻璃

物品确认：（有√　无×）

□贵重物品提示
□工具　□备胎　□灭火器
□其他（　　　　　）
旧件是否交还用户　□是　□否
用户是否需要洗车　□是　□否

- 检测费说明：本次检测的故障如用户在本店维修，检测费包含在修理费用内；如用户不在本店维修，请您支付检测费。本次检测费：￥_____元。
- 贵重物品：在将车辆交给我店检查修理前，已提示将车内贵重物品自行收起并保存好，如有遗失恕不负责。

接车员：_____　　　　　　用户确认：_____

二、信息收集与处理

按照表 3-2-2 完成任务 3.2 的信息收集与处理。

表 3-2-2 信息收集与处理

序号	部件名称	作 用
1		
2		
3		
4		
5		
6		
7		

1. 气门组的构造：_____；_____；_____；
_____；_____；_____；_____和
_____。

(一) 气门组件的结构组成、类型和作用

气门组件由气门、气门座圈、气门导管、气门弹簧、锁片、弹簧座等零件组成（如图 3-2-1 所示）。有的进气门还设有气门旋转机构。

气门组件应保证气门能实现与气缸的密封，因此有以下要求：气门头部与气门座圈贴合严密；气门上下运动灵活；气门弹簧应保证气门头在气门座上的正确位置，不偏不斜；气门弹簧应有足够的弹力。

1. 气门

1) 气门的工作条件

气门的工作条件非常恶劣。首先，气门直接与高温燃气接触，受热严重，而散热困难，因此气门温度很高（一般进气门在 400～500℃，排气门在 800～900℃）。其次，气门承

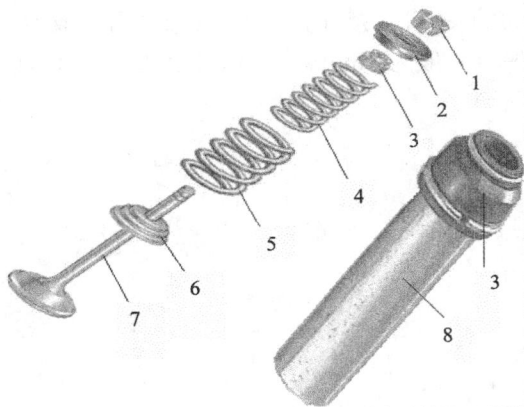

图 3-2-1 气门组件的构造

1—气门锁片； 2—气门弹簧座（上）； 3—气门油封； 4—气门弹簧（内）； 5—气门弹簧（外）； 6—气门弹簧座（下）； 7—气门杆； 8—气门导管

受气体力和气门弹簧力的作用,以及由于配气机构运动件的惯性力使气门落座时受到冲击。第三,气门在润滑条件很差的情况下以极高的速度启闭并在气门导管内作高速往复运动。此外,气门由于与高温燃气中有腐蚀性的气体接触而受到腐蚀。

2)气门材料

进气门一般用中碳合金钢制造,如铬钢、铬钼钢和镍铬钢等。排气门则采用耐热合金钢制造,如硅铬钢、硅铬钼钢、硅铬锰钢等。

3)构造

气门由头部、杆身和尾部组成。头部用来封闭气缸的进、排气通道,杆身和尾部主要是为气门运动导向(如图3-2-2所示)。

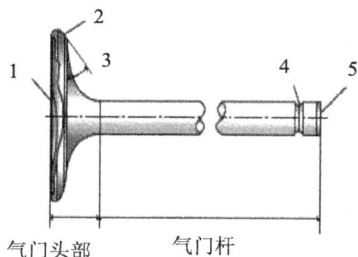

图3-2-2　气门结构

1—气门顶面；　2—气门锥面；
3—气门锥角；　4—气门夹槽；
5—气门尾端面

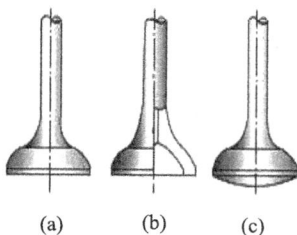

图3-2-3　气门头部形状

(a)平顶；　(b)凹顶；　(c)凸顶

气门头顶部形状有平顶、球面顶和喇叭形顶,如图3-2-3所示,采用最多的是平顶式的。为了减少进气阻力,提高气缸的充气效率,多数发动机进气门头部直径比排气门大。当两气门一样大时,气门一般有标记。

气门头部与气门座接触的工作面,是与杆部同心的锥角。通常将这一锥面与气门顶平面的夹角称为气门锥角。气门锥角一般为45°,也有30°(如图3-2-4所示)。气门头边缘厚度一般为13mm。为保证良好的密合,装配前应将气门头与气门座密封锥面互相配对研磨。

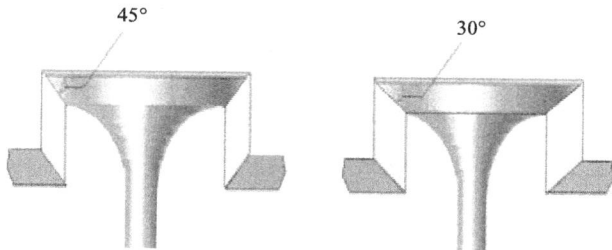

图3-2-4　气门锥角

气门头部的热量通过气门座和气门杆,经气门导管传给气缸盖的。气门头部向气门杆过渡部分的几何形状应尽量做到圆滑,以防应力集中增加强度,还可减小气流阻力。

气门杆呈圆柱形,在气门导管中作往复直线运动,其表面应具有较高的加工精度,并经热处理以保证同气门导管的配合精度和耐磨性,并起到良好的导向、散热作用。气门杆端的形状决定于气门弹簧的固定方式。常用的结构是用剖分或两半的锥形锁片来固定弹簧座。这时,气门杆的端部可切出环槽来安装锁片。有的发动机的气门弹簧座用锁销来固定,故其气门杆端有一个用来安装锁销的径向孔。在气门杆上安装气门油封,防止发动机机油通过气门杆与导管之间的间隙被吸入气缸,以减少机油的消耗和燃烧室积碳的产生。

由于排气门热负荷较高,为改善其导热性,有些发动机采用了充钠排气门,如捷达EA113发动机五气门用排气门。其原理是:在排气门的中空封闭腔内充注钠金属,钠在约1 000℃时变为液态,具有良好的热传导能力,通过液态钠的来回运动,热量很快从气门头部传到根部从而可使温度降低约100℃,排气门的这种内部冷却方式也同时降低了混合气自燃的危险,降低了爆震燃烧倾向,同时也提高了气门的使用寿命。

4) 功用

控制进、排气通道的开闭。

2. 气门导管

气门导管(如图 3-2-5 所示)的功用有以下两点。

1) 导向作用

保证气门作直线往复运动。

2) 导热作用

在气门杆与气缸盖之间起导热作用。

为了保证导向,气门导管应有一定的长度。气门导管的工作温度也较高,约 230℃。气门导管和

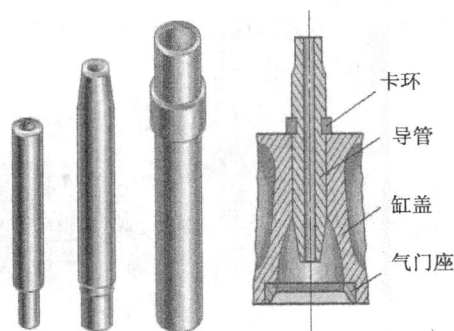

卡环
导管
缸盖
气门座

图 3-2-5 气门导管

气门的润滑是靠配气机构飞溅出来的机油进行润滑的,因此易磨损。为了改善润滑性能,气门导管常用灰铸铁、球墨铸铁或铁基粉末冶金制造。导管内、外圆面加工后压入气缸盖的气门导管孔内,然后再精铰内孔。为了防止气门导管在使用过程中松脱,有的发动机对气门导管用卡环定位。

3. 气门座

气门座(如图 3-2-6 所示)与气门头部密封锥面配合密封气缸,气门头部的热量亦经过气门座外传。气门座可以在缸盖或缸体上直接镗出,也可以采用镶嵌式结构。镶嵌式结构气门座都采用较好的材料(合金铸铁、奥氏体钢等)。镶嵌式气门座导热性好,加工精度要求较高,工作时容易脱落。因此当在缸盖上直接加工的气门座能满足要求时,最好不用镶嵌式气门座。

4. 气门弹簧

气门弹簧(如图 3-2-6 所示)的作用是克服气门关闭过程中气门及传动件的惯性力,保证气门回位。在气门关闭时,保证气门与气门座之间的密封;在气门开启时,保

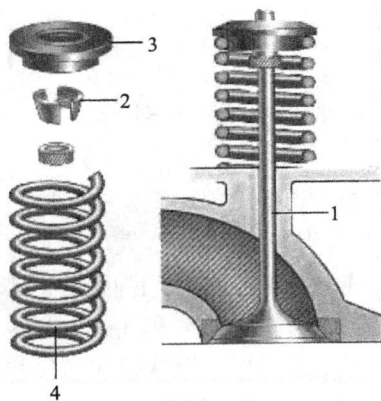

图 3-2-6 气门组件零件

1—气门; 2—气门锁片;
3—弹簧座; 4—气门弹簧

证气门不因运动时产生的惯性力而脱离凸轮。气门弹簧多为圆柱形螺旋弹簧,它的一端支承在气缸盖上,另一端压靠在气门杆尾端的弹簧座上,弹簧座用锁片固定在气门杆的尾端。为防止气门工作时发生共振通常采用如下措施。

（1）提高气门弹簧的自然振动频率,提高弹簧自身刚度。

（2）可采用不等螺距的圆柱弹簧。

（3）采用双气门弹簧,直径不同,旋向相反的内外弹簧。

5. 气门旋转机构

为了使气门头部温度均匀,防止局部过热引起的变形和清除气门座积碳,可设法使气门在工作中相对气门座缓慢旋转。气门缓慢旋转时在密封锥面上产生轻微的摩擦力,有阻止沉积物形成的自洁作用。

在图3-2-7(a)所示的自由旋转机构中,气门锁片并不直接与气门弹簧座接触,而是装在一个锥形套筒中,后者的下端支承在弹簧座平面上,套筒端部与弹簧座接触面上的摩擦力不大,而且在发动机的运转振动力作用下,在某一短时间内可能为零,这就是气门有可能自由地作不规则的转动。

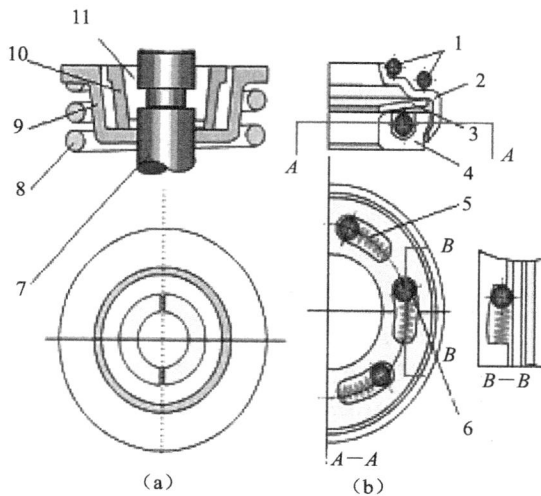

图3-2-7　气门旋转机构

1—气门弹簧；　2—支承板；　3—碟形弹簧；　4—壳体；　5—回位弹簧；　6—钢球；
7—气门；　8—气门弹簧；　9—气门弹簧座；　10—锥形套筒；　11—锁片

有的发动机采用如图3-2-7(b)所示的强制旋转机构,使气门每开一次便转过一定角度,在壳体4中,有六个变深度的槽,槽中装有带回位弹簧5的钢球6,当气门关闭时,气门弹簧的力通过支承板2与碟形弹簧3直接传到壳体4上。当气门升起时,不断增大的气门弹簧力将碟形弹簧压平而迫使钢球沿着凹槽的斜面滚动,带着碟形弹簧、支承板、气门弹簧和气门一起转过一个角度。在气门关闭过程中,碟形弹簧的载荷减小而恢复原来的碟形。钢球即在回位弹簧5的作用下回到原来位置。135系列柴油机的进气门即采用了这种气门旋转机构。

6. 锁片、卡簧

锁片、卡簧(如图3-2-6所示)的功用是在气门弹簧力的作用下把弹簧座和气门杆锁

笔记

住,使弹簧力作用到气门杆上。

(二) 研磨工具的使用方法

研磨工具的使用方法(如表 3-2-3 所示)。

表 3-2-3 研磨工具的使用方法

研磨工具	使 用 方 法	图 示
手工研磨	(1) 研磨前先用汽油清洗气门、气门座和气门导管,将气门按顺序排列或在气门头部打上记号,以免错乱。然后在气门工作锥面上涂薄薄一层粗研磨砂,同时在气门杆上涂以稀机油,插入气门导管内,然后利用旋具或橡皮捻子将气门作往复和旋转运动,与气门座进行研磨。注意旋转角度不宜过大,并不时地提起和转动气门,变换气门与座相对位置,以保证研磨均匀。手工研磨中,不应过分用力,也不要提起气门在气门座上用力拍击,否则会将气门工作面磨宽或磨出凹槽 (2) 当气门工作面与气门座工作面磨出一条较完整且无斑痕的接触环带时,可以将粗研磨砂洗去,换用细研磨砂,继续研磨。当工作面出现一条整齐的灰色的环带时,再洗去细研磨砂,涂上润滑油,继续研磨几分钟即可	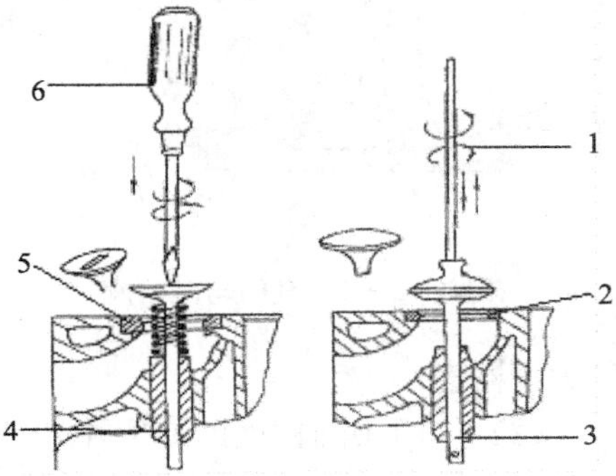 1—旋具; 2—气门座; 3—气门; 4—橡皮捻子
机动研磨	将气缸盖清洗干净,置于一层研磨膏,将气门杆部涂以机油并装入气门导管内,调整各转轴,对正气门座孔,连接好研磨装置,调整气门升程,进行研磨。一般研磨 10~15min 即可。研磨后的工作面应成为一条光泽更好的圆环	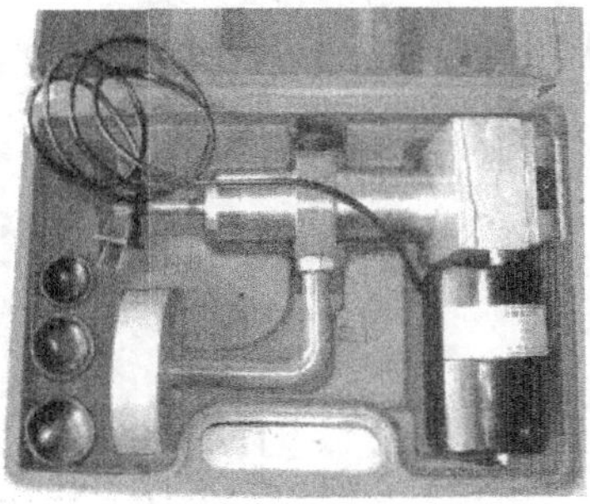

(三) 气门组件检修

1. 气门与气门座的配合

气门与气门座配合良好与否是决定配气机构正常工作的重要环节,它直接影响到气缸的密封性,对发动机的动力性和经济性关系极大。气门与气门座(如图 3-2-8 所示)的配合要求如下:

(1) 气门与座工作锥面角度应一致。

(2) 气门与气门座的密封带位置在中部靠里。过于靠外使气门的强度降低;过于靠里,会造成与气门座接触不良。

(3) 气门与气门座的密封带宽度应符合原设计规定,一般为 1.2~2.5mm。排气门大

笔记

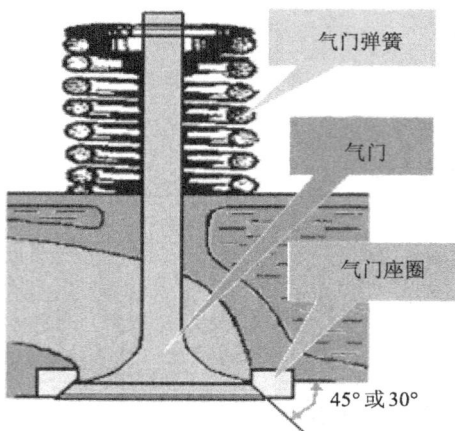

图 3-2-8　气门与气门座

于进气门的宽度；柴油机大于汽油机的宽度。密封带宽度过小，将使气门磨损加剧，形成凹陷；密封带宽度过大，影响密封性，并易引起气门烧蚀。

（4）气门工作锥面与杆部的同轴度和气门座与导管的同轴度应不大于 0.05mm。

（5）气门杆与导管的配合间隙应符合原厂规定。

2. 气门的耗损与检验

气门的常见磨损是：气门杆部及尾端的磨损、气门工作锥面磨损与烧蚀、气门杆的弯曲变形等。

1）气门应予换新的磨损情况

（1）轿车的气门杆的磨损大于 0.05mm，载货汽车的气门杆的磨损量大于 0.10mm，或出现明显台阶形磨损。

（2）气门头圆柱面的厚度小于 1.0mm。因为气门头圆柱部分厚度过小会增加燃烧室容积，影响发动机工作的平稳性，同时使气门头的强度降低。此外，在气门落入气门座的瞬间，尤其是重型柴油机的气门，在高冲击波的作用下可能会出现回弹振抖，容易引起密封带的烧蚀。

（3）气门尾端的磨损大于 0.5mm。

（4）当气门杆的直线度误差大于 0.05mm 时，应予更换或校直，校直后的直线度误差不得大于 0.02mm。气门的直线度，按图 3-2-9 进行检查。

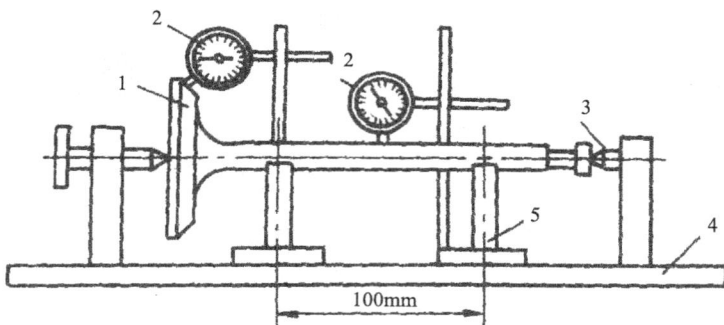

图 3-2-9　气门直线度的检查

1—气门；　2—百分表；　3—顶尖；　4—平板；　5—V 形块

2）气门工作锥面的修理

气门工作锥面的修理是在气门光磨机（如图 3-2-10 所示）上进行的。

气门的光磨流程如下：

（1）光磨前应先将气门进行校直，校直后气门杆和工作锥面的径向圆跳动公差分别为 0.03mm 和 0.05mm 以内。

（2）将校直的气门杆紧固在夹架上，气门头部伸出约 40mm，并按气门规定的工作锥面角度调整夹架。

（3）查看砂轮工作面是否平整。

（4）试磨。开动车头和磨头电机，先观察气门夹持有无偏斜现象，然后进行试磨。试磨时，先使砂轮轻轻接触气门，查看砂轮与气门锥面的接触情况。若磨削痕迹与工作锥面在素线上全长接触或略偏向内端，说明夹架的角度符合要求。

（5）光磨。进刀时，要慢慢移动夹架先作横向进给，再作纵向进给。直至磨损痕迹磨光为止，光磨后气门头部圆柱面的厚度不得低于1mm。若边缘过薄，工作时易变形或烧蚀。

图 3 - 2 - 10　气门光磨机

3. 气门座的修理

气门座的磨损主要是磨料磨损和由于冲击载荷造成的硬化层脱落，以及受高温燃气的腐蚀和烧蚀。气门座的磨损，使得密封带变宽，气门与气门座关闭不严，气缸密封性降低。

1）气门座的铰削

铰削气门座时，应根据气门头部直径及斜面角度选用不同规格的铰刀。常用气门座铰刀一般为 15°，30°，45°，75°四种规格（如图 3 - 2 - 11 所示）。每种规格有直径不同的铰刀数只，以适应不同直径尺寸的气门头部需要，且有粗、精铰刀之分，粗铰刀在刃口上有锯齿状缺口。

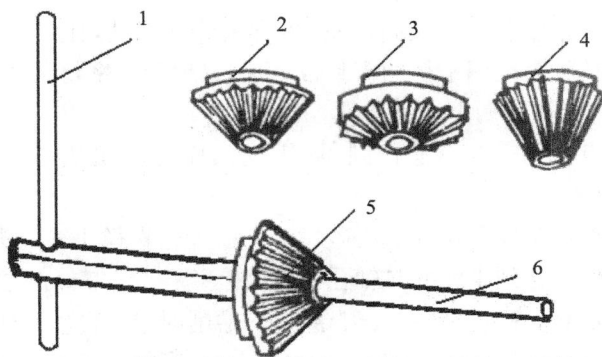

图 3 - 2 - 11　常用气门座铰刀

1—扳杆；　2—45°铰刀；　3—15°铰刀；　4—75°铰刀；　5—45°铰刀；　6—定位杆

75°铰刀为铰削气门座上平面角，以使气门头部下沉量符合要求的 0.50～1.00mm，并使气门座工作斜面下移。铰后的切削面与水平面夹角为 15°，30°或 45°铰刀为气门座工作面铰刀，根据气门工作角度选用一种。15°铰刀的作用为扩大气门座孔内径，使气门座工作斜面上移，其切削面与气门座轴线夹角为 15°，如图 3 - 2 - 12 所示。

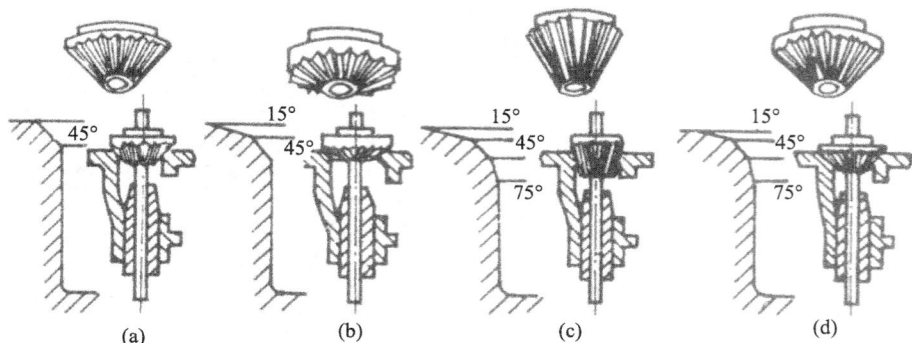

图 3 - 2 - 12　气门座的铰削顺序

(a) 粗铰 45°环带；　(b) 接触面偏上时铰上口；　(c) 接触面偏下时铰下口；　(d) 精铰 45°环带

气门座的铰削通常是用手工进行。铰削的作业方法如下：

（1）根据气门导管内径选择铰刀，导杆以轻易插入气门导管内，无晃动量为宜。

（2）把砂布垫在铰刀下，磨除座口硬化层，以防止铰刀打滑和延长铰刀使用寿命。

（3）用与气门锥角相同的粗铰刀铰削工作锥面，直到凹陷、斑点全部去除并形成 2.5mm 以上的完整锥面为止。铰削时两手用力要均衡，并保持顺时针方向转动。

（4）气门座和气门的选配，一般是新气门座用旧气门，旧气门座配新气门。用相配的气门进行涂色试配，察看印迹。接触环带应在气门和斜面的中部靠里位置，若过上或过下，可用 15°或 75°锥角的铰刀铰削。接触面宽度一般进气门为 1.0～2.0mm，排气门为 1.5～2.5mm。

（5）最后用与工作面角度相同的细刃铰刀进行精铰，并在铰刀下垫细砂布磨修，以降低气门座口表面粗糙度。

如铰削后的密封带精度和质量较高，一般可省去研磨工艺，让气门、气门座在高温冲击条件下自然形成一种认为是组织平衡的密封带，可明显地延长密封带的耐久性。

2）气门座的磨削

有些气门座材质十分坚硬，不易铰削，可用气门座光磨机进行磨削。磨削工艺要点如下：

（1）根据气门工作面锥度和尺寸选用砂轮。一般砂轮直径比气门头部直径长3～5mm。

（2）修磨砂轮工作面达到平整并与轴孔同轴度公差在 0.025mm 之内。

（3）选择合适的定心导杆，卡紧在气门导管内，磨削时，导杆应不转动。

（4）光磨时应保证光磨机正直，并轻轻施加压力，光磨时间不宜太长，要边磨边检查。

3）气门的研磨

气门的研磨，可用手工操作或气门研磨机进行。

（1）手工研磨。研磨前先用汽油清洗气门、气门座和气门导管，将气门按顺序排列或在气门头部打上记号，以免错乱。然后在气门工作锥面上涂薄薄一层粗研磨砂，同时在气门杆上涂以稀机油，插入气门导管内，然后利用旋具或橡皮捻子（见图 3 - 2 - 13）将气门作往复和旋转运动，与气门座进行研磨。注意旋转角度不宜过大，并不时地提起和转动气门，变换气门与座相对位置，以保证研磨均匀。手工研磨中，不应过分用力，也不要提起气门在气门座上用力拍击,否则会将气门工作面磨宽或磨成凹槽。

当气门工作面与气门座工作面磨出一条较完整且无斑痕的接触环带时,可以将粗研磨砂洗去,换用细研磨砂,继续研磨。当工作面出现一条整齐的灰色的环带时,再洗去细研磨砂,涂上润滑油,继续研磨几分钟即可。

(2)机动研磨。将气缸盖清洗干净,置于一层研磨膏,将气门杆部涂以机油并装入气门导管内,调整各转轴,对正气门座孔,连接好研磨装置,调整气门升程,进行研磨。一般研磨10~15min即可。研磨后的工作面应成为一条光泽更好的圆环。

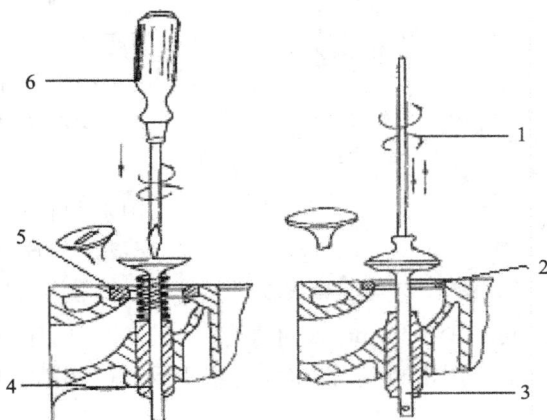

图 3-2-13 气门研磨

1—旋具; 2—气门座; 3—气门; 4—橡皮捻子

4)气门的密封性检验

气门和气门座经过修理后,通常要进行气门的密封性检验。气门的密封性检验方法如图 3-2-14 所示。

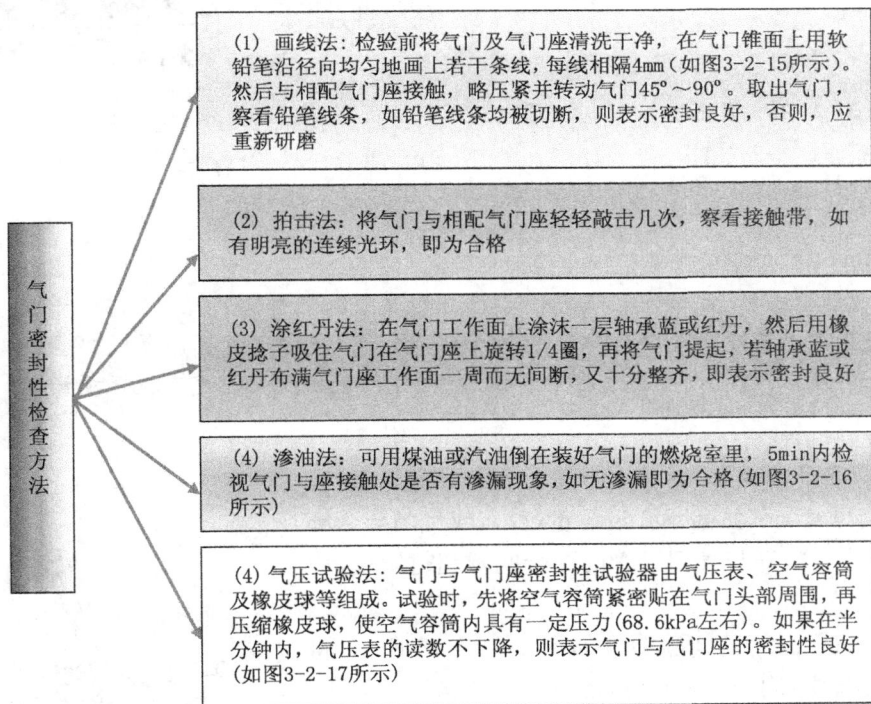

气门密封性检查方法

(1)画线法:检验前将气门及气门座清洗干净,在气门锥面上用软铅笔沿径向均匀地画上若干条线,每线相隔4mm(如图3-2-15所示)。然后与相配气门座接触,略压紧并转动气门45°~90°。取出气门,察看铅笔线条,如铅笔线条均被切断,则表示密封良好,否则,应重新研磨

(2)拍击法:将气门与相配气门座轻轻敲击几次,察看接触带,如有明亮的连续光环,即为合格

(3)涂红丹法:在气门工作面上涂沫一层轴承蓝或红丹,然后用橡皮捻子吸住气门在气门座上旋转1/4圈,再将气门提起,若轴承蓝或红丹布满气门座工作面一周而无间断,又十分整齐,即表示密封良好

(4)渗油法:可用煤油或汽油倒在装好气门的燃烧室里,5min内检视气门与座接触处是否有渗漏现象,如无渗漏即为合格(如图3-2-16所示)

(4)气压试验法:气门与气门座密封性试验器由气压表、空气容筒及橡皮球等组成。试验时,先将空气容筒紧密贴在气门头部周围,再压缩橡皮球,使空气容筒内具有一定压力(68.6kPa左右)。如果在半分钟内,气压表的读数不下降,则表示气门与气门座的密封性良好(如图3-2-17所示)

图 3-2-14 气门的密封性检验

5)气门座的镶换

当气门座有裂纹、松动、烧蚀或磨损严重;或经多次加工修理,使新气门装入后,气门头部

图 3-2-15 画线法

顶平面仍低于气缸盖燃烧室平面 2mm 以上,应镶换新的气门座。其工艺要点如下:

（1）拉出旧气门座。拆卸旧气门座,根据具体情况可采用多种方法进行,但应注意,不得损伤气门座承孔。

（2）选择新气门座。用外径千分尺测量气门座外径,用内径百分表测量气门座承孔内径,根据气门座和气缸盖承孔的材质选择合适的过盈量(一般在 0.07~0.17mm)。

（3）气门座的镶换。将新气门座用干冰或液氮冷却,时间不少于 10min。同时将气缸盖的气门座承孔加热至 100~150℃,在冷却的气门座圈外涂上一层密封胶,再将气门座压入气门座承孔内。

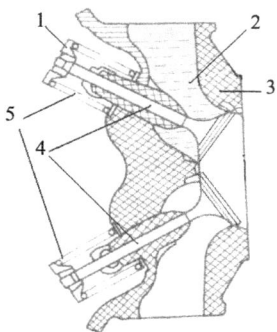

图 3-2-16 渗油法

1—弹簧座； 2—气道； 3—气缸盖； 4—气门； 5—气门弹簧

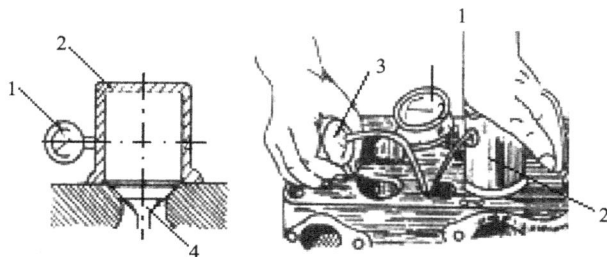

图 3-2-17 气压试验法

1—压力表； 2—空气容筒； 3—橡皮球； 4—气门

注 意

● 气门座拆卸时应防止气门座承孔损伤,如果承孔损伤应将承孔修复或更换气缸盖后,再将气门座压入,否则会造成发动机工作时,气门座松脱而使发动机严重损坏。

4. 气门导管的修配

当气门导管与气缸盖承孔过盈量过小,或气门导管磨损严重,会使气门杆与气门导管的配合间隙超过限度,应予以更换。

气门与气门导管的间隙检查如图 3-2-18 所示,将气门插入导管中,用磁性座百分表测量配合间隙。

经验检查法:将气门杆和导管擦净,在气门杆上涂一层薄机油,将气门放入气门导管后上下拉动数次后,气门在自重下能徐徐下落,表示气门杆与气门导管的配合间隙适当。

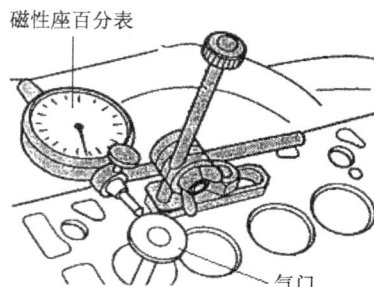

磁性座百分表

气门

图 3-2-18 气门与气门导管间隙的测量

气门导管修配的步骤如下：

（1）用外径略小于气门导管内孔的阶梯轴铣出气门导管。

（2）选择外径尺寸符合要求的新气门导管。

（3）安装气门导管。用细砂布打磨气门导管承孔口，在承孔内壁与导管外表面上涂少许机油，并放正气门导管，垫上铜质的阶梯轴用压力机或手锤将气门导管装入承孔内，如图3-2-19所示。

（4）气门导管的铰削。采用成型专用气门导管铰刀铰削，进刀量不易过大，铰刀保持垂直边铰边试，直至间隙合适。常见车型发动机进排气门杆与气门导管配合间隙如表3-2-4所示。

5. 气门弹簧的试验

气门弹簧经长期使用后会出现断裂、歪斜、弹力减弱等耗损。气门弹簧的歪斜将影响气门关闭时的对中性，使气门关闭不严，容易烧蚀密封带，并破坏气门旋转机构的正常工作。气门弹簧的外圆柱面在全长上对底面的垂直度公差为1.5mm。气门弹簧的弹力在弹簧检验仪上进行检验，检验结果应符合标准弹簧弹力。

当弹簧弹力的减小值大于原厂规定10%时，应予以更换。气门弹簧弹力降低，将使气门关闭时回弹振抖，不但影响气缸的密封性，也容易烧蚀气门。在无弹簧的原厂数据时，一般可采用新旧弹簧对比或测量弹簧的自由长度减少值来判断，当其自由长度减小值超过2mm时，应予更换。对于气门旋转机构的检验，如存在片弹簧和线圈弹簧变形、断裂、弹力减弱等现象应更换。

常见车型发动机进排气门杆与气门导管配合间隙见表3-2-4。

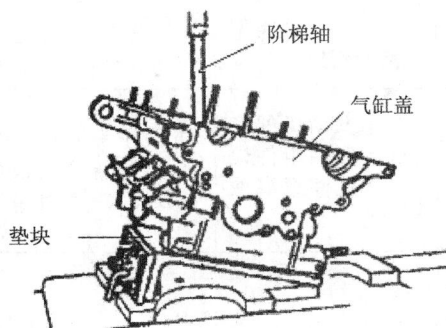

图3-2-19　气门导管的更换

表3-2-4　部分车型发动机进排气门杆与导管配合间隙表　　（单位：mm）

车　型	气　门	配合间隙	使用极限间隙
桑塔纳	进气门	＋0.035～＋0.070	＋1.00
	排气门	＋0.035～＋0.070	＋1.30
捷　达	进气门	＋0.035～＋0.065	＋1.02
	排气门	＋0.035～＋0.065	＋1.30
别　克	进气门	＋0.026～＋0.068	—
	排气门	＋0.026～＋0.068	—
解放6102	进气门	＋0.050～＋0.093	0.20
	排气门	＋0.050～＋0.093	0.20

三、制订检修计划

制订发动机气门组件检修计划，如表3-2-5所示。

表 3 - 2 - 5　发动机气门组件检修计划

1. 查阅资料,学习汽车发动机气门组件检修作业注意事项描述 2. 查阅维修手册,熟悉发动机气门组件检修信息,制订汽车发动机气门组件检修计划		
1. 车辆发动机类型 信息描述	车辆描述	
	发动机类型描述信息描述	
2. 汽车发动机配气 机构气门组件检 修作业注意事项 描述	（1）要严格按照规则使用工量具 （2）修理后的标准数据一定要符合原厂标准 （3）检修时要注意保护好零部件	
3. 发动机配气机构 气门组件检修信 息描述	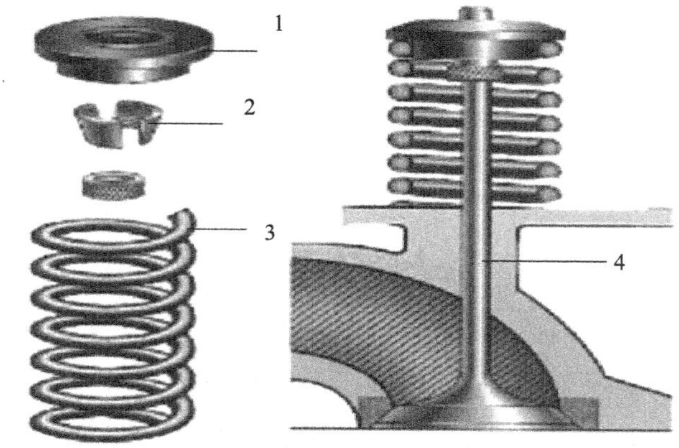 1. ＿＿＿＿＿＿＿＿＿；2. ＿＿＿＿＿＿＿＿＿；3. ＿＿＿＿＿＿＿＿＿； 4. ＿＿＿＿＿＿＿＿＿	
4. 发动机配气机构 气门组件检修 描述		
5. 汽车发动机配气 机构气门组件检 修计划	➢ 检修工量的准备 ➢ 检修项目的确定 ➢ 检修作业安全事项的学习	

四、实施检修作业

汽车发动机气门组件检修作业,如表 3 - 2 - 6 所示。

表 3-2-6　气门组件检修作业

1. 学习汽车发动机配气机构的气门组件检修作业安全事项 2. 会正确完成汽车发动机配气机构的气门组件检修作业				
1. 汽车发动机配气机构的气门组件检修计划描述				
2. 汽车发动机配气机构气门组件检修作业安全事项学习	(1) 注意人身和机件的安全,不了解的先了解后动手,特别是注意在车底下工作时的人身安全,操作时工具和地板必须保持清洁 (2) 未经许可,不准扳动机件和乱动电器按钮开关 (3) 注意防火 (4) 认真接受实习前的安全知识教育			

	检查项目	作业要领	技术标准	检查记录
3. 汽车发动气门组件检修	检修工具设备选用	(1) 塞尺 (2) 手工研磨 (3) 机动研磨 (4) 磁性座百分表 (5) 千分尺	(1) 塞尺长度常用有100mm,150mm,200mm,300mm 四种 (2) 磁性座百分表的最小单位为1mm (3) 千分尺最小单位为0.01mm,量程有 0～25mm,25～50mm,50～75mm,75～100mm 和100～125mm 等	(1) 选用的塞尺为_____ (2) 选用的磁性座百分表为_____ (3) 选用的千分尺为_____ (4) 选用的研磨工具为_____
	检测气门与气门座的配合	(1) 检查气门与座工作锥面角度 (2) 检查气门与气门座的密封带位置 (3) 检查气门与气门座的密封带宽度 (4) 检查气门工作锥面与杆部的同轴度和气门座与导管的同轴度 (5) 检查气门杆与导管的配合间隙	(1) 检查气门与座工作锥面角度应一致 (2) 气门与气门座的密封带位置应在中部靠里 (3) 气门与气门座的密封带宽度一般为 1.2～2.5mm (4) 气门工作锥面与杆部的同轴度和气门座与导管的同轴度应不大于0.05mm (5) 气门杆与导管的配合间隙应符合原厂规定	(1) 检查气门与座工作锥面角度为_____ (2) 气门与气门座的密封带位置在_____ (3) 气门与气门座的密封带宽度为_____ (4) 气门工作锥面与杆部的同轴度和气门座与导管的同轴度为_____ (5) 气门杆与导管的配合间隙为_____

笔记

	检查项目	作业要领	技 术 标 准	检查记录
3. 汽车发动气门组件检修	检查气门的磨损	（1）检查气门杆的磨损 （2）检查气门头圆柱面的厚度 （3）检查气门尾端的磨损 （4）右检查气门杆的直线度误差	（1）轿车的气门杆的磨损应≤0.05mm，载货汽车的气门杆的磨损量应≤0.10mm （2）气门头圆柱面的厚度应≥1.0mm （3）气门尾端的磨损≤0.5mm （4）当气门杆的直线度误差大于0.05mm时，应予更换或校直	（1）气门杆的磨损：_____ （2）气门头圆柱面的厚度：_____ （3）气门尾端的磨损：_____ （4）气门杆的直线度误差：_____
	检查气门座磨损	气门座密封性检查	应不漏气	气门是否漏气：_____
	检查气门导管	（1）检查气门导管与气缸盖承孔过配合间隙 （2）检查气门杆与气门导管的配合间隙	应该符合原厂规定	（1）气门导管与气缸盖承孔过配合间隙为_____ （2）气门杆与气门导管的配合间隙为_____
	气门弹簧的试验	（1）检查弹簧的垂直度公差 （2）检查弹簧弹力	（1）弹簧的垂直度公差应为15mm （2）弹簧弹力减小值应小于或等于原厂规定的10%时	（1）弹簧的垂直度公差为_____ （2）弹簧弹力减小值为_____
	检查后的结论和体会			

五、检验评估

项目三任务3.2的检验评估如表3-2-7所示。

表 3-2-7 检验评估

评 价 指 标	检 验 说 明	检 验 记 录
维护检查项目	➢ 检修量具设备 ➢ 检查零部件的损坏情况	
汽车发动机配气机构检修过程情况		

评价内容	检 验 指 标	权重	自评	互评	总评
检查任务完成情况	1. 完成任务的情况 2. 任务完成的质量 3. 在小组完成任务过程中所起的作用	4			
专业知识和专业技能	1. 能描述发动机气门组件的组成、类型和作用 2. 会使用研磨工具对气缸进行研磨 3. 能熟练地使用工量具对气门组件进行检修	8			
职业素养	1. 学习态度：积极主动参与学习 2. 团队合作：与小组成员一起分工合作，不影响学习进度 3. 现场管理：服从工位安排、执行实训室"5S"管理规定	3			
综合评议与建议					

项目拓展

想一想：

1. 桑塔纳 3000 与其他车型发动机配气机构气门组的检修项目是否相同
2. 其他车型汽车发动机配气机构气门组的检修项目

任务 3.3 气门传动组件结构认识和检修

任务描述	一辆桑塔纳 3000 汽车在行车过程中有加速无力和皮带异响等现象,进厂进行维修。针对维修接待和车间确认意见,需对气门传动组件检修
任务目标	1. 能描述气门传动组件的结构及工作原理 2. 能熟练地使用工量具对气门传动组件进行检修

一、维修接待

按照表 3-3-1 完成待修车辆的维修接待，并准确填写接车问诊表。

表 3-3-1　维修接待与接车问诊表

| 1. 通过询问客户了解发动机发生故障情况，填写接车问诊表 |
| 2. 车间检测初步确认结果及主要故障零部件 |

接 车 问 诊 表

车牌号：_____　车架号：_____　行驶里程：_____（km）

用户名：_____　电　话：_____　来店时间：_____/_____

用户陈述及故障发生时的状况：**一辆桑塔纳 3000 汽车在行车过程中加速无力和皮带异响等现象**

故障发生状况提示：**行驶速度、发动机状态、发生时间、部位、天气、路面状况、声音描述**

接车员检测确认建议：**需对发动机配气机构进行综合修理**

车间检测确认结果及主要故障零部件：**需对发动机配气机构进行综合修理，必要时更换故障零部件**

车间检查确认者：_____

外观确认：

（请在有缺陷部位作标识）

功能确认：（工作正常✓　不正常×）
- ☐ 音响系统　☐ 门锁（防盗器）　☐ 全车灯光　☐ 工具
- ☐ 后视镜　☐ 顶窗　☐ 座椅　☐ 点烟器
- ☐ 玻璃升降器　☐ 玻璃

物品确认：（有✓　无×）
- ☐ 贵重物品提示
- ☐ 工具　☐ 备胎　☐ 灭火器
- ☐ 其他（　　　　）
- 旧件是否交还用户　☐ 是　☐ 否
- 用户是否需要洗车　☐ 是　☐ 否

- 检测费说明：本次检测的故障如用户在本店维修，检测费包含在修理费用内；如用户不在本店维修，请您支付检测费。本次检测费：¥_____元。
- 贵重物品：在将车辆交给我店检查修理前，已提示将车内贵重物品自行收起并保存好，如有遗失恕不负责。

接车员：_____　　　用户确认：_____

二、信息收集与处理

按照表3-3-2完成任务3.3的信息收集与处理。

表3-3-2 信息收集与处理

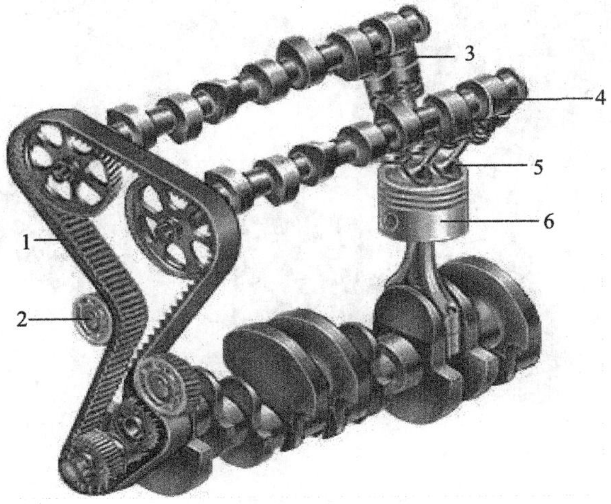

序号	部件名称	作　　用
1		
2		
3		
4		
5		
6		

1.气门传动组件的构造：_____;_____;_____;
_____;_____;_____;和_____等

(一) 气门传动组件的构造及工作原理

气门传动组件包括凸轮轴及正时齿轮(或正时齿带或正时链条)、挺柱、推杆、摇臂、摇臂轴、气门间隙调整螺钉等(如图3-3-1所示)。

气门传动组件的功用是使进、排气门能按配气相位规定的时刻开闭,且保证有足够的开度。

1. 凸轮轴

1) 功用

控制气门的开启和关闭。每一个进、排气门分别有相应的进气凸轮和排气凸轮,使进、

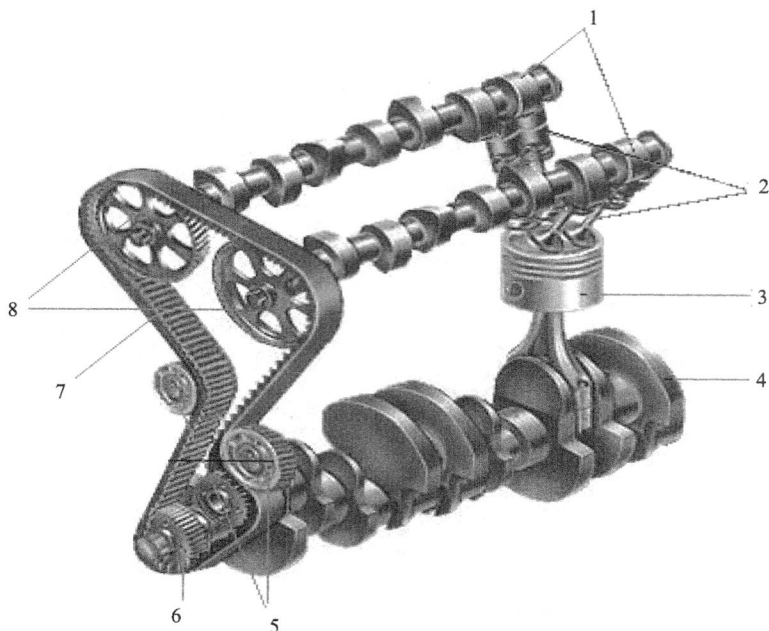

图 3-3-1　气门传动组

1—凸轮轴；　2—气门组；　3—活塞；　4—曲轴；　5—张紧轮；　6—曲轴皮带轮；　7—正时齿带；　8—凸轮轴正时齿

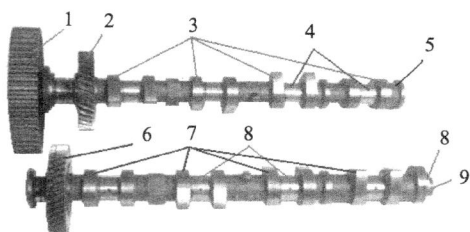

图 3-3-2　TOYOTA 5A 发动机
凸轮轴及正时齿轮

1—正时带轮；　2,6—进排气凸轮轴正时齿轮；　3,7—凸轮；　4,8—凸轮轴颈；　5—进气凸轮轴；　9—排气凸轮轴

排气门能按配气相位规定的时刻开闭,并保证有足够的开度。

2）工作条件及材料

凸轮轴承受周期性的冲击载荷。凸轮与挺柱之间的接触应力很大,相对滑动速度也很高,因此,凸轮工作表面的磨损比较严重。

3）结构

凸轮轴及正时齿轮,如图 3-3-2 所示。

凸轮的形状影响气门的开闭时刻及高度,凸轮的排列影响气门的开闭时刻和工作顺序。根据凸轮轴可以判断工作顺序。工作中,凸轮轴受到气门间歇性开启的周期性冲击载荷,因此要求凸轮表面耐磨,凸轮轴要有足够的韧性和刚度。

凸轮轴通常用曲轴通过一对正时齿轮驱动,其与曲轴正时齿轮的传动比为2:1。在装配时,必须将正时记号对正,以保证正确的配气正时和点火时刻。凸轮轴的驱动如图 3-3-3 所示。

凸轮轴上主要配置有各缸进、排气凸轮,用以使气门按一定的工作次序和配气相位及时开闭,并保证气门有足够的升程。有的发动机凸轮轴采用全支承以减小其变形。但是,支承数多,加工工艺较复杂。所以一般发动机的凸轮轴是每隔两个气缸设置一个轴颈。为了安装方便,凸轮轴各轴颈直径是做成从前向后依次减小的。

为减小系统质量,有些发动机(如捷达 EA113 型五气门发动机)采用了空心凸轮轴。同一气缸的进、排气凸轮的相对位置是与既定的配气相位相适应的。发动机各个气缸的进气(或排气)轮的相对角位置应符合发动机各气缸的点火次序和点火间隔的要求。因此,根据了解凸轮轴的旋转方向以及各进气(或排气)凸轮的工作次序,就可判定发动机的点火次序。

例如,四冲程四缸发动机每完成一个工作循环,曲轴旋转两周而凸轮轴只旋转一周,每个气缸

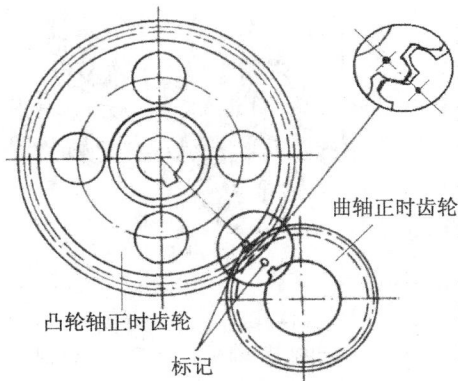

曲轴正时齿轮
凸轮轴正时齿轮
标记

图 3 - 3 - 3 凸轮轴的驱动

都要进行一次进排气,且各缸进(或排气)的时间间隔相等,即各缸进(或排)气门的凸轮彼此间的夹角均为 90°,如图 3 - 3 - 4(a)所示。该发动机的点火次序为 1—2—4—3(凸轮轴旋转方向,从前端向后看,如箭头所示)。

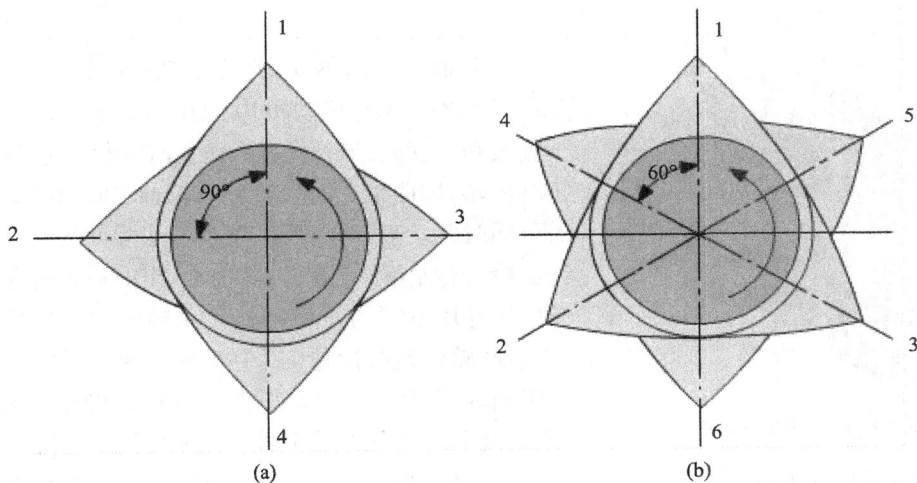

(a)   (b)

图 3 - 3 - 4 四、六缸发动机进(或排)气门凸轮夹角

(a) 四缸发动机; (b) 六缸发动机

如图 3 - 3 - 4(b)所示是点火顺序为 1—4—2—6—3—5 的四冲程六缸发动机的进(或排)气凸轮夹角示意图,任意两个相继点火的气缸进(或排)气凸轮间的夹角为 360°/60°。

有的汽油机的凸轮轴布置在气缸的侧面下方时,凸轮轴上还具有用以驱动油泵及分电器的齿轮以及用以驱动汽油泵的偏心轮。

为防止凸轮轴轴向窜动,凸轮轴应有轴向定位装置。采用的方法之一就是如图 3 - 3 - 5 中所示,在凸轮轴正时齿轮和凸轮轴第一轴颈端面之间有一块止推凸缘 4 与止推座 5。止推垫凸缘用螺栓固定在缸体或缸盖上,以防止凸轮轴产生轴向移动。止推凸缘磨损后可以更换。

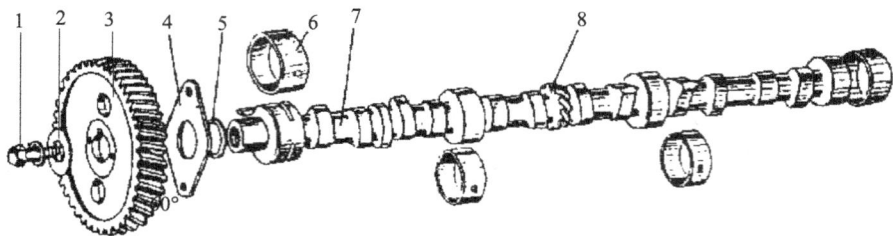

图 3 - 3 - 5　凸轮轴轴向定位装置

1—螺栓；　2—垫圈；　3—正时齿轮；　4—止推垫片；　5—止推垫圈；　6—第
一道凸轮轴衬套；　7—凸轮轴；　8—驱动齿轮

4）凸轮轴轴承

中置式和下置式凸轮轴的轴承一般制成衬套压入整体式轴承座孔内，再加工轴承内孔，使其与凸轮轴轴颈相配合。上置式凸轮轴的轴承多由上、下两片轴瓦对合而成，装入剖分式轴承座孔内。

轴承材料多与主轴承相同，在低碳钢钢背上浇敷减摩合金层。也有的凸轮轴轴承采用粉末冶金衬套或青铜衬套。

5）凸轮轴传动机构

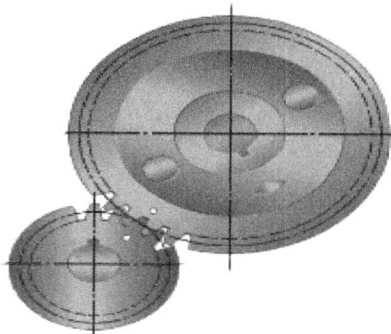

图 3 - 3 - 6　齿轮传动机构

凸轮轴由曲轴驱动，其传动机构有齿轮式、链条式及齿形带式。齿轮传动机构（如图 3 - 3 - 6 所示）用于下置式和中置式凸轮轴的传动。汽油机一般只用一对定时齿轮，即曲轴定时齿轮和凸轮轴定时齿轮。柴油机需要同时驱动喷油泵，所以增加一个中间齿轮。为了保证齿轮啮合平顺、噪声低、磨损小，定时齿轮都是圆柱螺旋齿轮并用不同的材料制造。曲轴定时齿轮用中碳钢制造，凸轮轴定时齿轮则采用铸铁或夹布胶木。为了保证正确的配气定时和喷油定时，在传动齿轮上刻有定时记号，装配时必须对正记号。

链传动机构（如图 3 - 3 - 7 所示）用于中置式和上置式凸轮轴的传动，尤其是上置式凸轮轴的高速汽油机采用链传动机构的很多。链条一般为滚子链，工作时应保持一定的张紧度，不使其产生振动和噪声。为此在链传动机构中装有导链板并在链条的松边处装置张紧器。

齿形带传动机构（如图 3 - 3 - 8 所示）用于上置式凸轮轴的传动。与齿轮和链传动机构相比具有噪声小、质量轻、成本低、工作可靠和不需要润滑等优点。另外，齿形带伸长量小，适合有精确定时要求的传动。因此，被越来越多的汽车发动机特别是轿车发动机所采用。齿形带由氯丁橡胶制成，中间夹有玻璃纤维，齿面黏覆尼龙编织物。在使用中不能使齿形带与水或机油接触，否则容易引起跳齿。齿形带轮由钢或铁基粉末冶金制造。为了确保传动可靠，齿形带需保持一定的张紧力，为此在齿形带传动机构中也设置由张紧轮与张紧弹簧组成的张紧器。

图 3 - 3 - 7 链传动机构

图 3 - 3 - 8 齿形带传动机构

2. 挺柱

1）功用

挺柱是凸轮的从动件，其功用是将来自凸轮的运动和作用力传给推杆或气门，同时还承受凸轮所施加的侧向力，并将其传给机体或气缸盖。

2）材料

制造挺柱的材料有碳钢、合金钢、镍铬合金铸铁和冷激合金铸铁等。

3）分类

挺柱可分为机械挺柱和液力挺柱两大类，每一类中又有平面挺柱和滚子挺柱等多种结构形式。

4）普通挺柱（也称机械挺柱）

机构挺柱（如图 3 - 3 - 9 所示）的功用是将凸轮的推力传给推杆（或气门杆），并承受凸轮轴旋转时所施加的侧向力。气门顶置式配气机构的挺柱一般采用筒式，以减轻质量。滚轮式挺柱一般用于大缸径柴油机上，这种挺柱结构复杂，质量较大，优点是降低了摩擦力。有的发动机的挺柱直接装在气缸体上相应处镗出的导向孔中，也有的发动机的挺柱装在可拆式的挺柱导向体中。

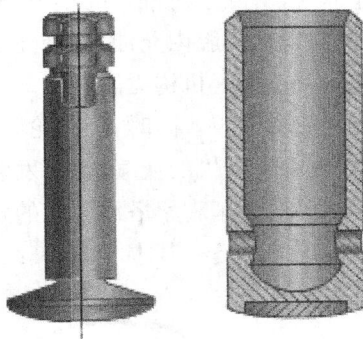

图 3 - 3 - 9 机械挺柱

在挺柱工作时，由于受凸轮侧向推力的作用，会稍有倾斜，并且由于侧向推力方向是一定的，这样就会引起挺柱与导管之间单面磨损，同时挺柱与凸轮固定不变地在一处接触，也会造成磨损不均匀。为了避免这种现象的产生，有些汽车发动机挺柱底部工作面都制成球面，而且把凸轮面制成带锥度形状。

5）液力挺柱

具有气门间隙的配气机构，在发动机工作时会发生撞击而产生噪声。为了解决这一矛盾，有些发动机采用了液力挺柱，如图 3 - 3 - 10 所示。

如图 3 - 3 - 11 所示，当气门关闭时，机油经挺柱体和柱塞上的油孔压进柱塞腔 A 内，并推开单向阀充入挺柱体腔 B 内。柱塞便在挺柱体腔内油压及弹簧 6 的作用下上行，与气门推杆压紧，整个配气机构不存在间隙。单向阀 7 在碟形弹簧 8 的作用下关闭。

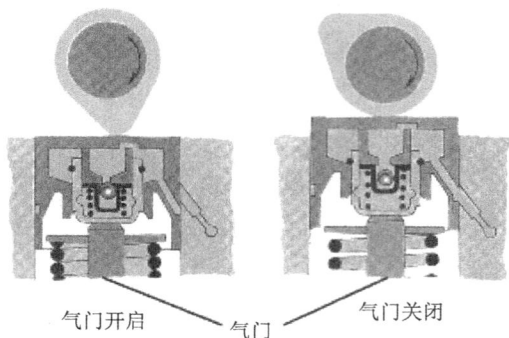

图 3 - 3 - 10　液力挺柱工作原理示意图

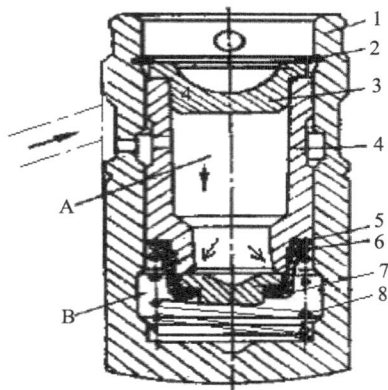

图 3 - 3 - 11　液力挺柱工作示意图

A—柱塞腔；　B—挺柱体腔

1—挺柱体；　2—卡簧；　3—球座；　4—柱塞；　5—单向阀架；　6—柱塞弹簧　7—单向阀；8—碟形弹簧

当凸轮转到工作面使挺柱上推时,气门弹簧张力便通过推杆作用在柱塞上,由于单向阀7已关闭,由于液体的不可压缩性,挺柱便像一个刚体一样推动气门开启。当凸轮转到非工作面时,解除了对推杆的推力,使挺柱腔内油压降低。于是,主油道的油压将再次推开单向阀,向挺柱体腔内充油,以补充工作时的泄漏。并且此油压又和弹簧6一起使柱塞上推,始终保持了配气机构无间隙传动。采用液力挺柱,可消除配气机构中的间隙,减小各零件的冲击载荷和噪声。同时,凸轮轮廓可设计得比较陡些,气门开启和关闭更快,以减小进、排气阻力,改善发动机的换气,提高发动机的性能,特别是高速性能。

奥迪轿车和桑塔纳轿车的发动机上采用的液力挺柱如图 3 - 3 - 12 所示。其工作原理与上述液力挺柱基本相同,其结构特点是:

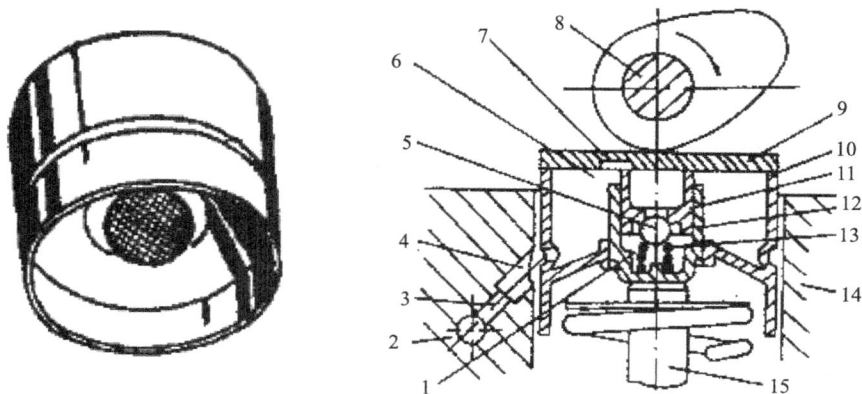

图 3 - 3 - 12　奥迪轿车和桑塔纳轿车发动机上采用的液力挺柱

1—高压油腔；　2—缸盖油道；　3—量油孔；　4—斜油孔；　5—球阀；　6—低压油腔；　7—键形槽；　8—凸轮轴；　9—挺柱体；　10—柱塞焊缝；　11—柱塞；12—油缸；　13—补偿弹簧；　14—缸盖；　15—气门杆

（1）采用倒置的液力挺柱，直接推动气门的开启。

（2）挺柱体是由上盖和圆筒，经加工后再用激光焊接成一体的薄壁零件。

（3）单向阀采用钢球、弹簧式结构。

3. 推杆

推杆（如图3-3-13所示）的作用是将从凸轮轴传来的推力传给摇臂。推杆是配气机构中最容易弯曲的零件，要求有很高的刚度。在动载荷大的发动机中，推杆应尽量地做得短些。推杆的两端焊接成压配有不同形状的端头，下端头通常是圆球形，以使与挺柱的凹球形支座相适应；上端头一般制成凹球形，以便与摇臂上的气门间隙调整螺钉的球形头部相适应。推杆可以是实心或空心的。

4. 摇臂

摇臂是将推杆传来的力改变方向，作用到气门杆端打开气门。摇臂实际上是一个双臂杠杆，摇臂的两臂长的比值（称为摇臂比）约为1.2～1.8，其中长臂一端是推动气门的。

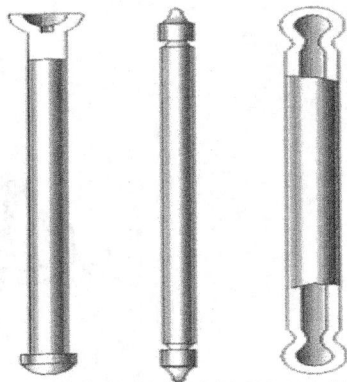

图3-3-13　推杆

端头的工作表面一般制成圆柱形，当摇臂摆动时可沿气门杆端面滚滑，这样可使两者之间的力可以沿气门轴线作用。在摇臂的短臂一端装有用以调节气门隙的调节螺钉及锁紧螺母。为了防止摇臂的窜动，在摇臂轴上每两摇臂之间都装有定位弹簧（如图3-3-14所示）。一些顶置凸轮轴发动机完全取消了摇臂，由凸轮轴凸轮直接驱动气门。

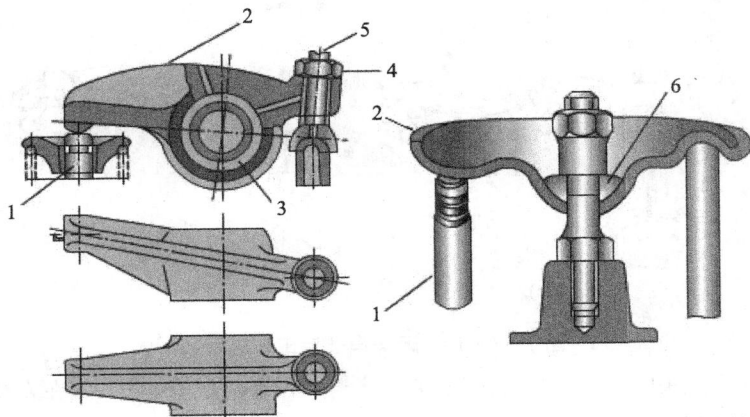

图3-3-14　摇　臂

1—气门；　2—摇臂；　3—摇臂衬套；　4—锁紧螺母；　5—气门间隙调整螺钉；
6—摇臂支点球座

国外还有一种无噪声摇臂，其组成零件如图3-3-15所示。其中凸环1的作用是消除气门和摇臂之间的间隙，从而消除由此产生的冲击噪声。无噪声摇臂的工作过程如图3-3-16所示。凸环8以摇臂5的一端为支点，并靠在气门9杆部的端面上，当气门处于关闭位置时，在弹簧6的作用下，柱塞7推动凸环向外摆动，消除了气门间隙。气门开启时，推杆3便向上运动推动摇臂，由于摇臂已经通过凸环和气门杆部处在接触状态，因而不会发生冲

笔记

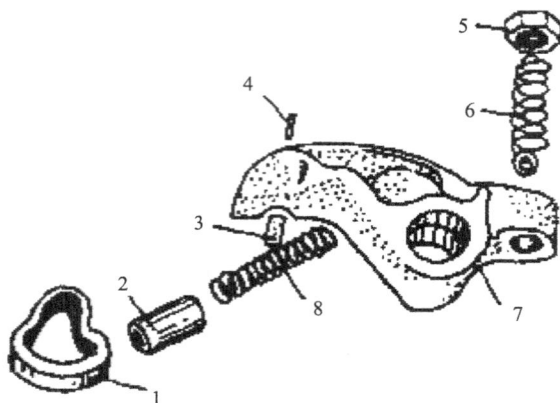

图 3 - 3 - 15   无噪声摇臂

1—凸环；   2—柱塞；   3—凸环支承弹簧；   4—销；   5—锁止螺母；   6—调
整螺钉；   7—摇臂；   8—弹簧

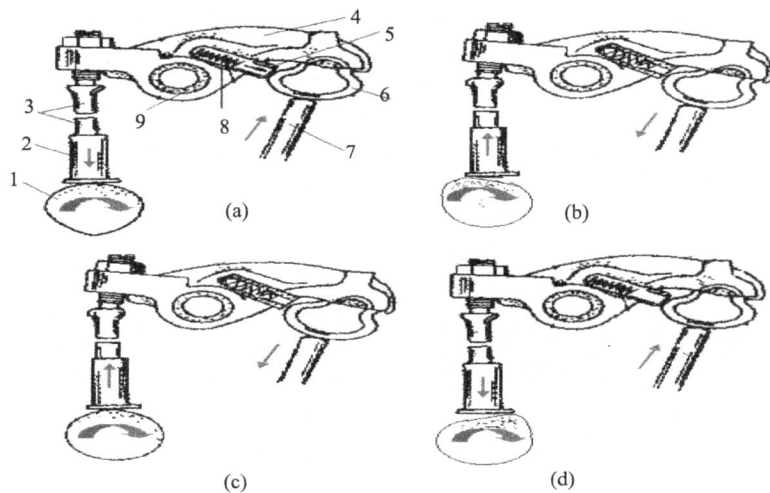

图 3 - 3 - 16   无噪声摇臂工作过程

（a）气门关闭；   （b）气门正在开启；   （c）气门开启；   （d）气门正在关闭

1—凸轮轴；   2—挺柱；   3—推杆；   4—摇臂；   5—柱塞；   6—凸环；   7—气门；
8—弹簧；   9—摇臂轴

击噪声。

摆臂与气门间隙自动补偿器：

摆臂的功用与摇臂相同。两者的区别只在于摆臂是单臂杠杆，其支点在摆臂的一端。在许多轿车发动机上用气门间隙自动补偿器代替摆臂支座实现零气门间隙。气门间隙自动补偿器无论是结构或是工作原理都与液力挺柱相同，之所以不称其为液力挺柱，是因为它不是凸轮的从动件，仅仅是摆臂的一个支承而已。因此，它既是摆臂的支座又是补偿气门间隙变化的装置（如图 3 - 3 - 17 所示）。

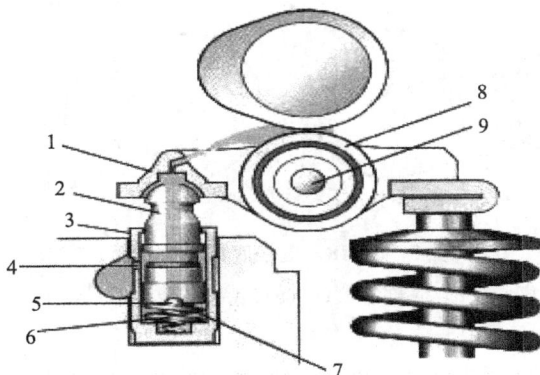

图 3 - 3 - 17　摆臂与气门间隙自动补偿器

1—摇臂；　2—柱塞；　3—壳体；　4—进油孔；　5—单向阀；　6—柱塞
弹簧；　7—高压腔；8—滚轮；　9—销轴

（二）气门传动组件的检修

1. 凸轮轴及轴承的维修

1）凸轮轴的耗损与检修

（1）凸轮磨损的检修。当凸轮最大升程减小值大于 0.40m，或累积磨损量超过0.80mm时，则更换凸轮轴。

（2）正时齿轮轴颈键槽的检修。该键槽磨损后，可进行堆焊重开键槽。

（3）凸轮轴轴颈的磨削。凸轮轴轴颈的圆度误差大于 0.015mm，各轴颈的同轴度误差超过 0.05mm 时，应按修理尺寸法进行校正并修磨。修磨后轴颈的圆柱度公差为 0.005mm。

（4）汽油泵驱动偏心轮的直径极限磨损量为 1mm。

2）凸轮轴轴承的修理

（1）轴承与承孔的过盈量，剖分式轴承为 0.07～0.19mm；整体式轴承为 0.05～0.13mm，铝合金气缸体为 0.03～0.07mm。

（2）轴承内径与其承孔的位置顺序相适应。轴承内孔的修理有拉削、铰削和镗削等方法。轴颈与轴承的配合间隙一般为 0.05～0.10mm（如桑塔纳发动机为 0.06～0.08mm；EQ6100 型发动机为 0.06～0.12mm；CA6102 型发动机为 0.03～0.079mm）。凸轮轴轴向间隙的调整用增减固定在气缸体前端面上，位于凸轮轴第一道轴颈端面与正时齿轮（或链轮）之间的推力凸缘的厚度来调整。

2. 气门挺柱的检修

（1）挺柱底部出现疲劳剥落时，应更换新挺柱。

（2）底部出现环形光环，该光环说明磨损不均匀，应尽早更换新件。

（3）底部出现擦伤划痕时，应更换，如图 3-3-18 所示。

（4）挺柱圆柱部分与导孔的配合间隙一般为 0.03～0.10mm。

3. 液力挺柱的检修

（1）检查液力挺柱与承孔的配合间隙一般为 0.01～0.04mm，使用限度为 0.10mm。

笔记

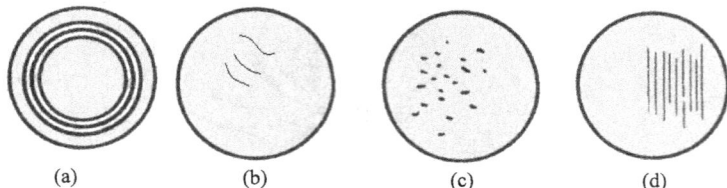

图 3 - 3 - 18　挺柱底部配合表面

（a）接触良好；　（b）底部裂纹；　（c）底部疲劳剥落；　（d）底部有划痕

（2）检查各部件有无损坏,应特别注意检查挺柱体外侧面及底部有无过度磨损。

（3）检查液力挺柱是否泄漏,回降时间是否在规定的时间。

4. 气门推杆的修理

直线度误差应不大于 0.30mm,杆身不得有锈蚀和裂纹。磨损应控制在 0.03mm 以内。气门推杆弯曲应进行校直。

5. 摇臂轴和摇臂的修理

摇臂头部应光洁无损。摇臂轴轴颈的磨损量大于 0.02mm 或摇臂轴与摇臂承孔的配合间隙超过规定时,应修复或更换。摇臂轴弯曲应冷压校直,使其直线度误差在 100mm 长度上不大于 0.03mm。

6. 正时链轮和链条的检查

（1）正时链条的检查,测量全链长(图 3 - 3 - 19(a)所示)。

（2）正时链轮的检查,测量最小的链轮直径(图 3 - 3 - 19(b)所示)。

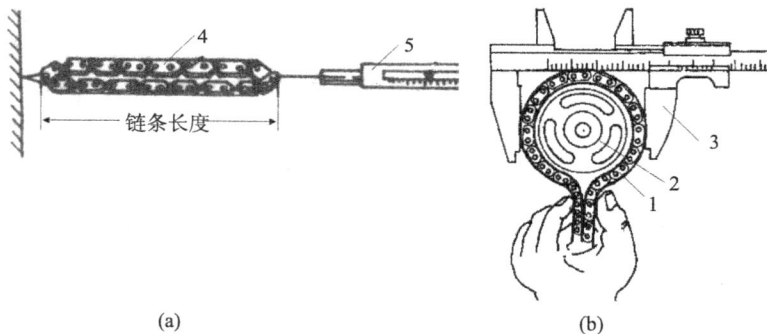

图 3 - 3 - 19　正时链轮和链条的检查

1—链条；　2—链轮；　3—游标卡尺；　4—链条；　5—弹簧秤

三、制订检修计划

制订发动机气门传动组件检修计划,如表 3 - 3 - 3 所示。

表 3 - 3 - 3 发动机气门传动组件检修计划

1. 查阅资料,学习车辆发动机类型信息描述 2. 查阅维修手册,熟悉汽车发动机气门传动组件检修作业注意事项描述和检修项目,制订汽车发动机气门传动组件检修计划		
1. 车辆发动机类型信息描述	车辆描述	
	发动机类型描述信息描述	
2. 汽车发动机气门传动组件检修作业注意事项描述	(1) 要严格按照规则使用工量具 (2) 修理后的标准数据一定要符合原厂标准 (3) 检修时要注意保护好零部件	
3. 发动机气门传动组件的信息描述	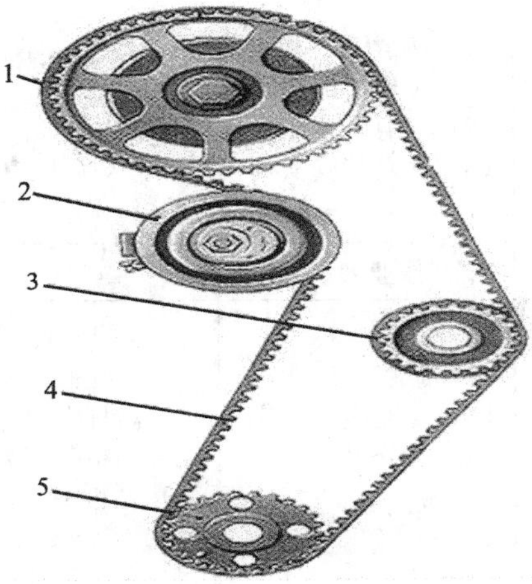 1. _____ ; 2. _____ ; 3. _____ ; 4. _____ ; 5. _____	
4. 发动机气门传动组件检修描述		
5. 汽车发动机气门传动组件检修计划	➢ 检修工量的准备 ➢ 检修项目的确定 ➢ 检修作业安全事项的学习	

四、实施检修作业

汽车发动机气门传动组件检修作业如表 3 - 3 - 4 所示。

笔 记

表 3 - 3 - 4　气门传动组件检修作业

1. 学习汽车发动机气门传动组件检修作业安全事项 2. 会正确对汽车发动机气门传动组件进行拆卸和检测作业				

1. 车辆信息描述	车辆描述	
	车辆发动机类型描述	

2. 汽车发动机气门传动组件检修计划描述	

3. 汽车发动机气门传动组件检修作业安全事项学习	(1) 注意人身和机件的安全,不了解情况的先了解后动手,特别是注意在车底下工作时的人身安全 (2) 注意防火 (3) 认真接受实习前的安全知识教育

4. 汽车发动机气门传动组件检修	检查项目	作业要领	技 术 标 准	检查记录
	检修量具选用	(1) 塞尺 (2) 游标卡尺 (3) 磁性座百分表 (4) 千分尺	(1) 塞尺长度常用有100mm,150mm,200mm,300mm四种 (2) 游标卡尺最小单位为0.02mm,即精确度为0.02mm (3) 磁性座百分表的最小单位为1mm (4) 千分尺最小单位为0.01mm,即精确度为0.01mm,量程有0~25mm,25~50mm,50~75mm,75~100mm和100~125mm等	(1) 选用的塞尺为____ (2) 选用的游标卡尺为____ (3) 选用的磁性座百分表为____ (4) 选用的千分尺为____
	凸轮轴及轴承的检修	(1) 检查凸轮磨损 (2) 检查凸轮轴轴颈的圆度误差 (3) 检查汽油泵驱动偏心轮的直径磨损量 (4) 检查轴承与承孔的配合间隙 (5) 检查轴颈与轴承的配合间隙	(1) 凸轮最大升程减小值大于0.40m,或累积磨损量超过0.80mm时,则更换凸轮轴 (2) 凸轮轴轴颈的圆度误差大于0.015mm,各轴颈的同轴度误差超过0.05mm时,应按修理尺寸法进行校正并修磨。修磨后轴颈的圆柱度公差为0.005mm (3) 汽油泵驱动偏心轮的直径极限磨损量为1mm (4) 轴承与承孔的过盈量,剖分式轴承为0.07~0.19mm;整体式轴承为0.05~0.13mm (5) 轴颈与轴承的配合间隙为0.05~0.10mm(如桑塔纳发动机为0.06~0.08mm)	(1) 凸轮磨损为____ (2) 凸轮轴轴颈的圆度误差为____ (3) 汽油泵驱动偏心轮的直径磨损量____ (4) 轴承与承孔的配合间隙为____ (5) 轴颈与轴承的配合间隙为____

（续表）

	检查项目	作业要领	技术标准	检查记录
4. 汽车发动机气门传动组件检修	气门挺柱的检修	(1) 检查挺柱底部是否出现疲劳剥落 (2) 检查底部是否出现环形光环 (3) 检查底部是否出现擦伤划痕 (4) 检查挺柱圆柱部分与导孔的配合间隙	(1) 挺柱底部出现疲劳剥落时,应更换新挺柱 (2) 底部出现环形光环,该光环说明磨损不均匀,应尽早更换新件 (3) 底部出现擦伤划痕时,应更换 (4) 挺柱圆柱部分与导孔的配合间隙一般为 0.03～0.10mm	(1) 挺柱底部是否出现疲劳剥落 _____ (2) 底部是否出现环形光环 _____ (3) 底部是否出现擦伤划痕 _____ (4) 挺柱圆柱部分与导孔的配合间隙为 _____
	液力挺柱的检修	(1) 检查液力挺柱与承孔的配合间隙 (2) 检查挺柱体外侧面及底部有无过度磨损 (3) 检查液力挺柱是否有泄漏	(1) 液力挺柱与承孔的配合间隙一般为 0.01～0.04mm,使用限度为 0.10mm (2) 挺柱体外侧面及底部有无过度磨损 (3) 检查液力挺柱应无泄漏,回降时间应在规定的时间	(1) 液力挺柱与承孔的配合间隙 _____ (2) 挺柱体外侧面及底部有无过度磨损 _____ (3) 检查液力挺柱是否有泄漏 _____
	气门推杆的修理	检查气门推杆直线度误差	检查气门推杆直线度误差应不大于 0.30mm	气门推杆直线度误差为_____
	摇臂轴和摇臂的修理	(1) 检查摇臂轴轴颈的磨损量 (2) 检查摇臂轴与摇臂承孔的配合间隙 (3) 检查摇臂轴直线度误差	(1) 摇臂轴轴颈的磨损量大于 0.02mm (2) 摇臂轴与摇臂承孔的配合间隙超过规定时,应修复或更换 (3) 摇臂轴弯曲应冷压校直,使其直线度误差在 100mm 长度上不大于 0.03mm	(1) 摇臂轴轴颈的磨损量_____ (2) 摇臂轴与摇臂承孔的配合间隙_____ (3) 摇臂轴直线度误差_____
检查后的结论和体会				

五、检验评估

项目三任务 3.3 的检验评估,如表 3-3-5 所示。

表3-2-5 检验评估

评 价 指 标	检 验 说 明	检 验 记 录
维护检查项目	➢ 检修量具设备 ➢ 检查液力挺柱是否漏油 ➢ 检查零部件的损坏情况	
汽车发动机气门传动组件检修过程情况		

评价内容	检 验 指 标	权重	自评	互评	总评
检查任务完成情况	1. 完成任务的情况 2. 任务完成的质量 3. 在小组完成任务过程中所起的作用	4			
专业知识和专业技能	1. 能描述发动机气门传动组件的结构组成 2. 能描述发动机气门传动组件的工作原理 3. 能熟练地使用工量具对气门传动组件进行检修	8			
职业素养	1. 学习态度:积极主动参与学习 2. 团队合作:与小组成员一起分工合作,不影响学习进度 3. 现场管理:服从工位安排、执行实训室"5S"管理规定	3			
综合评议与建议					

项 目 拓 展

想一想:

1. 桑塔纳3000与其他车型发动机气门传动组件检修项目是否相同

2. 其他车型汽车发动机气门传动组件检修项目

任务3.4 配气机构的拆装、调整和常见故障诊断、排除

任务描述	一辆桑塔纳3000汽车在行车过程中冒黑烟、回火、加速无力和气门异响等现象,进厂进行维修。针对维修接待和车间确认意见,需对配气机构进行拆装和故障诊断与排除
任务目标	1. 能熟练地拆卸和装配配气机构 2. 会气门间隙检查与调整 3. 懂得配气机构常见故障诊断与排除

一、维修接待

按照表 3－4－1 完成待修车辆的维修接待，并准确填写接车问诊表。

表 3－4－1 维修接待与接车问诊表

1. 通过询问客户了解发动机发生故障情况，填写接车问诊表
2. 车间检测初步确认结果及主要故障零部件

接 车 问 诊 表

车牌号：＿＿＿＿＿＿＿＿＿　车架号：＿＿＿＿＿＿＿＿＿　行驶里程：＿＿＿＿＿＿＿＿（km）

用户名：＿＿＿＿＿＿＿＿＿　电　话：＿＿＿＿＿＿＿＿＿　来店时间：＿＿＿＿／＿＿＿＿

用户陈述及故障发生时的状况：**一辆桑塔纳 3000 汽车在行车过程中冒黑烟、回火、加速无力和气门异响等现象**

故障发生状况提示：**行驶速度、发动机状态、发生频度、发生时间、部位、天气、路面状况、声音描述**

接车员检测确认建议：**需对发动机配气机构进行综合故障分析**

车间检测确认结果及主要故障零部件：**需对发动机配气机构进行综合故障分析，必要时更换故障零部件**

车间检查确认者：＿＿＿＿＿＿＿＿＿

外观确认：

（请在有缺陷部位作标识）

功能确认：（工作正常✓ 不正常✕）
□音响系统　　□门锁（防盗器）　□全车灯光　　□工具
□后视镜　　　□顶窗　　　　　　□座椅　　　　□点烟器
□玻璃升降器　□玻璃

物品确认：（有✓ 无✕）
□贵重物品提示
□工具　□备胎　□灭火器
□其他（　　　　　）
旧件是否交还用户　□是　□否
用户是否需要洗车　□是　□否

- 检测费说明：本次检测的故障如用户在本店维修，检测费包含在修理费用内；如用户不在本店维修，请您支付检测费。本次检测费：￥＿＿＿＿＿＿元。
- 贵重物品：在将车辆交给我店检查修理前，已提示将车内贵重物品自行收起并保存好，如有遗失恕不负责。

接车员：＿＿＿＿＿＿＿＿＿＿＿　　用户确认：＿＿＿＿＿＿＿＿＿＿＿

二、信息收集与处理

按照表 3－4－2 完成任务 3.4 的信息收集与处理。

表 3 - 4 - 2　信息收集与处理

序号	部件名称	作　　用
1		
2		
3		
4		
5		
6		

1. 配气机构常见故障有：_____；_____；_____；_____；_____和_____。

（一）配气机构的拆卸和装配

1. 气门组件拆卸和装配步骤　如表 3 - 4 - 3 所示。

笔记

表 3-4-3　气门组件的拆装

工具	拆装步骤		图示
气门拆装夹具拆装	拆卸	(1) 固定端顶住气门头,活动端顶住气门弹簧座,移动螺杆手柄,压缩气门弹簧至露出气门锁片,用尖嘴钳夹出气门锁片 (2) 转动螺杆手柄,放松气门弹簧后,移出气门拆装夹具即可拿出气门弹簧、弹簧座、气门及气门油封 (3) 逐一拆卸气门后,注意按顺序将拆下的配件放好	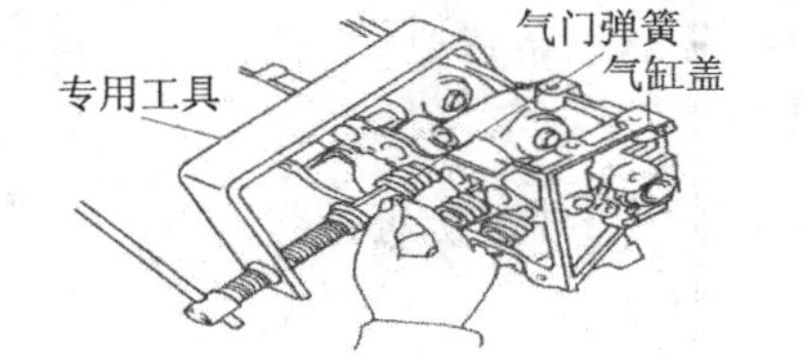 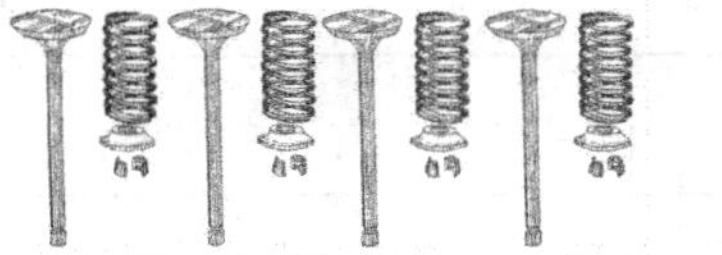
	安装	(1) 清洗气门导管、及燃烧室,并用压缩空气吹干净 (2) 分别在气门杆、气门导管上涂上一层机油 (3) 将气门按顺序插进气门导管内,安装气门弹簧座与新的气门油封 (4) 安装弹簧及气门弹簧座,用气门拆装夹具压缩气门弹簧至气门杆露出气门锁片槽 (5) 用尖嘴钳放入气门锁片(粘些黄油),可使锁片粘在气门杆上 (6) 放松气门拆装夹具、气门锁片进入气门弹簧座的锥形内圈里 (7) 用方木垫起气缸盖,使气门头部有松动余地,用塑料锤或木锤轻轻敲气门杆端部,检查气门锁片是否装好,如敲几次后,锁片没有松出,即为装好	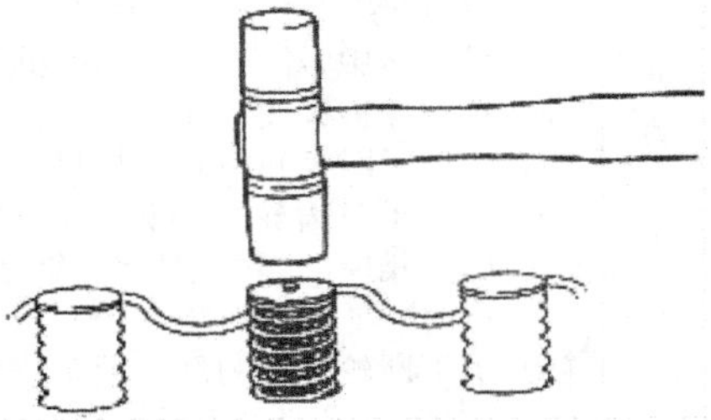
撞击式拆装工具拆装	拆卸	(1) 用方木垫气缸盖平面,使气门头无松动余地 (2) 使用撞击式拆卸工具,内孔对准气门杆,用手锤敲击拆卸工具,即可将气门锁片拆下 (3) 逐一拆卸气门后,注意按照顺序将拆下的配件放好	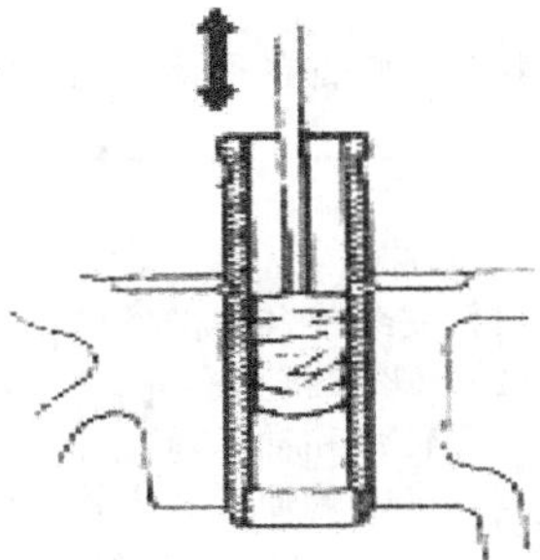
	安装	(1) 按夹具拆装工具拆装气门安装步骤(1),(2),(3)操作 (2) 安装弹簧及气门弹簧座后,将气门锁片放在弹簧座中心的锥形孔内 (3) 用撞击式安装工具对准气门弹簧左中心位置,用手锤敲击安装工具,即可装入弹簧座 (4) 用塑料或木手锤敲击气门杆端部.如敲几次后,锁片没有松出,即为装妥	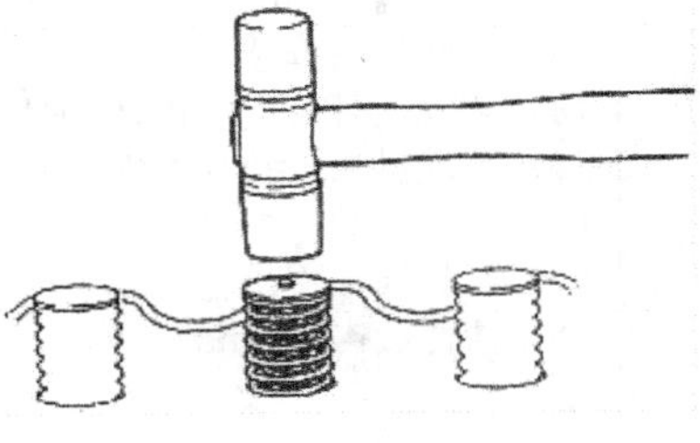

注　意

● 气门组拆装时,应防止气门弹簧弹出伤人,气门组件装好后应确认锁片工作可靠。

2. 气门传动组件拆卸和装配步骤

如表 3-4-4 所示。

表 3-4-4　气门传动组件的拆装

	步　　骤	图　　示
气门传动组的拆卸	(1) 拆下油底壳、机油泵及其传动机件 (2) 拆卸挺柱室盖及密封垫,取出挺柱并依缸按顺序放置,以便对号安装 CA6102 型发动机挺柱装在挺柱导向体中,导向体可拆卸,拆装时须注意装配标记 (3) 用拉器拆卸皮带轮 (4) 拆下正时齿轮室盖及衬垫 (5) 检查正时齿轮安装记号,如无记号或记号不清,应做出相应的装配记号(一缸活塞位于压缩行程上止点时) (6) 拆下凸轮轴推力凸缘固定螺钉,平稳地将凸轮轴抽出(正时齿轮可不拆卸)	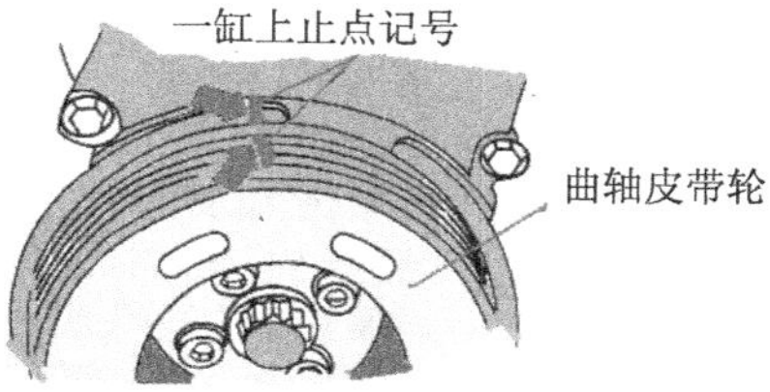 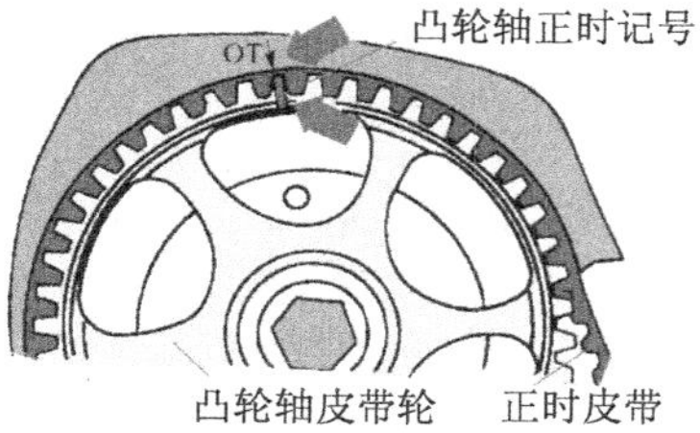 一缸上止点记号　曲轴皮带轮 凸轮轴正时记号　OT 凸轮轴皮带轮　正时皮带
清洗	将各个零部件用清洗液清洗干净,然后用压缩空气吹干	
气门传动组的安装	(1) 安装前各零部件应保持清洁并按顺序放好 (2) 安装凸轮轴:先装上正时齿轮室盖板,润滑凸轮轴轴颈和轴承,转动曲轴,在第一缸压缩上止点时,对准凸轮轴正时齿轮和曲轴正时齿轮上的啮合记号,平稳地将凸轮轴装入轴承孔内。紧固推力凸缘螺钉,再转动曲轴,复查正时齿轮啮合情况并检查凸轮轴轴向间隙 (3) 安装气门挺柱 (4) 装复正时齿轮室盖、曲轴带轮及起动爪 (5) 装复机油泵及其附件,装复油底壳 (6) 气门组的装配 (7) 安装气缸盖 (8) 摇臂机构的装配	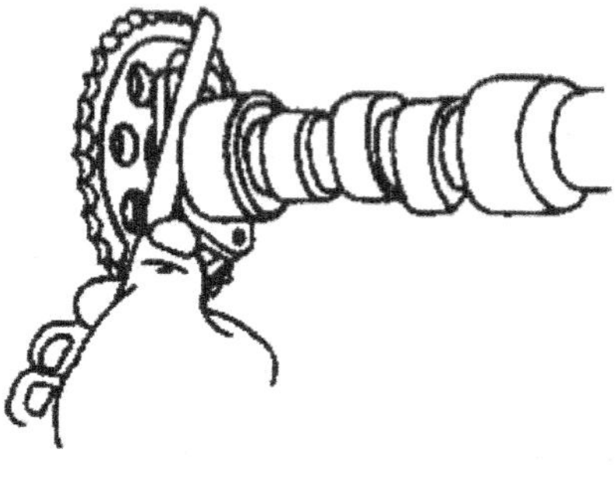

3. 正时同步带的拆装与检查

正时同步带(如图 3-4-1 所示)为帘布层或玻璃纤维层结构,具有较高的使用寿命,正常情况下,一般在汽车行驶 10^5 km 时才需要更换。正时同步带经过一段时间的使用后,会发生老化和损伤,因此使用中应该经常检查和维护,避免发生折断、滑齿,造成活塞与进、排气门相撞,从而使活塞与气门损坏,严重时还会造成气门摇臂、摇臂轴、凸轮轴、气缸盖的损坏。

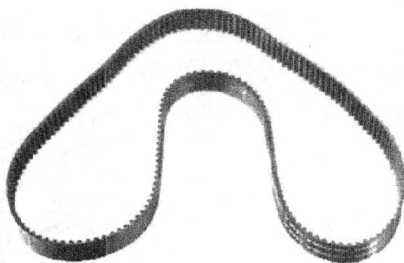

图 3-4-1　正时同步带

1) 正时同步带张紧度的检查

拆去正时同步带护罩,用拇指和食指捏住两带轮之间同步带的中间部位,用力翻转,若刚好能翻转 90°,即为张紧度合适。否则应松开张紧轮紧固螺母,将张紧轮压紧同步带,保持适当张紧力后紧固张紧轮固定螺母。然后复查,直至合适,如图 3-4-2 所示。

2) 正时同步带的更换

如果在检查正时同步带时发现同步带有裂纹、磨损、橡胶老化、纤维拉毛起层、掉牙等损坏现象,则应予以更换,方法如下:

(1) 拆卸正时同步带。将曲轴按旋转方向摇转至一缸压缩上止点位置。松开张紧轮固定螺母,取下同步带。若继续使用应在同步带上标明旋转方向,以免装反加剧正时同步带的磨损,

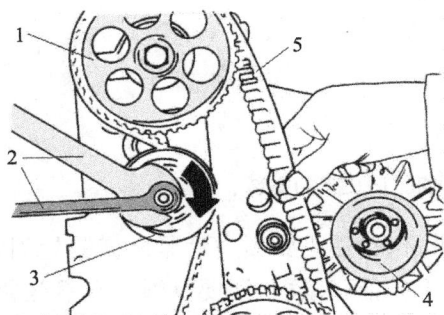

图 3-4-2　正时皮带的检查

1—凸轮轴正时齿轮;　2—扳手;　3—张紧轮;　4—发电机;　5—正时皮带

降低使用寿命。有些同步带张紧装置上设有高压活塞,必须先用螺栓拉紧高压活塞,再用安全销固定住高压活塞,使张紧轮不再压紧同步带后,才能取下同步带。

(2) 检查正时同步带。除上述外部损伤外,当有下述情况时,也应更换正时同步带:因水泵漏水等原因,造成正时同步带与水持续地接触;有较多机油黏附在同步带上,引起橡胶膨胀;因凸轮轴卡住,可能使同步带承受过大的作用力而存在断裂隐患。

(3) 安装正时同步带。若拆卸同步带前已将曲轴按旋转方向摇转至一缸压缩上止点位置,可直接安装正时同步带(旧带应注意旋转方向)。否则应先将凸轮轴正时同步带轮上的正时记号与气缸盖上的正时记号对准,同时转动曲轴使 V 带轮上的记号与正时同步带护罩上的正时记号对正,才能安装正时同步带,如图 3-4-3 所示。

注　意

● 安装正时同步带时要用手操作,忌用旋具撬正时同步带来对记号,同时注意同步带不得粘有机油、黄油或其他化学药品,不得使同步带产生死弯,或以很小的半径急剧弯曲同步带。

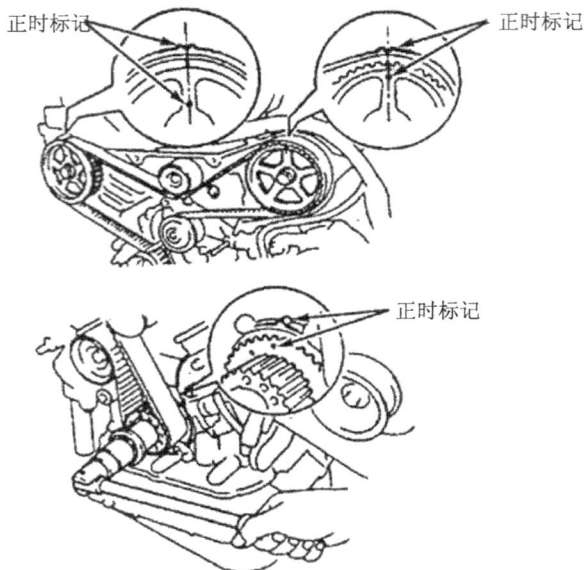

图 3 - 4 - 3　TOYOTA　1MZ - FE 发动机正时皮带的安装

（4）安装同步带张紧装置。将张紧轮压紧同步带，保持适当张紧力后紧固张紧轮固定螺母，检查张紧度并调整至合适。拧紧螺母时不要用手去推张紧器，而要靠弹簧自然张紧，张紧力不足将会增加同步带滑齿的可能，因此应仔细安装正时同步带张紧器，使正时同步带张紧力达到最佳状态。这将有助于延长同步带的使用寿命。

带有高压活塞的张紧装置，装好同步带后拔去安全销，并松开高压活塞的拉紧螺栓，让同步带自动张紧。

（5）验证正时标记。按发动机旋转方向将曲轴转动两周，再让一缸处于压缩上止点位置，观察各处正时标记是否正确。

（6）正时同步带轮的检修。正时同步带轮是采用精度很高的烧结粉末冶金材料制造而成，因此无需润滑，也不容易磨损。一般以检查正时同步带轮的外径来确定它的磨损程度，如果已超过了磨损极限，则应更换正时同步带轮。

（7）正时同步带张紧轮的检修。正时同步带张紧轮的滚子一般不需要保养。检查时转动张紧轮，判断轴承有否卡滞现象，有无非正常响声，并检查同步带张紧轮与同步带的接触表面有无磨损和损伤。如有不正常现象，应更换轴承或张紧轮。

3）典型车型正时皮带拆装（如图 3 - 4 - 4、图 3 - 4 - 5 和图 3 - 4 - 6 所示）。

（1）奥迪（AUDI）正时皮带的拆装（如图 3 - 4 - 4 所示）。

以 AUDIA 4 1.6（年款：1996 - 2001，发动机代号：AHL）为例，正时皮带的拆装步骤如下：

① 拆卸步骤

a. 举升并支撑住汽车的前部。

b. 拆下：发动机下挡板、前保险杠、空气滤清器进气管、前板螺栓 1。

c. 在前板中安装 3369 号支撑导向装置 2，拆下前板螺栓 3 和 4。

d. 向前滑动前板,拆下辅助驱动皮带。

e. 使用销 5mm 销锁紧冷却风扇黏性联轴器 17,用内六角扳手拧松黏性联轴器。

f. 拆下辅助驱动皮带张紧器 5 正时皮带上罩 6。

g. 转动曲轴到 1 号气缸的上止点,确保正时标记对齐 7 和 8。

h. 拆下曲轴皮带轮螺栓 9、曲轴皮带轮 10、正时皮带中心罩 11、正时皮带下罩 12。

i. 拧松张紧器螺母 13,顺时针转动张紧器使它远离皮带,轻轻地拧紧螺母。

j. 拆下正时皮带。

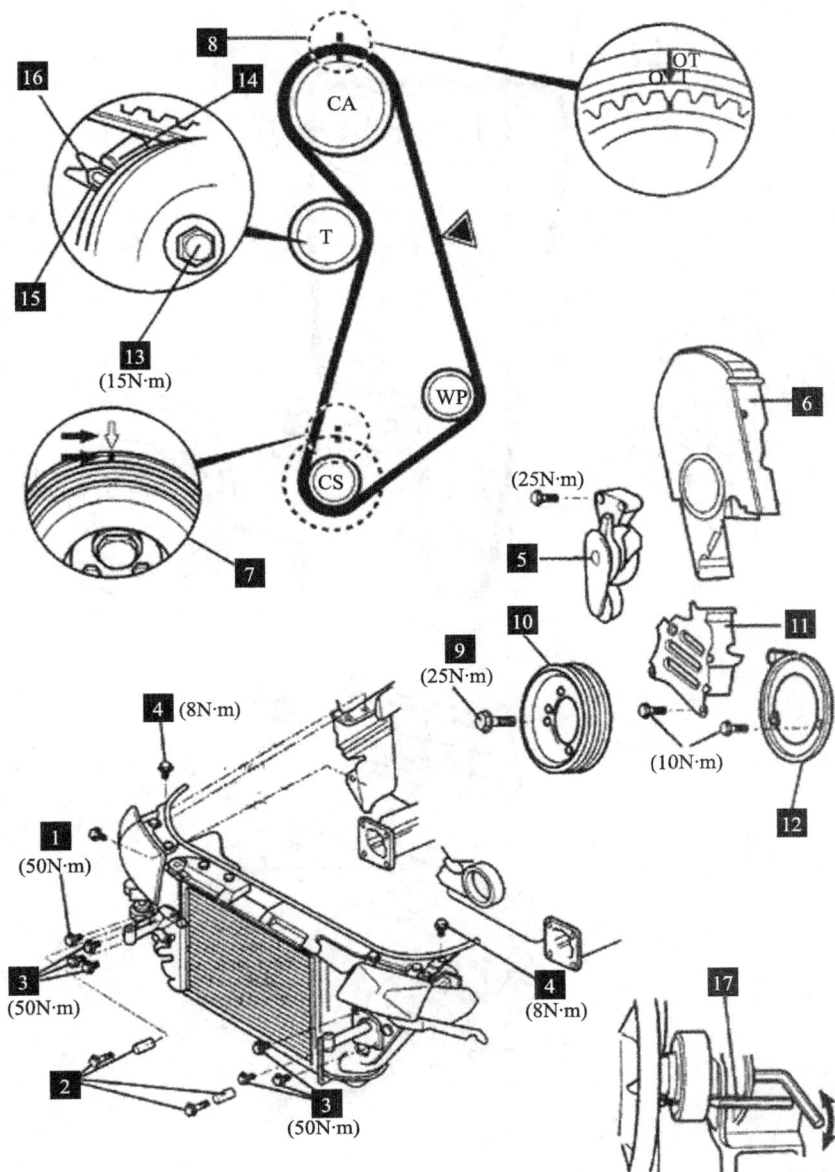

图 3-4-4　AUDI A4 1.6 发动机正时皮带安装

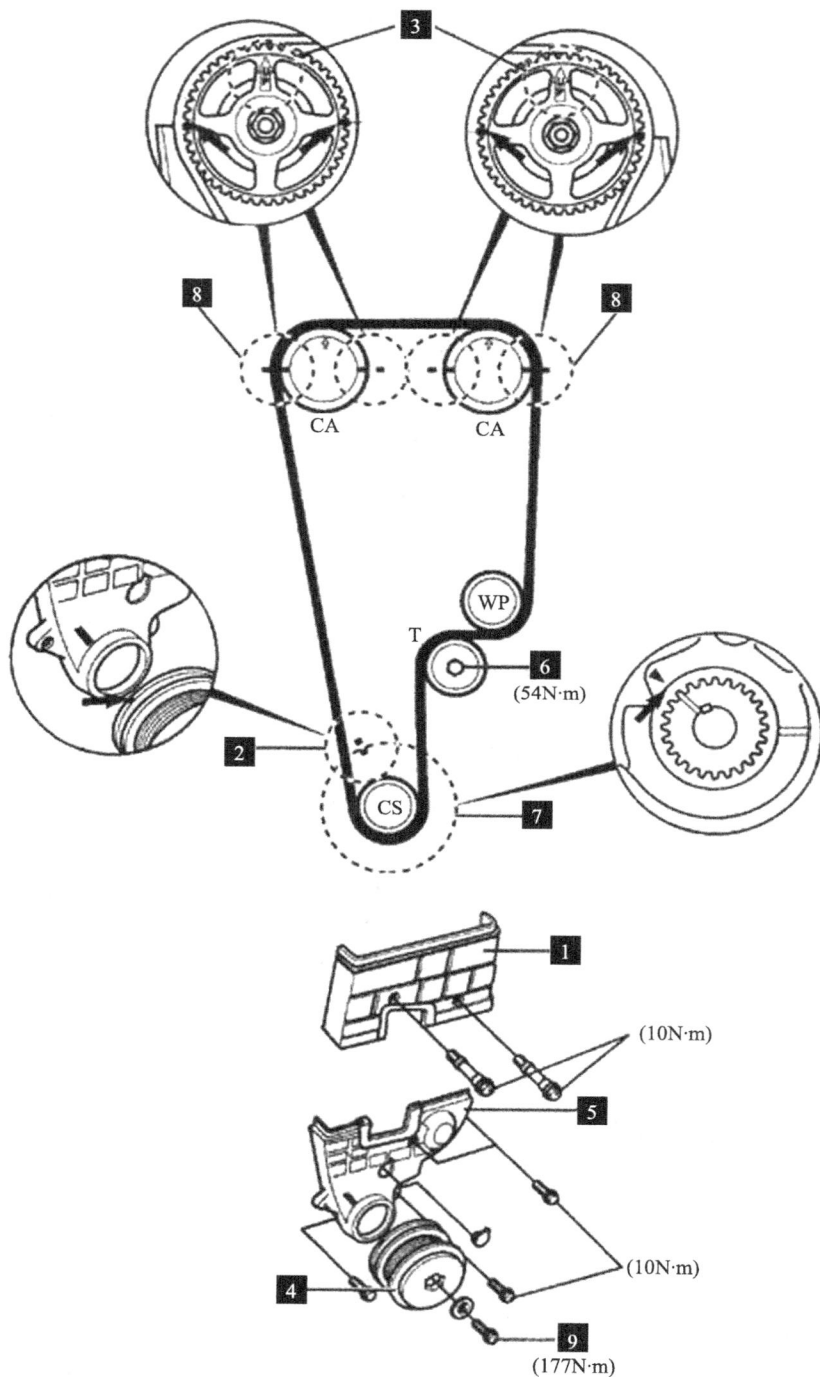

图 3 - 4 - 5   HONDA CR - V 发动机正时皮带的安装

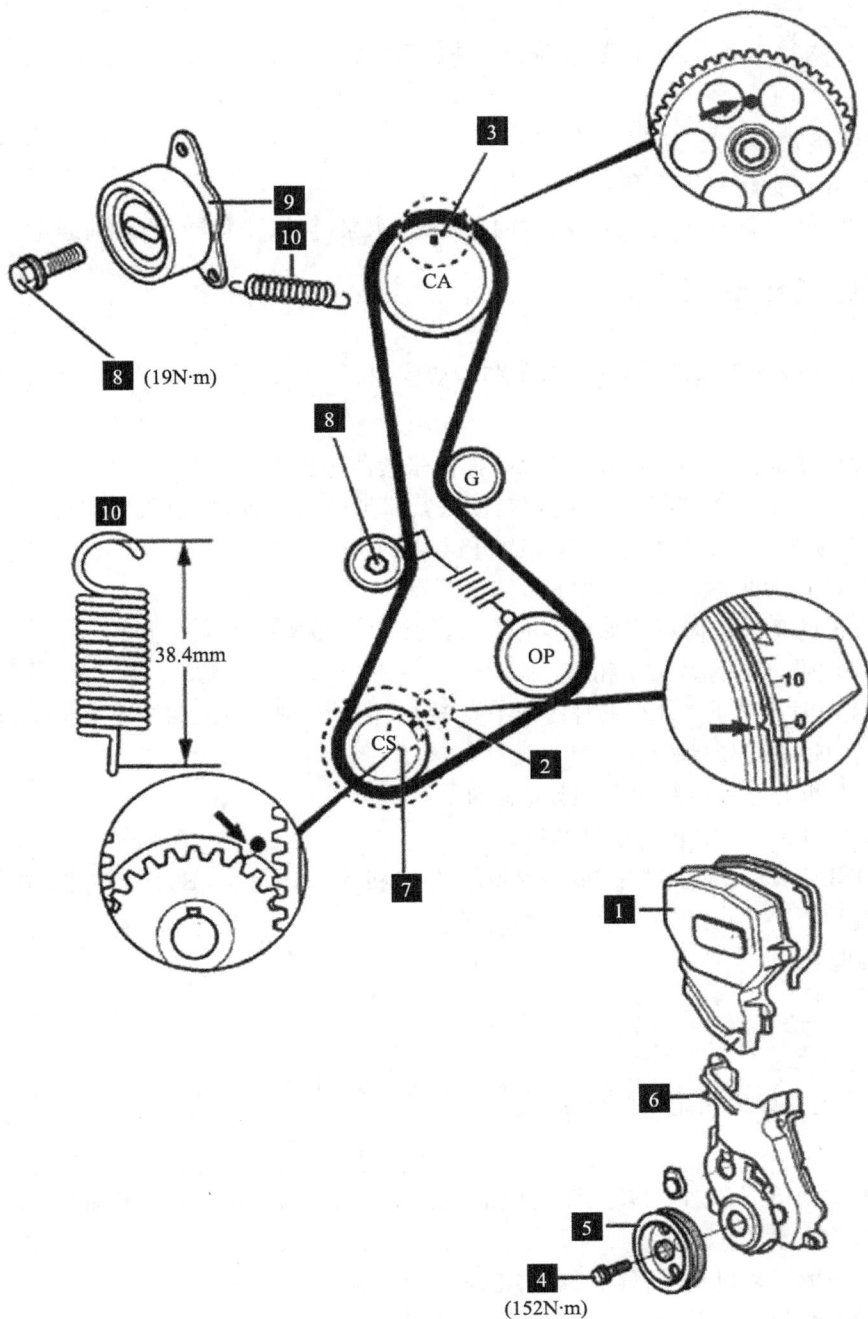

图 3 - 4 - 6   TOYOTA Corolla 1. 3i 16V 发动机正时皮带安装

注 意

● 如果要重新使用皮带,用粉笔在皮带上标记皮带的转动方向。

② 安装步骤

a. 确保正时标记对齐 7 和 8。

b. 按照下面的顺序安装正时皮带:曲轴链轮、水泵链轮、张紧器、凸轮轴链轮。

注 意

● 如果要重新使用旧的皮带,注意皮带转动的方向。

c. 确保张紧器固定凸起正确接合 14,拧松张紧器螺母 13。

d. 使用 Matra V 159 扳手,逆时针转动张紧器到极限位置,拧松张紧器螺母,直到指针 15 比槽 16 低大约 10mm。拧紧张紧器螺母到 15N·m。

e. 顺时针转动曲轴 2 圈到 1 缸的上止点位置。

f. 在皮带的 ▼ 处用拇指施加稳固的压力,指针 15 和槽 16 必须分开。

g. 放松皮带,确保指针 15 和槽 16 对齐。

h. 安装正时皮带下罩 12、正时皮带中心罩 11、曲轴皮带轮 10、曲轴皮带轮螺栓 9。

i. 拧紧曲轴皮带轮螺栓到 25N·m。

j. 按照与拆卸相反的顺序安装其他附件。

(2) 本田(HONDA)正时皮带的拆装。

以 HONDA CR—V(年款:1997—2001 发动机代码:B20B1,B20B3)为例,正时皮带的拆装步骤如下:

① 拆卸步骤

注 意

● 曲轴转动的正常方向是逆时针方向。

a. 拆下发动机下部挡板、辅助驱动皮带、动力助力转向泵(不要断开软管)。

b. 支撑住发动机。

c. 拆下左侧发动机支座、气缸盖罩、正时皮带中盖 1。

d. 转动曲轴到 1 缸的上止点位置。确保正时标记 2 对齐。

e. 确保凸轮轴链轮上的"UP"标记在顶部(如图 3-4-5 所示)。

f. 拆下曲轴皮带轮螺栓 9、曲轴皮带轮 4、正时皮带下盖 5。

g. 松开张紧器螺栓 6。从皮带上移开张紧器并拧紧螺栓。

h. 拆下正时皮带。

② 安装步骤

a. 确保正时标记 7、8 正确定位。

b. 确保凸轮轴链轮上的"UP"标记在顶部（如图 3-4-5 所示）。

c. 按照下列顺序安装正时皮带：曲轴链轮—张紧轮—水泵链轮—排气凸轮轴链轮—进气凸轮轴链轮。

d. 松开并拧紧张紧器螺栓 6。

e. 逆时针方向转动曲轴六圈。确保曲轴链轮正时标记 7 对齐。

f. 松开张紧器螺栓 6。

g. 逆时针方向转动曲轴，直到转过凸轮轴链轮的 3 个齿。

h. 将张紧器螺栓 6 拧紧至 54N·m。

i. 逆时针方向转动曲轴两圈。确保正时标记 7、8 正确定位。

j. 按拆卸的相反顺序安装部件。

k. 将曲轴皮带轮螺栓 9 拧紧至 177N·m。

（3）丰田（TOYOTA） 正时皮带的拆装。

以 TOYOTA Corolla 1.3i 16V（年款：1992—2000 发动机代码：4E-FE）为例，正时皮带的拆装步骤如下：

① 拆卸步骤

a. 举升并支撑住汽车前部。

b. 支撑住发动机。

c. 拆卸右前轮、内翼子板、发动机支座和支架、辅助传动皮带、气缸盖罩、正时皮带上盖 1。

d. 顺时针转动曲轴到 1 缸的上止点。确保曲轴皮带轮正时标记 2 对齐。

e. 检查凸轮轴链轮内的孔是否与凸轮轴轴承盖上的标记对齐，如图（3-4-6 所示）。

f. 如果没有对齐：顺时针转动曲轴一圈。

g. 拆卸曲轴皮带轮螺栓 4、曲轴皮带轮 5、正时皮带下盖 6。

h. 暂时装配曲轴皮带轮螺栓 4，确保正时标记 3 和 7 均已对齐。

i. 拧松张紧器螺栓 8。移动张紧器使其远离皮带并稍稍拧紧螺栓。

j. 拆卸正时皮带、张紧器 9 和弹簧 10。

② 安装步骤

a. 检查张紧轮 9 是否工作平稳。

b. 检查张紧器弹簧 10 的自由长度是否为 38.4mm。

c. 装配张紧器和弹簧。确保弹簧连接正确。

d. 将张紧器推到左边并稍稍拧紧螺栓 8。

e. 确保正时标记 3 和 7 均已对齐。

f. 从曲轴链轮开始，按逆时针方向装配正时皮带。确保皮带在链轮之间是张紧的。

g. 拧松张紧器螺栓 8。

h. 顺时针转动曲轴两圈到 1 缸的上止点。确保正时标记 3 和 7 均已对齐。

i. 如果没有对齐：重复安装和张紧程序。

j. 拧紧张紧器螺栓 8。拧紧力矩:19N・m。

k. 拆下曲轴皮带轮螺栓 4。

l. 安装正时皮带下盖 6、曲轴皮带轮 5。

m. 按与拆卸相反的顺序安装部件。

n. 拧紧曲轴皮带轮螺栓 4。拧紧力矩:152N・m。

(二) 气门间隙检查与调整

1. 气门间隙

气门间隙(如图3-4-7所示)是指气门完全关闭(凸轮的凸起部分不顶挺柱)时,气门杆尾端与摇臂或挺柱之间的间隙。气门间隙的作用是当气门受热膨胀时,防止气门顶在摇臂或凸轮上使气门关闭不严,保证气门密封。一般有三种形式:即凸轮与摇臂之间、凸轮与补偿盘之间和摇臂与气门之间的间隙。

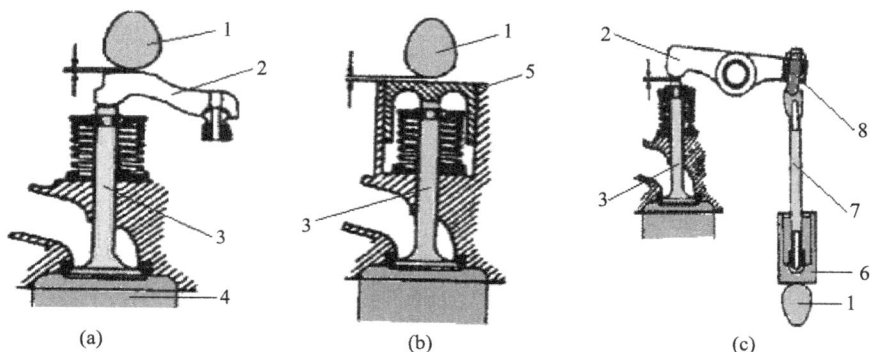

图3-4-7　气门间隙

1—凸轮；　2—摇臂；　3—气门；　4—气缸；　5—补偿盘；　6—推杆；
7—挺柱；　8—调整螺钉

不同机型,气门间隙的大小不同。根据实验确定,一般冷态时,排气门间隙大于进气门间隙,进气门间隙约为 0.25~0.3mm,排气门间隙约为 0.3~0.35mm。

气门间隙通常因配气机构零件的磨损、变形而发生变化。间隙过大,进、排气门开启滞后,缩短了进排气时间,降低了气门的开启高度,改变了正常的配气相位,使发动机因进气不足,排气不净而功率下降,此外,还使配气机构零件的撞击增加,磨损加快。间隙过小,发动机工作后,零件受热膨胀,将气门推开,使气门关闭不严,造成漏气,功率下降,并使气门的密封表面严重积碳或烧坏,甚至气门撞击活塞。

采用液压挺柱的配气机构不需要留气门间隙。

2. 气门间隙的调整

气门间隙的检查与调整应在气门完全关闭、气门挺柱落于凸轮基圆位置时进行(如图3-4-8所示)。调整时一般都是采用简单快捷的两次调整法。首先找到第一缸活塞压缩终了上止点时,调整其中的一半气门;然后将曲轴转动一周,再调整其余半数气门的间隙。因此,如何确定可调气门的顺序就成了问题的关键。许多有经验的修理工,对于常见车型根据自已多年的经验编成口诀。例如，一缸在压缩上止点由前往后查的气门是：EQ6100－1和CA6102均为1—3—4—5—8—9；BJ492Q为1—3—4—6。然后将曲轴转动一圈，再调整余下的所有气门间隙。部分车型的气门间隙如表3－4－5所示。

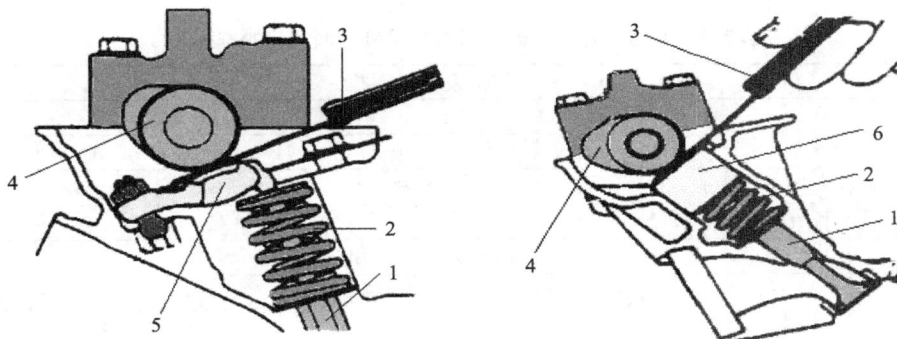

图3-4-8　气门间隙检查

1—气门；　2—气门弹簧；　3—塞尺；　4—凸轮；　5—摇臂；　6—补偿盘

表3-4-5　常见汽车发动机的气门间隙　　　　　（单位：mm）

发动机型号	进 气 门		排 气 门	
	热 车	冷 车	热 车	冷 车
上海桑塔纳	0.25±0.05	0.20±0.05	0.45±0.05	0.40±0.05
一汽捷达	0.20~0.30	0.15~0.25	0.40~0.50	0.35~0.45
富　康	0.20		0.40	
一汽奥迪100	0.20~0.30	0.15~0.25	0.40~0.50	0.35~0.45
南京依维柯	0.50		0.50	
天津夏利	0.15		0.15	
天津大发 Tj7100	0.20		0.20	
丰田 M 系列	0.28	0.25	0.35	0.30
三菱 4G33、4G32	0.07		0.17	
解放 CA6102	0.20~0.30		0.20~0.30	
东风 EQ6100－1	0.20~0.25		0.20~0.25	
玉柴 YQ6105QC	0.40		0.45	

　　由于发动机结构复杂多变，仅靠记忆难度很大，有人采用逐缸调整法，即将该缸活塞位于压缩行程终了上止点时，检查调整该缸进、排气门间隙，再转动曲轴至下一缸处在压缩上止点，调整该缸进、排气门间隙。如此重复，直到调完所有的气门间隙。用这种方法调整时，摇转曲轴次数多，工作效率低。

　　这里介绍一种简单可行的确认气门间隙可调性的方法，即"双排不进法"。其中的"双"是所指气缸的进排气门间隙均可调，"排"是所指气缸仅排气门间隙可调，"不"指进排气门的间隙均不可调，"进"是所指气缸的进气门间隙可调。

　　"双排不进"法的操作程序如下：

　　(1) 先将发动机的气缸按工作顺序等分为两组。

（2）第一遍。将一缸活塞转到压缩终了上止点，按双、排、不、进调整其一半气门的间隙。

（3）第二遍。曲轴转动一周，将末缸达到压缩行程上止点，仍按不、进、双、排调整余下的一半气门的间隙。

几种缸数不同的发动机可调气门的排列如表3-4-6所示。

表3-4-6　几种缸数不同的发动机可调气门的排列表

六　缸　发　动　机					
工作顺序	1	5	3	6	2	4
	1	4	2	6	3	5
第一遍（一缸在压缩上止点）	双	排		不		进
第二遍（一缸在排气上止点）	不	进		双		排

四　缸　发　动　机			
工作顺序	1	3	4	2
	1	2	4	3
第一遍（一缸在压缩上止点）	双	排	不	进
第二遍（一缸在排气上止点）	不	进	双	排

八　缸　发　动　机							
工作顺序	1	5	4	2	6	3	7	8
第一遍（一缸在压缩上止点）	双	排			不		进	
第二遍（一缸在排气上止点）	不	进			双		排	

五　缸　发　动　机				
工作顺序	1	2	4	5	3
第一遍（一缸在压缩上止点）	双	排		不	进
第二遍（一缸在排气上止点）	不	进		双	排

三　缸　发　动　机		
工作顺序	1	2	3
第一遍（一缸在压缩上止点）	双	排	进
第二遍（一缸在排气上止点）	不	进	排

注　意

● 一台发动机上所有同名气门的气门间隙应一致。

（三）配气机构常见故障诊断与排除

1. 气门脚响

1）故障现象

（1）发动机怠速时发出有节奏的"嗒、嗒、嗒"声。

（2）转速增高，响声也随之增高。

（3）发动机温度变化或做断火试验，响声不变。

2）故障原因

机件磨损或调整不当，使气门间隙过大，导致气门杆端与调整螺钉头部碰击。

3) 故障诊断与排除

在气门室一侧察听较清晰,为查明是哪只气门脚响,可将气门室盖拆下,在怠速时用手提起挺柱或用适当厚度的厚薄规插入可疑的气门脚与调整螺钉间,响声消失即为该气门间隙过大。若厚薄规插入后,气门没有间隙,响声减轻但没有消除,用旋具撬气门杆,若响声消除,说明气门杆与导管磨损过甚。

如气门咬住可以看出气门与挺柱总有一段距离。若响声很明显,可结合汽车维护调整气门间隙或在大修时修复凸轮等。

2. 气门挺柱响

1) 故障现象

(1) 有节奏、轻脆的"嗒、嗒、嗒"地响。

(2) 怠速时响声明显,中速以上减弱或消失。

(3) 温度变化或做断火试验与响声无关。

2) 故障原因

(1) 挺柱与导孔配合松旷,当凸轮顶动挺柱时,横向力使挺柱摆动,撞击导孔而产生响声。

(2) 挺柱端头磨损有沟槽。

(3) 挺柱不能自由转动。

(4) 凸轮有线性磨损,顶动挺柱有跳动现象。

3) 故障诊断和排除

判断某一挺柱响,用铁丝径向钩住有异响的挺柱,若响声减弱或消失,即为该挺柱故障发生这种响声。

3. 气门座响

1) 故障现象

(1) 与气门脚响相似,但比其响声大,且有忽大忽小的"嚓、嚓、嚓"声。

(2) 中速时响声清晰,高速杂乱。

(3) 单缸断火,响声不变,有时更明显。

(4) 发动机低温初发动响声易出现。

2) 故障原因

这种响声比较复杂,有的有节奏,有的无节奏,有的间歇响,有的连续响。

(1) 怠速或转速变化时,在正时齿轮盖处发出杂乱而轻微的噪声,转速提高噪声消失,急减速时此噪声尾随出现。

(2) 此响声不受温度和单缸断火试验的影响。

3) 故障诊断和排除

将气门室盖拆下来检视,找出某缸后,用旋具撬住气门弹簧,若弹簧折断很明显就可以看出;若过软,响声就会消失。

4. 正时齿轮响

1) 故障现象

(1) 发动机在怠速时,发出有节奏的轻微的"嘎拉、嘎拉"的响声,中速时显得突出,高速时声音变得杂乱,严重时正时齿轮盖有振动,此种情况为齿轮啮合间隙过大。

（2）新车大修或更换正时齿轮后，如果发动机发出一种连续不断的"嗷、嗷"声，发动机转速越高响声越大，此种情况为齿轮啮合间隙过小。

（3）齿轮啮合不良引起的响声，类似呼啸声，响声的大小随发动机转速变化而变化。

（4）发动机怠速运转时，发出有节奏的"哽、哽"响声，发动机转速提高，响声加大，此种响声为齿轮啮合不均产生的响声。

（5）随发动机运转而产生有节奏的清晰的撞击声，为正时齿轮 U 齿损环。

2）故障原因

（1）正时齿轮啮合间隙过大或过小。

（2）曲轴和凸轮轴中心线不平行，造成齿轮啮合失常。

（3）更换曲轴和凸轮轴轴承后，改变了齿轮啮合位置。

（4）凸轮轴正时齿轮固定螺母松动。

（5）凸轮轴正时齿轮牙齿折损。

3）故障诊断与排除

（1）发动机在怠速时有轻微异响、中速时异响明显、高速时声音杂乱，正时齿轮盖有振动，这种异响是由于齿轮啮合间隙过大造成。

（2）随发动机运转而产生有节奏的撞击声，为正时齿轮个别齿损坏。

5. 凸轮轴异响

1）故障现象

（1）在缸体侧可听到有节奏而较钝的"嗒、嗒"声。

（2）中速明显，高速消失。

（3）单缸断火，声响依旧。

2）故障原因

（1）凸轮轴及轴承间配合松旷。

（2）凸轮轴弯曲变形。

（3）凸轮轴轴向间隙过大。

3）故障诊断与排除

一旦发现此类故障，确定后，应拆检，并相应更换故障件。

6. 液力挺柱响

1）故障现象

（1）发动机运转时，出现有节奏的"嗒、嗒"声。

（2）怠速时明显，中速以上减弱或消失。

2）故障原因

（1）发动机机油油面过高或过低，致使有气泡的机油进到液力挺柱中，形成弹性体而产生噪声。

（2）机油压力低。

（3）由于机油泵、收集器损坏或破裂，使空气吸到机油中去。

（4）液力挺柱失效。

3）故障诊断与排除

（1）检查机油油面，视情添加或排放，使油量保持正常。

（2）检查机油压力是否正常。

（3）检查液力挺柱是否失效，方法如下：

① 起动发动机，并使之运转直到散热器风扇运转。

② 将发动机转速提高到约 2 500r/min，并运转 2min，若液力挺柱还有噪声，则拆检。

③ 拆下气缸罩盖。

④ 旋转曲轴，直到待查的挺柱凸轮向上。

⑤ 用楔形木棒或塑料棒向下压下挺柱，气门打开前，如果自由行程超过 0.1mm，则应更换挺柱，换上新挺柱后，30min 内不得起动。

三、制订拆装和检查计划

制订发动机配气机构拆装和检查计划如表 3-4-7 所示。

表 3-4-7　配气机构拆装和检查计划

1. 查阅查阅资料，学习发动机配气机构类型信息和发动机气门间隙检查与调整信息 2. 查阅维修手册，熟悉汽车发动机配气机构拆装作业注意事项和发动机配气机构拆装步骤描述，制订汽车发动机曲轴飞轮组件拆检计划		
1. 车辆发动机类型信息描述	车辆描述	
	发动机配气机构类型信息描述	
2. 汽车发动机配气机构拆装作业注意事项描述	（1）气门组拆装时，应防止气门弹簧弹出伤人，气门组装好后应确认锁片工作可靠 （2）在安装凸轮轴时，注意不要将手指挤压在凸轮轴承和缸体座孔中间 （3）在对凸轮轴和气门驱动机构进行作业时，一定要确保所有工具都是干净的，没有灰尘和油脂。在拆卸凸轮轴所有螺栓，在重新装配时都必须用正确的拧紧力矩拧紧 （4）在对齐发动机的凸轮轴和曲轴正时标记时，注意不要让齿轮划破手指。注意不要让手指被压到传动带和齿轮之间 （5）在维修车间作业时，所有电动工具都必须正确接地，在潮湿的地方绝对不能使用电动工具 （6）安装正时同步带时要用手操作，忌用旋具撬正同步带来对记号，同时注意同步带上不得粘有机油、黄油或其他化学药品，不得使同步带产生死弯，或以很小的半径急剧弯曲同步带	
3. 发动机气门间隙检查与调整信息描述	气门间隙调整方法有_____和_____	
4. 发动机配气机构拆装步骤描述		
5. 汽车发动机曲轴飞轮组件拆检计划	➤ 拆装工具的准备 ➤ 拆装步骤的确定 ➤ 气门间隙调整方法的确定 ➤ 拆装作业安全事项的学习	

四、实施拆装和故障诊断作业

汽车发动机配气机构拆装和故障诊断作业，如表 3-4-8 所示。

表 3-4-8　配气机构拆装和故障诊断作业

1. 学习汽车发动机配气机构拆装作业安全事项 2. 会正确对汽车发动机配气机构拆装作业			
1. 车辆信息描述	车辆描述		
	车辆发动机类型描述		
2. 汽车发动机配气机构拆装计划描述			
3. 汽车发动机配气机构作业安全事项学习	(1) 注意人身和机件的安全,不了解情况的先了解后动手,特别是注意在车底下工作时的人身安全 (2) 注意防火 (3) 认真接受实习前的安全知识教育		

	作业项目	作业要领	技 术 标 准	检 查 记 录
4. 汽 车 发 动 机 配 气 机 构 拆 装	拆装工具选用	(1) 扭力扳手 (2) 开口扳手 (3) 活动扳手 (4) 套筒扳手	(1) 扭力扳手常用有 294N·m,490 N·m 两种 (2) 开口扳手开口的中心平面和本体中心平面成 15°角,这样既能适应人手的操作方向,又可降低对操作空间的要求 (3) 活动扳手常用有 150mm,300mm 两种 (4) 常用套筒扳手的规格是 10~32mm	(1) 选用的扭力扳手为 ____ (2) 选用的开口扳手为 ____ (3) 选用的活动扳手为 ____ (4) 选用的套筒扳手为 ____
	拆装步骤	(1) 气门组分解步骤: 　① 固定端顶住气门头,活动端顶住气门弹簧座,移动螺杆手柄,压缩气门弹簧至露出气门锁片,用尖嘴钳夹出气门锁片 　② 转动螺杆手柄,放松气门弹簧后,移出气门拆装夹具即可拿出气门弹簧,弹簧座,气门及气门油封 　③ 逐一拆卸气门后,注意按顺序将拆下的配件放好 (2) 气门传动组分解步骤: 　① 拆除外围附件,如空气滤清器等 　② 将发动机固定到专用拆装架 VW540 上 　③ 拆下曲轴带轮 　④ 拆下齿形带上、下护罩 　⑤ 松开齿形带张紧轮,取下齿形带,拆下张紧轮 　⑥ 拧下曲轴正时齿轮带上的紧固螺栓,拆下曲轴带轮 　⑦ 拧下中间轴齿轮紧固螺栓,拆下中间轴齿轮		(1) 凸轮轴的磨损情况: ____ (2) 凸轮轴轴承的磨损情况: ____ (3) 齿形带磨损情况: ____ (4) 上、下护罩是否变形: ____ (5) 张紧轮磨损情况: ____ (6) 各个螺栓的状况: 　____、 　____、 　____、 　____、 　____等

（续表）

作业项目	作业要领	技　术　标　准	检查记录
4.汽车发动机配气机构拆装	拆装步骤	⑧ 拧下气门室罩盖的紧固螺母,取下加强压条、气门罩盖、挡油板及密封衬垫 ⑨ 按规定的顺序拧松气缸盖紧固螺栓,取下气缸盖 ⑩ 从气缸盖上拆下凸轮轴各道轴承盖的紧固螺母(先松 1,4 道再松 2,3 道),取下轴承盖及凸轮轴,在轴承轴上打上装配标记或按顺序摆放,不得错乱 (3) 配气机构的装配按拆卸时的相反顺序操作,并应注意下列事项: ① 装配前必须对零部件进行清洗和检验 ② 各紧固件必须近规定顺序和拧紧力矩拧紧 ③ 安装齿形带时,必须合凸轮轴正时齿轮上的标记与气门室罩盖平面对齐	
	气门间隙	气门间隙的检查与调整	(1) 进气门间隙一般为 0.25～0.3mm (2) 排气门间隙一般为 0.3～0.35mm	(1) 进气门间隙为 _____ (2) 排气门间隙为 _____
	故障分析	(1) 气门脚响 (2) 气门挺柱响 (3) 气门座响 (4) 正时齿轮响 (5) 凸轮轴异响 (6) 液压挺柱异响		(1) 气门脚是否响 _____ (2) 气门挺柱是否响 _____ (3) 气门座是否响 _____ (4) 正时齿轮是否响 _____ (5) 凸轮轴是否异响 _____ (6) 液压挺柱异响 _____
拆装和分析后的总论和体会			

五、检验评估

项目三任务 3.4 的检验评估,如表 3-4-9 所示。

表 3-4-9　检验评估

评 价 指 标	检 验 说 明	检 验 记 录
维护检查项目	➢ 拆装工具设备 ➢ 检查气门间隙 ➢ 检查配气机构异响	
汽车发动机配气机构的拆装过程情况		

评价内容	检 验 指 标	权重	自评	互评	总评
检查任务完成情况	1. 完成任务的情况 2. 任务完成的质量 3. 在小组完成任务过程中所起的作用	4			
专业知识和专业技能	1. 能熟练地拆卸和装配发动机配气机构 2. 会检查与调整气门间隙 3. 懂得配气机构故障诊断与排除	8			
职业素养	1. 学习态度:积极主动参与学习 2. 团队合作:与小组成员一起分工合作,不影响学习进度 3. 现场管理:服从工位安排、执行实训室"5S"管理规定	3			
综合评议与建议					

笔记

项目四 检修润滑系

Description 项目描述	一辆桑塔纳 3000 汽车在行车过程中冒蓝烟、加速无力等现象,进厂经检测后需对润滑系进行全面维护 你是一名中级修理工,在发动机大修中应如何对发动机润滑系进行检修
Objects 项目目标	1. 能描述润滑系结构 2. 能熟练地使用工量具拆检润滑系
Tasks 项目任务	任务 4.1　认识润滑系 任务 4.2　润滑系拆检
Implementation 项目实施	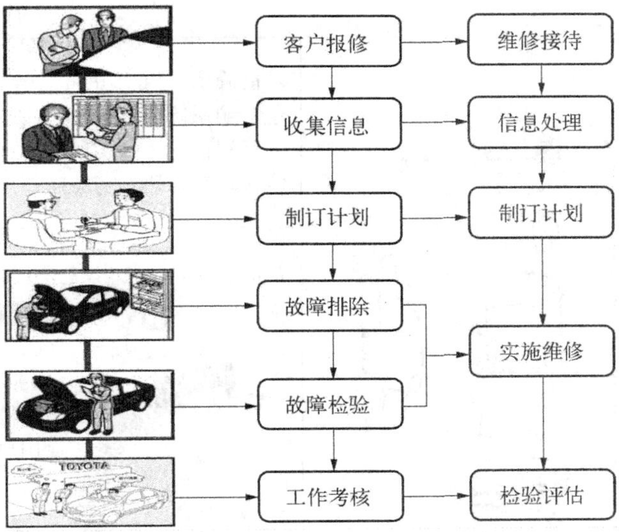

任务 4.1　认识润滑系

任务描述	一辆桑塔纳 3000 汽车在行车过程中冒蓝烟、加速无力等现象,进厂维修。针对维修接待和车间确认意见,首先要对润滑系整体认识
任务目标	1. 能描述润滑系的作用和润滑方式 2. 能描述润滑系的结构组成和油路路线图

一、维修接待

按照表 4-1-1 完成待修车辆的维修接待,并准确填写接车问诊表。

笔记

表 4 - 1 - 1　维修接待与接车问诊表

1. 通过询问客户了解发动机润滑系发生故障情况,填写接车问诊表
2. 车间检测初步确认结果及主要故障零部件

接 车 问 诊 表

车牌号:＿＿＿＿＿＿＿＿＿　车架号:＿＿＿＿＿＿＿＿＿　行驶里程:＿＿＿＿＿＿＿＿＿(km)

用户名:＿＿＿＿＿＿＿＿＿　电　话:＿＿＿＿＿＿＿＿＿　来店时间:＿＿＿＿＿/＿＿＿＿＿

用户陈述及故障发生时的状况:**一辆桑塔纳 3000 汽车在行车过程中冒蓝烟、加速无力等现象**

故障发生状况提示:**行驶速度、发动机状态、发生频度、发生时间、部位、天气、路面状况、声音描述**

接车员检测确认建议:**需对发动机润滑系进行综合维护**

车间检测确认结果及主要故障零部件:**需对发动机润滑系进行综合维护,必要时更换故障零部件**

车间检查确认者:＿＿＿＿＿＿＿＿＿

外观确认:

功能确认:(工作正常✓　不正常×)

☐音响系统　　☐门锁(防盗器)　☐全车灯光　☐工具
☐后视镜　　　☐顶窗　　　　　　☐座椅　　　☐点烟器
☐玻璃升降器　☐玻璃

物品确认:(有✓　无×)

☐贵重物品提示
☐工具　☐备胎　☐灭火器
☐其他(　　　　　　　)
旧件是否交还用户　☐是　☐否
用户是否需要洗车　☐是　☐否

F　　E

(请在有缺陷部位作标识)

- 检测费说明:本次检测的故障如用户在本店维修,检测费包含在修理费用内;如用户不在本店维修,请您支付检测费。本次检测费:￥＿＿＿＿＿＿元。
- 贵重物品:在将车辆交给我店检查修理前,已提示将车内贵重物品自行收起并保存好,如有遗失恕不负责。

接车员:＿＿＿＿＿＿＿＿＿＿＿　　　用户确认:＿＿＿＿＿＿＿＿＿＿＿

二、信息收集与处理

按照表 4 - 1 - 2 完成任务 4.1 的信息收集与处理。

表 4－1－2　信息收集与处理

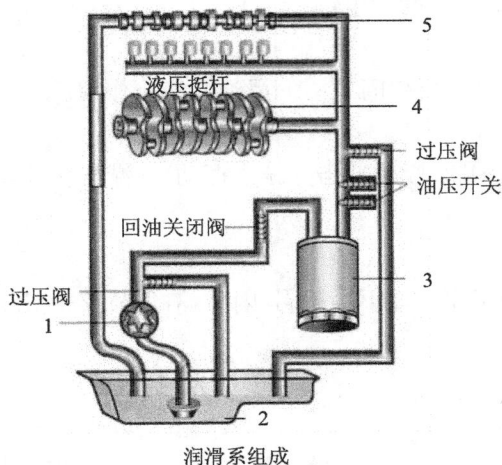

润滑系组成

序号	部件名称	作　　用
1		
2		
3		
4		
5		

1. 润滑系的作用：＿＿＿＿＿＿＿＿＿＿＿＿＿＿＿＿＿＿＿＿＿＿＿＿＿＿＿＿＿
2. 润滑系的组成：＿＿＿＿＿＿＿＿＿＿＿＿＿＿；＿＿＿＿＿＿＿＿＿＿和＿＿＿＿＿＿

（一）润滑系功用

发动机润滑系的示意图如图 4－1－1 所示。润滑系的功用如下：

1. 润滑

使发动机内部运动零件表面之间的干摩擦变为液体摩擦，减少零件表面摩擦的磨损。

2. 清洗

利用润滑油冲洗零件表面，带走零件磨损的磨屑和其他杂质。

3. 冷却

机油在润滑系内循环还可带走摩擦产生的 6%～14%的热量。

4. 密封

在运动零件之间形成油膜，提高间隙的密封性。

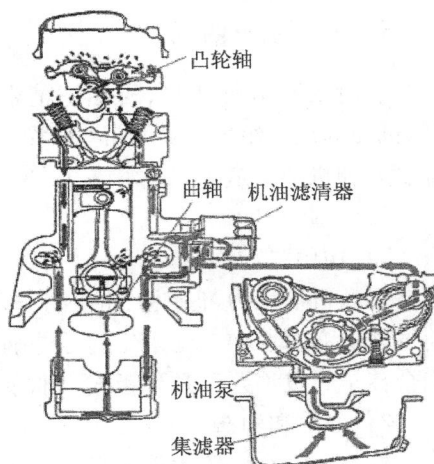

图 4－1－1　发动机润滑系示意图

5. 防锈蚀

在零件表面形成油膜，防止腐蚀生锈。

6. 液压

润滑油还可用作液压油，如液压挺柱，润滑油起液压作用。

7. 减振缓冲

在运动零件表面形成油膜，吸收冲击并减小振动，起减振缓冲作用。

（二）润滑方式

由于发动机传动件的工作条件不尽相同，因此，对负荷及相对运动速度不同的传动件采用不同的润滑方式。

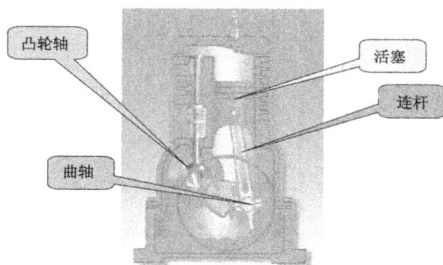

图 4-1-2　飞溅润滑示意图

1. 压力润滑

压力润滑是以一定的压力把机油供入摩擦表面的润滑方式。这种方式主要用于主轴承、连杆轴承及凸轮轴承等负荷较大的摩擦表面的润滑。

2. 飞溅润滑

利用发动机工作时运动件溅泼起来的油滴或油雾润滑摩擦表面的润滑方式，称飞溅润滑。该方式主要用来润滑负荷较轻的气缸壁面和配气机构的凸轮、挺柱、气门杆以及摇臂等零件的工作表面，如图4-1-2所示。

3. 润滑脂润滑

通过润滑脂嘴定期加注润滑脂来润滑零件的工作表面，如水泵及发电机轴承等。

一般发动机既存在压力润滑，也存在飞溅润滑，同时存在一定的定期润滑。

（三）润滑系组成

润滑系统由机油泵、机油滤清器、机油冷却器、集滤器、机油标尺等组成。此外，润滑系统还包括机油压力表、温度表和机油管道等，如图4-1-3所示。

1. 机油泵

1）功用

提高机油压力，保证机油在润滑系统内不断循环。目前发动机润滑系中广泛采用的是外啮合齿轮式机油泵、内啮合转子式机油泵和月牙板式机油泵三种。

2）分类和构造

（1）外啮合齿轮式机油泵。如图4-1-4所示，齿轮式机油泵由主动轴、主动齿轮、从动轴、从动齿轮、壳体等

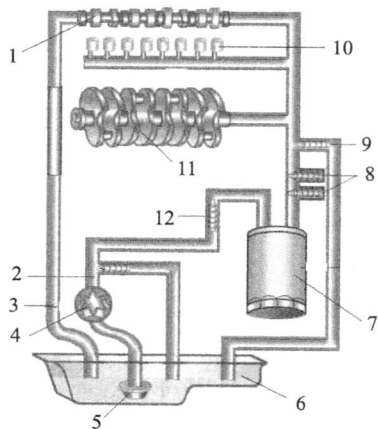

图 4-1-3　发动机润滑系的构成

1—凸轮轴；　2—安全阀；3—油道；　4—机油泵；5—集滤器；　6—油底壳；7—机油滤清器；　8—油压开关；　9—安全阀；10—液压挺柱；　11—曲轴；12—回油关闭阀

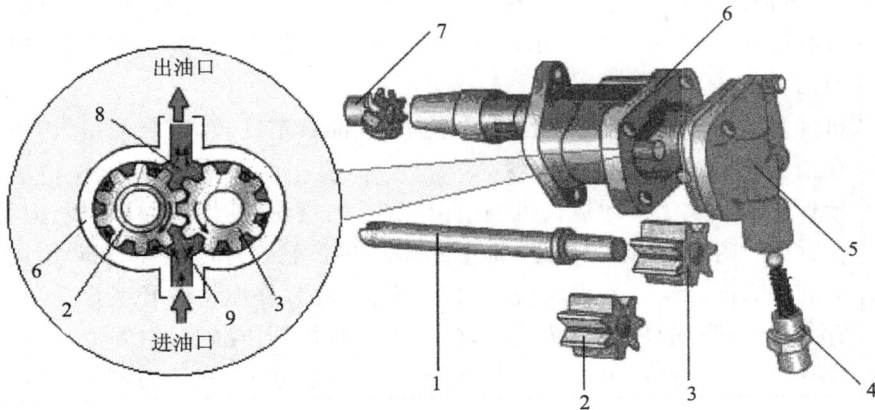

图 4 - 1 - 4　外啮合齿轮式机油泵

1—主动轴；　2—从动齿轮；　3—主动齿轮；　4—安全阀；　5—上盖；　6—壳体；
7—机油泵驱动齿轮；　8—出油腔；　9—进油腔

组成。工作时，主动齿轮带动从动齿轮旋转。两齿轮旋转时，充满在齿轮齿槽间的机油沿油泵壳壁由进油腔带到出油腔，在进油腔一侧由于齿轮脱开啮合以及机油被不断带出而产生真空，使油底壳内的机油在大气压力作用下经集滤器进入进油腔，而在出油腔一侧由于齿轮进入啮合和机油被不断带入而产生挤压作用，机油以一定压力被泵出。

齿轮式机油泵结构简单，机械加工方便，工作可靠，使用寿命长，应用较广泛。

（2）转子式机油泵。转子式机油泵由壳体、内转子、外转子和上盖等组成，如图 4 - 1 - 5 所示。内转子用键或销子固定在转子轴上，由曲轴齿轮直接或间接驱动，内转子和外转子的中心相隔一段距离，内转子带动外转子一起沿同一方向转动。

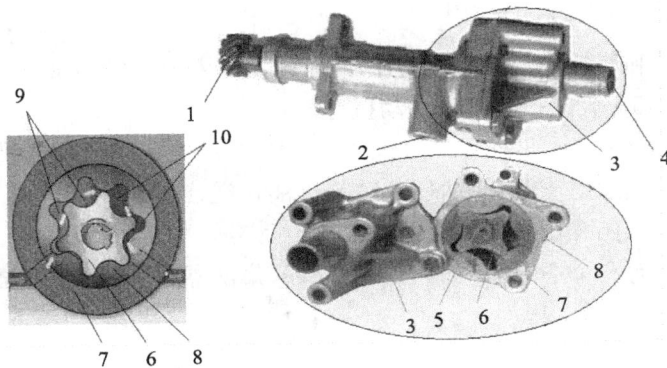

图 4 - 1 - 5　转子式机油泵

1—驱动齿轮；　2—出油口；　3—上盖；　4—出油口；　5—主动轴；
6—内转子；　7—壳体；　8—外转子；　9—吸油腔；　10—压油腔

转子齿形齿廓设计得使转子转到任何角度时，内、外转子每个齿的齿形廓线上总能互相成点接触。这样内、外转子间形成几个工作腔。随着转子的转动，这些工作腔的容积是不断变化的。在进油道的一侧空腔，由于转子脱开啮合，容积逐渐增大，产生真空，机油被吸入；

转子继续旋转，机油被带到出油道的一侧，这时，转子正好进入啮合，使这一空腔容积减小，油压升高，机油从齿间挤出并经出油道压送出去。这样，随着转子的不断旋转，机油就不断地被吸入和压出。

转子式机油泵结构紧凑，外形尺寸小，质量小，吸油真空度较大，泵油量大，供油均匀性好，成本低，在中、小型发动机上应用广泛。

（3）月牙板式机油泵。月牙板式机油泵由壳体、内齿轮、外齿轮、月牙板、上盖等构成，如图4-1-6所示。内齿轮由发动机曲轴前端驱动，内齿轮与外齿轮偏心布置，内齿轮带动外齿轮一起沿同一方向转动。当齿轮转动时，在吸油腔内、外齿轮脱开啮合空积增大，产生真空，将机油由进油口吸入，齿轮继续旋转，机油被齿轮带到压油腔，内外齿轮进入啮合，使其容积减小，油压升高，机油从出油口挤出。随着齿轮不断旋转，机油被不断被吸入和压出。

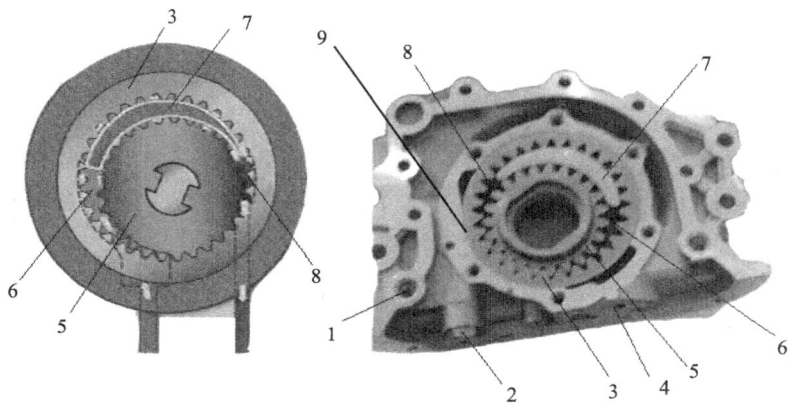

图4-1-6　月牙板式机油泵（462Q）

1—出油口；　2—安全阀；　3—外齿圈；　4—进油口；　5—内齿轮；　6—吸油腔；
7—月牙板；　8—压油腔；　9—壳体

因油泵的吸油腔和压油腔由月牙板隔开，因而称为月牙板式机油泵，一般用在中小型发动机上，如TOYOTA5A发动机、462Q发动机等。

2.机油滤清器

在润滑系中设有机油滤清器，使循环流动的机油在送往运动零件表面之前得到净化处理，保证摩擦表面的良好润滑，延长其使用寿命。

一般润滑系中装有几个不同滤清能力的滤清器、集滤器、粗滤器和细滤器，分别串联或并联在主油道中。

1）集滤器

集滤器是具有金属网的滤清器，安装于机油泵进油管上，其作用是防止较大的机械杂质进入机油泵。集滤器一般分为固定式（如图4-1-7所示）和浮式（如图4-1-8所示）两种。

浮式集滤器飘浮于机油表面吸油，目前应用不多。固定式集滤器淹没在油面之下，吸入的机油清洁度较差，但可防止泡沫吸入，润滑可靠，结构简单，逐步取代浮式集滤器。

2）粗滤器

一般串联在机油泵与主油道之间，属于全流式滤清器。发动机常用的粗滤器有金属片

笔 记

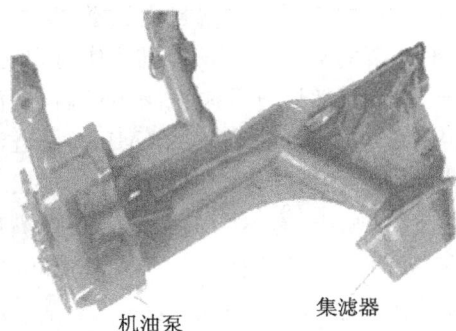

图 4-1-7 机油泵与固定式集滤器

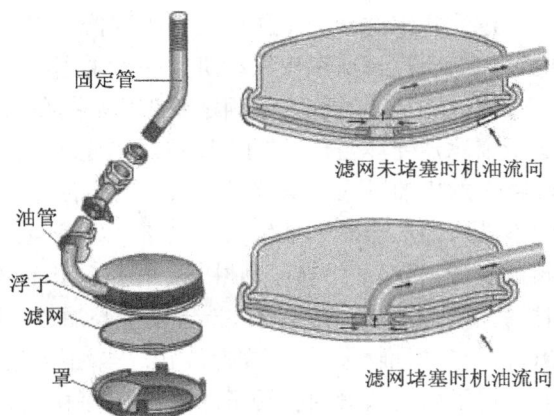

图 4-1-8 浮式集滤器

缝隙式和纸质式,如图 4-1-9 和 4-1-10 所示。目前汽车发动机都采用纸质式。纸质式滤清器具有结构简单、质量轻、滤清效果好、过滤阻力小、成本低等优点。

图 4-1-9 机油滤清器

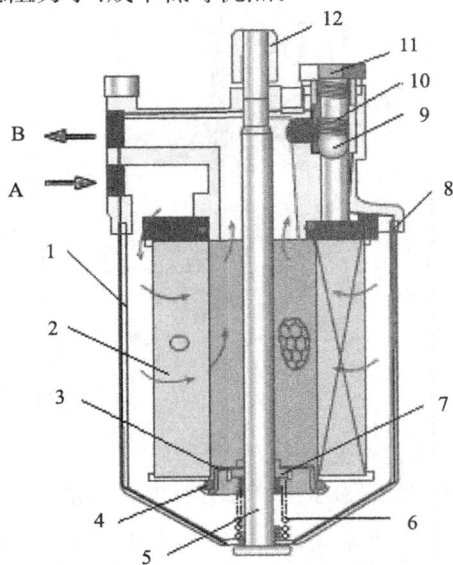

图 4-1-10 纸质式滤清器结构图

1—外壳; 2—纸质滤芯; 3—托板; 4—滤芯密封圈; 5—螺杆; 6—滤芯压紧弹簧; 7—弹簧座; 8—密封圈; 9—安全阀; 10—安全阀弹簧; 11—安全阀座; 12—螺母

3)细滤器

细滤器与主油道并联,将粗滤器过滤的润滑油的一小部分引入细滤器,从而保证润滑油滤清更可靠。因此,细滤器属于分流式滤清器。

细滤器的类型有:过滤式和离心式两种。现代汽车发动机因为工作条件比较好,所以一般不再采用细滤器,大多数汽车发动机的机油滤清器采用细滤器与粗滤器一体的复合式滤清器。

过滤式细滤器的工作原理与粗滤器基本相同,只是滤芯过滤孔更小,所以能过滤掉更小的颗粒杂质。目前车用发动机上一般采用离心式。

离心式过滤器外壳上固定着带中心孔的转子轴,转子盖在转子轴可以自由转动,整个转子用细滤器壳体盖住,转子下端有两个按中心对称水平安装的喷嘴C。发动机工作时,从主油路来的机油进入滤清器进油口。若主油路油压低于0.1MPa时,进油限压阀不开启,润滑油不进入细滤器而全部供入主油路,以保证发动机可靠润滑。当油压高于0.1MPa时,进油阀被顶开,润滑油沿转子轴中心油道,经出油孔B进入转子内腔,当油量上升到进油孔A时,润滑油由进油口A进入转子轴中心油道,从两喷嘴C中喷出,有压力的润滑油从喷嘴喷出时,产生反推力使转子高速旋转。当油压达到0.3MPa时,转子转速可高达6 000r/min以上。转子内的润滑油随转子高速旋转,润滑油中的杂质在离心力作用下被甩向转子壁。因此位于进油口A处的机油都是洁净的润滑油,这部分润滑油由进油口A进入,经喷嘴C喷出,喷出的润滑油经过滤清器出口流回油底壳,如图4-1-11所示。

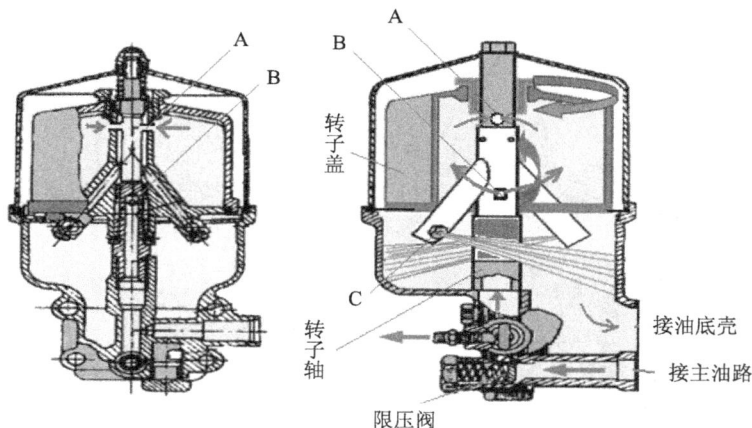

图 4-1-11 细滤器工作示意图

4)复合式滤清器

现代汽车发动机多采用细滤器与粗滤器串联,并设置在同一个外壳内。为安全起见,滤清器有一个旁通阀,在滤清器发生堵塞时旁通阀打开,如图4-1-12所示。

3. 机油散热器和冷却器

发动机运转时,由于机油黏度随温度的升高而变小,降低了润滑能力。因此,有些发动机装用了机油散热器或机油冷却器。其作用是降低机油温度,保持润滑油一定的黏度。有的发动机利用油底壳散热。

1)机油散热器

机油散热器由散热管、限压阀、开关、进出水管等组成,如图4-1-13所示,其结构

图 4-1-12 复合式滤清器

与冷却水散热器相似。

机油散热器一般安装在冷却水散热器的前面,与主油道并联。机油泵工作时,一方面将机油供给主油道,另一方面经限压阀、机油散热器开关,进油管进入机油散热器内,冷却后从出油管流回机油盘,如此循环流动。

2）机油冷却器

将机油冷却器置于冷却水路中,利用冷

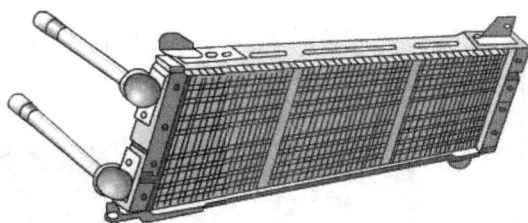

图 4-1-13 机油散热器

却水的温度来控制润滑油的温度。当润滑油温度高时,靠冷却水降温;发动机起动时,则从冷却水吸收热量使润滑油迅速提高温度,如图4-1-14所示。

4. 安全阀

在润滑系中都设有几个限压阀和旁通阀,以确保润滑系正常工作。

1）限压阀

限压阀（如图 4-1-15 所示）用以限制润滑系中机油的最高压力。当机油泵和主油道上机油压力超过预定的压力时,限压阀克服弹簧作用力,阀门顶开,一部分机油从侧面通道流入油底壳内,使油道内的油压下降至设定的正常值后,阀门关闭。

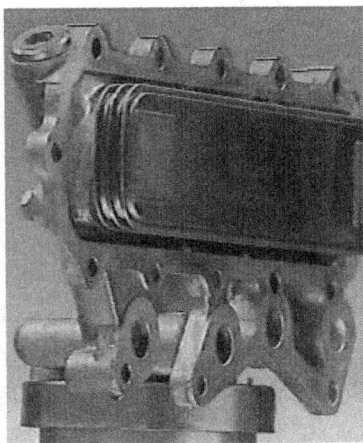

图 4-1-14 机油冷却器

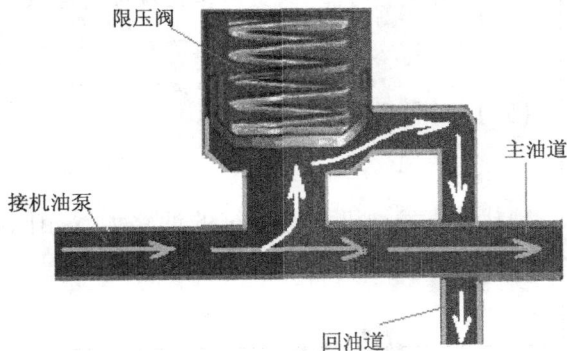

图 4-1-15 限压阀工作示意图

2）旁通阀

通阀用以保证润滑系内油路畅通。当机油滤清器堵塞时,机油通过并联在其上的旁通阀直接进入润滑系的主油道,防止主油道断油。通常旁通阀弹簧刚度要比限压阀弹簧刚度小得多。

注 意

● 要分清限压阀和旁通阀的作用。限压阀是在油道油压超过极限压力时阀门打开而泄压;旁通阀是当机油滤清器发生堵塞时,阀门打开,机油不经过滤清器直接进入主油道。

笔记

5. 机油标尺、机油压力表

机油标尺是用来检查油底壳内油量和油面高低的，如图 4-1-16 所示。发动机正常机油油面必须处于油尺上下刻线之间。

图 4-1-16　机油压力表与油尺

a—最高位位置；　b—合适位置；　c—最低位置

机油压力表用以指示发动机工作时润滑系中机油压力的大小，一般都采用电热式机油压力表，它由油压表和传感器组成。传感器装在粗滤器或主油道上，它把感受到的机油压力传给油压表。油压表装在驾驶室内仪表板上，显示机油压力的大小值。

注　意

● 机油压力报警灯亮时，应停车检查并排除故障。

（四）润滑系的油路路线图

1. 分类

现代汽车发动机润滑系统的油路大致相同，有纵向油路和横向油路，如图 4-1-17 所示。

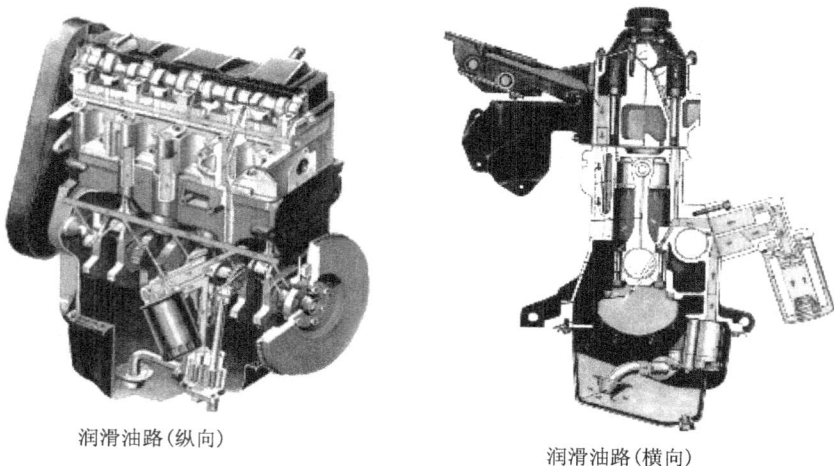

润滑油路（纵向）　　　　润滑油路（横向）

图 4-1-17

笔记

2. 布置

以桑塔纳 3000 型轿车发动机润滑系油路为例,其发动机润滑系布置,如图 4-1-18 所示。

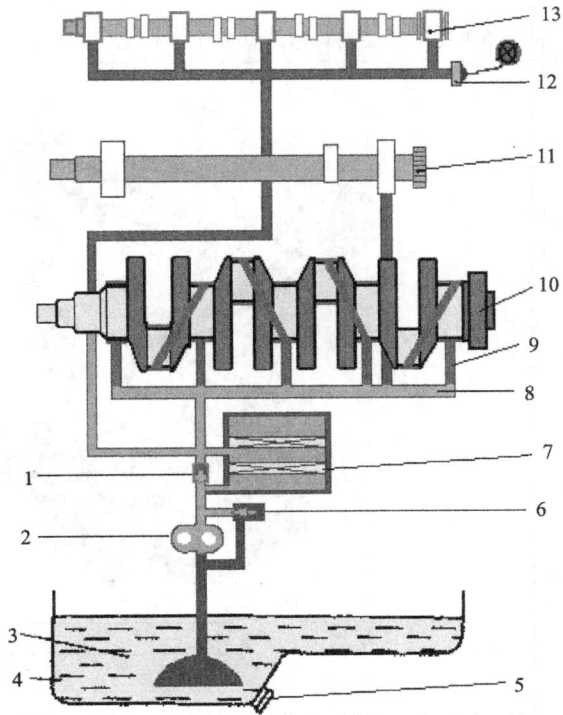

图 4-1-18 润滑油路图

1—旁通阀; 2—机油泵; 3—集滤器; 4—油底壳;
5—放油塞; 6—安全阀; 7—机油滤清器; 8—主油道;
9—分油道; 10—曲轴; 11—中间轴; 12—压力开关;
13—凸轮轴

桑塔纳 3000 型轿车发动机润滑系油路为:机油泵 2 通过集滤器 3 从油底壳 4 中将机油吸入。当油压太高时,由安全阀 6 旁流一部分机油回油底壳。具有一定压力的机油进入滤清器 7 进一步滤清,大部分进入发动机主油道 8,另一小部分机油首先进入凸轮轴 13 的轴承,再进入气门机构,流回油底壳。进入主油道的压力机油又分两路:一部分进入曲轴内部油道,进入连杆大端轴承,再经连杆油道进入连杆小端轴承,最后回油底壳。

当机油滤清器堵塞时,机油将旁通阀顶开直接进入主油道。

三、制订外观检查计划

制订发动机润滑系外观检查计划,如表 4-1-3 所示。

表 4 - 1 - 3　润滑系外观检查计划

1. 查阅资料,学习发动机使用机油的牌号和发动机润滑系组成 2. 查阅维修手册,熟悉发动机润滑系油路路线图,制订润滑系外观检查计划		
1. 车辆发动机类型信息描述	车辆描述	
	发动机使用机油的牌号信息描述	
2. 发动机润滑系信息描述	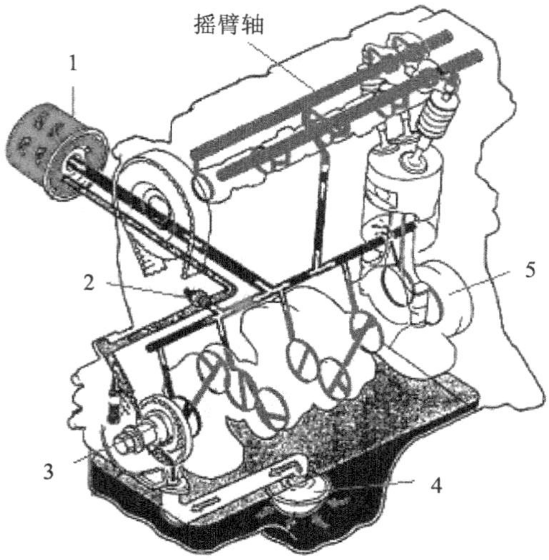 1. _____　　2. _____　　3. _____ 4. _____　　5. _____	
3. 发动机润滑系组成描述		
4. 发动机润滑系油路路线图描述		
5. 润滑系外观检查	（1）油底壳是否漏油 （2）气缸体是否漏油 （3）气缸盖是否漏油 （4）机油滤清器是否漏油	

四、实施外观检查作业

汽车发动机润滑系外观检查作业,如表 4 - 1 - 4 所示。

表 4-1-4 润滑系外观检查作业

1. 学习汽车发动机润滑系功用和润滑方式 2. 了解汽车发动机润滑系组成和油路				
1. 被检汽车发动机润滑系结构组成描述				
2. 被检汽车发动机润滑系油路路线图描述				
3. 汽车发动机润滑系检查	作业项目	作业要领	技术标准	检查记录
	外观检查	(1) 油底壳是否漏油 (2) 气缸体是否漏油 (3) 气缸盖是否漏油 (4) 机油滤清器是否漏油	表面应无油污	(1) 油底壳是否漏油 (2) 气缸体是否漏油 (3) 气缸盖是否漏油 (4) 机油滤清器是否漏油
检查后的结论和体会				

五、检验评估

项目四任务 4.1 的检验评估如表 4-1-5 所示。

表4-1-5　检验评估

评 价 指 标	检 验 说 明	检 验 记 录
维护检查项目	➢ 检查润滑系外观是否漏油 ➢ 目测润滑系各零部件的损坏情况	
汽车发动机润滑系检查过程情况		

评价内容	检 验 指 标	权重	自评	互评	总评
检查任务完成情况	1. 完成任务的情况 2. 任务完成的质量 3. 在小组完成任务过程中所起的作用	4			
专业知识和专业技能	1. 能描述汽车发动机润滑系的功用 2. 能描述汽车发动机润滑系的润滑方式 3. 能描述汽车发动机润滑系的油路线路图	8			
职业素养	1. 学习态度:积极主动参与学习 2. 团队合作:与小组成员一起分工合作,不影响学习进度 3. 现场管理:服从工位安排、执行实训室"5S"管理规定	3			
综合评议与建议					

项 目 拓 展

想一想:

1. 桑塔纳3000与其他车型发动机的润滑系结构组成是否相同
2. 奥迪Q7润滑系结构

任务4.2　润滑系拆检

任务描述	一辆桑塔纳3000汽车在行车过程中冒蓝烟、发动机无力等现象,进厂维修。针对维修接待和车间确认意见,需对润滑系进行拆检
任务目标	1. 能描述机油的种类、性能及其选用注意事项 2. 能熟练地维护和检修润滑系 3. 会润滑系典型故障诊断与排除

笔记

一、维修接待

按照表 4-2-1 完成待修车辆的维修接待,并准确填写接车问诊表。

表 4-2-1　维修接待与接车问诊表

1. 通过询问客户了解发动机润滑系发生故障情况,填写接车问诊表
2. 车间检测初步确认结果及主要故障零部件

接 车 问 诊 表

车牌号:_____　车架号:_____　行驶里程:_____(km)

用户名:_____　电　话:_____　来店时间:_____/_____

用户陈述及故障发生时的状况:**一辆桑塔纳 3000 汽车在行车过程中冒蓝烟、发动机无力等现象**

故障发生状况提示:**行驶速度、发动机状态、发生时间、部位、天气、路面状况、声音描述**

接车员检测确认建议:**需对发动机润滑系进行综合修维护**

车间检测确认结果及主要故障零部件:**需对发动机润滑系进行综合修维护**

车间检查确认者:_____

外观确认:

(请在有缺陷部位作标识)

功能确认:(工作正常√　不正常×)
- □音响系统　　□门锁(防盗器)　□全车灯光　□工具
- □后视镜　　　□顶窗　　　　　□座椅　　　□点烟器
- □玻璃升降器　□玻璃

物品确认:(有√　无×)

- □贵重物品提示
- □工具　　□备胎　　□灭火器
- □其他(　　　　　　　　)
- 旧件是否交还用户　□是　□否
- 用户是否需要洗车　□是　□否

· 检测费说明:本次检测的故障如用户在本店维修,检测费包含在修理费用内;如用户不在本店维修,请您支付检测费。本次检测费:¥_____元。
· 贵重物品:在将车辆交给我店检查修理前,已提示将车内贵重物品自行收起并保存好,如有遗失恕不负责。

接车员:_____　　　　用户确认:_____

二、信息收集与处理

按照表 4-2-2 完成任务 4.1 的信息收集与处理。

笔记

表 4 - 2 - 2　信息收集与处理

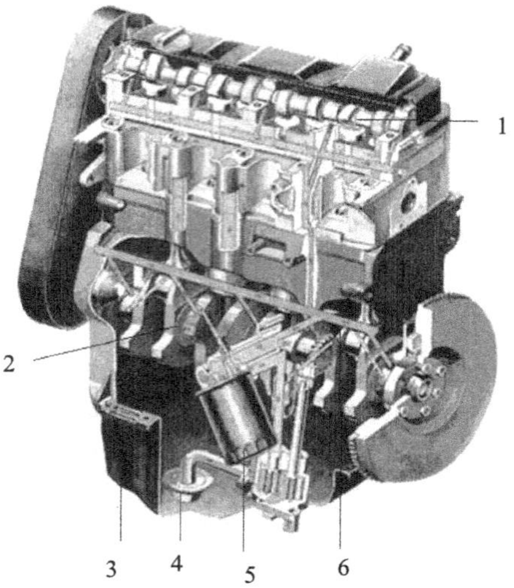

序号	部件名称	作　　用
1		
2		
3		
4		
5		
6		

1. 机油的种类：_____；

_____ 和 _____

（一）机油的种类

国际上广泛采用美国 SAE 黏度分类法和 API 使用分类法，而且它们已被国际标准化组织（ISO）确认。美国工程师学会（SAE）按照机油的黏度等级，把机油分为冬季用机油和非冬季用机油。冬季用机油有 6 种牌号：SAE0W，SAE5W，SAE10W，SAE15W，SAE20W 和 SAE25W。非冬季机油有 4 种牌号：SAE20，SAE30，SAE40 和 SAE50。号数较大的机油黏度较大，适于在较高的环境温度下使用。

API 使用分类法是美国石油学会（API）根据机油的性能及其最适合的使用场合，把机油分为 S 系列和 C 系列两类。S 系列为汽油机油，目前有 SA，SB，SC，SD，SE，SF，SG 和 SH8 个级别。C 系列为柴油机油，目前有 CA，CB，CC，CD 和 CE5 个级别。级号越靠后，使用性能越好，适用的机型越新或强化程度越高。其中，SA，SB，SC 和 CA 等级别的机油，除非汽车制造厂特别推荐，否则将不再使用。

我国的机油分类法参照采用 ISO 分类方法。GB/T7631.3—1995 规定,按机油的性能和使用场合分为:

(1) 汽油机油:SC,SD,SE,SF,SG,SH 等 6 个级别。

(2) 柴油机油:CC,CD,CD,CE,CF 等 5 个级别。

(3) 二冲程汽油机油:ERA,ERB,ERC,ERD 等 4 个级别。

(二) 机油的性能

汽车发动机机油在润滑系统内循环流动,循环次数每小时可达 100 次。机油的工作条件十分恶劣,在循环过程中,机油与高温的金属壁面及空气频频接触,不断氧化变质。窜入曲轴箱内的燃油蒸气、废气以及金属磨屑和积炭等,使机油受到严重污染。另外,机油的工作温度变化范围很大:在发动机起动时为环境温度;在发动机正常运转时,曲轴箱中机油的平均温度可达 95℃或更高。同时,机油还与 180～300℃的高温零件接触,受到强烈地加热。

1. 适当的黏度

机油黏度对发动机的工作有很大的影响。黏度过小,在高温、高压下容易从摩擦表面流失,不能形成足够厚度的油膜;黏度过大,冷起动困难,机油不能被泵送到摩擦表面。机油的黏度随温度而变化。温度升高,黏度减小;温度降低,黏度增大。

2. 优异的氧化安定性

氧化安定性是指机油抵抗氧化作用不使其性质发生永久变化的能力。当机油在使用与储存过程中与空气中的氧气接触而发生氧化作用时,机油的颜色变暗,黏度增加,酸性增大,并产生胶状沉积物。氧化变质的机油将腐蚀发动机零件,甚至破坏发动机的工作。

3. 良好的防腐性

机油在使用过程中不可避免地被氧化而生成各种有机酸。这类酸性物质对金属零件有腐蚀作用,可能使铜铅和镉镍一类的轴承表面出现斑点、麻坑或使合金层剥落。

4. 较低的起泡性

由于机油在润滑系中快速循环和飞溅,必然会产生泡沫。如果泡沫太多,或泡沫不能迅速消除,将造成摩擦表面供油不足。控制泡沫生成的方法,是在机油中添加泡沫抑制剂。

5. 强烈的清净分散性

机油的清净分散性是指机油分散、疏松和移走附着在零件表面上的积炭和污垢的能力。为使机油具有清净分散性,必须加入清净分散添加剂。

6. 高度的极压性

在摩擦表面之间的油膜厚度小于 $0.3～0.4\mu m$ 的润滑状态,称边界润滑。习惯上把高温、高压下的边界润滑,称为极压润滑。机油在极压条件下的抗摩性叫作极压性。

(三) 机油选用注意事项

汽油机润滑油的选用是发动机日常维护中非常重要的项目。若润滑油选用不当极易造成发动机非正常磨损和损坏。人们要想延长发动机的使用寿命、减少维护费用,必须正确选择润滑油。

1. 根据汽车出厂说明书指定的质量等级选用

一般汽车厂商为方便用户使用更换指定用油,指定用油都是大众化的油,规格一般要比出厂装车用油低一个级别。例如,高档车的出厂装车油如果是 SL 级别,则指定用油就是 SJ 级别。而中低档车出厂装车油如果是 SJ 级别,指定用油就是 SH 级别。

2. 根据地区、季节、气温选用不同黏度级别的机油

我国国土面积幅员辽阔,随着高速公路的延伸扩展人们的活动空间在日益扩大。因此不同的地区、季节、气温应选用不同黏度级别的机油。机油的黏度与温度呈反比的关系,当发动机冷态时,机油黏度较高,若选用的机油较稠,便会给启动马达、电瓶等增加额外的损耗;但若机油过稀,在高温工作下则难以形成足够的保护膜而引起润滑不足,导致机件加大磨损。因此冬季温度低的地区选用黏度低的润滑油,反之,则选用黏度高的润滑油。

我国有大面积的高原地带。在高原由于气压比较低应尽量使用挥发小的润滑油。在 ILSAC——国际润滑剂标准化和批准委员会,汽油机油产品节能标准(GF-1 GF-2 GF-3 GF-4)中,对汽油机油蒸发性作了明确规定。汽油机油 GF-2(SJ)规格要求的蒸发损失为 22%,GF-3(SL)规格要求的蒸发损失为 15%,因此应尽量使用蒸发损失低的 GF-3 规格汽油机油。

3. 根据车辆的负荷、转速及各种工况选用相应的润滑油

新发动机走合期应选用低黏度的内燃机油。因为新发动机机件紧又要求把磨合的金属削冲刷下来,所以新车走合期应选用适当低黏度的机油。

夏季气温较高或重负荷、高速度、长距离运输、工况恶劣的汽车应选用黏度较大的机油。或选用全合成油。冬季气温低或车辆的使用又只是代步上下班,经常在车龙里当尾巴。应选用低黏度机油,以保证发动机易于起动,减少阻力,降低耗油量。

汽车用久了发动机各部件间隙大了,这时就应考虑适当增加机油黏度了。如果您的汽车是高压缩比发动机,那您唯一的选择是黏度高的合成机油。

4. 电控发动机及带涡轮增压的发动机对机油的要求

现在新出的汽车中,电控汽车的比例越来越多了。安装了三元催化转化器的电喷车必须使用低含磷量的机油。如果机油中的磷含量过高,使三元催化转化中毒而失效,排放的废气就无法降到最低。机油中的磷含量低于 0.12% 才能保证三元催化转化器的工作正常进行。

5. 换油周期

一般汽车所用机油的换油周期为 5 000km。许多车主朋友将此作为一种固定的认识。其实每辆车因发动机状况、所用机油和使用环境不同,其合理的换油周期也应有一定的差别,不能一概而论。

6. 慎用机油添加剂

当前,各种提高机油效果的添加剂扑面而来。在加入添加剂后,添加剂能否与机油很好地相溶,是机油添加剂面临的最大问题。因为每一系列品牌机油都有一定的标准,成分和使用条件有一定的差别。不是任何一种添加剂都会与任一款机油相溶。加入后如果不相溶或与原有机油中的成分发生化学反应,生成酸性物质,一些成分饱和析出,堵塞油道,不仅对汽车没有好处,反而会对汽车造成伤害,建议车主要慎用各种机油添加剂。

（四）润滑系的维护

1. 清洗润滑系步骤

（1）在发动机静态状态下，把曲轴箱和机油粗、细滤清器的机油全部放完。

（2）从加机油口加注相当于标准容量 60%～80% 的清洗油（或经过滤清的优质轻柴油），然后使发动机怠速运转 2～3min（或拆下全部火花塞，用手摇柄摇转曲轴 3～5min）。

（3）清洗完毕后，放尽清洗油。

（4）取出粗、细滤清器芯，用蘸清洗油的棉纱擦净滤清器内腔。

（5）将粗滤清器滤芯总放在清洗油中用毛刷刷净，然后用压缩空气吹干净装回。

（6）更换后的细滤芯用干净机油浸泡装回，并向滤清器内加入新机油，装好细滤清盖。

（7）用蘸清洗油的棉纱擦干净油底壳内腔，刮除外部的油污，然后用清洗油由内至外将油底壳洗干净，并使其自干或吹干。

（8）把集滤器滤网分解，用清洗油洗净，并疏通集滤器的管道，然后装回，注意防止集滤器装反，以免与连杆端头刮碰。

（9）清洁曲轴箱通风装置，拆下通风管和阀门，清洁后用压缩空气吹干净，装回后检查各接头有无漏气现象。

（10）装回油底壳，并注意将曲轴箱与油底壳处的衬垫切实垫好，以防漏油。

（11）按规定标准，向曲轴箱内加入新鲜机油。

2. 润滑系的维护工作

（1）要选用合格的润滑油。必须按说明书中的要求加注润滑油，尤其对进口二冲程增压发动机更应注意。加注的机油内不允许混入水、灰尘和杂质等。

（2）要经常检查曲轴箱油面高度，并保持油面高度不过高，也不过低。新修的发动机应加入略多的机油，经运转后，停车检查油面高度，多则放，注则添。添加的机油必须与原用的机油等级相同。

（3）机油油面低于下限标记时，不许起动发动机；低于中间标记，不许出车。

（4）检查油面高度时，应同时用手捻搓机油尺上的机油，检查其黏度及有无汽油或水泡。含水的机油呈灰色。

（5）若发现润滑油变质变色、油底壳沉积物过多或油中混入水、燃油，应及时更换。

（6）在运转中，应经常注意油压、油温和油压警报指示灯，发现不良现象时应及时停车检查，并排除故障。

（7）每日停车后应旋转机油粗滤器手柄 2～3 转，察听离心式转子机油细滤器惯性运转的"嗡、嗡"声，若不符合要求，应及时进行检修。

（8）经常进行曲轴箱通风装置的维护、检修工作，确保油底壳内油质良好。

（9）利用维护和检修，对润滑油道或润滑系进行清洗，并按规定要求更换机油滤芯或滤清器。

（10）按车型规定的机油更换周期，结合机油品质情况及时更换机油。

（11）当更换不同牌号、不同厂家的机油时，须清洗整个润滑系，以防不同牌号的机油混合使用引起变质。

笔 记

（12）应严格执行冬、夏交替的季节性换油制度。

（13）注意观察并记载机油消耗量，出现不正常情况应及时查找出原因。

3. 机油量的检查

用机油尺检查机油量是唯一准确可靠的方法。检查发动机机油存量时，必须将车辆停放在水平路面上，待发动机熄火 5min 后机油流回油底壳，再进行检查。应先拔出机油尺，擦干净后重新插入曲轴箱内，第二次拔出机油尺的油迹显示才是正确的。检查机油尺上的机油面位置，应在其上、下限标记之间。

4. 机油的牌号及机油的更换

车辆每行驶一定的里程或一定的时间应更换机油一次。奥迪 100、桑塔纳车系发动机采用的是优质多级机油，如 API-SF 或 SE（或者生产厂家认可的国产机油），其更换里程为每行驶 7 500km 更换一次。对于那些经常在尘土较大等恶劣道路条件下行驶的车辆，还要根据实际情况需要，提前进行机油更换。其标准量为 3L，包括滤清器存油 0.5L，更换机油时只需要换 2.5L 即可。如果机油滤清器可更换，而需加足 3L 机油。

机油的更换方法：

（1）预热发动机，使机油变热。

（2）拧出发动机放油螺栓，放出机油。

（3）使用新的放油螺栓垫片，安装好放油螺栓，然后加注推荐品牌的机油。

（4）待机油面上升至油尺上的规定高度后，运转发动机数分钟，检查有无机油渗漏现象，最后检查机油高度并酌情添加。

5. 机油滤清器的更换

车辆每行驶一定里程或一定时间应更换机油滤清器。

桑塔纳车系、奥迪 100 发动机的机油滤清器在汽车行驶 1 500km 后更换一次。对于经常行驶在恶劣道路条件下的汽车，还应经常检查情况，必要时提前更换机油滤清器。

机油滤清器的更换一般在发动机更换机油时进行，下面以以桑塔纳 3000 为例介绍机油滤清器的拆装步骤。如表 4-2-3 所示。

表 4-2-3　机油滤清器的拆装步骤

图　　示	步　　骤
SST	（1）先将发动机机油泄放 （2）用专用滤清扳手拆卸机油滤清器

（续表）

图　示	步　骤
	（3）检查新机油滤清器上的螺纹和橡胶密封圈是否完好，并清洗机油滤清器安装表面，在新机油滤清器的橡胶密封圈上涂上少许机油
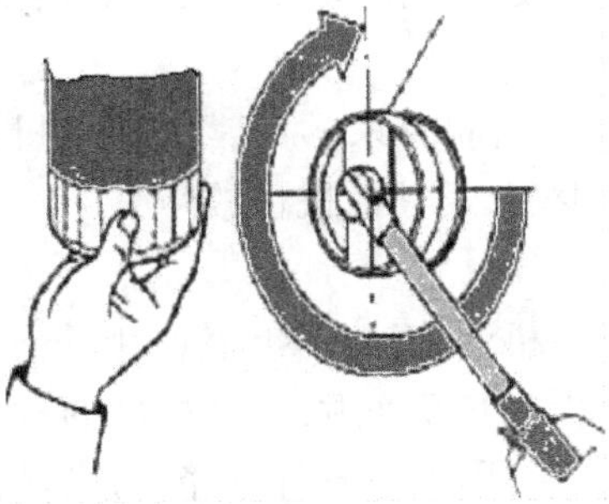	（4）用手将滤清器旋进到橡胶密封圈被固定到滤清器座的安装表面上为止 （5）将机油滤清器扳手顺时针拧紧滤清器7/8圈（其外圈有8个均布的数字）
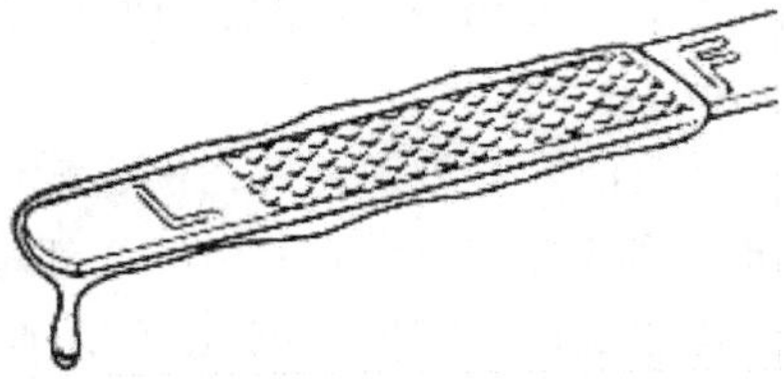	（6）装好放油螺栓后，加入发动机机油 （7）起动发动机，检查是否有机油渗漏，熄火后检查机油液面是否正常（液面在上、下刻度中间位置）。若不正常，添加或放泄机油

6. 机油压力开关的检查

机油压力开关安装在气缸体的润滑道上，通过配线与机油压力指示灯相连。点火开关接通时，机油压力开关立即点亮，发动机起动后，应立即熄灭，否则说明润滑系机油压力不正常。遇到不正常的情况，应先检查机油量、机油品质及机油渗漏情况，如均正常，则应检查机油压力开关。

（1）从发动机机油压力开关上拆下黄/红导线。

（2）检查机油压力开关正极端子与车体接地端子之间的导通情况。发动机熄火后，应为导通；发动机运转时，应不通。

（3）如机油压力开关正常，则应检查机油压力。

7. 机油压力的检查

（1）停熄发动机，装上外接转速表。

（2）拆下机油压力开关，并在其螺纹孔中通过专用机油压力表接头，安装机油压力表。

（3）起动发动机，机油压力表如无压力显示，则应立即停止发动机，检查机油泵是否工作及集滤器是否堵塞。

（4）若机油压力表有显示，则继续运转发动机，待发动机达到正常温度（冷却风扇至少

笔记

运转两次,相当于机油温度为 80℃)后,检查机油压力表上的压力值,应符合要求。若机油压力不符合要求,则应进一步检查机油泵的技术状况及限压阀的调整情况。

(五) 润滑系检修

1. 机油滤清器的检修

1) 集滤器的检修

检查集滤器滤网是否堵塞,若有堵塞应用柴油或煤油清洗干净后用压缩空气吹干;有破损则应更换集滤器。

2) 机油粗滤器的检修

汽车每行驶 1.2 万 km,应将粗滤器更换。若发现外壳破损、漏油现象时也应更换粗滤器。

2. 机油泵的拆卸与检修

机油泵是润滑系中的重要部件,它的技术状况直接影响润滑系的正常工作。机油泵经长期工作受到磨损时,将造成泵油压力降低和泵油量减少,以及其他机械故障。

机油泵的拆装检修步骤如下。

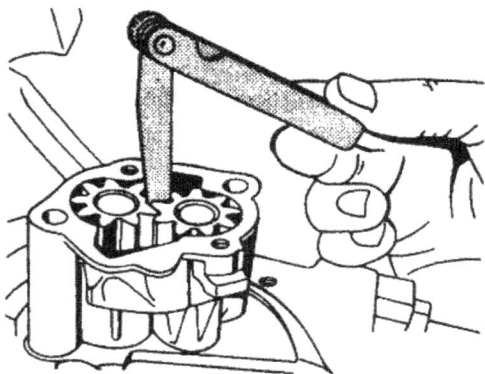

图 4-2-1　检查机油泵传动齿轮齿面
间隙与机油泵的轴向间隙

(1) 拆下机油集滤器和油管,用厚薄规检查机油泵传动齿轮齿面间隙与机油泵的轴向间隙(如图 4-2-1 所示)。机油泵传动齿轮齿面间隙磨损极限为 0.20mm;机油泵轴向间隙磨损极限为 0.15mm。

(2) 拆下机油泵紧固螺钉,分开泵盖和泵壳,取下衬垫和被动齿轮。清洗分解后的全部零件。

(3) 检查油泵孔的磨损程度,螺孔是否损坏,泵壳有无裂纹。机油泵壳主动轴孔与轴的配合间隙为 0.03~0.075mm,最大不得超过 0.20mm。

(4) 检查齿轮端面与上盖之间的间隙,如图 4-2-2 所示。

(5) 用百分表检查泵轴是否弯曲,如果指针摆差超过 0.06mm,应进行校正。主动轴与轴套孔的配合间隙,使用限度为 0.15mm。

(6) 按与拆相反顺序装复,装复后应进行试验。试验项目为测试机油泵的压力和流量。确认性能良好后再装车。

(六) 润滑系典型故障类型、诊断与排除

发动机润滑系的技术状况,影响到发动机的工作性能和使用寿命。在汽车的使用过程中,润滑系有时会产生机油变质、机油压力变化、机油消耗量异常等现象,此时,应将发动机润滑系故障排除,以防止发动机出现更加严重的损坏。发

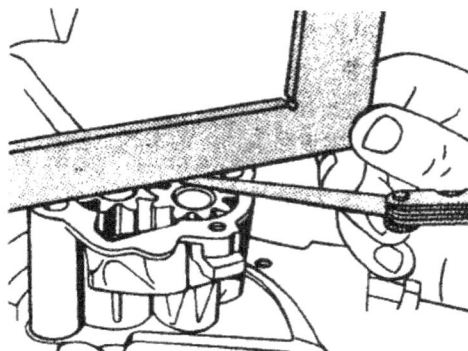

图 4-2-2　检查齿轮端面与上盖之间的间隙

动机润滑系常见的故障有机油压力过高或过低。下面介绍故障的诊断与排除。

1. 机油变质过快故障的诊断与排除

1）故障现象

（1）车辆行驶不足 12 000 km，机油出现了脏、变色、变稀，机械杂质增多等现象。

（2）取样检查时，机油颜色变黑，用手指捻搓，失去黏性并有杂质。

（3）机油呈乳浊状且有泡沫。

2）故障原因

（1）活塞与气缸壁间间隙过大，活塞环密封不严造成漏气，废气漏入曲轴箱内与机油长时间接触，使机油变质加快。

（2）曲轴箱通风不良。

（3）发动机冷却不良或机油压力过低，造成摩擦表面温度过高，由此传给机油，使得机油温度过高，加速了机油的氧化变质。

（4）机油滤清器过脏堵塞，造成润滑油短路。

（5）气缸垫或气缸体损坏，造成冷却液进入曲轴箱，使机油变质。

（6）发动机工作不良，未燃烧的燃料流入曲轴箱，造成机油黏度下降。

3）故障诊断与排除

（1）拔出机油标尺，将数滴机油滴在中性滤纸上，观察其扩散后的油迹。若油迹中心黑色较重且有很多杂质，说明机油含有较多的尘土及金属微粒和氧化物等。应检查机油压力是否偏低；发动机是否经常处于高温；活塞与气缸壁的间隙是否过大；曲轴箱通风装置工作是否良好等。

（2）若机油已经乳化，说明机油中掺进了水分。则应拆下火花塞或喷油器，检查表面是滞有水珠。若有水珠，说明有水分进入气缸内参与燃烧。应检查气缸垫是否损坏；水套与燃烧室是否相通；气缸套上的密封垫是否漏水等。

（3）若机油变质的同时，伴随着机油压力过低，则应检查机油滤清器是否堵塞；机油滤清器旁通的弹簧是否过软；机油泵的供油能力是否下降等。

2. 机油压力过低故障诊断与排除

1）故障现象

发动机工作时，机油压力报警灯闪烁，机油压力表显示低于标准压力。

2）故障原因

（1）机油压力传感器、线路故障。

（2）机油压力表失准。

（3）机油变质（燃油油路有漏油现象，机油被燃油稀释或机油因长时间未更换而变质）。

（4）机油泵磨损，造成供油压力不足。

（5）机油压力油路有泄漏部位。

（6）机油滤清器堵塞。

（7）油路调压阀压力调整偏低或泄漏。

（8）曲轴主轴承、连杆轴承磨损严重或轴承盖松动。

3）故障诊断与排除

如图 4-2-3 所示。

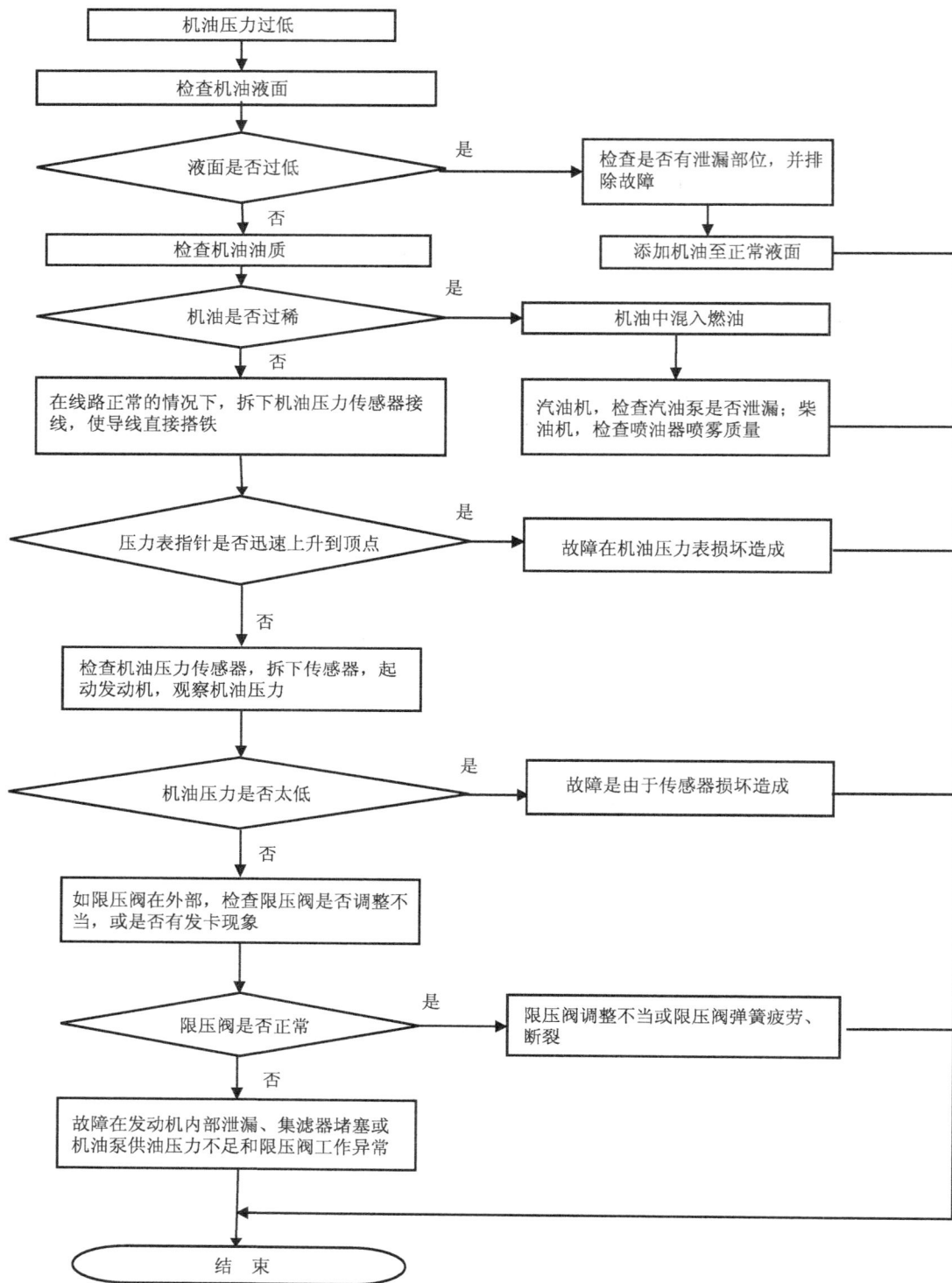

图 4 - 2 - 3 机油压力过低故障诊断

3. 机油压力过高故障诊断

1) 故障现象

发动机怠速时机油压力表显示高于正常压力(机油压力表指示在196kPa以上或机油报警灯亮)。

2) 故障原因

(1) 机油压力传感器线路或元件故障。

(2) 机油黏度偏高,机油变质和机油滤清器堵塞。

(3) 限压阀压力调整偏高或限压阀发卡。

(4) 油道堵塞或曲轴主轴承、连杆轴承等间隙过小。

3) 故障诊断与排除如图4-2-4所示。

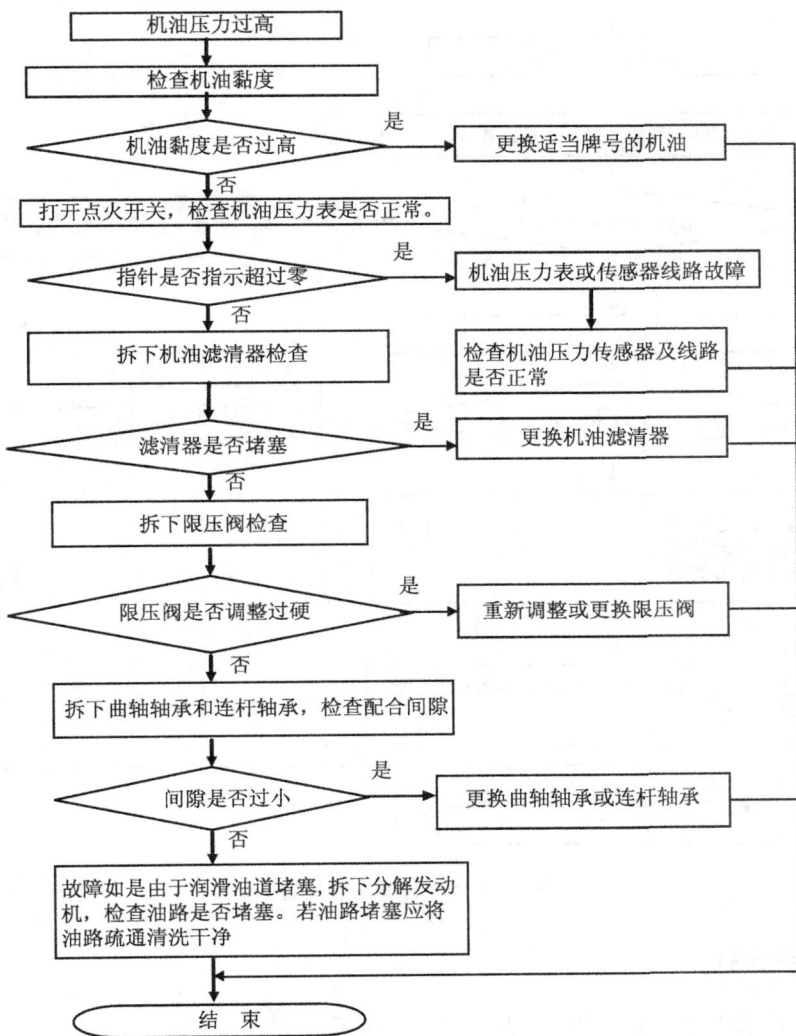

图4-2-4　机油压力过高故障诊断

笔 记

4．机油消耗过大

1）故障现象

（1）发动机工作时排气管冒"蓝烟"。

（2）发动机机油消耗量超过(0.1~0.5)L/100km。

（3）发动机工作不正常，有"爆震"现象和漏油现象。

2）故障原因

（1）发动机气门油封损坏和活塞、活塞环及气缸套磨损过度。

（2）发动机曲轴前油封或后油封损坏。

（3）发动机气缸垫损坏或气缸盖螺丝松动，造成油路渗漏。

3）故障诊断与排除

如图4-2-5所示。

```
┌─────────────────────────┐
│      机油消耗量过大        │
└─────────────────────────┘
            │
┌─────────────────────────┐
│  检查曲轴前后滑动封及各油路接头  │
└─────────────────────────┘
            │
       ◇是否有渗漏现象◇──是──┐
            │否              ↓
            │        ┌──────────────────┐
            │        │ 更换油封或垫片，紧固接头 │
            │        └──────────────────┘
┌─────────────────────────┐         │
│       检查气门油封         │         │
└─────────────────────────┘         │
            │                      │
       ◇气门油封是否损坏◇──是──┐       │
            │否              ↓       │
            │        ┌──────────┐    │
            │        │ 更换气门油封 │   │
            │        └──────────┘    │
┌─────────────────────────────────┐ │
│ 发动机高速运转时，排气管冒蓝烟，且加油口处 │ │
│ 有大量或脉动烟雾冒出，应检查活塞、活塞环与 │ │
│ 气缸套的配合间隙                    │ │
└─────────────────────────────────┘ │
            │                       │
┌─────────────────────────────────┐ │
│ 更换或加工活塞、活塞环与气缸套，使其配合间隙 │ │
│ 符合标准                          │ │
└─────────────────────────────────┘ │
            │←──────────────────────┘
      ┌───────────┐
      │   结  束    │
      └───────────┘
```

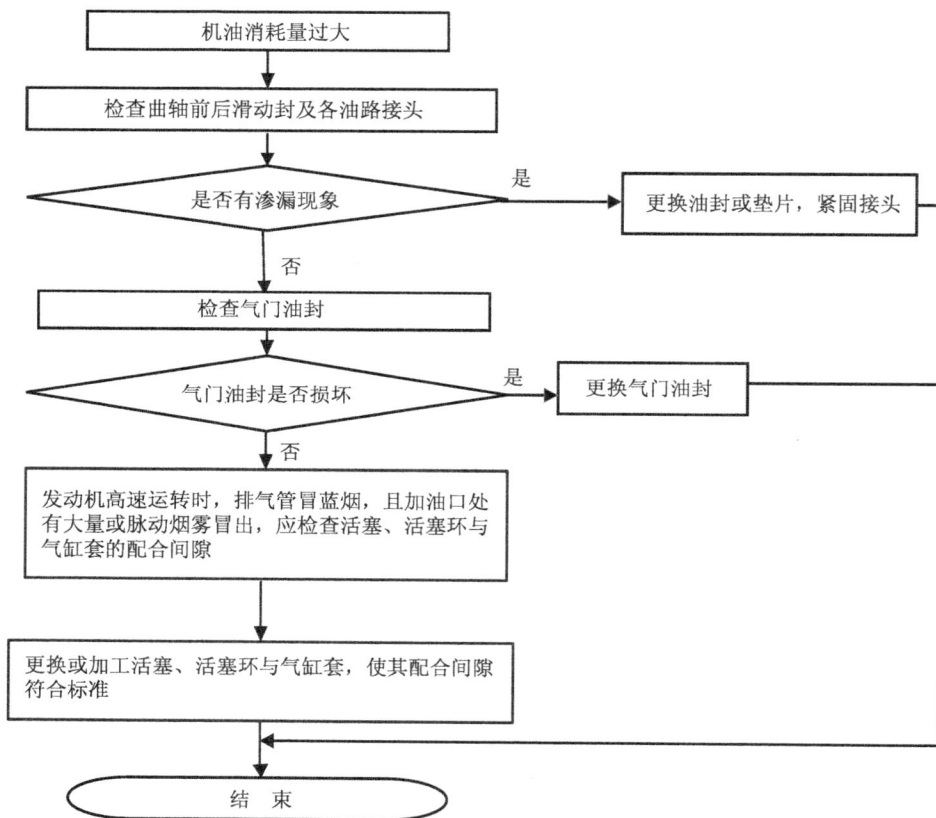

图4-2-5 机油消耗量过大

三、制订维护计划

制订发动机润滑系维护计划，如表4-2-4所示。

表4-2-4　润滑系维护计划

1. 查阅维修手册,了解车辆发动机日常保养项目 2. 查阅资料,熟悉汽车发动机润滑系拆检作业注意事项和发动机润滑系维护项目,制订汽车发动机润滑系维护计划	
1. 车辆描述	发动机日常保养项目
2. 汽车发动机润滑系拆检作业注意事项描述	(1) 不能长时间及频繁接触矿物油,它会使皮肤中的自然脂肪消失,导致皮肤干燥、疼痛及皮炎。此外,用过的机油中还会有可能导致皮肤癌的潜在有害污染物。因此,更换机油时,应该小心,尽量减少皮肤接触机油的次数和时间。应该穿戴机油不能渗透的防护衣服和手套。操作完毕后,应用肥皂和水(或无水洗手液)彻底清洗皮肤,以除去用过的机油。不要使用汽油、稀释剂或溶剂洗手。为了保护环境,用过的机油和机油滤清器一定要弃置在指定的场地 (2) 拆卸前应对零件在制造时所做的记号加以核对和辨认,没有记号时,要在零件非工作面上做出必要的记号,如机油泵拆卸等 (3) 注意保护待检零件 (4) 严格按照拆装步骤操作 (5) 正确使用检测量具
3. 发动机润滑系拆检信息描述	(1) 机油性能有_____;_____;_____;_____;_____和_____。 (2) 选用机油注意事项:_____;_____;_____;_____和_____等
4. 发动机润滑系维护描述	
5. 汽车发动机润滑系拆检计划	➤ 拆装工具和检测量具的准备 ➤ 拆装步骤的确定 ➤ 检测项目的确定 ➤ 拆检作业安全事项的学习

四、实施维护作业

汽车发动机润滑系维护作业,如表4-2-5所示。

表4-2-5　润滑系维护作业

1. 学习汽车发动机润滑系拆检作业安全事项 2. 会正确对汽车发动机润滑系维护作业	
1. 汽车发动机润滑系维护计划描述	
2. 汽车发动机润滑系拆检作业安全事项学习	1. 注意人身和机件的安全,不了解情况的先了解后动手,特别是注意在车底下工作时的人身安全。操作时工具和地板必须保持清洁 2. 尽量减少皮肤接触机油的次数和时间 3. 注意防火 4. 认真接受实习前的安全知识教育

笔 记

	检查项目	作业要领	技术标准	检查记录
3. 汽车发动机润滑系拆检	拆检工具和量具设备选用	（1）塞尺 （2）游标卡尺 （3）机油滤清器扳手 （4）拆装工具	（1）塞尺长度常用有 100mm、150mm、200mm、300mm 四种 （2）游标卡尺最小单位为 0.02mm，即精确度为 0.02mm	（1）选用的塞尺为 （2）选用的游标卡尺为 （3）机油滤清器扳手表为 （4）拆装工具有
	润滑系维护	（1）清洗润滑系 （2）检查机油油面高度 （3）检查机油是否变质变色、油底壳沉积物过多或油中混入水、燃油 （4）检查机油油压、油温和油压警报指示灯 （5）检查机油滤清器是否堵塞或失效	（1）机油油面高度应规定刻度内 （2）机油颜色应是黄色，有黏度 （3）汽油机油压应为 196～392kPa，柴油机油压应为 296～588kPa （4）机油滤清器的更换周期一般为 1.2 万 km	（1）机油油面高度为 （2）机油颜色是 黏度情况为 （3）机油压为 （4）该机油滤清器使用里程已经为：
	机油滤清器的更换	（1）先将发动机机油泄放 （2）用专用滤清扳手拆卸机油滤清器 （3）检查新机油滤清器上的螺纹和橡胶密封圈是否完好，并清洗机油滤清器安装表面，在新机油滤清器的橡胶密封圈上涂少许机油 （4）用手将滤清器旋进到橡胶密封圈被固定到滤清器座的安装表面上为止 （5）将机油滤清器扳手顺时针拧紧滤清器 7/8 圈（其外圈有 8 个均布的数字） （6）装好放油螺丝后，加入发动机机油 （7）起动发动机，检查是否有机油渗漏，熄火后检查机油液面是否正常（液面在上、下刻度中间位置）。若不正常，添加或放泄机油		（1）机油滤清器的橡胶密封圈是否完好： （2）是否堵塞： （3）螺栓是否打滑： 4. 加注机油量为：
	机油泵的拆卸与检修	（1）拆下机油集滤器和油管，用厚薄规检查机油泵传动齿轮齿面间隙与机油泵的轴向隙。机油泵传动齿轮齿面间隙磨损极限为 0.20mm；机油泵轴向间隙磨损极限为 0.15mm （2）拆下机油泵紧固螺钉，分开泵盖和泵壳，取下衬垫和被动齿轮。清洗分解后的全部零件 （3）检查油泵孔的磨损程度，螺孔是否损坏，泵壳有无裂纹。机油泵壳主动轴孔与轴的配合间隙为 0.03～0.075mm，最大不得超过 0.20mm （4）检查齿轮端面与上盖之间的间隙 （5）用百分表检查泵轴是否弯曲，如果指针摆差超过 0.06mm，应进行校正。主动轴与轴套孔的配合间隙，使用限度为 0.15mm		（1）机油泵传动齿轮齿面间隙与机油泵的轴向隙为 （2）螺孔是否损坏： （3）泵壳有无裂纹： （4）机油泵壳主动轴孔与轴的配合间隙为
	检查与维护后的结论和体会			

五、检验评估

项目四任务 4.2 的检验评估如表 4-2-6 所示。

表 4-2-6　检验评估

评 价 指 标	检 验 说 明	检 验 记 录
维护检查项目	➢ 拆检工具和量具设备 ➢ 检查机油是否变质 ➢ 检查零部件的损坏情况 ➢ 检查机油滤清器	
汽车发动机润滑系维护过程情况		

评价内容	检 验 指 标	权重	自评	互评	总评
检查任务完成情况	1. 完成任务的情况 2. 任务完成的质量 3. 在小组完成任务过程中所起的作用	4			
专业知识和专业技能	1. 能描述发动机润滑系的功用 2. 能描述汽车发动机润滑系的性能 3. 能描述汽车发动机润滑系的选用注意事项 4. 能熟练地维护和检修汽车发动机润滑系 5. 会汽车发动机润滑系典型故障进行诊断和排除	8			
职业素养	1. 学习态度:积极主动参与学习 2. 团队合作:与小组成员一起分工合作,不影响学习进度 3. 现场管理:服从工位安排、执行实训室"5S"管理规定	3			
综合评议与建议					

项目拓展

想一想:

1. 桑塔纳 3000 与其他车型发动机的润滑系拆检步骤和维护项目是否相同

2. 奥迪 Q7 发动机的润滑系拆检步骤和维护项目

项目五　检修冷却系

Description 项目描述	一辆03款捷达发动机水温报警灯闪亮、水温表读数高、发动机无力等现象,后来到修理厂检查后才发现由于某处水管漏水导致发动机缺水,引起水温偏高 　　你是一名中级修理工,在发动机大修中应如何对冷却系统进行检修
Objects 项目目标	1. 收集汽车冷却系统操作规范相关信息,制订汽车冷却系统操作计划 2. 能描述冷却系统的各部件名称及功能,能描述汽车冷却系统的作用 3. 能根据汽车冷却系统维护作业规范,实施维护作业
Tasks 项目任务	任务1　认识冷却系 任务2　拆检冷却系的主要零部件
Implementation 项目实施	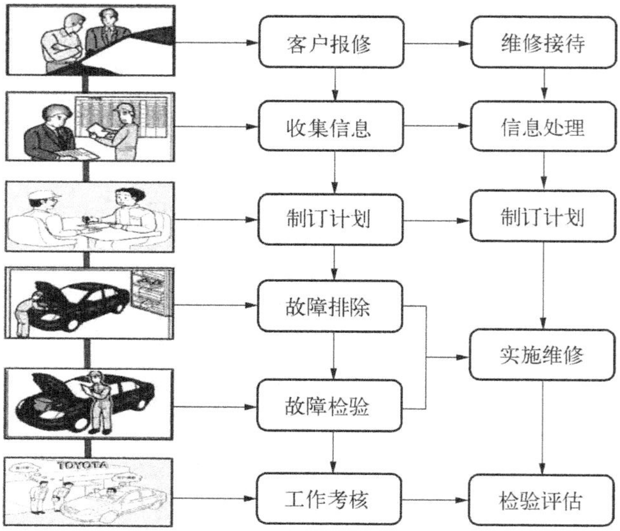

任务5.1　认识冷却系

任务描述	一辆03款捷达发动机水温报警灯闪亮、水温表读数偏高、发动机无力等现象,进厂进行维修。针对维修接待和车间确认意见,需对冷却系结构组成进行详细检查
任务目标	1. 能描述冷却系的作用和类型 2. 能说出冷却系的主要零件及其作用 3. 能描述冷却系的大小循环路线图

一、维修接待

按照表 5-1-1 完成待修车辆的维修接待,并准确填写接车问诊表。

表 5-1-1 维修接待与接车问诊表

1. 通过询问客户了解汽车使用情况,填写接车问诊表
2. 车间检测初步确认结果:需发动机冷却系统进行全面检测

接 车 问 诊 表

车牌号:_____　车架号:_____　行驶里程:_____(km)

用户名:_____　电　话:_____　来店时间:_____/_____

用户陈述及故障发生时的状况:**一辆 03 款捷达发动机水温报警灯闪亮、水温表读数偏高、发动机无力等现象**
故障发生状况提示:**行驶速度、发动机状态、发生频度、发生时间、部位、天气、路面状况、声音描述**
接车员检测确认建议:**需对发动机冷却系统进行全面检修,并清洗冷却系统**
车间检测确认结果及主要故障零部件:**需对发动机冷却系统进行全面检修,必要时还需要更换故障零部件**
车间检查确认者:_____

外观确认:

（请在有缺陷部位作标识）

功能确认:(工作正常✓　不正常×)

☐音响系统　　☐门锁(防盗器)　☐全车灯光　☐工具
☐后视镜　　　☐顶窗　　　　　☐座椅　　　☐点烟器
☐玻璃升降器　☐玻璃

物品确认:(有✓　无×)

☐贵重物品提示
☐工具　☐备胎　☐灭火器
☐其他(　　　　　　　)
旧件是否交还用户　☐是　☐否
用户是否需要洗车　☐是　☐否

- 检测费说明:本次检测的故障如用户在本店维修,检测费包含在修理费用内;如用户不在本店维修,请您支付检测费。本次检测费:￥_____元。
- 贵重物品:在将车辆交给我店检查修理前,已提示将车内贵重物品自行收起并保存好,如有遗失恕不负责。

接车员:_____　　　　用户确认:_____

二、信息收集与处理

按照表5-1-2完成任务5.1的信息收集与处理。

表5-1-2 信息收集与处理

①	②	③

④	⑤	⑥

⑦	⑧	⑨

在车上找出这些元件安装位置并搜集元件资料	
序号	安 装 位 置 描 述
①	
②	
③	
④	
⑤	
⑥	
⑦	
⑧	
⑨	

（一）冷却系作用、类型认识

1. 冷却系的作用

因发动机工作时，由于混合气燃烧产生大量热量，气缸最高温度可达 1 800~2 400℃，如不及时冷却就会导致机械零件材料强度下降，甚至因机件膨胀变形而卡死。此时会带来机油变稀失去润滑、混合气密度下降、发动机功率减小等危害。当然，过分的冷却，会降低热效率；且因机油黏度过大，内摩擦阻力增加等。因此冷却系的任务就是保证发动机在最适宜温度范围内工作。

冷却系的主要功用是把受热零件吸收的部分热量及时散发出去，使发动机得到适度的冷却，保证发动机在最适宜的温度状态下工作。

2. 冷却系的类型

冷却系按照冷却介质不同可以分为水冷和风冷。如表 5-1-3 所示

表 5-1-3　冷却方式的分类

冷　却　方　式	冷　却　特　点
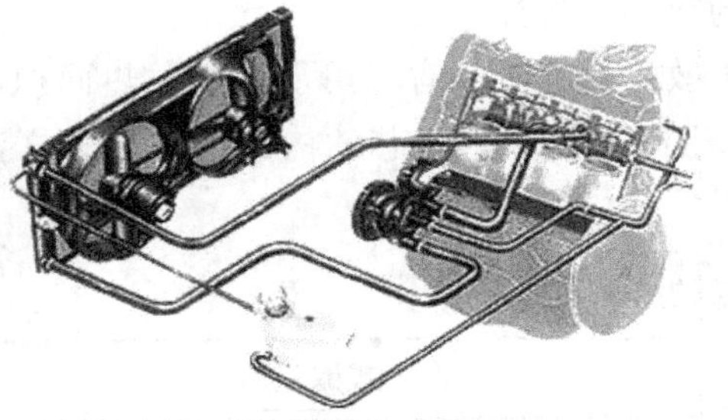 水冷却系统	水冷式就是利用冷却水在发动机气缸、燃烧室周围的水套内流动吸热，带走热量，然后再流到散热器，将热量散发到空气中，如此不断循环 优点：噪声影响小，冷却均匀，散热效果显著，一般应用在功率较大的机车或者汽车上，能够满足长时间运行的需要 缺点：相对风冷机来说构造比较复杂，制造和维护成本较高，故障率相对较高
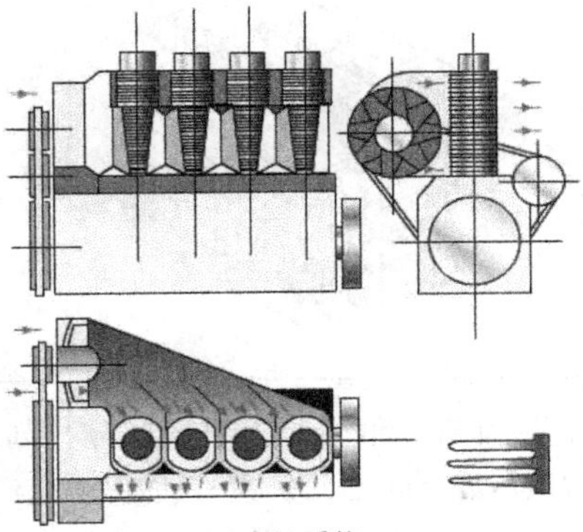 风冷却系统	风冷式就是将空气吹向带有散热片的缸体和缸盖，利用风的流动性将热量带到发动机外面。这种冷却方式用于摩托车和早期的汽车上。 优点：结构简单、重量轻、故障少、成本低廉，无需特殊保养 缺点：散热片材料质量要求高，冷却不够均匀，工作噪声大等

（二）水冷却系的主要零件名称及其作用

汽车水冷却系统一般由：散热器、散热器盖、散热风扇、水泵、水泵皮带、节温器、补偿水箱、气缸中的水套、防冻液、水管等部件组成。

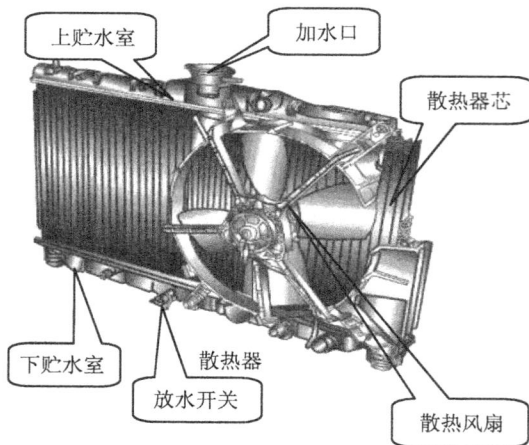

图 5 - 1 - 1　散热器的结构

1. 散热器

1）功用

增大散热面积，加速水的冷却。冷却水经过散热器后，其温度可降低 10～15℃，为了将散热器传出的热量尽快带走，在散热器后面装有风扇与散热器配合工作。

2）结构

散热器又称为水箱，由上贮水室、散热器芯和下贮水室等组成，如图 5 - 1 - 1 所示。

散热器上水贮室顶部有加水口，冷却水由此注入整个冷却系并用散热器盖盖住。在上贮水室和下贮水室分别装有进水管和出水管，进水管和出水管分别用橡胶软管和气缸盖的出水管和水泵的进水管相连，这样，既便于安装，而且当发动机和散热器之间产生少量位移时不会漏水。在散热器下面一般装有减震垫，防止散热器受振动损坏。在散热器下贮水室的出水管上还有放水开关，必要时可将散热器内的冷却水放掉。

散热器芯由许多冷却水管和散热片组成，对于散热器芯应该有尽可能大的散热面积，而且材料导热性能要好，因此，散热器芯一般用铜或铝制成。散热器芯的构造形式有多样，常用的有管片式和管带式两种，如表 5 - 1 - 4 所示。

表 5 - 1 - 4　散热器芯的结构种类

形　式	管片式散热器芯	管带式散热器芯
图　示		
说　明	冷却管的断面大多为扁圆形，它连通上、下水室，不但散热面积大，而且万一管内的冷却水结冰膨胀，扁管可以借其横断面变形而避免破裂还可增大散热器的刚度和强度	采用冷却管和散热带沿纵向间隔排列的方式，散热带上的小孔是为了破坏空气流在散热带上形成的附面层，使散热能力提高
优　点	强度和刚度都好，耐高压	散热能力强，制造工艺简单，成本低
缺　点	制造工艺较复杂，成本高	结构刚度不如管片式大，一般多为轿车发动机采用

笔记

2. 散热器盖

目前汽车发动机多采用闭式水冷系,因为水温高后会蒸发,所以采用散热器盖使冷却液不会过快挥发。同时,散热器盖的另一作用可以使冷却系统当中的冷却液沸点得到大大提高。

由图 5-1-2 关系可以看出:当冷却液在 $1.0kg/cm^2$ 压力时冷却液的沸点为 100℃ ,当冷却液在 $1.9kg/cm^2$ 压力时冷却液的沸点可达到 120.3℃ ,这意味着当冷却系统在没有泄漏的情况下,冷却液上升至 120℃ 时也不会沸腾($1kg/cm^2 \approx 98kPa$)。

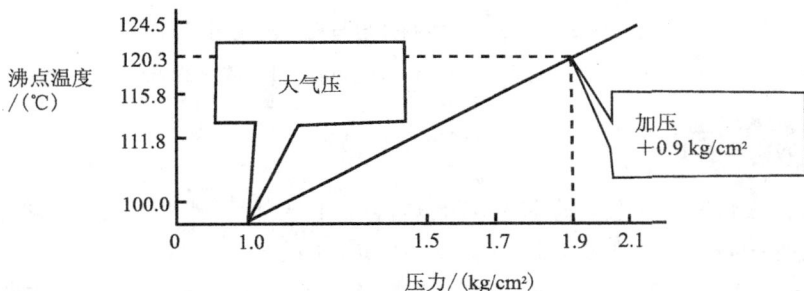

图 5-1-2 压力与沸点的关系

1) 散热器盖在冷却系中的位置

位置如图 5-1-3 所示;散热器盖实物如图 5-1-4 所示。

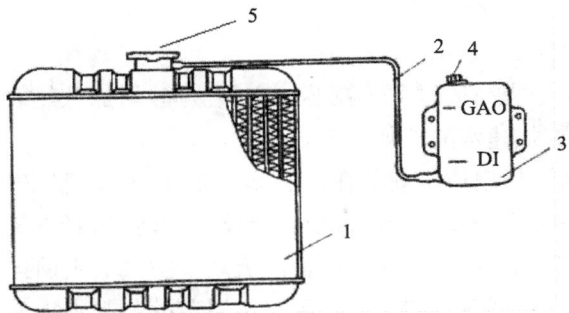

图 5-1-3 散热器盖位置

1—散热器; 2—橡胶软管; 3—补偿水桶(副水箱); 4—加液口; 5—散热器盖

图 5-1-4 散热器盖实物图

2) 散热器盖的工作原理

如图 5-1-5 所示。

(1) 冷却系统中液体的温度升高时,液体发生膨胀,导致压力增加。散热器盖是释放压力的唯一出口,因此盖子上弹簧的设置决定了冷却系统的最大压力。当压力达到约 127kPa 时,压力阀会被冲开,使冷却液从水箱中流出到副水箱中储存。

(2) 当水箱内温度下降时,冷却水箱中产生一定的真空度(一般为 87~89kPa),使散热器盖内部真空气阀开启,水会从副水箱通过导管经过真空阀门被吸进水箱内部,防止水箱缺水及水箱被大气压瘪。

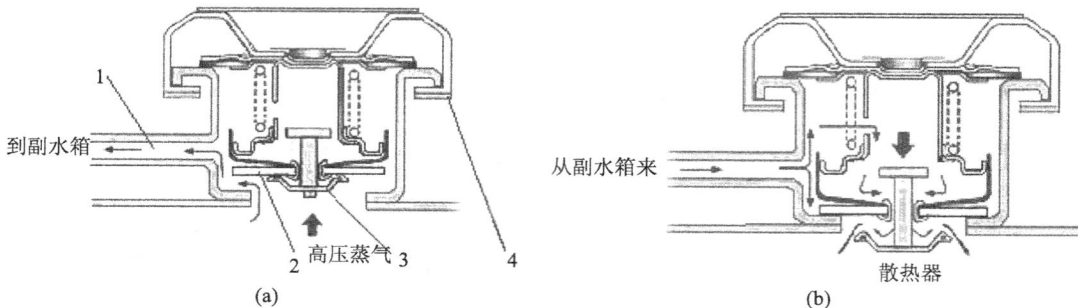

图 5 - 1 - 5　压力阀开启与压力阀关闭

1—管；　2—蒸汽阀；　3—真空阀；　4—散热器盖

注　意

● 当发动机在热状态后一般不允许打开散热器盖,因为高温时水箱内气压很高,打开时可能会被喷出的热冷却液烫伤。如果必须打开,建议打开时用一块湿布盖在散热器盖上,然后慢慢拧开散热器盖,这时用手压住散热器盖,慢慢放出水箱内的压力。等压力减小后,再完全拧开散热器盖。平时检查冷却系统水量是否足够,并不需要打开散热器盖检查水量,只需从补偿水桶中观察水量是否在上下限即可,如图 5 - 1 - 2 所示。

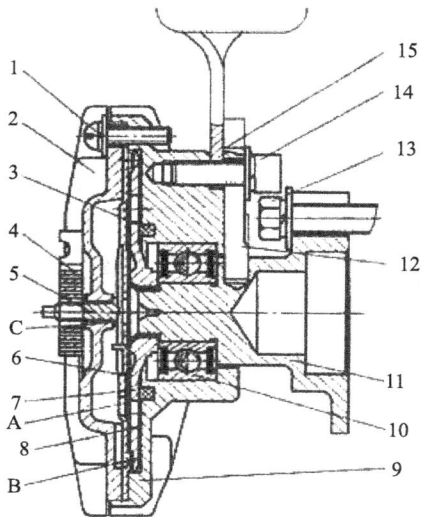

图 5 - 1 - 6　结构原理图

A—进油孔；　B—回油孔；　C—漏油孔

1—螺钉；　2—前盖；　3—密封毛毡圈；
4—双金属感温器；　5—阀片轴；　6—阀片；
7—主动板；　8—从动板；　9—壳体；
10—轴承；　11—主动轴；　12—锁止板；
13—螺栓；　14—内六角螺钉；　15—风扇

3. 散热风扇

1）功用

提高通过散热器芯的空气流速,增加散热效果,加速水的冷却。

风扇通常安装在散热器后面,由发动机风扇皮带驱动或电动机带动。当风扇旋转时,对空气产生抽吸作用,使之沿轴向流动。空气流由前向后通过散热器芯,使流经散热器芯的冷却水加速冷却。同时吸入的空气也对发动机进行散热。

为了促进散热器的散热能力,必须使用风扇送风。但如果冷却液温度较低时散热风扇一直在转动,会使发动机不能充分发挥动力,而且产生很大噪声,这时风扇送风毫无任何意义。所以我们希望散热风扇可以控制在水温低时不转,水温达到一定程度时才转动。

2）汽车散热风扇控制方式类型

（1）硅油离合器式风扇。

① 结构原理如图 5 - 1 - 6 所示；实物如图 5 - 1 - 7 所示。

笔记

② 硅油离合器式风扇工作原理。当发动机冷起动或小负荷下工作时,冷却水及通过散热器的气流温度不高,进油孔被阀片关闭,工作腔内无硅油,离合器处于分离状态。主动轴转动时,仅仅由于密封毛毡圈和轴承的摩擦,使风扇随同壳体在主动轴上空转打滑,转速极低。

当发动机负荷增加时,冷却液和通过散热器的气流温度随之升高,感温器受热变形而带动阀片轴及阀片转动。当流经感温器的气流温度超过 338K(65℃)时,进油孔被完全打开,于是硅油从贮油腔进入工作腔。硅油十分黏稠,主动板即可利用硅油的黏性带动壳体和风扇转动。此时风扇离合器处于接合状态,风扇转速迅速提高。

为不使工作腔中的硅油温度过高,黏度下降,使硅油在壳体内不断循环。由于主动板转速高于从动板,因此受离心力

图 5-1-7 部件实物图

作用从主动板甩向工作腔外缘的油液压力比贮油腔外缘的油压力高,油液从工作腔经回油孔 B 流向贮油腔,而贮油腔又经进油孔 A 及时向工作腔补充油液。为使硅油从工作腔流回贮油腔的速度加快,缩短风扇脱开时间,在从动板 8 的回油孔 B 旁,有一个刮油突起部伸入工作腔缝隙内,使回油孔一侧压力增高,回油加快。

当发动机负荷减小,流经感温器的气体温度低于 308K(35℃)时,感温器恢复原状,阀片将进油孔关闭,工作腔中油液继续从回油孔流回贮油腔,直至甩空为止。风扇离合器又回到分离状态。

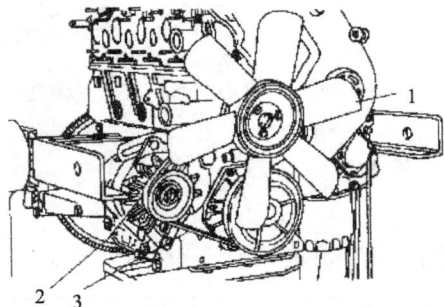

图 5-1-8 曲轴皮带驱动式风扇

(2) 发动机曲轴皮带驱动式风扇,如图 5-1-8 所示。风扇由曲轴皮带轮通过 V 带驱动,这种驱动方式常见于老款的发动机。

特点:随着发动机曲轴转动而转动,不能根据发动机的热状况对冷却强度进行调节。发动机低速大负荷时温度高,需要提高风扇转速以加强散热,但风扇转速反而随曲轴转速而降低。

(3) 电动式风扇。如图 5-1-9 所示,电动风扇由电动机驱动,蓄电池为动力,其转速与发动机的转速无关,这种驱动方式多用于现代小轿车发动机。电动机由位于散热器的温控热敏电阻开关控制,需要风扇工作时自行启动风扇无动力损失,结构简单、布置方便,如捷达、桑塔纳等轿车电动风扇均为两挡:温度 92~97℃时,热敏开关接通电动风扇 1 挡,风扇转速为 2 300r/min;温度 99~105℃时,热敏开关接通电动风扇 2 挡,风扇转速为 2 800r/min;温度降到 84~91℃时,热敏开关切断电源,风扇停转。

4. 水泵

1) 功用

对冷却水加压,加速冷却水的循环流动,保证冷却可靠。车用发动机上多采用离心式水泵。离心式水泵具有结构简单、尺寸小、排水量大、维修方便等优点。

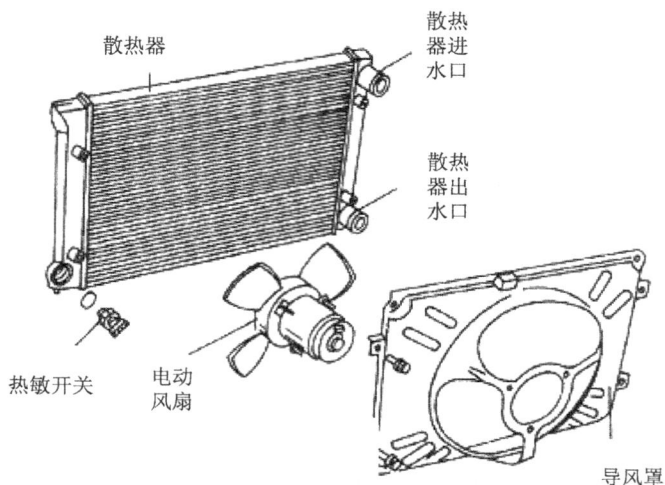

图 5-1-9　电动风扇

2）结构与工作原理

如图 5-1-10 所示。离心式水泵主要由泵体、叶轮和水泵轴组成,轮叶一般是径向或向后弯曲的,其数目一般为 6～9 片。当叶轮旋转时,水泵中的水被叶轮带动一起旋转,在离心力作用下,水被甩向叶轮边缘,然后经外壳上与叶轮成切线方向的出水管压送到发动机水套内。与此同时,叶轮中心处的压力降低,散热器中的水便经进水管被吸进叶轮中心部分。如此连续地作用,使冷却水在水路中不断地循环。如果水泵因故停止工作时,冷却水仍然能从叶轮叶片之间流过,进行热流循环,不致于很快产生过热。

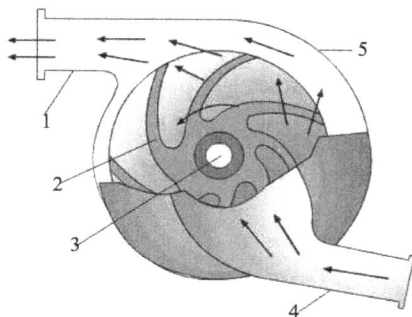

图 5-1-10　离心式水泵工作示意图

1—出水管;　2—叶轮;　3—水泵轴;　4—进水管;　5—壳体

3）水泵动力驱动形式

（1）由发动机正时皮带驱动。实物如图5-1-11所示;安装位置如图 5-1-12 所示。

图 5-1-11　正时皮带驱动的水泵实物

图 5-1-12　水泵与正时皮带

特点：正时皮带驱动水泵,使发动机外观结构更为紧凑,但更换水泵时步骤比较复杂。此种水泵多见于中高档发动机当中。

（2）由发动机附件皮带驱动,实物如图 5-1-13 所示和安装位置如图 5-1-14 所示。

图 5-1-13　发动机皮带驱动的水泵实物

图 5-1-14　水泵的发动机中的实际位置

特点：利用发动机皮带进行驱动的水泵,更换方便,但发动机外观部件更为零散。一般中低档车采用这种方式驱动。

5. 节温器

1）节温器的认识过程

发动机从冷车到热车过程中,发动机冷却液温度不断升高,而发动机最佳工作温度是 90℃,发动机温度过低、过高都会影响发动机的工作性能。

根据实验表明,发动机在 40～50℃ 低温条件下工作,其磨损量要增加 30～40 倍。使用寿命大大缩短。其原因：

（1）由于温度低,致使缸壁散热量过多,气缸中的气体温度压力、热效率降低,将使油耗增加。

（2）燃料的蒸发和雾化不良,给混合气的形成带来困难,使混合气变浓,燃烧不完全,并且大量燃料流失没能得到有效利用,造成功率下降、耗油量增加,严重时混合气中部分燃料凝在缸壁上,冲刷缸壁上的油膜,流入曲轴箱,使机油变稀,造成零件磨损增加。

（3）润滑油在低温下黏度增加,流动性变差,从而增加了曲轴与轴瓦和活塞与缸壁等摩擦副运动阻力,使功率下降、耗油增加。

（4）燃烧产生的水蒸气,由于温度低便凝在缸壁上和燃烧生成物结合成强烈的腐蚀剂,如硫酸、硝酸、碳酸等,对缸壁、活塞、活塞环等零件产生强烈的腐蚀作用。

所以我们希望发动机温度从冷车温度到正常工作温度这段时间（即暖车时间）越短越好,这在北方的冬天显得尤为重要。当达到正常工作温度后温度不会再升高,并能保持在 80～90℃,这就要求热车后冷却系统要加强散热效果。

在发动机冷却系统当中,我们采用了节温器来达到这种效果。

2）节温器种类与其工作原理

（1）蜡式节温器。现在汽车上的冷却系统多采用蜡式节温器。蜡式节温器的实物如图 5-1-15 所示,结构如图 5-1-16 所示,推杆 3 的一端固定于支架 1 的中心处,另一端插入胶管 5 的中心孔中。胶管与节温器外壳 7 之间形成的腔体内装有石蜡 4。常温时，石蜡呈固态，弹簧 8 将主阀门 2 推向上方，使之压在阀座上，主阀门关闭；而副阀门随着主阀门上移，离开阀座，小循环通路打开，如图 5 - 1 - 17 所示。来自发动机气缸盖出水口的冷却水，经水泵又流回气缸体水套中，进行小循环。当发动机水温升高时，石蜡逐渐变成液态，其体积膨胀，迫使胶管收缩，而对推杆锥状端头产生上举力，固定不动的推杆对胶管、节温器外壳产生向下的反推力。当发动机水温为 76℃ 时，推杆对节温器外壳的反推力可以克服弹簧 8 的预压力，阀门开始打开。水温超过 86℃ 时，主阀门全开，而副阀门正好完全关闭了小循环通路，这时来自气缸盖出水口的冷却水沿出水管全部进入散热器冷却，此为大循环。

图 5 - 1 - 15　蜡式节温器实物图

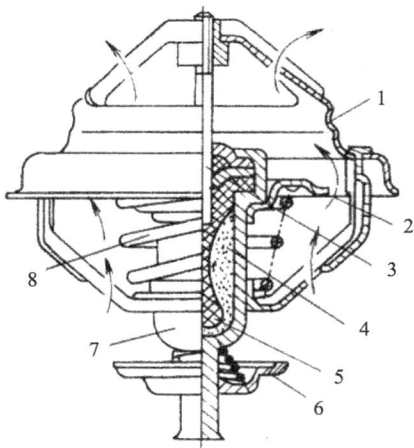

图 5 - 1 - 16　蜡式节温器结构

1—支架；　2—主阀门；　3—推杆；　4—石蜡；
5—胶管；　6—副阀门；　7—节温器外壳；
8—弹簧

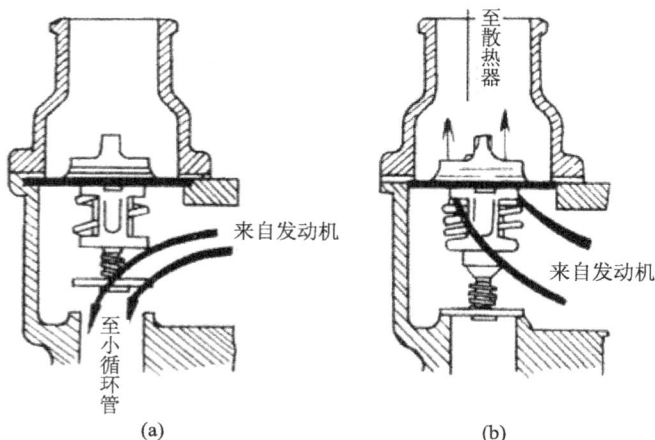

图 5 - 1 - 17　蜡式节温器工作示意图

（2）膨胀筒式节温器。膨胀筒式节温器，如图 5-1-18 所示，膨胀筒是具有弹性的、折叠式的密闭圆筒（用黄铜制成），内装有易于挥发的乙醚。主阀门和侧阀门随膨胀筒上端一起上下移动。膨胀筒内液体的蒸汽压力随着周围温度的变化而变化，故圆筒高度也随温度而变化。

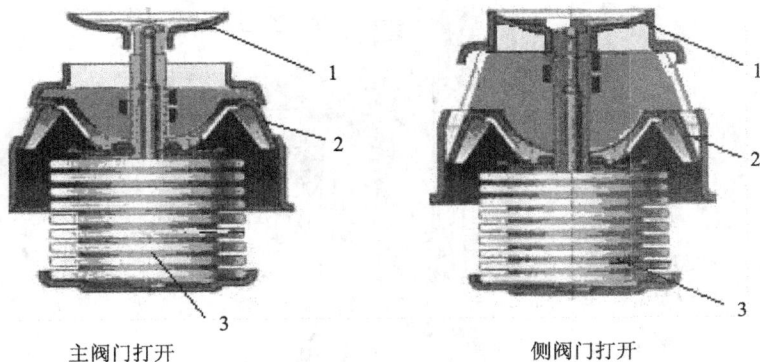

主阀门打开　　　　　　　　　　　　　　侧阀门打开

图 5-1-18　膨胀筒式节温器

1—主阀门；　2—侧阀门；　3—膨胀筒

当发动机在正常热状态下工作时，即水温高于 80℃，冷却水应全部流经散热器，形成大循环。此时节温器的主阀门完全开启，而侧阀门将旁通孔完全关闭，如图 5-1-19（b）所示。当冷却水温低于 70℃时，膨胀筒内的蒸汽压力很小，使圆筒收缩到最小高度。主阀门压在阀座上，即主阀门关闭，同时侧阀门打开，此时切断了由发动机水套通向散热器的水路，水套内的水只能由旁通孔流出经旁通管进入水泵，又被水泵压入发动机水套，此时冷却水进行小循环，如图 5-1-19（a）所示。

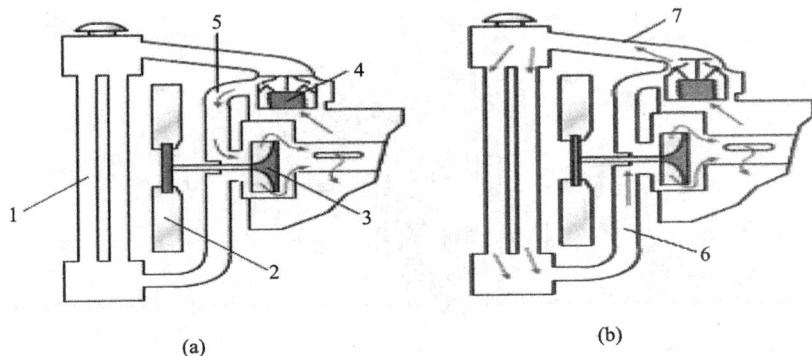

(a)　　　　　　　　　　　　　　　　　　(b)

图 5-1-19　膨胀筒式节温器工作示意图

1—散热器；　2—风扇；　3—水泵；　4—节温器；　5—小循环水管

6—下水管；　7—上水管

(三) 冷却系大小循环路线图

1. 冷却系小循环

当水温低于 76℃时，节温器处于收缩状态，主阀门关闭，阻止冷却液流进水箱。冷却液在水泵驱动下流经气缸盖从旁路又回到气缸体水套中，只在发动机内部循环，以减少热量散失，从而缩短暖车时间。此种工作状态我们称之为"冷却系小循环"，如图5-1-20所示。

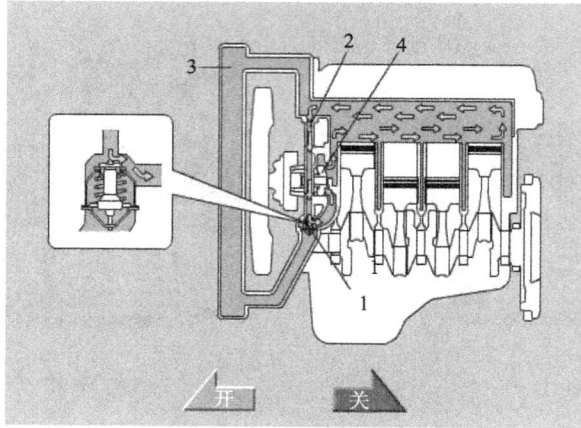

图5-1-20　冷却系小循环

1—节温器；　2—旁路；　3—水箱；　4—水泵

2. 冷却系大循环

水温超过86℃时，主阀门全开，而副阀门正好完全关闭了小循环通路，这时来自气缸盖出水口的冷却水沿出水管全部进入散热器冷却，此为大循环。冷却液在水泵的驱动下由下水管进口处被抽进发动机水套内部进行循环，从而加快冷却液热量的散发。这种工作状态我们称之为"冷却系大循环"，如图5-1-21所示。

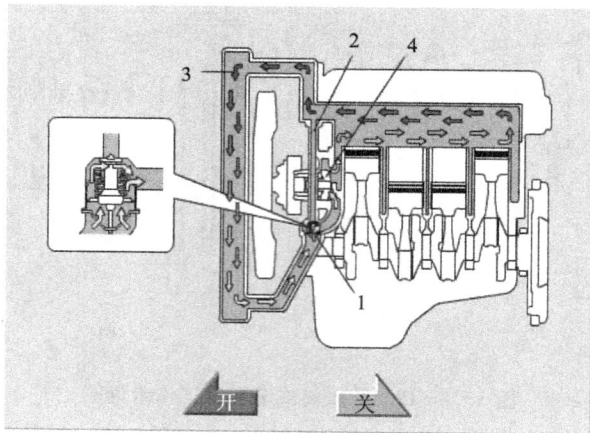

图5-1-21　冷却系大循环

1—节温器；　2—旁路；　3—水箱；　4—水泵

三、制订维护计划

制订发动机冷却系维护计划，如表5-1-5所示。

笔 记

表 5-1-5 冷却系维护计划

1. 查阅资料,学习汽车冷却系维护作业安全事项和冷却系结构组成 2. 查阅维修手册,熟悉汽车发动机冷却系大小循环路线图,制订发动机冷却系维护计划	
1. 车辆发动机冷却系类型信息描述	
2. 汽车冷却系统维护安全注意事项	(1) 打开发动机仓后要注意发动机盖是否安全支撑 (2) 热车时检修冷却系统不要轻易打开散热器盖,如果一定要打开,务必按规范步骤打开 (3) 检修冷却系统时不要随便乱拔车上插头 (4) 就车检查冷却系统时要注意风扇是否旋转和排气管温度 (5) 检查过程中如果要动车,务必通知发动机仓中正在检修的人员
3. 在车上找出冷却系统主要元件,并说明其工作原理	(1) 水箱 (2) 散热器盖 (3) 节温器 (4) 水泵 (5) 冷却系上出水管 (6) 冷却系下进水管 (7) 副水箱 (8) 放水塞

四、实施维护作业

冷却系维护作业,如表 5-1-6 所示。

笔记

表 5-1-6 冷却系维护作业

1. 汽车冷却系统维护安全注意事项	(1) 打开发动机仓后要注意发动机盖是否安全支撑 (2) 热车时检修冷却系统不要轻易打开散热器盖,如果一定要打开,务必按规范步骤打开 (3) 检修冷却系统时不要随便乱拔车上插头 (4) 就车检查冷却系统时要注意风扇是否旋转和排气管温度 (5) 检查过程中如果要动车,务必通知发动机仓中正在检修的人员
2. 在桑塔纳轿车上找出冷却系统主要元件,并说明其作用	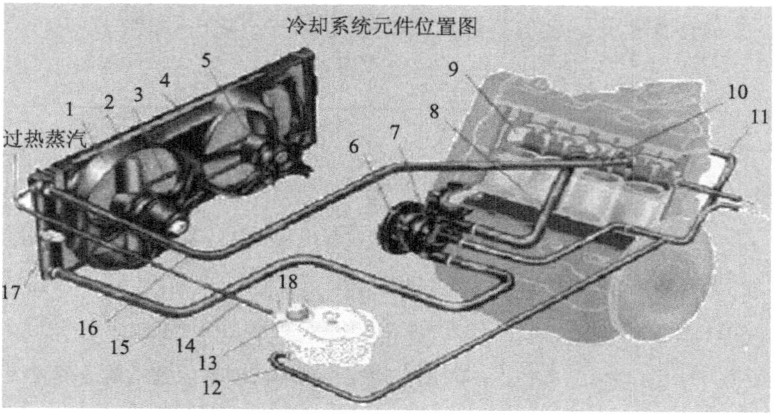 冷却系统元件位置图

元件序号	元 件 作 用
1	
2	
3	
4	
5	
6	
7	
8	
9	
10	
11	
12	
13	
14	
15	
16	
17	
18	

五、检验评估

项目五任务 5.1 的检验评估,如表 5-1-7 所示。

表 5-1-7　检验评估

评价内容	检 验 说 明	权重	自评	互评	总评
检查任务 完成情况	1. 完成任务的情况 2. 任务完成的质量 3. 在小组完成任务过程中所起的作用	4			
专业知识和 专业技能	1. 识别水箱位置，说明其作用 2. 能描述水箱上各部件的作用 3. 找出水温传感器的安装位置 4. 找出节温器的安装位置，并说明其工作原理 5. 能说出散热风扇的工作条件 6. 能找出水泵的安装位置 7. 会熟练对冷却系进行维护	8			
职业素养	1. 学习态度：积极主动参与学习 2. 团队合作：与小组成员一起分工合作，不影响学习进度 3. 现场管理：服从工位安排、执行实训室"5S"管理规定	3			

任务 5.2　拆检冷却系的主要零部件

任务描述	一辆 03 款捷达发动机水温报警灯闪亮、水温表读数偏高、发动机无力等现象，进厂维修。针对维修接待和车间确认意见，需对冷却系的主要零部件进行拆检
任务目标	1. 能描述冷却液的种类、性能和选用注意事项 2. 能熟练地维护和检修冷却系 3. 会对冷却系常见故障进行诊断与排除

一、维修接待

按照表 5-2-1 完成待修车辆的维修接待，并准确填写接车问诊表。

笔记

表 5 - 2 - 1　维修接待与接车问诊表

1. 通过询问客户了解汽车使用情况,填写接车问诊表
2. 车间检测初步确认结果:需对发动机冷却系统进行全面检修

接 车 问 诊 表

车牌号:_____　车架号:_____　行驶里程:_____(km)

用户名:_____　电　话:_____　来店时间:_____ /

用户陈述及故障发生时的状况:**一辆03款捷达发动机水温报警灯闪亮、水温表读数偏高、发动机无力等现象**
故障发生状况提示:**行驶速度、发动机状态、发生频度、发生时间、部位、天气、路面状况、声音描述**
接车员检测确认建议:**需对发动机冷却系统进行全面检修,并清洗冷却系统**
车间检测确认结果及主要故障零部件:**需对发动机冷却系统进行全面检修,更换故障零部件**
车间检查确认者:_____

外观确认:

（请在有缺陷部位作标识）

功能确认:（工作正常√　不正常×）
- □音响系统　□门锁(防盗器)　□全车灯光　□工具
- □后视镜　□顶窗　□座椅　□点烟器
- □玻璃升降器　□玻璃

物品确认:（有√　无×）
- □贵重物品提示
- □工具　□备胎　□灭火器
- □其他(　　　　　)
- 旧件是否交还用户　□是　□否
- 用户是否需要洗车　□是　□否

- 检测费说明:本次检测的故障如用户在本店维修,检测费包含在修理费用内;如用户不在本店维修,请您支付检测费。本次检测费:￥_____元。
- 贵重物品:在将车辆交给我店检查修理前,已提示将车内贵重物品自行收起并保存好,如有遗失恕不负责。

接车员:_____　　用户确认:_____

二、信息收集与处理

按照表 5 - 2 - 2 完成任务 5.2 的信息收集与处理。

表 5-2-2　信息收集与处理

请根据以上图片内容,解释为什么会出现这种情况

你的解答:

(一) 冷却液的种类、性能和选用注意事项

1. 冷却液的种类与性能

汽车冷却液是汽车发动机冷却系统用的循环介质,曾经很多人认为冷却液就是能够给车辆散热的液体,所以为了节省成本,一直都只用水作为冷却液,导致水箱和水道产生污垢,造成水温偏高,因此,人们一直在寻找一种新型的冷却剂来代替水。目前世界各国车厂大多采用以乙醇、乙二醇或丙三醇为母液的汽车防冻液作为冷却液,其中尤以乙二醇型防冻液使用居多。现在我国进口的汽车,绝大多数都采用乙二醇型防冻液。各种冷却液的性能特点如表 5-2-3 所示。

表 5 - 2 - 3　各种冷却液的性能特点

冷却液种类	性　能　特　点
水	来源广、无毒、价廉、有良好的导热性能等。长期以来,水一直作为汽车发动机的冷却液使用。但水有许多缺点,如冰点高,当气温低于 0℃ 时,水结冰使体积增加。容易造成水箱或冷却系统管道胀裂;水的沸点低,夏季高温时,当发动机处于苛刻条件下行驶时,会造成水温升高,甚至沸腾,影响汽车正常行驶;溶在水中的金属盐类受热后形成水垢,降低传热效率;水还会使金属生锈
乙醇型防冻液	采用乙醇与软水按不同比例混合,可配制成不同冰点的防冻液。乙醇是无色透明、具有特殊醇香的液体,它比水轻、易挥发,能与水以任意比例互溶。纯乙醇的冰点为 −117.3℃,故防冻液中酒精含量越高,冰点就越低,其抗冻能力也就越强。乙醇型防冻液的优点是价格低廉、液体流动性好、配制较为简单。其缺点是沸点低(仅 78.5℃)、蒸发快、损耗大、易燃烧,已不采用
丙三醇型防冻液	采用丙三醇与软水按不同比例混合而成。丙三醇与乙二醇相类似,也是一种无色、黏稠而有甜味的液体。使用过甘油的人都知道,甘油具有很强的吸湿性,因此,丙三醇也能与水以任意比例互溶。丙三醇型防冻液的优点是配兑容易、沸点高、挥发慢、损耗少、不易燃烧。丙三醇型防冻液的缺点是冷却降温效能低、甘油配比大、使用成本较高。有鉴于此,那些需要良好保障条件的高档汽车,都会青睐丙三醇型防冻液
乙二醇型防冻液	采用乙二醇与软水按不同比例混合而成。纯净的乙二醇是无色、黏稠而有甜味的液体;乙二醇比水重,易溶于水和乙醇。乙二醇的冰点为 12.5℃,沸点则高达197℃。其优点是配兑容易、溶液不易挥发、使用安全可靠。其缺点是当乙二醇的百分比浓度过低时,其对机件的腐蚀性就会增加。因而一般乙二醇型防冻液都会添加一定比例的防锈剂,以达到防锈除垢的作用,绝大多数汽车都采用此种防冻液

现在市场上流行的防冻液种类繁多,大部分已经是配好的成品了,不需要再经人工混合。实物如图 5 - 2 - 1 所示。

2. 防冻液的性能条件

性能优良的防冻液应满足以下性能条件:

（1）冰点或凝点低汽车在严寒地区冬季野外停放时,夜间地面气温有时会降到 −40℃ 以下。要保证水箱及冷却系统管路不被冻裂,防冻液应在此温度下不结冰或凝固,以免发生体积膨胀,同时亦保证随时可以启动汽车,投入使用。

（2）比热要高、热传导性好的防冻液主要用来冷却发动机部件,以免发生过热,因此它的比热容要高。水的比热容是 $4.2kJ/(kg \cdot ℃)$,而乙二醇的比热容是$(20℃)2.35kJ/(kg \cdot ℃)$。在同样循环量下,水从发动机中带走的热量要比乙二醇带走的多,因此水是比较理想的冷却剂。

（3）对金属不产生腐蚀和锈蚀发动机的冷却水系统材料有铸铁、铸铝、紫铜、黄铜、钢和焊锡等。防冻液应对这些金属不产生腐蚀和锈蚀。

图 5 - 2 - 1　防冻液实物

（4）在使用中要保持一定的 pH 值。pH 值不但能保证防冻液对金属的腐蚀程度减到最小，而且能防止防冻液腐败变质。

（5）此外，防冻液应具有优良的消泡性能、空气释放性能、对循环泵不发生气蚀，以及价廉、无特殊气味等。

由此可见，选用防冻液关系到车辆的使用寿命。

3. 选用防冻液应注意的事项

（1）不同品牌的防冻液不能混用，以免引起化学反应，生成沉淀或气泡，降低使用效果。

（2）使用了防冻液的车辆，切勿直接补充自来水，应该加入蒸馏水或去离子水，若实在没有条件，加冷开水也比加自来水好。如果防冻液因泄漏损失，应补充同品牌的防冻液。防冻液应四季能使用，在夏天使用自来水的方法是不科学的，也是得不偿失的。

（3）有的防冻液存放一年后，会出现少量絮状沉淀，这种现象多半是添加剂析出造成的，不必扔掉。如果出现大量的颗粒沉淀，表明该防冻液已经变质，就不能再使用了。

（4）选择防冻液的另一个关键是确保安全性。高级防冻液兼具防腐、防垢、防沸、防冻、防锈等功效，还能对水箱起到很好的保护，一年四季都可使用。优质防冻液外观应清亮透明，并有醒目的颜色，无异味，而一些劣质防冻液根本不具备抗冻及防止开锅的功能，有的防冻液虽然冰点及沸点合格，但却有腐蚀性，能把水箱及管路"咬"得千疮百孔，影响行车。

（二）冷却系统的维护与检修方法

汽车发动机的冷却系统是保持发动机正常工作的重要部件，如果发动机冷却系统的工作不正常，就会引起发动机其他部件的损坏，使发动机的整体工作能力受到影响，因此，汽车发动机冷却系统的维护与保养就显得尤为重要，那么，怎样才能使汽车发动机的冷却系统保持良好的状态呢？汽车养护专家告诉我们，正确维护发动机的冷却系统，首先应了解常用的水冷式发动机的主要部件的检修方法：

1. 对冷却系统整体外观检查是否有泄漏现象

整体外观检查如图 5-2-2 所示。一般冷却液泄漏的地方都有明显的锈色水痕迹，如图 5-2-3 所示。清洁散热器外表杂物和必要时整理散热器散热片，如图 5-2-4 所示，这样有利于冷却系统散热。

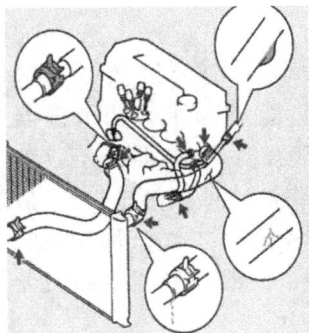

图 5-2-2　容易泄漏的地方　　图 5-2-3　冷却液泄漏后痕迹　　图 5-2-4　清洁散热器表面

2. 利用设备——冷却系统压力测试仪对冷却系统进行检漏

（1）测试系统泄漏过程如图 5-2-5 所示。取下水箱盖,水箱水位应达到规定高度。起动发动机达到正常水温后熄火。将测试仪装在水箱上,按动测试仪推柄,直到压力达到 1.6kg/cm² (约 160kPa)。

观察显示压力看能否保持不下降。结果分析:如压力不能保持,说明系统有泄漏。

（2）检查散热器水箱盖,如图 5-2-6 所示。取下水箱盖,目视检查。选择合适的转换接头与测试仪和水箱连接。按动测试仪推柄,观察压力表指示读数,直到其不再上升为止,此刻便是水箱盖开启压力。其数值大小应符合厂家的规范。一般释放压力为 1.9kg/cm² (约 190kPa)。

加压至1.6 kg/cm²

图 5-2-5　对冷却系统进行检漏测试

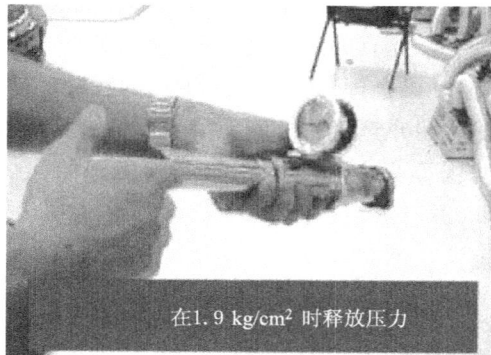

在1.9 kg/cm² 时释放压力

图 5-2-6　对散热器盖释放压力进行测试

保持 5~6s,指示压力应不下降。结果分析:压力释放点过低,水的沸点会降低。压力释放点过高,会造成水箱或水管破裂。

真空阀

图 5-2-7　散热器盖真空阀

（3）对散热器盖真空阀进行检查,如图 5-2-7 所示,用手轻轻用力拉真空阀门应能轻易打开。如果不能打开,有可能会导致冷却液高温时只能往副水箱流动,低温时冷却液不能从副水箱补偿给水箱。

3. 检查节温器工作情况

1）在车检查

发动机冷车起动后,打开散热器加水口盖,若散热器内冷却水平静,则表明节温器工作正常,否则,则表示节温器工作失常。这是因为,在水温低于 70℃ 时,节温器处于收缩状态,主阀门关闭,冷却液处于小循环;当水温高于 80℃ 时,节温器膨胀,主阀门渐渐打开,散热器内循环水才开始流动。当水温表指示 70℃ 以下时,散热器进水管处若有水流动,则表时节温器主阀门关闭不严,使冷却水过早大循环(如图 5-2-8 所示)。说明节温器主阀门无法打开,有卡滞或关闭不严的节温器应拆下清洗或修复,不可将就使用。

2）零件单独检查

将节温器从车上拆卸下来,如图 5-2-9 所示(以桑塔纳 3000 为例)。

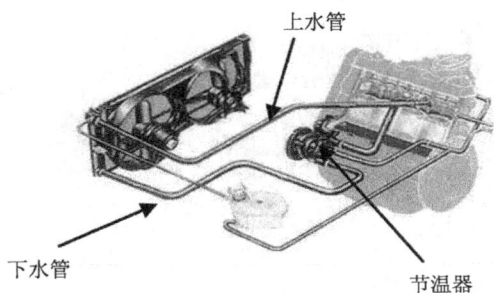

图 5-2-8 冷却系统上水管与下水管

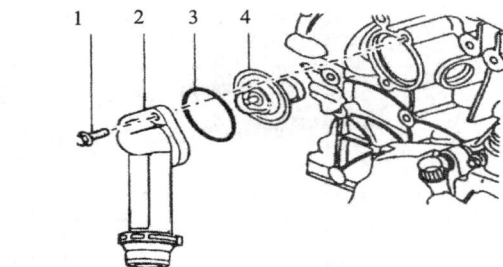

图 5-2-9 拆下节温器

1—螺栓; 2—节温器盖; 3—O 形密封圈;
4—节温器

（1）使发动机前端位于维修工作台上。

（2）在点火开关切断的情况下，拔下蓄电池搭铁线。

（3）排放冷却液。

（4）拆卸 V 形带，拆卸发电机。

（5）从连接体上拆下冷却液管。

（6）松开螺栓，取出节温器盖、O 形密封圈和节温器。将节温器放在水里面加热，加热过程中要注意节温器打开时的温度，正常情况下当温度变高时，节温器开度会越来越大，如图 5-2-10 所示，当温度达到 82℃ 时节温器应处于最大开度状态，节温器最大升程约为 8mm，如图 5-2-11 所示。若在测试过程中节温器存在不开启、提前开启、推迟开启或开启升程达不到维修手册数据要求的，都要求更换节温器（注意：不同车型节温器开启时温度可能有所不同。

图 5-2-10 当水温低于 76℃ 时

图 5-2-11 当水温高于 82℃ 时

4. 检查水泵工作情况

（1）检查水泵皮带松紧度是否适当和皮带外观是否有老化现象。如图 5-2-12 所示。用大拇指以 40~50N 的压力压下 V 形皮带，其挠度为 10~15mm 为合适，如不合适，加以调整。

（2）当发动机热车后，小心打开散热器加水口盖，使发动机缓慢加速，察看加水口内冷

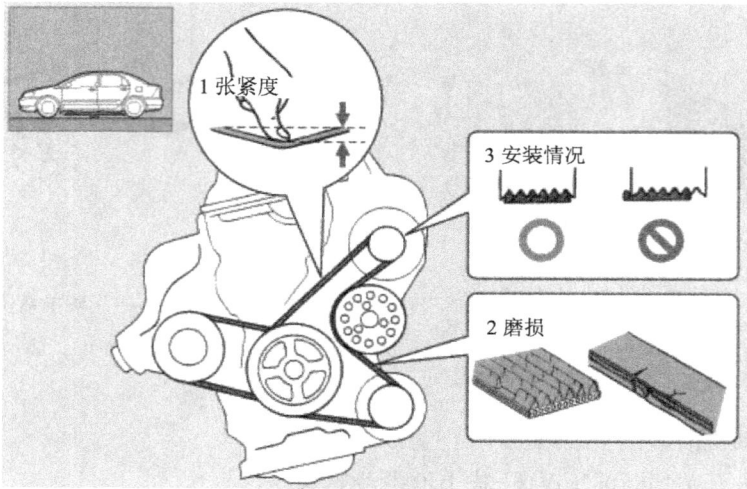

图 5 - 2 - 12　检查皮带挠度和皮带是否老化

却水的循环,若不断加快,且皮带轮也不打滑,则水泵工作正常;反之,说明水泵有问题。

（3）检查泵体及皮带轮有无磨损及损伤,必要时应更换。

检查汽车水泵轴有无弯曲、轴颈磨损程度、轴端螺纹有无损坏。

检查叶轮上的叶片有无破碎、轴孔磨损是否严重。

检查水封和胶木垫圈的磨损程度,如超过使用限度应更换新件。

（4）检查轴承的磨损情况,可用表测量轴承的间隙,如超过 0.10mm,则应更换新的轴承或更换水泵总成。

5．检查散热风扇工作情况

1）检查风扇叶片

风扇叶片出现变形、弯曲、破损后,应及时更换,如图 5 - 2 - 13 所示。由于风扇连接板强度不足或其他原因,使风扇叶片向前弯曲或扭转变形,破坏了风扇叶片原设计的角度,使其丧失平衡性能,不但影响通过散热器的空气流速和流量,降低了散热器的冷却能力,甚至打坏散热器,加速水泵轴承、水封的损坏,还会大幅度增大风扇的噪声。

2）电动风扇热敏开关的检查

发动机热态时,即使发动机已熄火,风扇仍可能转动。如果冷却液温度很高但风扇不转,应检查熔断器。若熔断器完好,则应停机检查温控开关,必要时检查电动机的功能,或更换有关部件。以桑塔纳发动机为例,检查电动风扇热敏开关(热敏开关位于水箱右下角)。将电动风扇热敏开关放入加热的水中,用万用表测量第一挡,当水温达到 93～98℃ 时应能导通,当水温降到 88～93℃ 时,应断开。而第二档 105℃ 时导通,

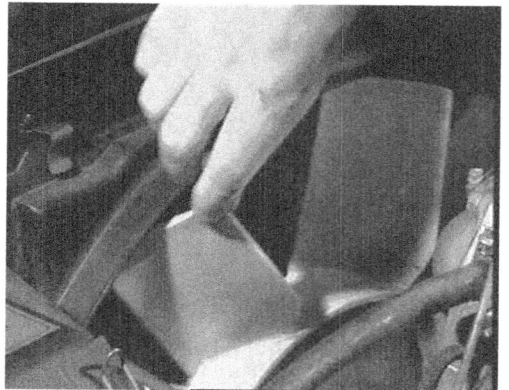

图 5 - 2 - 13　风扇叶片的检查

93～98℃时应断开。否则,应更换电动风扇热敏开关。

3）风扇离合器的检查

（1）在汽车二级维护时,应对电磁风扇离合器进行就车检查。检查时,先把点火开关旋到"0N"挡,并使风扇离合器脱离温控器的控制,观察风扇应运转平稳,工作电流应符合原设计规定的范围。

（2）硅油风扇离合器在日常维护时,应进行就车冷态检查。当汽车停放约12h后,在发动机起动前用手指拨动风扇叶片应感到有明显的转动阻力。发动机起动后,运转1～2min后熄火,此时拨转风扇叶片若感到转动阻力明显减小,可以认为硅油风扇离合器工作正常。

（3）二级维护时,应就车检查风扇离合器的接合、分离状况。测量风扇离合器开始接合与分离时散热器后端热风流的温度应符合原厂规定。如北京切诺基汽车的接合温度为72℃；CAl091型汽车风扇离合器开始接合时的热风温度为65℃。

在发动机进行总成修理时,先检查双金属温控弹簧,双层线胀系数不同的金属间出现脱层开裂,即失去温控能力,应予更换。

装配后在台架上进行性能试验。首先进行全速试验,检查风扇离合器主、从动叶轮的转差率。试验时取下双金属温控弹簧和传动销,保证硅油以最大流量流入工作腔,再把主动叶轮转速提高至3 000r/min,测出从动叶轮的转速,该转速应为主动叶轮转速的95％±2％,也就是转差率允许范围为3％～5％。若大于7％,可向蓄油室注入3mL硅油,增加传扭介质,以提高从动叶轮转速。然后进行接合、分离温控试验,并进行调整。

6.清洗冷却系统和加注防冻液

发动机长时间过热运行,将对发动机产生很大影响。要想避免这种恶劣故障的发生,散热器就必须正常工作,关键就是保持冷却系统正常运行。如今的发动机比过去的运转温度更高,这是由于增加了排放控制系统,另外散热器、发动机仓以及格栅面积也都变小了。建议车主每年都清洗一次冷却系统,这样能使散热器的寿命最大化。

清洗步骤如下：

（1）要确保发动机处于冷却状态并熄火,取下散热器盖确保发动机是凉的。

（2）打开散热器底部的排放塞(或水管),让冷却液流入桶里。

（3）关上排放塞(或装上水管)并给散热器注水。

（4）让发动机运转,打开空调加热器控制系统(这样操作会打开加热器控制气门),添加冷却系统清洁剂,空转发动机30min(或者按照清洁剂指示进行操作)。

（5）关掉发动机冷却5min,将散热器内液体排空,同时冲洗防冻液储液罐。

（6）关上排放塞,往散热器加注防冻液,使防冻液充满水箱并让发动机怠速运转5min。

这时冷却系统由于排除了部分空气,防冻液面将降低,这时应再补充防冻液,使水箱充满为止。最后,盖好散热器盖,并拧紧。需要注意的是,防冻液温度很高时不要打开散热器盖或放水阀,以免烫伤。提醒车主不要用水代替防冻液,因为有实验结果证实：水对汽车冷却循环系统各种金属腐蚀率的平均值是防冻液的50倍。

注　意

● 当更换了冷却液后并重新加注,一定要对车辆冷却系统内部空气进行排除。有资料表明,如果有空气混入冷却系统,由于冷却液无法平衡流动,导致热交换恶化,发动机也会出现过热现象。

(三) 冷却系常见故障类型和分析

要维持发动机在最适宜的工作温度下工作,冷却系的技术状况必须保持良好。经长期使用后,冷却系的技术状况将发生变化,再加上使用不慎、操作不当和机件损坏等,发动机会出现漏水、过热、过冷等常见故障。

1. 漏水

1) 故障现象

(1) 停车后可明显看到发动机上有冷却水滴落地面。

(2) 冷却水日消耗量较大。

2) 故障原因

(1) 放水开关关闭不严。

(2) 橡胶软管破裂或卡子松动。

(3) 散热器上下水室、芯管破裂或脱焊。

(4) 机体上的水堵封水不严。

(5) 水套侧盖衬垫损坏、螺钉松动或螺钉未按规定顺序拧紧。

(6) 缸盖螺栓松动或未按规定顺序拧紧。

(7) 气缸衬垫损坏。

(8) 泵衬垫损坏、螺钉松动或水封失效。

(9) 湿式缸套下端封水不佳或密封条损坏。

(10) 缸盖、缸体变形或裂纹。

3) 诊断方法

诊断发动机何处漏水,通常采用检视的方法,即冷却水从哪里漏出来,就说明漏水部位就在哪里。水封虽然装在水泵内部,当其漏水时也能检视出来。如发现水泵壳体下部的泄水孔处漏水,说明水封损坏。当发现机油池内有水时,如气缸衬垫完好、缸盖螺栓也未松动,则为湿式缸套下端封水不佳或密封条损坏。

2. 过热

1) 故障现象

(1) 运行中的汽车,在百叶窗完全打开的情况下,水温表指针经常指在100℃以上,且散热器伴随有"开锅"现象。

(2) 发动机熄火困难。

(3) 汽油机易发生"爆燃"或"早燃",柴油机易冒黑烟。

2）故障原因

（1）冷却系中水量不足。

（2）风扇皮带打滑或断裂。风扇皮带松紧度如表5-2-4所示。

表5-2-4 常见车型风扇皮带松紧度表

车　型	压力/N	挠度/mm
北京 BJ2020	39	10~15
东风 EQl090	29~49	10~15
跃进 NJl041	40	10~15
黄河 JNll71/127	29~49	10~15
解放 CAl091	39	10~15

（3）风扇离合器结合时机太晚。

（4）气缸衬垫太薄或缸体、缸盖接合面磨削过多。

（5）混合气太稀或太浓。

（6）散热器下部出水管冻结或堵塞。

（7）散热器下部回水管凹瘪或堵塞。

（8）水泵泵水效能欠佳或水泵轴与叶轮脱开。

（9）节温器主阀门打不开或打开太迟。主阀门打开温度如表5-2-5所示。

表5-2-5 常见车型节温器主阀门开启情况

参　数 车　型	主　阀　门　开　启		
	开始开启温度/℃	完全开启温度/℃	全开启升程/mm
上海桑塔纳 66kW	85	105	7
奥迪 100	85	105	7
捷达	87	102	7
北京 BJ2020	70±2	83±3	
天津大发 TJl010T	80~84	95	>8
东风 EQl090E	76±2	86±2	>8.5
解放 CAl091	76±2	86±3	>9

（10）分水管锈烂，分水能力丧失。

（11）散热器和水套内沉积的水垢、锈污太厚。

（12）机油池油面太低、机油太稠、机油老化变质，致使润滑性能、散热性能降低。

（13）汽车超载、长时间用低挡行驶、爬越长坡、天气炎热或在高原地区行驶。

3）诊断方法

如果在风扇正常运转的情况下发动机发生过热现象，而且确认水温表和水温传感器技术状况良好，检查步骤按以上列举的原因从外到里、由部件到总成的顺序检查。

3. 过冷

1）故障现象

（1）冬季运行的汽车，在百叶窗完全关闭、水温表和水温传感器技术状况完好情况下，发动机达不到正常工作温度。

（2）发动机动力不足，油耗增加。

2）故障原因

（1）冬季，汽车头部未套保温被或保温被覆盖不严。

（2）发动机两侧下部的挡风板失落或严重变形不起挡风作用。

（3）风扇离合器结合太早。

（4）未装节温器或节温器损坏。

3）诊断方法

按图 5-2-14 所示流程诊断。

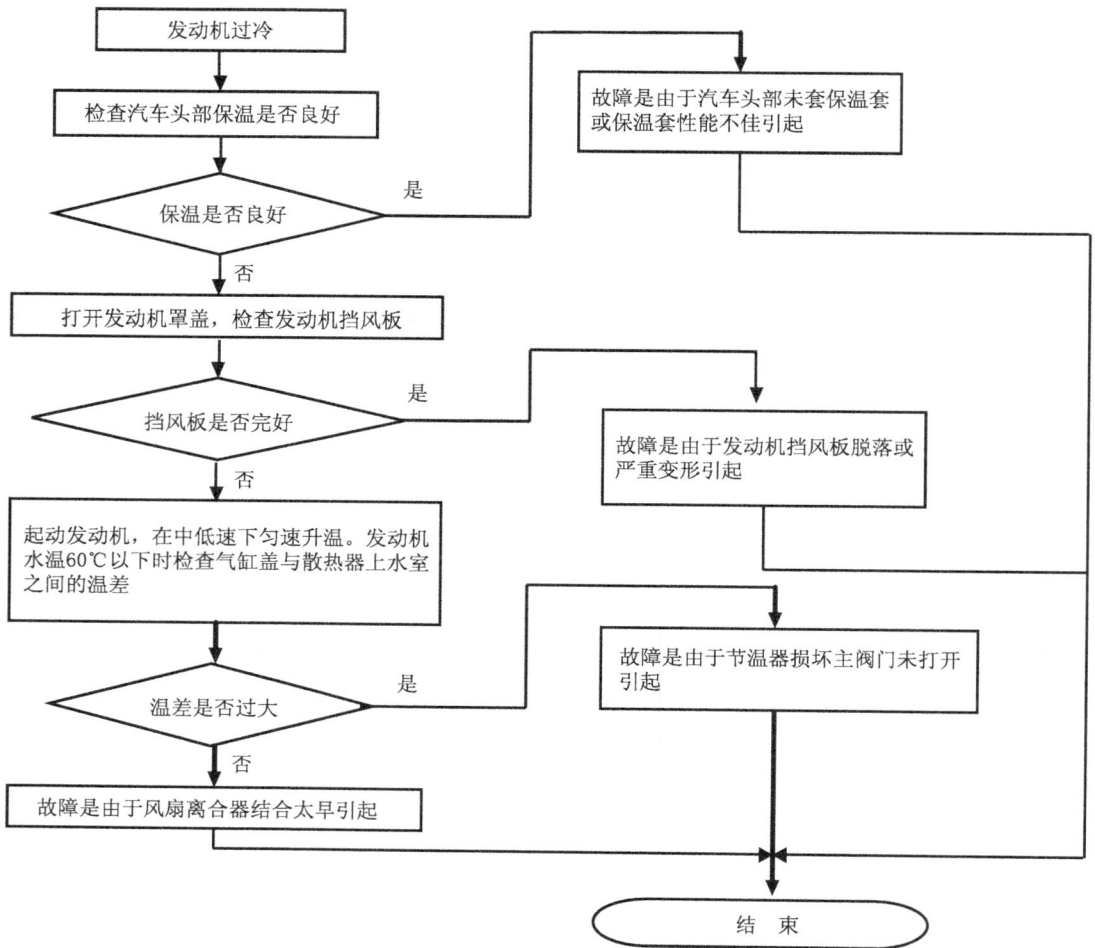

图 5-2-14 发动机过冷故障诊断流程图

（四）冷却系常见故障诊断流程图

喷水故障诊断流程，见图 5-2-15 所示。

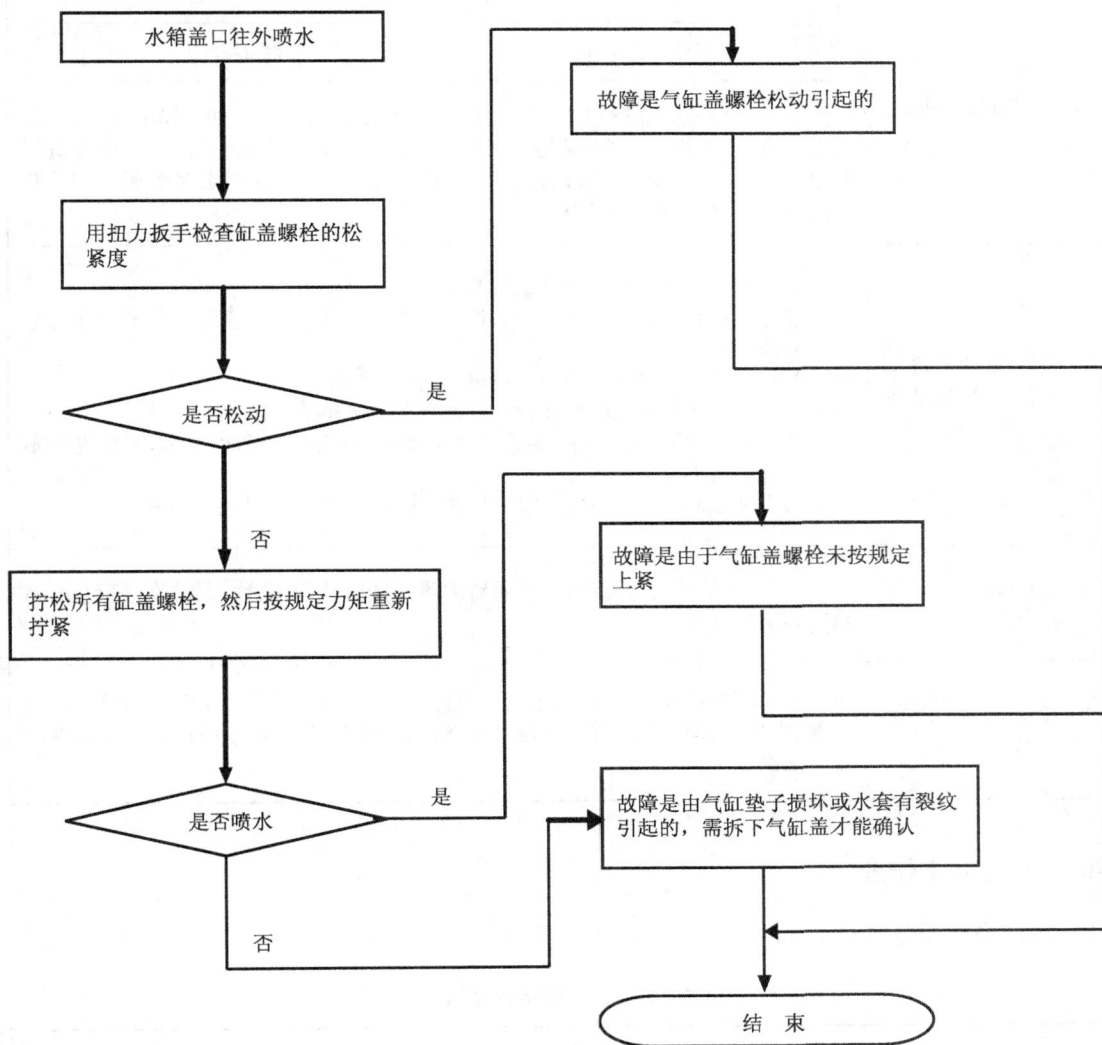

```
┌─────────────────────┐
│   水箱盖口往外喷水    │──────────────────┐
└─────────────────────┘                  │
           │                  ┌──────────────────────────────┐
           │                  │  故障是气缸盖螺栓松动引起的      │
           ▼                  └──────────────────────────────┘
┌─────────────────────┐
│ 用扭力扳手检查缸盖螺栓的松 │
│        紧度          │
└─────────────────────┘
           │
           ▼                是
       ╱是否松动╲──────────────┐
       ╲       ╱              │
           │否                 │
           ▼         ┌──────────────────────────────┐
┌─────────────────────┐  │  故障是由于气缸盖螺栓未按规定     │
│ 拧松所有缸盖螺栓，然后按规定力矩重新 │  │  上紧                        │
│        拧紧          │  └──────────────────────────────┘
└─────────────────────┘
           │
           ▼         是   ┌──────────────────────────────┐
       ╱是否喷水╲────────│  故障是由气缸垫子损坏或水套有裂纹  │
       ╲       ╱         │  引起的，需拆下气缸盖才能确认      │
           │否            └──────────────────────────────┘
           │
           └─────────────────┐
                          ┌──────────────┐
                          │    结  束     │
                          └──────────────┘
```

图 5-2-15　发动机水箱盖口往外喷水故障诊断流程图

三、制订检修计划

制订冷却系统检修计划，如表 5-2-6 所示。

表 5 - 2 - 6　制订冷却系统检修计划

1. 查阅资料,学习汽车发动机冷却系统检修作业安全事项 2. 查阅维修手册,熟悉汽车发动机冷却系统检修项目,制订发动机冷却系统检修计划					
1. 车辆信息描述	车辆基本信息描述	车型:		年份:	车主姓名:
		车架号码:			联络电话:
	车辆故障描述	一辆桑塔纳 3000,车主最近反映水温总是偏高,如果是开空调,水温升得更加快,因此来我厂检修。拧开散热器盖一看,里面全时黄泥水。而且水管接口处有明显漏水痕迹。建议车主对车辆冷却系统作全面检查			
2. 汽车发动机冷却系统检修作业安全事项学习	（1） 打开发动机仓后要注意发动机盖是否安全支撑 （2） 热车时检修冷却系统不要轻易打开散热器盖,如果一定要打开,务必按规范步骤打开 （3） 检修冷却系统时不要随便乱拔车上插头 （4） 就车检查冷却系统时要注意风扇是否在旋转和排气管温度 （5） 检查过程中如果要动车,务必通知发动机仓中正在检修的人员,预防发生不必要的伤害 （6） 对拆卸过的水管接口安装时应用密封胶进行密封,以防冷却液渗漏				
3. 检修过程设备、用品准备	常用工具、散热器压力测试仪、节温器加热测试用具、温度计、密封胶、冷却液、检修过程记录表				
4. 检修流程详细步骤	按要求对冷却系统进行检修,包括水箱外观、整个系统是否有泄漏、散热器盖、节温器、水泵、皮带等零部件。并写出检修方法、过程,写出该零件检修结果是修理或是更换				

四、实施检修作业

冷却系统检修作业,如表 5 - 2 - 7 所示。

表 5 - 2 - 7　冷却系统检修作业

1. 学习汽车冷却系统检修作业安全事项 2. 会正确对汽车发动机冷却系统进行检修作业	
1. 汽车冷却系统检修过程注意事项	（1） 注意人身和机件的安全,不了解情况的先了解后动手,特别是注意在车底下工作时的人身安全,操作时工具和地板必须保持清洁 （2） 先把冷却水放干净,小心烫伤 （3） 注意防火 （4） 认真接受实习前的安全知识教育
2. 检修过程设备、用品准备	常用工具、散热器压力测试仪、节温器加热测试用具、温度计、密封胶、冷却液、检修过程记录表

笔记

（续表）

项目		检修过程和结果	是否需要更换
3. 检修流程详细步骤	（1）全面检查冷却系统外观是否有泄漏		
	（2）检查冷却系统密封性和散热器盖是否工作良好		
	（3）检查节温器工作情况		
	（4）检查水泵、皮带是否工作良好		
	（5）检查冷却风扇是否正常工作		
	（6）清洗冷却系统并重新加注防冻液		
	（7）对检修车辆冷却系统进行空气排除		

五、检验评估

项目五任务 5.2 的检验评估如表 5-2-8 所示。

表 5-2-8　检验评估表

评价指标	检 验 说 明	权重	自评	互评	总评
检查任务完成情况	1. 完成任务的情况 2. 任务完成的质量 3. 在小组完成任务过程中所起的作用	4			
专业知识和专业技能	1. 能通过观察冷却系统外观检查初步确定泄漏点 2. 能够利用设备对冷却系统进行密封性检查 3. 能够利用设备对散热器盖进行检查 4. 能够对水泵进行检查 5. 能够对节温器工作情况进行检查 6. 能够对水泵皮带进行调整 7. 能够对冷却系统进行清洗,并正确更换防冻液	8			
职业素养	1. 学习态度:积极主动参与学习 2. 团队合作:与小组成员一起分工合作,不影响学习进度 3. 现场管理:服从工位安排、执行实训室"5S"管理规定	3			
综合评议与建议					

项目六 柴油机燃油供给系

Description 项目描述	一辆桑塔纳 3000 汽车在行车过程中出现加速无力并有轻度冒黑烟现象,进厂经检测后确认为柴油机燃油供给系统故障 　你是一名中级修理工,应如何对柴油发动机燃油供给系统进行检修
Objects 项目目标	1. 能说出柴油机燃油供给系结构 2. 能熟练地使用工量具拆检柴油机燃油供给系
Tasks 项目任务	任务 6.1　认识柴油机燃油供给系 任务 6.2　拆检柴油机燃油供给系
Implementation 项目实施	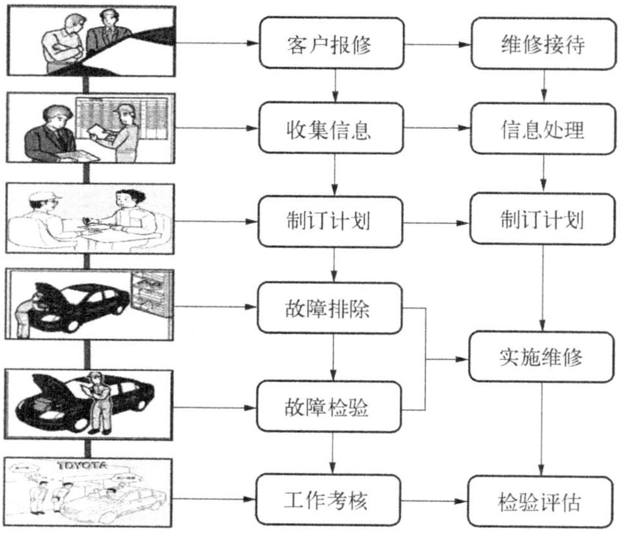

任务 6.1　认识柴油机燃油供给系

任务描述	一辆桑塔纳 3000 汽车在行车过程中出现加速无力并有轻度冒黑烟现象,进厂维修。针对维修接待和车间确认意见,首先要准确分析和认识柴油机燃油供给系统的组成特点
任务目标	1. 能说出柴油机燃油供给系主要零件名称及其作用 2. 能描述柴油机燃油供给系供油路线图

一、维修接待

按照表6-1-1完成待修车辆的维修接待,并准确填写接车问诊表。

表6-1-1　维修接待与接车问诊表

1. 通过询问客户了解该车辆发动机发生故障情况,填写接车问诊表
2. 车间检测初步确认结果及主要故障零部件

接车问诊表

车牌号:＿＿＿＿＿＿　车架号:＿＿＿＿＿＿　行驶里程:＿＿＿＿＿＿(km)

用户名:＿＿＿＿＿＿　电　话:＿＿＿＿＿＿　来店时间:＿＿＿＿/＿＿＿＿

用户陈述及故障发生时的状况:**一辆桑塔纳3000汽车在行车过程中出现加速无力并有轻度冒黑烟现象**

故障发生状况提示:**行驶速度、发动机状态、发生频度、发生时间、部位、天气、路面状况、声音描述**

接车员检测确认建议:**需对柴油机燃油供给系综合修理**

车间检测确认结果及主要故障零部件:**需对柴油机燃油供给系综合修理,必要时更换故障零部件**

车间检查确认者:＿＿＿＿＿＿

外观确认:

(请在有缺陷部位作标识)

功能确认:(工作正常✓　不正常×)
□音响系统　　□门锁(防盗器)　□全车灯光　□工具
□后视镜　　　□顶窗　　　　　□座椅　　　□点烟器
□玻璃升降器　□玻璃

物品确认:(有✓　无×)
□贵重物品提示
□工具　□备胎　□灭火器
□其他(　　　　　)
旧件是否交还用户　□是　□否
用户是否需要洗车　□是　□否

· 检测费说明:本次检测的故障如用户在本店维修,检测费包含在修理费用内;如用户不在本店维修,请您支付检测费。本次检测费:￥＿＿＿＿＿＿元。

· 贵重物品:在将车辆交给我店检查修理前,已提示将车内贵重物品自行收起并保存好,如有遗失恕不负责。

接车员:＿＿＿＿＿＿　　　　用户确认:＿＿＿＿＿＿

二、信息收集与处理

按照表 6-1-2 完成任务 6.1 的信息收集与处理。

表 6-1-2 信息收集与处理

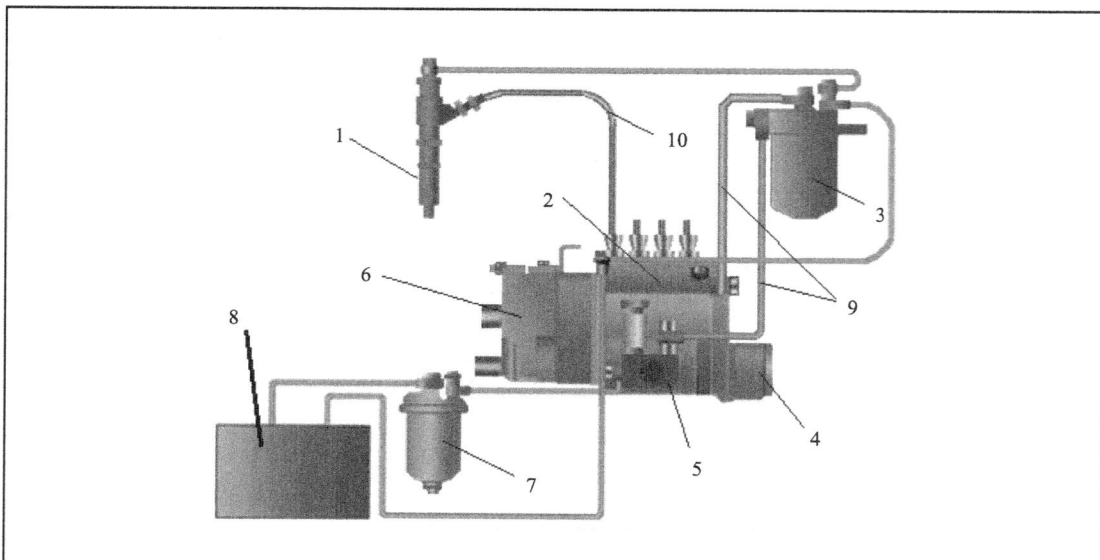

序号	部件名称	作　　用
1		
2		
3		
4		
5		
6		
7		
8		
9		
10		

1. 柴油机燃油供给系的作用：_____

_____

2. 柴油机燃油供给系的组成：_____、_____和_____、_____

笔记

(一) 柴油机燃油供给系主要零件名称、作用及其类型

1. 柴油机燃油供给系的作用

（1）在适当的时刻将一定数量的洁净柴油增压后以适当的规律喷入燃烧室。喷油定时和喷油量各缸相同且与柴油机运行工况相适应。喷油压力、喷油雾化质量及其在燃烧室内的分布与燃烧室类型相适应。

（2）在每一个工作循环内，各气缸均喷油一次，喷油次序与气缸工作顺序一致。

（3）根据柴油机负荷的变化自动调节循环供油量，以保证柴油机稳定运转，尤其要稳定怠速、限制超速。

（4）储存一定数量的柴油，保证汽车的最大行驶里程。

2. 可燃混合气的形成与燃烧室

1）可燃混合气的形成与燃烧室

柴油机可燃混合气的形成和燃烧都是直接在燃烧室内进行的。当活塞接近压缩上止点时，柴油在喷油泵、喷油器的作用下以一定压力喷入气缸后，与高压高温的空气接触、混合，经过一系列的物理、化学变化才开始燃烧。之后便是边喷射、边混合、边燃烧。能否充分发挥柴油发动机的经济性与动力性，取决于柴油雾化后与空气混合的均匀程度及其燃烧速度和完全燃烧程度。而这又取决于燃烧室的结构与类型，本单元主要介绍柴油机混合气的形成与燃烧过程，燃烧室类型对混合气形成的影响。

2）可燃混合气的燃烧过程

可燃混合气的形成与燃烧过程大体分如下四个时期，如图 6-1-1 所示。各个时期的特点如图 6-1-2 所示。

备燃期　　速燃期　　缓燃期　　后燃期

图 6-1-1　混合气的燃烧过程

（1）备燃期。备燃期从喷油开始，至开始着火燃烧为止，如图 6-1-2 中 A—B 段所示。

喷入气缸的雾状柴油并不能马上着火燃烧，接近压缩终了时，气缸中内气体温度虽然已高于柴油的自燃点，但柴油的温度还未达到自燃温度，还要经过一段物理和化学的准备过程。即柴油在高温高压气体的影响下，吸收热升温，逐层蒸发而形成油气，向四周扩散并与空气均匀混合（物理变化）。随着柴油温度升高，少量的柴油分子首先分解，并与空气中的氧分子进行化学反应，具备着火条件而着火，形成了火焰中心，为快速燃烧作准备。这一时期称为备燃期，时间很短，仅为 $0.0007\sim0.003s$。

（2）速燃期。速燃期从燃烧开始，至气缸内出现 P_{max} 时为止，如图 6-1-2 中 B—C 段所示。

火焰中心形成后，混合气迅速燃烧，这一阶段由于活塞接近上止点，气缸工作容积很小，喷入的柴油几乎是同时着火燃烧的，因此气缸内的压力 P 迅速增加至最高$（P_{max}）C$ 点，形同等容升压，温度升高也很快。

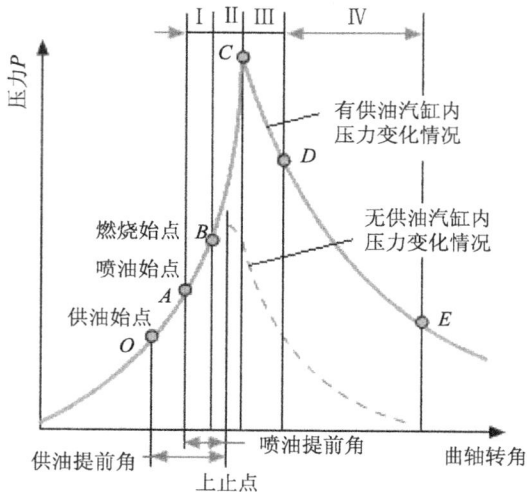

图 6 - 1 - 2　机混合气燃烧过程

Ⅰ—备燃期;　Ⅱ—速燃期;　Ⅲ—缓燃期;　Ⅳ—后燃期

（3）缓燃期。缓燃期从出现 Pmax 开始,至 Tmax 出现为止,如图 6 - 1 - 2 中 C—D 段所示。

这一阶段喷油器继续喷油,由于燃烧室内的温度和压力都高,柴油的物理和化学准备时间很短,几乎是边喷射边燃烧。但因为气缸中氧气减少,废气增多,燃烧速度逐渐减慢,且气缸容积增大。所以气缸内压力略有下降,温度 T 达到最高（Tmax）D 点,此时,通常喷油器已结束喷油。

（4）后燃期。后燃期是缓燃期以后的燃烧,如图 6 - 1 - 2 中 D—E 段所示。这一时期,虽然不喷油,但仍有少部分柴油没有燃烧,随着活塞的下行会继续燃烧。后燃期没有明显的界限,有时甚至延长到排气冲程还在燃烧。后燃期放出的热量不能充分利用来做功,很大一部分热量将通过缸壁散至冷却水中,使发动机过热,或随废气排出,排气温度高,造成发动机动力性下降,经济性下降。因此,要尽可能地缩短后燃期。

3）对可燃混合气形成的要求

从上述介绍的柴油机混合气燃烧过程可以看出,要提高柴油机混合气的燃烧质量,混合气的形成过程和质量是关键,所以对混合气形成的要求如下:

（1）必须要有足够的空气量和适当的油量。空气量与柴油量比例不同,所形成的可燃混合气的成分也就不同,一般要求空气量与油量之比 $\alpha = 1.3 \sim 1.5$。α 过大,混合气过稀,燃烧速度慢,热损失大,功率下降;α 过小,混合气过浓,燃烧不完全,油耗高,冒黑烟,经济性差,排污严重。

（2）喷油时刻要准确,应符合混合气的形成规律。发动机要获得高的动力性,燃烧过程的主要放热阶段应该是上止点后 $8° \sim 12°$,此时容积小可得到较高的压力,热效率高、损失小,所以要求喷油时刻要准确。喷油时刻通常用喷油提前角来表示。喷油提前角是指喷油器开始向汽缸内喷油时,曲轴距活塞到达上止点前的转角。喷油提前角过大,喷油时间过早,混合气提前形成,并在活塞到达上止点前像爆炸似的同时着火燃烧,结果给正在上行的活塞造成一个短时间阻力,并严重"敲缸",使工作粗暴。喷油提前角过小,喷油时间过迟,混合气在活塞下行时才开始形成和燃烧,结果燃烧空间增大,从气缸壁面传走的热量增加,造成发动机过热,燃烧压力降低,气体压力推动活塞的效果减小,甚至有可能使部分混合气来不及燃烧而随废气排出去,使功率下降。最佳喷油时刻与燃烧室的型式和发动机转速有关。

(3) 喷雾质量应与燃烧室形状相适应,以促成均匀良好的混合气。燃烧室的形状不同,气流的搅动速度也不同,喷雾质量应配合空气紊流来促进油气混合。

4) 燃烧室

当活塞到达上止点时,气缸、气缸盖和活塞顶部组成的密闭空间称为燃烧室,燃烧室分为统一式燃烧室和分隔式燃烧室两大类。

统一式燃烧室是由凹顶活塞顶部与气缸盖底部所包围的单一内腔,又叫做直接喷射式燃烧室。缸盖底面是平的,活塞顶部下凹的有 ω 形、球形(如表 6-1-3 所示)、U 形。

表 6-1-3　统一式燃烧室

	说　明	图　示
统一式燃烧室	**ω 形燃烧室** 柴油直接喷射在活塞顶的浅凹坑内,要求喷射压力高,一般为 17～22MPa,要求雾化质量高,因此,采用多孔喷咀,孔数一般为 6～12 个　优点:形状简单,结构紧凑,燃烧室与水套接触面积小,散热少,可减少热损失,热效率高,经济性好　缺点:工作粗暴,喷射压力高,制造困难,喷孔易堵	1—气门;　2—喷油器;　3—汽缸盖;　4—燃烧室;　5—活塞;　6—汽缸体;　7—汽缸套
	球形燃烧室 空气由缸盖螺旋形进气道以切线方向进入气缸,喷油器沿气流运动的切线方向喷入柴油,使绝大部分柴油直接喷射在燃烧室壁面上形成油膜。小部分柴油雾珠散布在压缩空气中,并迅速蒸发燃烧,形成火源　优点:工作柔和、噪声小　缺点:起动困难、螺旋形进气道结构复杂、制造困难	1—气门;　2—喷油器;　3—汽缸盖;　4—燃烧室;　5—活塞;　6—汽缸体;　7—汽缸套

分隔式燃烧室由两部分组成,一部分在活塞顶与气缸底面之间,称为主燃烧室;一部分在气缸盖中为副燃烧室。这两部分由孔道相连。分隔式燃烧室有涡流室式燃烧室和预燃室燃烧室两种,如表 6-1-4 所示。

表 6 - 1 - 4　分隔式燃烧室

		说　明	图　示
分隔式燃烧室	涡流室式燃烧室	它的副燃烧室是球形或圆柱形的涡流室,在压缩行程中,气缸内的空气被活塞推挤,经过通道进入涡流室,形成强烈地有组织的高速旋转运动(几百转/分)柴油喷入涡流室中,在空气涡流的作用下,形成较浓的混合气。部分混合气在涡流室中着火燃烧,已燃与未燃的混合气高速(经通道)喷入主燃烧室,借活塞顶部的双涡流凹坑,产生第二次涡流。促使进一步混合和燃烧 　　优点:工作柔和、空气利用率较高、喷射压力也较低 　　缺点:热损失大、经济性差、起动困难	 1—气门;　2—汽缸套;　3—活塞;　4—燃烧室;　5—孔道;　6—汽缸体;　7—汽缸盖;　8—涡流室;　9—喷油器;　10—预热塞;　11—主燃烧室;　12—预燃室
	预燃室燃烧室	缸盖上有预燃室,占燃烧室总容积的1/3,预燃室与主燃室有通道,活塞为平顶。因为通道不是切向的,所以压缩时不产生涡流。连通预燃室与主燃室的孔道直径较小,由于节流作用产生压力差,使预燃室内形成紊流运动,油束大部分射在预燃室的出口处,只有少部分与空气混合(出口处较浓,而上部较稀),上部着火后,产生高压,已燃的和出口处较浓的混合气一同高速喷入主燃烧室,在主燃烧室内产生强烈的燃烧紊流运动,使大部分燃料在主燃烧室内混合和燃烧 　　优缺点与涡流室燃烧室基本相同	 1—气门;　2—汽缸套;　3—活塞;　4—燃烧室;　5—孔道;　6—汽缸体;　7—汽缸盖;　8—涡流室;　9—喷油器;　10—预热塞;　11—主燃烧室;　12—预燃室

　　3. 柴油机燃油供给系的组成、作用及其类型

　　柴油机燃油供给系由燃油供给装置、空气供给装置、混合气形成装置、废气排出装置四部分组成,如表 6 - 1 - 5 所示。

笔记

表6-1-5　柴油机燃油供给系零件

零件名称	说　明	图　示
燃油供给装置	燃油供给装置：柴油箱、输油泵、柴油滤清器、喷油泵、喷油器	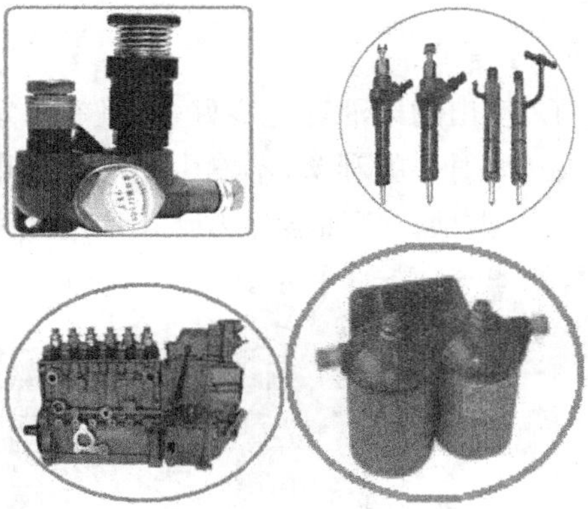
空气供给装置	空气供给装置主要包括空气滤清器、进气管	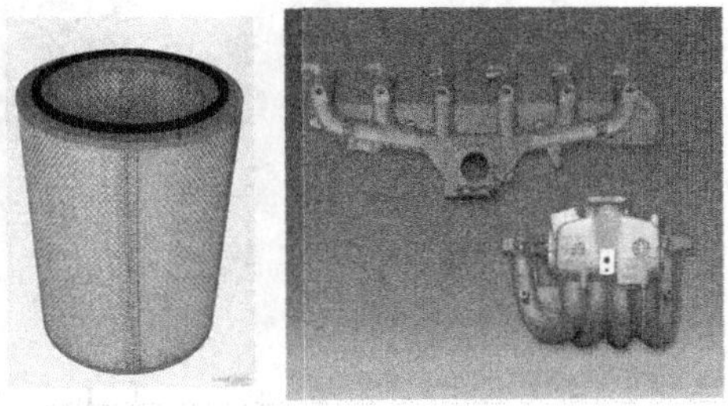
混合气形成装置	柴油机混合气是在燃烧室里形成并燃烧的，一般均按其结构形式分为直喷式燃烧室和分隔式燃烧室两大类	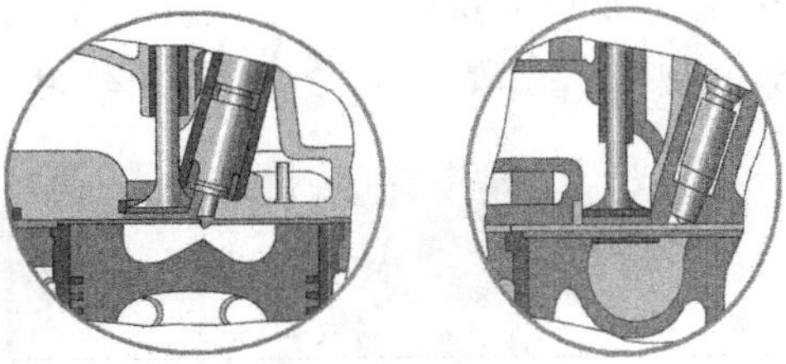
废气排出装置	废气排出装置主要包括排气管和消声器	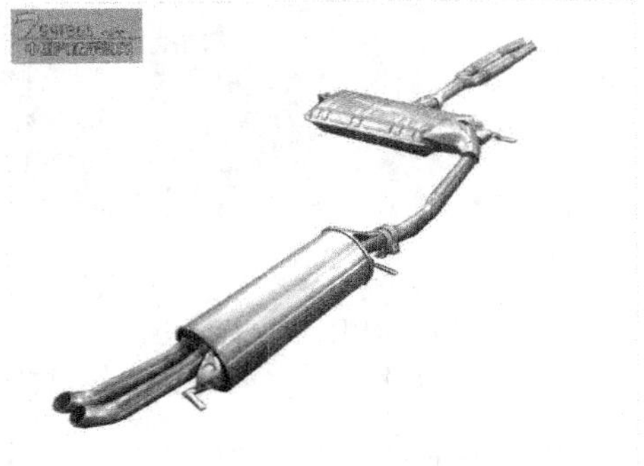

1）喷油器

（1）功用。喷油器的功用是将喷油泵供给的高压柴油，以一定的压力，呈雾状喷入燃烧室。

（2）要求。

① 喷出的柴油雾化良好，并且有一定的射程。

② 喷射干脆利落，不发生燃油滴漏现象。

（3）类型。喷油器分为开式和闭式两种，目前喷油器都是闭式喷油器，有孔式和轴针式两种，如图 6-1-3 所示。

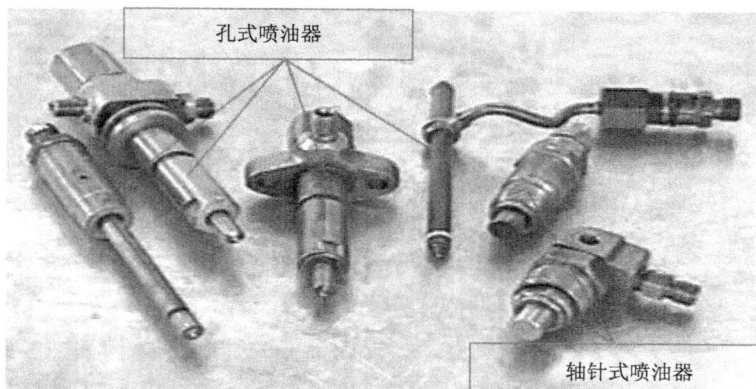

图 6-1-3　喷油器实物图

① 孔式喷油器结构和工作原理。如图 6-1-4 所示，孔式喷油器主要由护帽 1、调压螺母 2、调压弹簧 3、进油接头 4、喷油器体 5、定位销 6、顶杆 7 等组成。适应于直接喷射式（统一式）燃烧室，孔数 1～8 个，孔径 0.2～0.8mm。

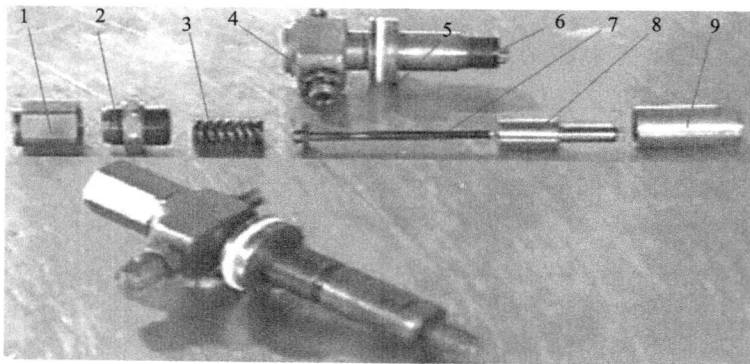

图 6-1-4　孔式喷油器零件图

1—护帽；　2—调压螺钉；　3—调压弹簧；　4—回油接头；　5—喷油器体；
6—顶杆；　7—定位销；　8—针阀与针阀体；　9—紧固螺套

孔式喷油器的工作原理如图 6-1-5 所示，其工作过程如下。

a. 喷油。当喷油泵开始供油时，高压柴油从进油口进入喷油器体内，经斜油道进入针阀

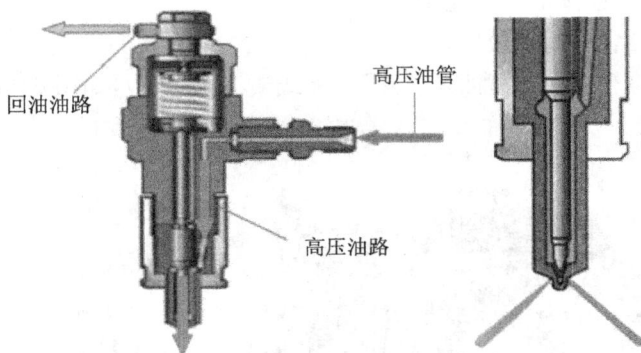

图6-1-5 孔式喷油器工作原理

体下面的高压油腔,在针阀锥面上产生向上抬起针阀的作用力克服调压弹簧的预紧力,使针阀向上升起打开喷油孔,柴油经喷油孔以高压喷入燃烧室。

b. 停油。当喷油泵停止供油时,高压油腔内油压骤然下降,作用在喷油器针阀的锥形承压面上的推力迅速下降,在弹簧力的作用下,针阀迅速关闭喷孔,停止喷油。

② 轴针式喷油器的结构和工作原理。孔式与轴针式喷油器(如图6-1-6所示)工作原理与孔式相同与孔式喷油器不同的是阀下端的密封锥面以下还向下延伸出一个轴针,其形状有倒锥形和圆柱形,轴针伸出喷孔外,使喷孔成为圆环状的狭缝。轴针式喷油器一般只有一个喷孔,直径为1~3mm,喷油压力较低,一般为12~14MPa,适用于涡流式和预燃式燃烧室。

a. 因针阀为倒锥形轴针,随针阀的升程增大,其油孔断面是先小后大又变小,因而喷油量是前、后期少,而中期多。喷油特性较为理想。

图6-1-6 轴针式喷油器

b. 喷孔直径较大,便于加工,工作是轴针在喷孔内上下往复运动不易堵塞,而且还能清除积碳,有自洁作用。

c. 不能满足对喷油质量有特殊要求的燃烧室的需要。

2) 喷油泵

(1) 功用。提高柴油压力,按照发动机的工作顺序、负荷大小,定时定量地向喷油器输送高压柴油,且各缸供油压力均等。

(2) 要求。

① 油压力要保证喷射压力和雾化质量的要求。

② 供油量应符合柴油机工作所需的精确数量。

③ 按柴油机的工作顺序,在规定的时间内准确供油。断油干脆,避免滴油。

④ 供油量和供油时间可调整,并保证各缸供油均匀(额定工况各缸供油均匀度误差≤3%,怠速工况各缸供油均匀度误差≤30%)。

⑤ 供油规律应保证柴油燃烧完全。

⑥ 供油开始和结束,动作敏捷。

（3）类型。主要有柱塞式喷油泵、转子分配式喷油泵（VE）,如图6-1-7所示为喷油泵的实物图。

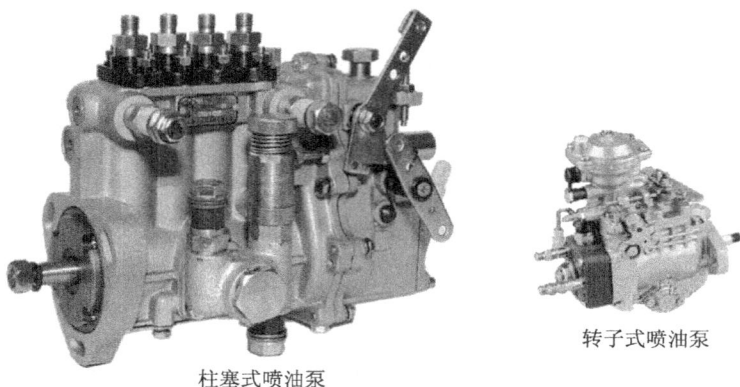

柱塞式喷油泵　　　　转子式喷油泵

图6-1-7　喷油泵的实物图

（4）柱塞式喷油泵。柱塞泵的泵油元件包括两套精密偶件:一是由柱塞和柱塞套组成的柱塞偶件;另一个是由出油阀和出油阀座组成的出油阀偶件,如图6-1-8所示为喷油泵结构图。

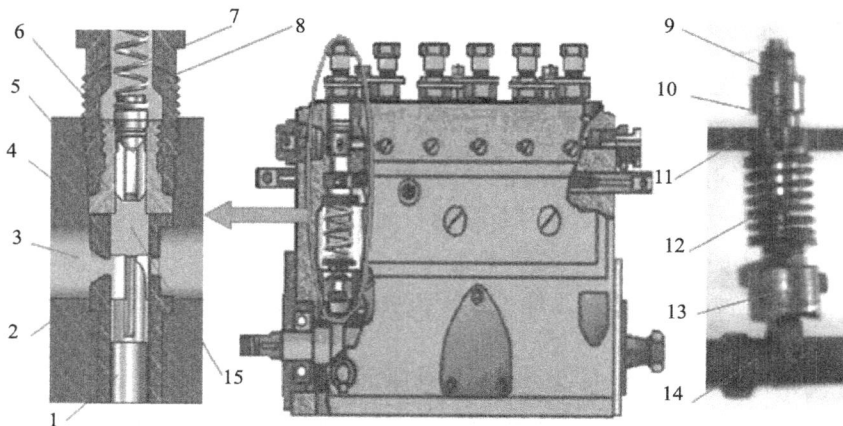

图6-1-8　柱塞泵分泵结构图

1—柱塞;　2—柱塞套;　3—进油室;　4—泵体;　5—出油阀座;　6—出油阀芯;
7—弹簧;　8—出油阀紧固座;　9—出油阀偶件;　10—柱塞偶件;　11—油量调节齿条;
12—弹簧;　13—滚轮体;　14—凸轮轴;　15—泵油室

柱塞和柱塞套是一对精密偶件,经配对研磨后不能互换,要求有高的精度、光洁度和良好的耐磨性。柱塞头部圆柱面上切有斜槽,并通过径向孔、轴向孔与顶部相通,其目的是改变循环供油量。柱塞套上制有进、回油孔,均与泵上体内低压油腔相通。柱塞套装入泵体后,应用定位螺钉固定。柱塞头部圆柱面上斜槽与回油孔的相对位置不同,每一循环的供油量也不同。

出油阀和出油阀座也是一对精密偶件,配对研磨后不能互换。出油阀是一个单向阀,其作用是在柱塞偶件停止供油时,将高压管与柱塞上端空腔隔绝,防止高压油管内的油倒流入喷油泵。出油阀的下部呈十字断面,既能导向,又能通过柴油。出油阀的锥面下有一个小的圆柱面,称为减压环带,其作用是在供油终了时使高压油管内的油压迅速下降,避免喷孔处产生滴油现象。

柱塞泵的泵油原理是:工作时,在喷油泵凸轮轴上的凸轮与柱塞弹簧的作用下,迫使柱塞作上、下往复运动,从而完成泵油任务。泵油过程可分为以下三个阶段:进油过程、压油过程和回油过程。

① 进油过程。如图6-1-9(a)所示,当凸轮的凸起部分转过去后,在回位弹簧弹力的作用下,柱塞向下运动,当柱塞顶平面从柱塞套内将进油孔打开后,充满油泵进油室内的柴油经进油孔进入泵油室,柱塞运动到下止点,进油结束。

② 供油过程。如图6-1-9(b)所示,当凸轮轴转到凸轮的凸起部分顶起滚轮体时,柱塞向上运动,燃油受压。当柱塞顶面遮住套筒上进油孔的上缘时,使柱塞顶部的泵油室成为一个密封油腔,柱塞继续上升,泵油室内的油压迅速升高,推开出油阀,高压柴油经出油阀进入高压油管,通过喷油器喷入燃烧室。

③ 回油过程。如图6-1-9(c)所示,柱塞上行到柱塞上的斜槽与套筒上的回油孔相通时,泵油室低压油路便与柱塞头部的中孔和径向孔及斜槽沟通,油压骤然下降,出油阀在弹簧力的作用下迅速关闭供油。

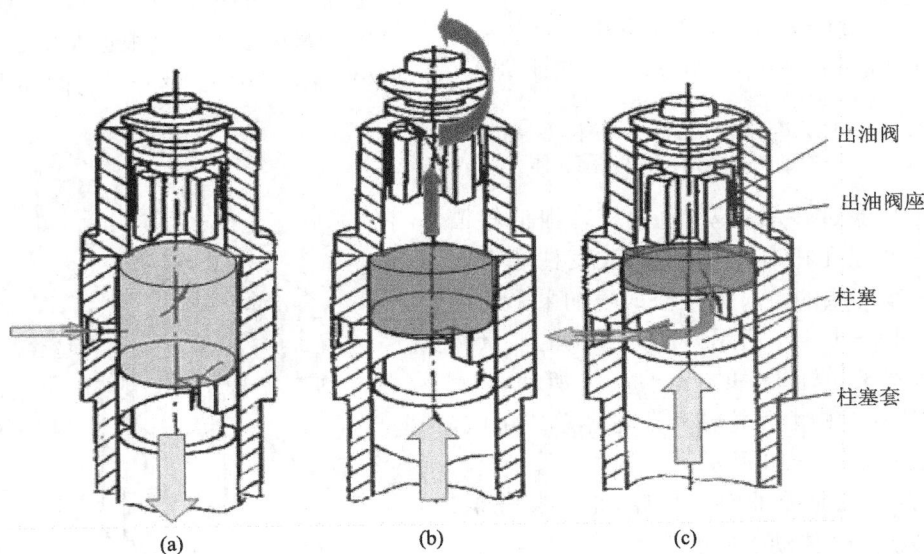

出油阀
出油阀座
柱塞
柱塞套

(a)　　　　　　(b)　　　　　　(c)

图6-1-9　柱塞泵工作原理图

(a) 进油过程;　(b) 压油过程;　(c) 回油过程

笔记

结论

● 柱塞每一循环的供油量取决于柱塞有效供油行程的大小。柱塞往复运动的总行程由凸轮的升程高度决定,是不变的。而有效供油行程大小取决于柱塞头部泄油斜槽与柱塞套回油孔的相对位置,是可变的。转动柱塞可改变供油终了时刻,从而改变供油量。

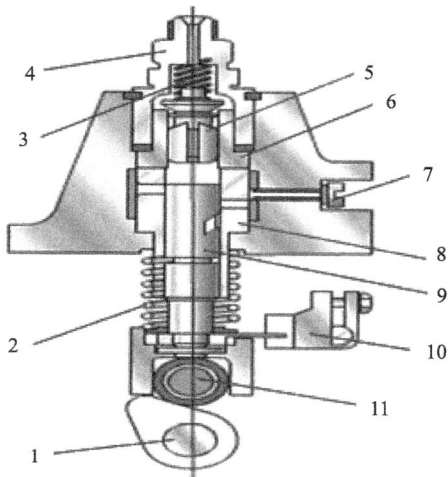

图 6-1-10　分泵结构图

1—凸轮轴;　2—柱塞弹簧;　3—出油阀弹簧;　4—出油阀压紧螺母;　5—出油阀;　6—出油阀座;　7—柱塞套定位螺钉;　8—柱塞套;　9—柱塞;　10—油量调节机构;　11—滚轮体

具体方法是通过转动柱塞,改变柱塞泄油斜槽与柱塞套回油孔相对位置,从而改变柱塞有效供油行程来完成的。A 型柱塞式喷油泵采用齿杆式(如图 6-1-11 所示),国产Ⅱ泵的油量调节机构为拨叉拉杆式(如图 6-1-12 所示)。

③ 传动机构由凸轮轴和滚轮体总成组成,滚轮体如图 6-1-13 所示。

④ 泵体就是喷油泵的壳体,是安装分泵、油量调节机构和传动机构的载体。

喷油泵凸轮轴是曲轴通过齿轮驱动的,曲轴转两圈,各缸喷油一次,凸轮轴只需转一圈就喷油一次,两者速率比为 2∶1。喷油泵供油的迟早决定喷油器喷油的迟早,喷油提前角的调整是通过对喷油泵的供油提前角的调整而实现的。

(5) 国产系列柱塞式喷油泵。国产系列柱塞泵主要有 A,B,P,Z 和Ⅰ,Ⅱ,Ⅲ号等系列。国产系列喷油泵的工作原理和结构型式基本相同,下面以 A 型柱塞式喷油泵为例介绍柱塞式喷油泵的构造和工作原理。柱塞泵由四大部分组成:分泵、油量调节机构、传动机构和泵体。

① 分泵是带有一副柱塞偶件的泵油机构,分泵的数目与发动机的缸数相等。每个气缸都有一个分泵,各缸的分泵结构尺寸完全一样。分泵的主要零件有柱塞偶件、柱塞弹簧、弹簧下座、出油阀偶件、出油阀弹簧、减容器、出油阀压紧座等,如图 6-1-10 所示。

② 油量调节机构是根据柴油机负荷和转速的变化自动改变喷油泵的循环供油量。

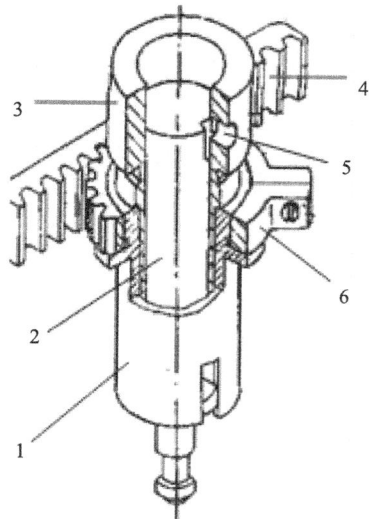

图 6-1-11　齿条调节装置

1—调节套;　2—柱塞;　3—柱塞套;　4—齿条;　5—进油孔;　6—扇齿圈

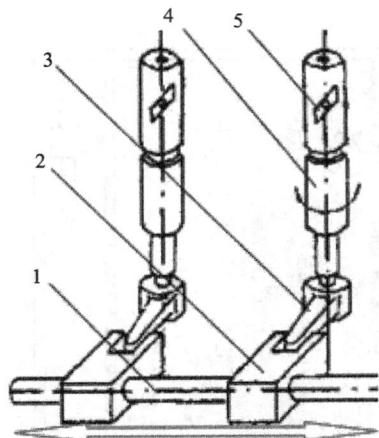

图 6 - 1 - 12 拨叉拉杆式调节装置

1—拉杆； 2—拨叉；   3—调
节臂； 4—柱塞； 5—泄油槽

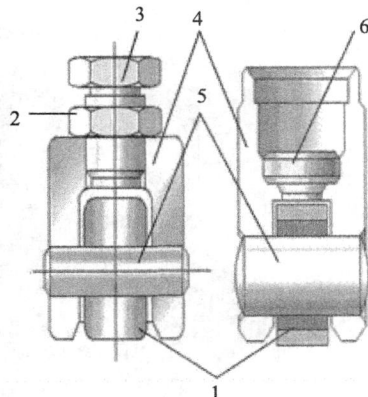

图 6 - 1 - 13 滚轮体结构图

1—滚轮； 2—锁紧螺母； 3—调整螺钉；
4—滚轮体； 5—滚轮销； 6—调整垫快

国产Ⅰ型柱塞式喷油泵的构造、基本工作原理与 A 型泵相同，只是结构参数有所改变，以适用于不同缸径的柴油机。

(6) 转子分配式喷油泵。分配式喷油泵(简称分配泵)是 20 世纪 50 年代后期发展起来的一种新型喷油泵，它的特征是一组供油元件通过分配机构定时定量地将燃油分别供给各气缸。因此分配泵的零件数目结构比较简单，体积小，质量轻，制造成本低，维修方便。此外，它的结构和工作特点保证了各缸供油的均匀性而不需调整，因此使用上比较方便。分配泵的凸轮升程较小，泵油压力较柱塞泵低，一般在 73.5MPa 以下，因此多用于小型高速车用柴油机。

分配泵对燃油要求较高。由于分配泵中零件配合精度很高，对柴油中的杂质和水分较为敏感，因此对于柴油的滤清有极其严格的要求。

分配泵按其结构可分为两大类，即对置转子式分配泵和单柱塞分配泵。其中车用柴油机多用单柱塞分配泵。目前轿车柴油机燃油供给系中广泛使用的 VE 泵即是德国波许(Bosch)公司从 1976 年开始生产的单柱塞、轴向压缩分配式喷油泵。下面以 VE 泵为例介绍该种分配泵的构造及工作特点。

① 转子分配泵的结构。VE 型转子分配泵结构如图 6 - 1 - 14、图 6 - 1 - 15、图 6 - 1 - 16 所示。

② 转子分配泵的工作原理。如图 6 - 1 - 16 所示，柴油经一级输油泵，进入第二级输油泵内，压力控制阀 21 将输油泵的出油压力控制在一定范围内，如油压超过规定值，则柴油从压力控制阀的入口一侧流回输油泵的入口。因此分配泵内始终充满具有一定压力的柴油。由曲轴驱动的传动轴带动滑片式输油泵旋转，同时通过联轴节 4(主动叉)带动凸轮盘 6 转动，凸轮盘上有传动销钉带动柱塞 10 一起旋转，柱塞弹簧 7 通过压板将柱塞压向凸轮盘的右端面，凸轮盘的型面(左端面)则与滚轮 5 紧密接触。当凸轮盘转到凸峰与滚轮相接触时，凸轮即被顶起向右移动至极限位置，同时推动柱塞压油。柱塞上有轴向和径向油道，起进油和配油作用，所以这种分配泵的柱塞同时具有压油与配油的功能。柱塞的往复运动起压油

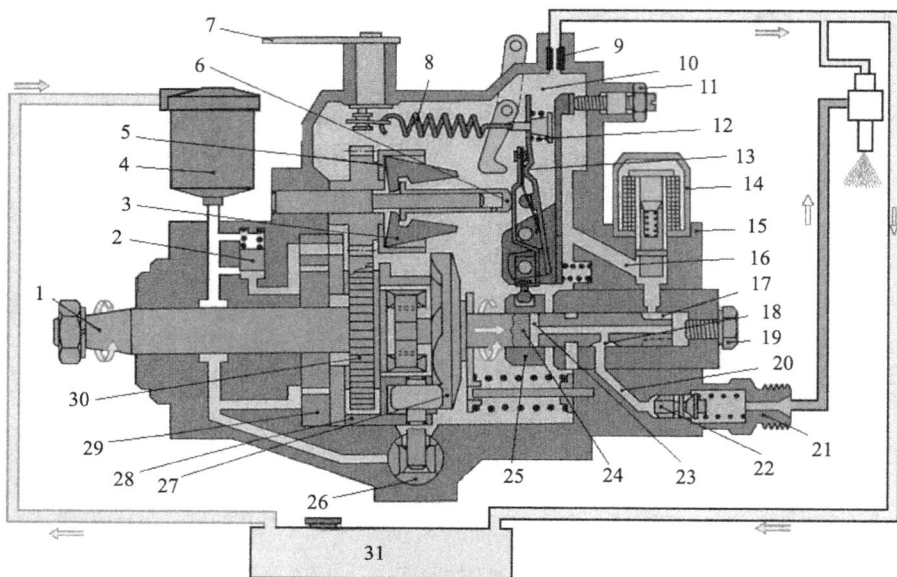

图 6-1-14 VE 型转子分配泵结构图

1—传动轴； 2—压力控制阀； 3—飞快； 4—柴油滤清器； 5—飞快架； 6—滑套； 7—操纵杆； 8—调速弹簧； 9—溢油阀； 10—柴油； 11—全负荷油量调节螺钉； 12—怠速弹簧； 13—张力杠杆； 14—断油电磁阀； 15—分配头； 16—进油道； 17—进油槽； 18—分配槽； 19—螺钉； 20—出油道； 21—出油阀紧固座； 22—出油阀； 23—泄油孔； 24—柱塞； 25—溢流环； 26—液压式喷油提前器； 27—凸轮盘； 28—滚轮架； 29—滑片式输油泵； 30—调速器驱动齿轮； 31—油箱

图 6-1-15 VE 型转子分配泵解剖图

1—断油电磁阀； 2—调速杠杆； 3—柱塞回位弹簧； 4—凸轮盘； 5—滚轮体； 6—滚轮架； 7—叶片式输油泵； 8—调速器； 9—调速弹簧

和进油作用；旋转运动起配油作用。VE 型分配泵由一个柱塞泵油元件向多个气缸供油，柱塞右端为压油部分，沿周向均布四个轴向进油槽 5，柴油通过进油孔 4 和柱塞上的进油槽 5 进入压油腔 1 内。柱塞的中心有轴向油道，柱塞中部的配油槽 2 有径向油孔与中心油道相

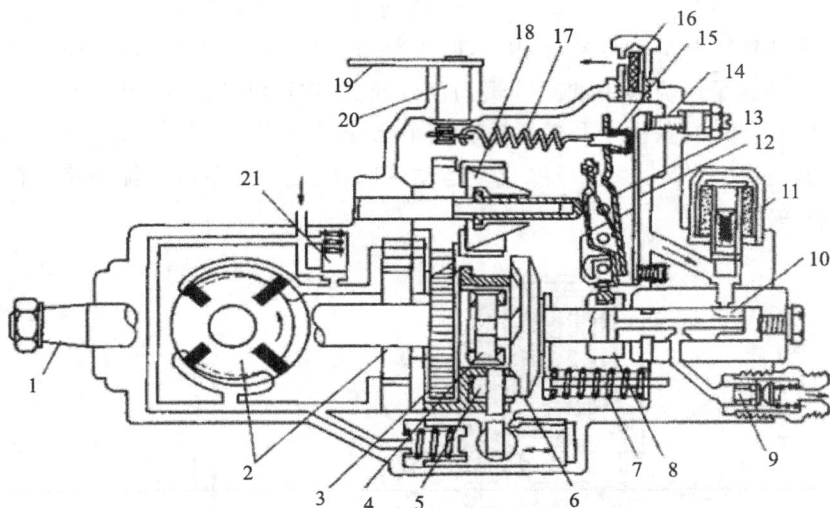

图 6 - 1 - 16 转子分配泵结构示意图

1—传动轴；2—滑片式输油泵；3—调速器驱动齿轮；4—联轴节；5—凸轮机构；6—凸轮盘；7—柱塞弹簧；8—溢流环；9—出油阀；10—柱塞；11—电磁阀；12—预调杠杆；13—张力杠杆；14—全负荷油量调节螺钉；15—怠速弹簧；16—放气阀；17—调速弹簧；18—飞块；19—操纵杆；20—操纵轴；21—压力控制阀

通。中心油道的末端与泄油孔 6 相连。下面介绍高压泵的工作过程。

a. 进油过程（如图 6 - 1 - 17 所示）。滚轮由凸轮盘的凸峰移到最低位置时，柱塞弹簧将柱塞 3 向左推移，在柱塞接近终点位置时，柱塞头部的进油槽 5 与柱塞套 6 上的进油孔 4 相通，柴油经电磁阀下部的进油孔 4 和柱塞头部的进油槽 5 流入柱塞右端的压油腔 7 内并充满中心油道。此时柱塞 3 上的分配槽 2 与柱塞套 6 上的出油孔隔绝，泄油孔也被溢油环封死。

b. 压油与配油过程（如图 6 - 1 - 18 所示）。随滚轮由凸轮盘的最低处向凸峰部分移动，

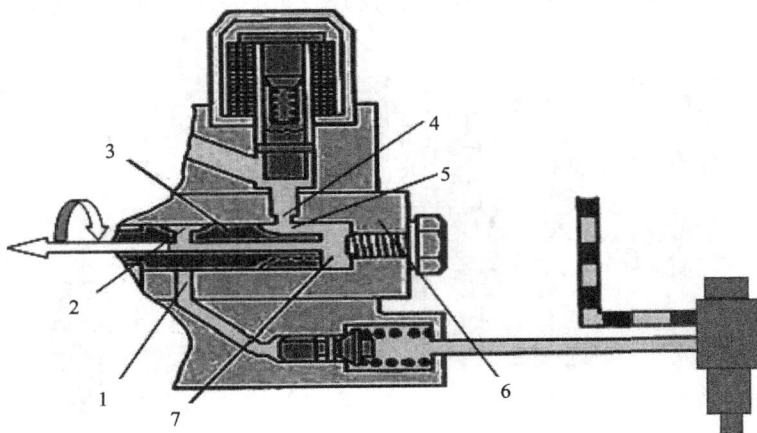

图 6 - 1 - 17 进油过程示意图

1—出油孔；2—配油槽；3—柱塞；4—进油孔；5—进油槽；6—柱塞套压油腔；7—压油室

柱塞在旋转的同时,也自左向右运动。此时,进油槽 4 与泵体进油孔 3 隔绝,柱塞泄油孔仍被封死,柱塞配油槽 1 与分配油路 8 相通,随着柱塞的右移,柱塞压油腔内的柴油压力不断升高,当油压升高到足以克服出油阀弹簧力而使出油阀 7 右移启时,则柴油经分配油路、出油阀及油管被送入喷油器;由于凸轮盘上有四个凸峰(与气缸数相等),柱塞套上有四个分配油路,因此,凸轮盘转一圈 360°,柱塞反复运动 4 次,配油槽与各缸分配油路各接通一次,轮流向各缸供油一次。

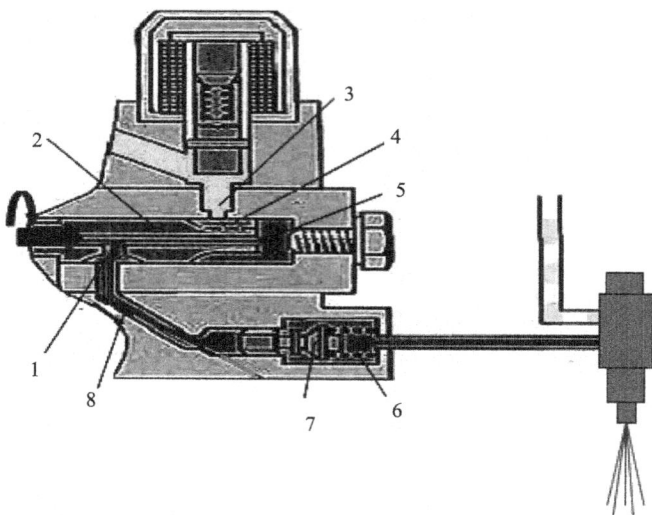

图 6 - 1 - 18　压油与配油过程

1—配油槽;　2—柱塞;　3—进油孔;　4—进油槽;　5—压油腔;
6—弹簧;　7—出油阀;　8—分配油路

　　c. 供油结束(如图 6 - 1 - 19 所示)。柱塞在凸轮推动下继续右移,柱塞左端的泄油孔露出溢油环的右端面时,泄油孔与分配泵内腔相通,高压油立即经泄油孔流入泵内腔中,柱塞

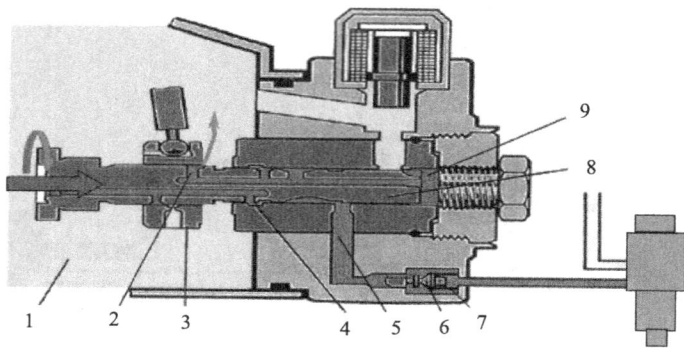

图 6 - 1 - 19　供油结束

1—泵腔;　2—泄油孔;　3—溢油环;　4—压力平衡槽;　5—分配油
路;　6—出油阀;　7—弹簧;　8—柱塞;　9—压油腔

压油腔、中心油道及分配油路中油压骤然下降,出油阀在其弹簧作用下迅速左移关闭,停止向喷油器供油。停止喷油过程持续到柱塞到达其向右行程的终点。

d. 供油量控制(如图6-1-20所示)。柱塞上的配油槽与出油孔相通到泄油孔与分配泵内腔相通为止。柱塞所走过的距离为有效供油行程 h(图6-1-20)。柱塞上的泄油孔什么时候和泵室相通依靠控制套筒的位置来控制,当移动控制套筒时,柱塞上的泄油孔与分配泵内腔相通的时刻改变,即结束供油的时刻改变,从而使供油有效行程 h 改变。溢油环向左移动,供油行程缩短,结束供油时刻提早,供油量减少;溢油环向右移动则相反。可见,在使用中这种分配泵油量的调节是靠驾驶员通过加速踏板控制调速器使控制套筒轴向移动来实现的。路中柴油与分配泵内腔油压相同,这样可使各缸分配油路内的燃油压力在喷油器喷射前趋于均匀,从而使各缸喷油压力均衡。

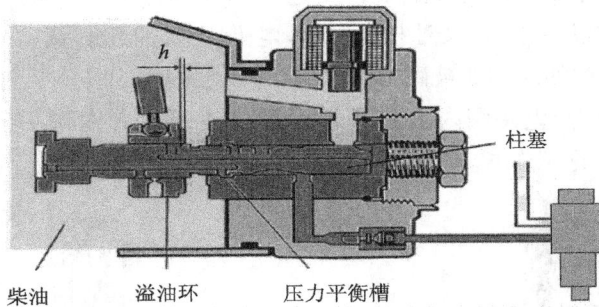

图6-1-20 压力平衡过程

③ 供油提前角自动调节装置。VE泵的供油提前角自动调节装置为液压式调节器,与常见的机械离心式调节器不同,直接装在分配泵的下部,结构如图6-1-21所示。在滚轮架3上装有滚轮4,其数目与气缸数相同。滚轮架通过传力销7、连接销6与活塞8连接。

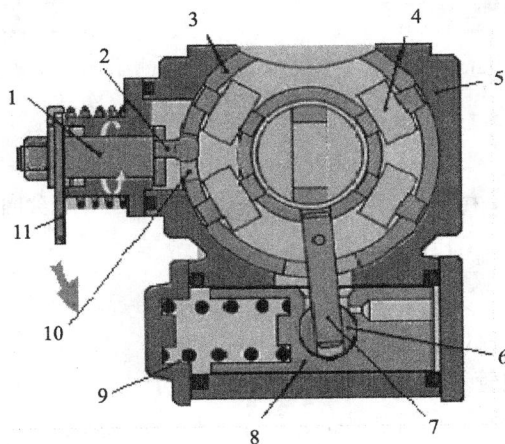

图6-1-21 供油提前角自动调节器

1—销轴; 2—偏心拨销; 3—滚轮架; 4—滚轮; 5—壳体; 6—连接销; 7—传力销; 8—活塞; 9—弹簧; 10—滚轮架; 11—调节臂

活塞移动时,拨动滚轮架绕其轴线转动(滚轮架不受驱动轴转动影响),油缸右腔经孔道与泵腔相通,其油压为二级输油泵出油压力。油缸左腔经孔道与柴油精滤器相通,其油压为二级输油泵进油压力。

发动机在常用转速下工作时,滑片式输油泵输送到泵腔内的低压柴油,经孔道进入油缸右腔。油缸活塞受到低压柴油向左的推力与向右的油缸左腔弹簧力及精滤后的柴油压力之合力相平衡。当发动机转速升高时,滑片式输油泵转速随之增加,泵腔内柴油压力上升,油缸中活塞 8 两端受力失衡,活塞左移。经连接销 6、传力销 7 推动滚轮架 3 绕其轴线顺时针转动某一角度(与凸轮盘转向相反),使凸轮盘端面凸峰提前某一角度与滚轮 4 相抵靠,从而使柱塞向右移动时刻提前,完成了泵油提前作用。反之,活塞右移,使滚轮架 3 逆时针转动某一角度,则泵油提前角减小。

④ 电磁式停油装置。VE 型分配泵采用电磁阀控制停油。电磁阀(如图 6-1-22 所示)装在柱塞套筒进油孔的上方,柴油机起动时,电磁阀线路接通,从蓄电池来的电流经过电磁线圈 4,可以上下活动的阀门 3 被磁力线圈起,并压缩弹簧,使进油道打开。当需要使柴油机停车时,只需切断电源,电磁阀内磁力消失,阀门 3 在弹簧弹力作用下落,将进油道关闭,进油停止,柴油机即停止工作。

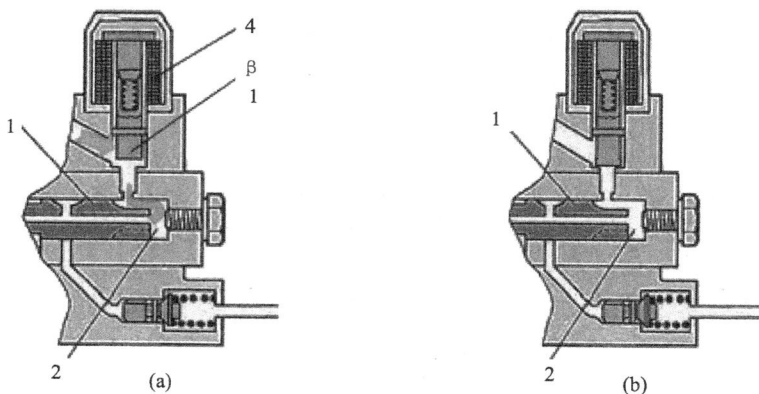

图 6-1-22 电磁阀停油装置

(a) 进油道开启; (b) 进油道关闭

1—柱塞; 2—进油室; 3—阀门; 4—电磁线圈

⑤ VE 型转子分配泵喷油正时的检查与调整。

a. 检查方法。

(1) 转动曲轴,找到一缸的压缩上止点。

(2) 拆除所有高压油管和液压头上放气螺钉。

(3) 将磁性百分表头伸入液压头中,使百分表有一定的预压量。

(4) 反转曲轴至百分表指针回摆到最低点;再将百分表预压 1~2mm 并调零。

(5) 正转曲轴,使皮带盘与壳体上的供油正时记号对齐后停止转动曲轴。

(6) 读取百分表读数即为分配泵柱塞的预行程,应符合该机型的要求。

b. 调整方法。利用喷油泵安装法兰上的弧线形孔改变发动机机体和喷油泵壳体之间

笔记

的相对位置而实现的。具体做法是：旋松喷油泵安装固定螺母，顺着分配泵柱塞旋转方向转动泵体可减小预行程，推迟供油时刻间；逆着喷油泵凸轮轴旋转方向转动泵体可增大预行程，使供油时刻提前。

3）增压补偿器

在轴向压缩式喷油泵泵体的上部装有增压补偿器，其作用是根据增压压力的大小，自动加大或减少各缸的供油量，以提高发动机的动力性和燃料经济性，并减少有害气体的产生。增压补偿器结构如图 6-1-23 所示。用橡胶制成的膜片 5 固定于补偿器下体和补偿器盖 6 之间。膜片把补偿器分成上、下两腔。上腔由管路连接与进气管相通，进气管中由废气涡轮增压器所形成的空气压力作用在膜片上表面。下腔经通气孔 4 与大气相通，弹簧 3 向上的弹力作用在膜片下支承板上。膜片与补偿器阀芯 2 相固连，阀芯 2 下部有一上小下大的锥形体。补偿杠杆 8 上端的悬臂体与锥形体相靠，补偿杠杆下端抵靠在张力杠杆 1 上。补偿杠杆可绕销轴 9 转动。

当进气管中增压压力升高时，补偿器上腔压力大于弹簧 3 的弹力，使膜片 5 连同阀芯 2 向下运动。补偿器下腔的空气经通气孔 4 逸入大气中，阀芯锥形体推动补偿杠杆 8 绕销轴 9

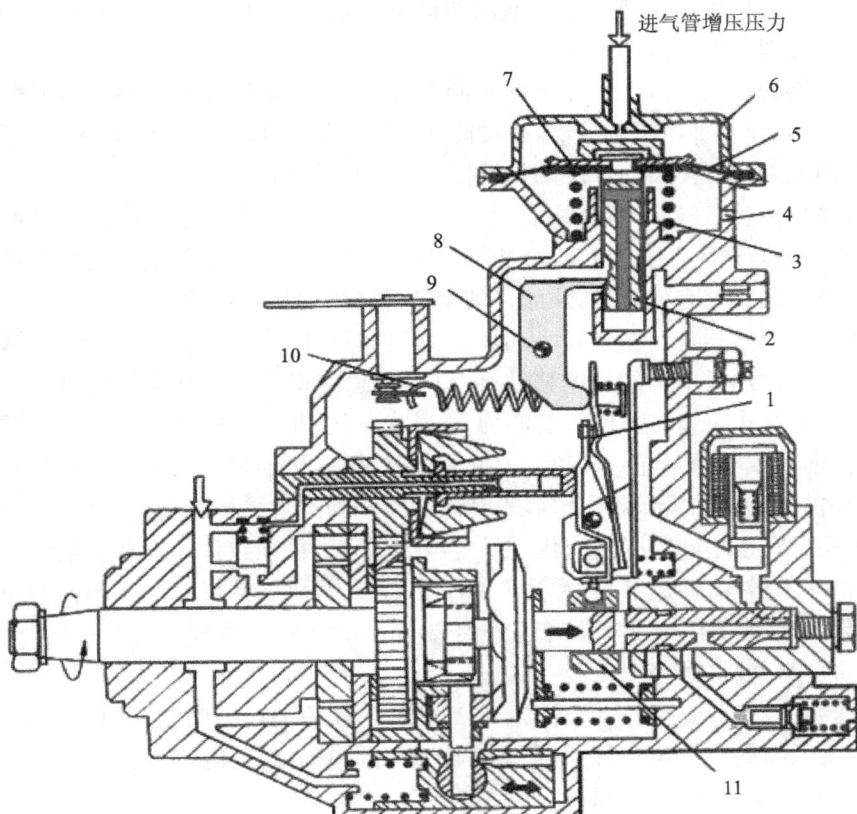

图 6-1-23 增压补偿器

1—张力杠杆；2—阀芯；3—弹簧；4—通气孔；5—膜片；6—补偿器盖；7—弹簧座；8—补偿杠杆；9—销轴；10—调速弹簧；11—溢油环

顺时针转动,张力杠杆 1 在调速弹簧 10 的作用下绕其转轴逆时针方向摆动,从而拨动溢油环 11 右移,使供油量适当增加,发动机功率加大。反之,发动机功率相应减小。

4）调速器

喷油泵每个工作循环的供油量主要取决于调节拉杆的位置。此外,还受到发动机转速的影响。在调节拉杆位置不变时,随着发动机曲轴转速增大,柱塞有效行程略有增加,而供油量也略有增大;反之,供油量略有减少。这种供油量随转速变化的关系称为喷油泵的速度特性。喷油泵的速度特性对工况多变的柴油机是非常不利的。当发动机负荷稍有变化时,导致发动机转速变化很大。当发动机由大负荷工作而突然卸载、负荷减小时,转速升高,转速升高导致柱塞泵循环供油量增加,循环供油量增加又导致转速进一步升高,这样不断地恶性循环,造成发动机转速越来越高,最后"飞车"。反之,当发动机负荷增大时,转速降低,转速降低导致柱塞泵循环供油量减少,循环供油量减少又导致转速进一步降低,这样不断地恶性循环,造成发动机转速越来越低,最后熄火。要改变这种恶性循环,就要求有一种能根据负荷的变化,自动调节供油量,使发动机在规定的转速范围内稳定运转。移动供油拉杆可以改变循环供油量,使发动机的转速基本不变,因此柴油机需要安装调速器。

（1）调速器的功用。调速器是根据发动机负荷变化而自动调节供油量,从而保证发动机的转速稳定在很小的范围内变化。

（2）调速器的类型。按工作原理的不同,调速器可分为机械调速器、气动调速器、复合式调速器、液压调速器和电子调速器,按功能的不同可分为单速调速器、两速调速器、全速调速器和全速两速调速器。目前常用的是机械离心式调速器。

① 机械离心式调速器。机械离心式调速器是利用发动机转速的高低使离心飞块产生的轴向推力与调速弹簧弹力进行平衡,再通过机件控制柱塞泄油斜槽与柱塞套进油孔之间的相对位置来控制柱塞有效行程,从而达到调节循环供油量的目的。

机械离心式调速器是根据弹簧力和离心力相平衡进行调速的。工作中,弹簧力总是将供油拉杆向循环供油量增加的方向移动;而离心力总是将供油拉杆向循环供油量减少的方向移动。当负荷减小时,转速升高,离心力大于弹簧力,供油拉杆向循环供油量减少的方向移动,循环供油量减小,转速降低,离心力又小于弹簧力,供油拉杆又向循环供油量增加的方向移动,循环供油量增加,转速又升高,直到离心力和弹簧力平衡,供油拉杆才保持不变。这样转速基本稳定在很小的范围内变化。反之,转速降低,供油拉杆向循环供油量增加的方向移动,循环供油量增加,转速升高,弹簧力又小于离心力,供油拉杆又向循环供油量减小的方向移动,循环供油量减小,转速又降低,直到离心力和弹簧力平衡。如图 6 - 1 - 24 所示为RAD 型喷油泵调速器结构图。

② 两速调速器。两速调速器适用于一般条件下使用的汽车柴油机,它只能自动稳定和限制柴油机最低与最高转速,而在所有中间转速范围内则由驾驶员控制。

4. 柴油发动机燃油供给系统的辅助装置

柴油发动机燃油供给系统的辅助装置有:输油泵、柴油滤清器、增压装置、溢油阀和高低压油管等。在使用过程中,输油泵各运动零件易产生磨损导致输油量下降;滤清器易出现堵塞;增压器易出现轴承磨损、油封老化;溢油阀开启压力偏低等故障。这都将导致供油量不足,进气不充分,使发动机动力性、经济性下降。因此,对输油泵、柴油滤清器、增压装置、溢

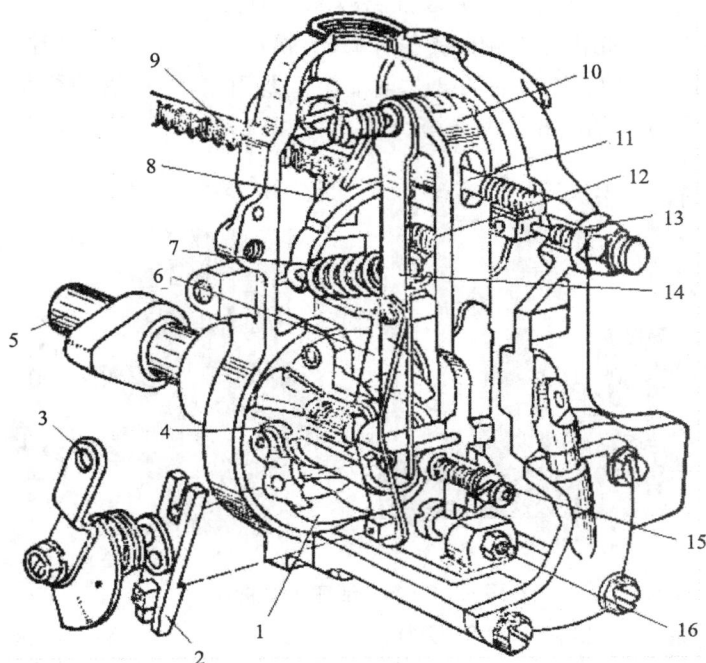

图 6 - 1 - 24　RAD 型调速器结构图

1—飞块；　2—支持杆；　3—控制杠杆；　4—滚轮；　5—凸轮轴；　6—浮动杠杆；
7—调速装置；　8—速度调定杠杆；　9—供油调节齿杆；　10—拉力杠杆；　11—速度调整螺栓；
12—起动弹簧；　13—稳速弹簧；　14—导动杠杆；　15—怠速弹簧；　16—齿杆行程调节螺栓

油阀等辅助装置的检查、维护与维修是十分必要的。

1）输油泵

（1）输油泵的功用。输油泵安装在喷油泵的侧面，如图 6 - 1 - 25 所示。其功用是：

① 保证柴油在低压油路内循环，并供应足够数量及一定压力的柴油给喷油泵，输油量应为全负荷最大喷油量的 4～8 倍。

② 利用手泵可以排除低压油路中的空气。

图 6 - 1 - 25　输油泵的安装位置图

③ 利用手泵可以帮助维修人员判断油路故障范围。

（2）输油泵的分类和组成。输油泵有活塞式、膜片式、齿轮式和叶片式等。其中，活塞式输油泵是最常用的一种。典型的活塞式输油泵主要由泵体、机械油泵总成、手油泵总成、进出油阀和油道等组成，如图 6 - 1 - 26。

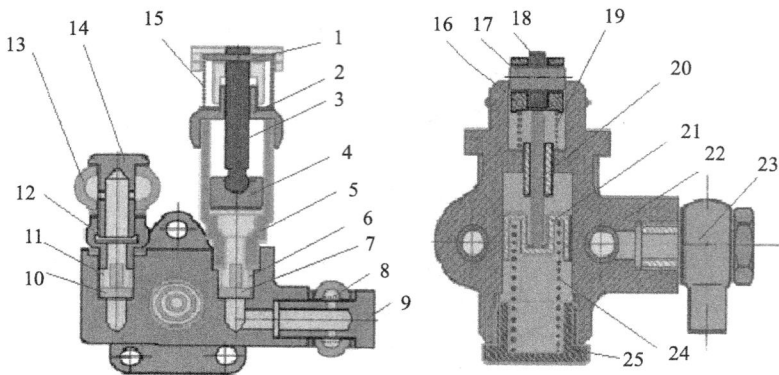

图 6 - 1 - 26　活塞式输油泵

1—连接销进油；　2—螺帽；　3—手动泵杆；　4—手泵活塞；　5—手泵壳体；　6—弹簧；　7—进油单向阀；　8—滤网；　9—管接头；　10—出油单向阀；　11—弹簧；　12—出油管接头；　13—出油管；　14—出油管螺栓；　15—弹簧；　16—滚轮架；　17—滚轮销；　18—滚轮；　19—弹簧；　20—顶杆；　21—活塞；　22—壳体；　23—进油管；　24—弹簧；　25—弹簧座

（3）活塞式输油泵工作原理（如图 6 - 1 - 27 所示）。随着喷油泵凸轮轴的旋转，轴上的偏心轮 9 克服滚轮弹簧 3 的预紧力推动滚轮 8 连同滚轮架下行，通过顶杆 5 的传递，偏心轮继而克服了活塞弹簧 6 的张力，推动活塞 4 下行，泵腔 Ⅰ 容积变小，油压升高，进油止回阀 15 关闭，压开出油止回阀 2，燃油经泵腔 Ⅰ 流向泵腔 Ⅱ（图中箭头所示）。当偏心轮凸起部分转离滚轮时，活塞 4 在活塞弹簧 1 的作用下上行，腔 Ⅱ 容积减小，油压增大，出油止回阀关闭，燃油经油道流向柴油滤油器。与此同时，泵腔 Ⅰ 容积增大，油压下降，产生吸力，进油止回阀 15 被吸开，燃油自进油口被吸入泵腔 Ⅰ（图中箭头所示）。如此重复，柴油便不断被送入柴油滤清器。输油量的多少取决于活塞行程，输油压力的大小取决于活塞弹簧的张力。

活塞在喷油泵凸轮轴上偏心轮的驱动下沿活塞轴线往复运动。当活塞行程为偏心轮升程时，输油量最大。当输油泵供油量大于喷油泵的需要量，或柴油滤清器阻力过大时，油路和泵腔 Ⅱ 内油压增高压活塞便停留在油压与弹簧 7 弹力平衡的位置而不能回位到上止点，而滚轮部件在其弹簧作用下仍回位到底，于是顶杆与滚轮间出现空行程，即活塞的有效行程减小，从而减少了输油量，并限制油压进一步升高。这样，喷油泵需求量越小，泵腔 Ⅱ 油压越高，活塞上行位置越低，空行程越大，有效行程也越小，输油泵输油量越小。反之喷油泵需要量增加，泵腔 Ⅱ 油压降低，活塞上行位置增高，空行程减少，输油量增加，从而就实现了输油量和供油压力的自动调节。

手油泵（如图 6 - 1 - 27 所示）是由泵体 12、活塞 14、手动泵杆 13 和弹簧等组成。当柴油机长时间停机后欲再起动时，应先将柴油滤清器和喷油泵的放气螺钉拧开，再将手油泵的手柄 11 旋开，往复抽按动手柄，活塞 14 则上下运动。活塞上行时，将柴油经进油止回阀 15 吸

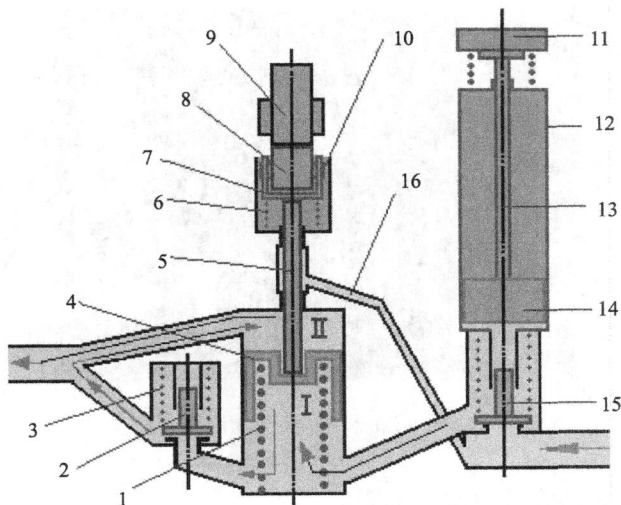

图 6-1-27　输油泵结构示意图

1—弹簧；　2—出油单向阀；　3—弹簧；　4—活塞；　5—顶杆；　6—弹簧；
7—滚轮架；　8—滚轮；　9—偏心轮；　10—滚轮销；　11—手轮；　12—手动泵壳
体；　13—手动泵杆；　14—手泵活塞；　15—进出油单向阀；　16—润滑油道

入手油泵泵腔；活塞下行时，进油止回阀 15 关闭，柴油从手油泵泵腔经机械油泵流出，下腔
和出油止回阀 2 并充满柴油滤清器和喷油泵低压腔，将其中的空气排除。之后拧紧放气螺
钉，旋紧手油泵手柄，再行起动发动机。机械油泵的活塞 4 和泵体、手油泵的活塞 14 和泵体
12 以及顶杆 5 与配合孔等偶件，都是经过选配和研磨而达到高精度配合的，故无互换性。泵
腔 Ⅱ 油压升高时会有少许燃油从顶杆 5 与泵体导孔间隙漏出，这部分燃油经回油管流回进
油口，并对推杆起润滑作用。

　　2）柴油滤清器

　　柴油在运输和储存过程中，不可避免地会混入尘土和水分，且储存较久后，胶质还将增
多。这些杂质进入柴油机供油系统后，会加剧其中各精密偶件的磨损，引起零件锈蚀，导致
精密偶件阻滞甚至卡死。因此，为保证柴油机供油系统工作正常，延长使用寿命，除使用前
将柴油严格沉淀过滤外，在柴油机供油系统中还必须采用滤清器，以便仔细清除柴油中的机
械杂质和水分。很多柴油机中设有粗、细两级滤清器，有的只用单级滤清器。此外，还装有
其他辅助滤清元件。例如，在各油管接头处设金属细孔滤网。目前常用的单级滤清器是微
孔纸芯滤清器，典型结构如图 6-1-28 所示。它优点是滤清效率高、体积小、质量小、价格
低。由微孔滤纸制成的滤芯，装在滤清器盖、与底部的弹簧座之间，并用橡胶圈密封。输油
泵泵出的柴油，经进油管接头进入壳体内，再渗透过滤芯而进入滤芯内腔，最后经出油管接
头输出给喷油泵。在此过程中，柴油中的机械杂质和尘土被滤去，水分沉淀在壳体内。

　　滤清器盖上装有限压溢流阀，当滤清器内油压超过溢流阀开启压力（0.25～0.35MPa）
时，溢流阀开启，使多余的柴油流回油箱，从而保证滤清器内油压在一定限度内。滤清器盖
上还有放气螺钉。拧开螺钉，抽动输油泵手油泵可清除滤清器体内的空气。

图 6 - 1 - 28　柴油滤清器

（二）柴油机燃油供给系供油线路图

柴油机燃油供给系供油线路图，如图 6 - 1 - 29 所示。

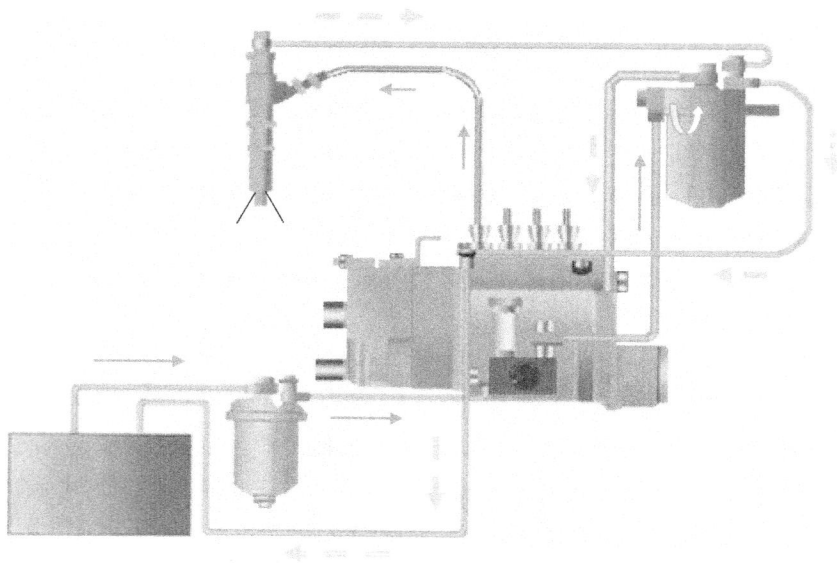

图 6 - 1 - 29　柴油机燃油供给系示意图

柴油机燃油供给系供油线路如图 6 - 1 - 30 所示：

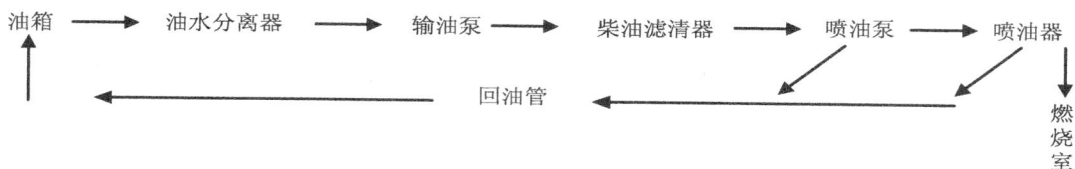

油箱 → 油水分离器 → 输油泵 → 柴油滤清器 → 喷油泵 → 喷油器 → 燃烧室

回油管

图 6 - 1 - 30　燃油供给系供油线路图

三、制订分析计划

制订柴油机燃油供给系分析计划如表 6-1-6 所示。

表 6-1-6　柴油机燃油供给系分析计划

1. 查阅资料,学习柴油机燃料供给系的结构特点 2. 查阅维修手册,熟悉柴油机燃油供给系供油路线图,制订柴油机燃油供给系分析计划		
1. 柴油机燃油供给系	车辆描述	
	发动机类型描述信息描述	
2. 柴油机燃油供给系的结构特点认识	(1) 柴油机的混合气是在那里形成的:＿＿＿＿＿＿＿＿ (2) 柴油机的混合气的着火方式是:＿＿＿＿＿＿＿＿	
3. 发动机曲柄连杆机构信息描述	 组成:1.＿＿＿＿＿＿＿　2.＿＿＿＿＿＿＿　3.＿＿＿＿＿＿＿ 　　　4.＿＿＿＿＿＿＿　5.＿＿＿＿＿＿＿	
4. 柴油机燃油供给系的学习	➤ 学习资料的准备 ➤ 学习步骤的准备 ➤ 学习效果总结	

四、实施分析作业

柴油机燃油供给系分析,如表 6-1-7 所示。

表 6-1-7　柴油机燃油供给系分析

作业项目	零 件 名 称	零 件 分 解 图
柴油机燃油供给系认识步骤	认识喷油嘴结构	1._____ 2._____ 3._____ 4._____ 5._____ 6._____ 7._____ 8._____ 9._____	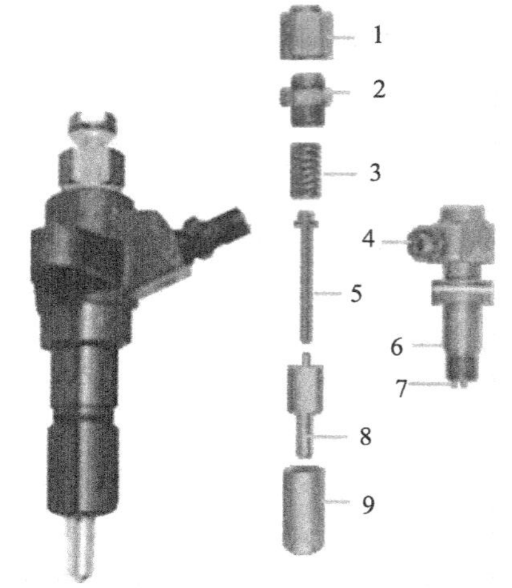
	认识柱塞式喷油泵结构	1._____ 2._____ 3._____ 4._____ 5._____ 6._____ 7._____ 8._____ 9._____ 10._____ 11._____	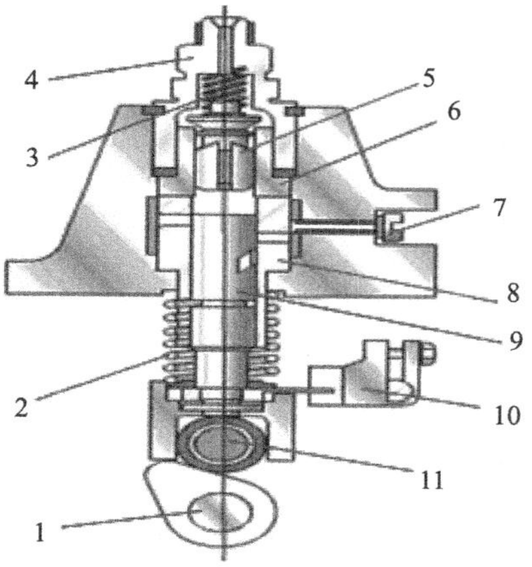
	认识转子式分配泵结构	1._____ 2._____ 3._____ 4._____ 5._____ 6._____ 7._____ 8._____	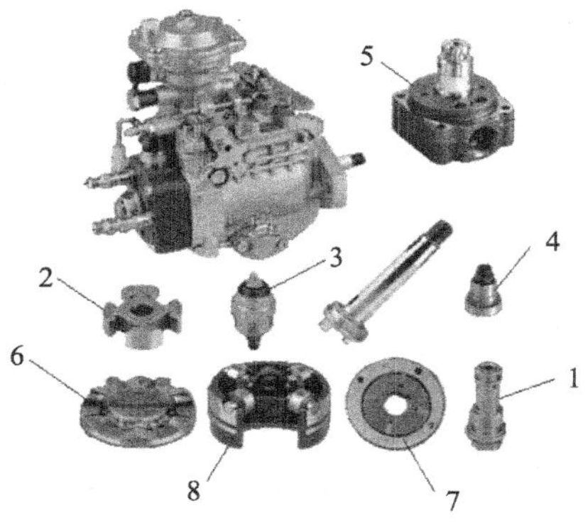
分析效果的总结		

五、检验评估

项目六任务 6.1 的检验评估如表 6-1-8 所示。

表 6-1-8　检验评估表

评价指标	检验说明	检验记录
柴油机燃油供给系的分析过程情况		

评价内容	检验指标	权重	自评	互评	总评
检查任务完成情况	1. 完成任务的情况 2. 任务完成的质量 3. 在小组完成任务过程中所起的作用	4			
专业知识和专业技能	1. 能描述柴油机燃油供给系的作用 2. 能描述柴油机燃油供给系的结构特点 3. 能描述柴油机燃油供给系的组成 4. 能描述柴油机燃油供给系的供油线路 5. 会对柴油机燃油供给系进行维护	8			
职业素养	1. 学习态度:积极主动参与学习 2. 团队合作:与小组成员一起分工合作,不影响学习进度 3. 现场管理:服从工位安排、执行实训室"5S"管理规定	3			
综合评议与建议					

项目拓展

想一想:

1. 柴油机燃油供给系与汽油机的主要区别是什么

2. 柴油机燃油供给系的是如何拆检的

任务 6.2　拆检柴油机燃油供给系

任务描述	一辆桑塔纳 3000 柴油轿车来到修理厂,据客户反映:该车行驶无力、排黑烟、油耗高、怠速时有"飞车"等现象,进厂维修。针对维修接待和车间确认,需对柴油供给系进行拆检
任务目标	1. 能描述柴油的牌号、性能和选用注意事项 2. 能进行柴油机燃油供给系各总成的拆装、调试及检修 3. 懂得喷油正时调整且能诊断与排除柴油机燃油供给系常见故障

笔记

一、维修接待

按照表6-2-1完成待修车辆的维修接待，并准确填写接车问诊表。

表6-2-1   维修接待与接车问诊表

1. 通过询问客户了解发动机发生故障情况，填写接车问诊表
2. 车间检测初步确认需对柴油供给系检修及其主要故障零部件更换

接 车 问 诊 表

车牌号：_____   车架号：_____   行驶里程：_____（km）
用户名：_____   电　话：_____   来店时间：_____/_____

用户陈述及故障发生时的状况：一辆桑塔纳3000柴油轿车来到修理厂，据客户反映：该车行驶无力、排黑烟、油耗高、怠速时有"飞车"等现象

故障发生状况提示：行驶速度、发动机状态、发生频度、发生时间、部位、天气、路面状况、声音描述

接车员检测确认建议：需对发动机供给系拆检

车间检测确认结果及主要故障零部件：需对发动机供给系拆检，必要时更换故障零部件

车间检查确认者：_____

外观确认：

（请在有缺陷部位作标识）

功能确认：（工作正常√　不正常×）
□音响系统　　□门锁（防盗器）　□全车灯光　□工具
□后视镜　　　□顶窗　　　　　　□座椅　　　□点烟器
□玻璃升降器　□玻璃

物品确认：（有√　无×）
□贵重物品提示
□工具　□备胎　□灭火器
□其他（　　　　　　　）
旧件是否交还用户　□是　□否
用户是否需要洗车　□是　□否

- 检测费说明：本次检测的故障如用户在本店维修，检测费包含在修理费用内；如用户不在本店维修，请您支付检测费。本次检测费：￥_____元。
- 贵重物品：在将车辆交给我店检查修理前，已提示将车内贵重物品自行收起并保存好，如有遗失恕不负责。

接车员：_____   用户确认：_____

二、信息收集与处理

按照表6-2-2完成信息收集与处理。

笔 记

表 6－2－2 信息收集与处理

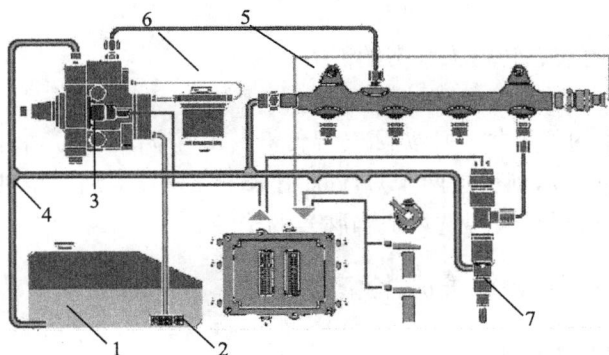

柴油机燃油供给系各部件

序号	部件名称	作　用
1		
2		
3		
4		
5		
6		
7		

1. 柴油机燃油供给系的组成：＿＿＿＿＿＿＿＿；＿＿＿＿＿＿＿＿；＿＿＿＿＿＿＿＿；
　和 ＿＿＿＿＿＿＿＿＿＿＿＿＿＿＿＿＿＿＿＿＿＿＿＿＿＿＿＿＿＿＿＿＿＿＿＿
2. 柴油机燃油供给系的日常维护保养内容有那些：＿＿＿＿＿＿＿＿＿＿＿＿＿＿＿＿＿＿

（一）柴油的牌号、性能和选用注意事项

1. 柴油的牌号

柴油是在 $533\sim623K$ 的温度范围内,从石油中提炼出来的碳氢化合物,含碳 87%、氢 12.6%、氧 0.4%。柴油按凝点分为 $10,0,-10,-20,-35,-50$ 等六个牌号,其凝点分别不高于 $10\mathbb{C},0\mathbb{C},-10\mathbb{C},-20\mathbb{C},-35\mathbb{C},-50\mathbb{C}$,牌号越高凝点越低。其代号分别为 RCZ－10,RC－0,RC－10,RC－20,RC－35,RC－50。"R"和"C"是"燃"和"柴"字的汉语拼音字头,凝点在 $0\mathbb{C}$ 以上的则在"－"前加上"Z"字母。

2. 柴油的性能指标有

1）黏度

是液体流动时内摩擦力的量度,它决定燃油的流动性,黏度越小,流动性越好。

2）凝点

指柴油冷却到开始失去流动性的温度。

3）发火性

笔记

指燃油的自燃能力,十六烷值越高,发火性越好。

4) 蒸发性

指燃油吸收热量由液态转化为气态的能力。

3. 柴油选用注意事项

一般情况下,选用的牌号数应比实际气温低 5～10 个温度单位,。例如,广州地区 1 月和 12 月的最低气温为 0℃,则在这两个月应选用 RC-10 号柴油。柴油的选用原则是根据当地当月概率为 10% 的最低气温选用适当牌号的柴油。

(二) 柴油机燃油供给系的维护、检修方法

1. 柴油滤清器的维护保养

输油泵泵出的柴油,经进油管接头进入壳体内,再渗透过滤芯而进入滤芯内腔,最后经出油管接头输出给喷油泵。在此过程中,柴油中的机械杂质和尘土被滤去,水分沉淀在壳体内。

滤清器盖上装有限压溢流阀,当滤清器内油压超过溢流阀开启压力 0.25～0.35MPa 时,溢流阀开启,使多余的柴油流回油箱,从而保证滤清器内油压在一定限度内。滤清器盖上还有放气螺钉。拧开螺钉,抽动输油泵手油泵可清除滤清器体内的空气。

2. 喷油器的拆检与调试

喷油器拆装检查及调试过程如表 6-2-3 所示。

表 6-2-3　喷油器拆装检查及调试过程

说　明	图　示	说　明	图　示
1. 从发动机上拆下喷油器		2. 松开紧固螺套	
3. 松开护帽		4. 认识零件	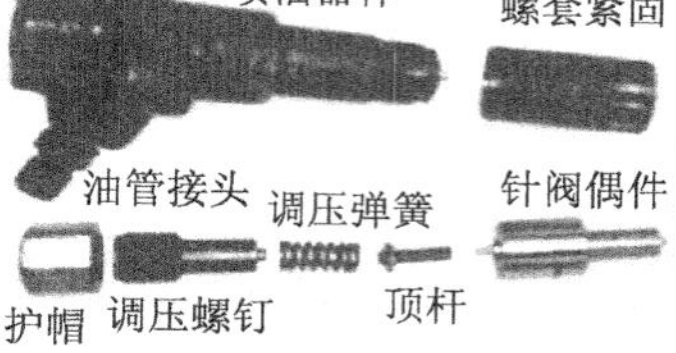

（续表）

说　明	图　示	说　明	图　示
5. 仔细检查柱塞偶件是否有损伤		6. 喷油针阀偶件滑动性检查	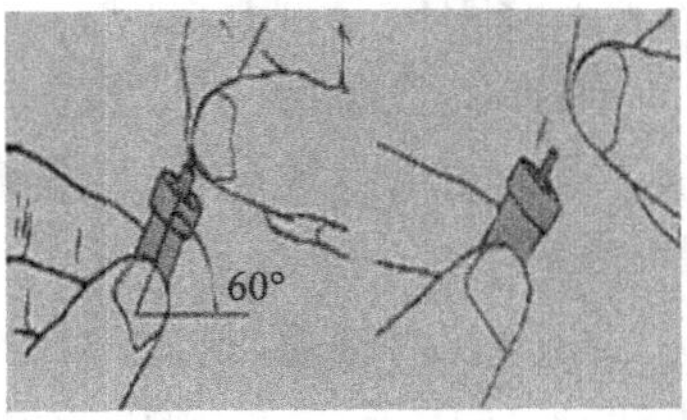
7. 将喷油泵装在试验台上调试		8. 喷油器喷油压力调试	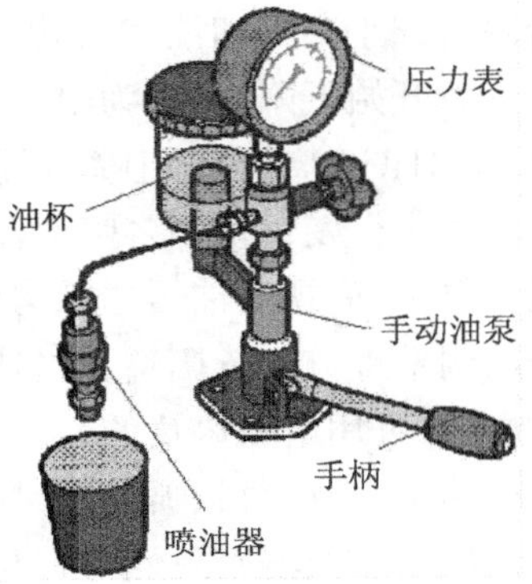

　　1）喷油器的拆卸

　　（1）拆下坚固螺套,取出针阀偶件。注意观察针阀和针阀体结构,针阀与阀体是配对研磨的精密偶件,不能与另外偶件互换并需注意防尘,然后拧入调整螺钉,最后拧紧调整螺母和调压螺钉护帽。喷油压力是在喷油器试验台上通过调整调压螺钉4调整。观察完毕,将喷油器部件浸入清洁的柴油中注意保管。

　　（2）螺钉护帽、调压螺母,调压螺钉等,取出调压弹簧上座、调压弹簧、推杆。

　　（3）拆下进油管接头。

　　2）喷油器的装复

　　将拆下的零部件清洗干净后准备装复。装复步骤如下。

　　（1）将进油管接头旋入喷油器体,不要遗落垫圈。

　　（2）将针阀偶件放入紧固螺套,将螺套旋入喷油器体。

　　（3）依次从喷油器体上部孔内放入推杆、弹簧下座、弹簧上座。

　　3）喷油器的检验

　　（1）针阀和轴针的配合表面不得有烧伤或腐蚀现象。

　　（2）针阀轴针不得变形或其他损伤。

　　（3）针阀偶件的滑动性检验,如表6-2-3所示。

将针阀体倾斜 60°左右,针阀拉出 1/3 行程。放开后,针阀应能平稳滑入阀座之中,若不能下滑,则有卡滞;若下落太快,则间隙过大。

4）喷油器的调试

喷油器的全面检查包括外观检查、性能检查、内部状况检查。下面主要介绍在喷油实验器上进行的检查、调试项目。

喷油实验器结构如表 6-2-3 所示(喷油器喷油压力调试),由手动油泵、压力表和油杯等组成。油箱内的柴油经滤清后进入手油泵,经过手油泵加压后的高压柴油流入喷油器喷出。

在检查调试前,首先应对喷油实验器的密封性进行检查。堵住喷油实验器的出油口,压动手柄,使压力达 28MPa 便停止压手柄,油压在 3min 内下降不大于 980kPa 为正常。

（1）喷油压力的检查与调校。检查时,将喷油器上的调压弹簧调整螺钉的锁紧螺母旋松,将喷油器装到试验器上,放气并将连接部位拧紧。快速按下试验台手柄若干次,等喷油器内的细小杂质和油污排出后,再缓慢地按动手柄,以 60 次/min 为宜,同时观察油压表。当读数开始下降时,即为喷油器的开启压力,其数值应符合技术条件。例如 YC61SOQC 型和 YC61lOQ 型等油机喷油器的喷油压力为 18.62±0.49MPa。

同一台发动机中各喷油器的喷油压力差异应不超过 0.025MPa。如果喷油压力不符合规定要求,应视喷油器的结构按以下方法加以调整。用调整螺钉调整喷油压力的喷油器,可拧动调整螺钉进行调整。当拧入调整螺钉,压力增高,反之则相反。用垫片调整喷油压力的喷油器,可用增减垫片的方法进行调整,加厚垫片,喷油压力增高,反之则相反。采用垫片调整喷油压力时,每只喷油器只能用一只垫片。

（2）喷油器密封性检查与试验:

① 导向部分配合严密性的检查与试验。对导向部分配合严密性的检查,通常采用降压法。检查与试验时,将喷油器装在喷油器试验器上,把喷油压力调到 19.6MPa,观察由 19.6MPa 下降到 17.6MPa 时所经历的时间,正常为 10s 以上。如果时间过短,说明喷油器导向部分的配合间隙过大,工作中将导致回油过多,喷油量不足,车辆行驶无力。

② 针阀密封锥面的密封性检查与试验。检查时,以较慢的速度按压喷油器试验器手柄,使压力均匀升高到低于标准的喷油压力以下 2MPa,并保持在此压力下持续时间 10s 以上。在此期间,喷孔附近不得有柴油集聚或渗漏现象,但允许有少量湿润。当压力增至规定的喷油压力时,在喷油器开始喷油的瞬间,喷孔附近允许湿润,但不应有滴油现象。如果喷孔滴油、渗漏说明针阀密封锥面密封不良,应对喷油嘴进行检修,如修后仍达不到上述要求,应更换。

（3）喷雾质量的检查(如图 6-2-1 所示)。喷油器喷雾质量的检查,主要检查喷油器在规定压力下,能否把柴油喷射为细小、均匀的雾状油束,检查项目有:喷雾锥角、射程、均匀性、油滴尺寸及尺寸分布。最常用的检查方法是:目测喷雾形状、倾听喷雾响声、检查喷雾锥角。

① 目测喷雾形状。对多孔式喷油器各喷孔应形成一个雾化良好的小锥状油束,各油束间隔角应符合原厂规定,如图 6-2-2 所示。对轴针式喷油器,要求喷雾为圆锥形,不得偏斜,油雾细小均匀。

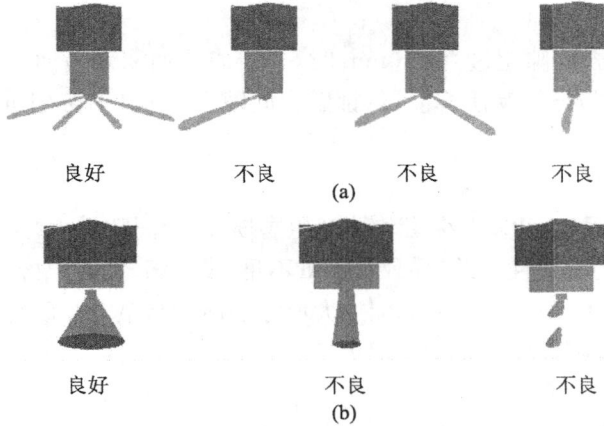

图6-2-1　喷油器喷雾质量的检查

（a）空式喷油器喷雾质量检查；　（b）轴针式喷油器喷雾质量检查

② 根据喷油响声判断喷雾质量。根据喷油器在喷油时发出的响声，可以判断喷雾质量的好坏。正常情况下喷油响声应短促清脆，如果喷油时响声沙哑，说明喷油嘴喷雾不良或针阀运动不灵活；如果响声微弱或听不到响声，说明喷油压力过低或不喷油。

③ 喷雾锥角的检查。通常喷雾锥角标注在喷油嘴体显著部位。检查时，可在距喷油嘴喷孔100～200mm处放一张白纸，纸面应与喷油器轴线垂直，然后快速压动手泵手柄，作一次喷射，使

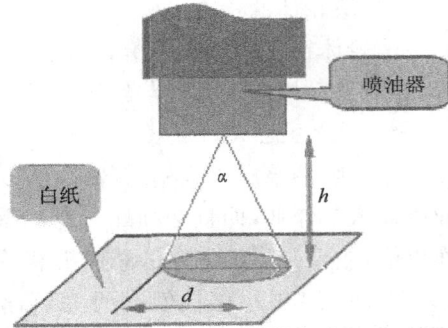

图6-2-2　喷雾锥角的检查

油雾喷射在纸上，量出纸面到喷油嘴针阀端面的距离 h 和纸上的油迹直径 d，如图6-2-2所示。用下列公式计算喷雾锥角 α。

$$\alpha = \arctan(d/2h)$$

3. 活塞式输油泵的拆装检修

1）单向阀的磨修

当单向阀磨损或有柴油胶质粘结密封不良时，会造成输油泵泵油量不足，发动机动力性、经济性下降，必须磨修或更换单向阀。磨修时先分别将阀与阀座用油石磨平，再互研配磨，如图6-2-3所示。研磨后的配合表面的粗糙度为 $Ra \leqslant 0.8\mu m$。

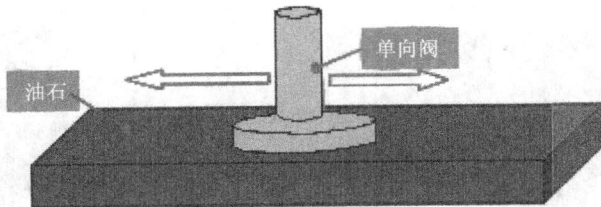

图6-2-3　单向阀的研磨修复示意图

笔记

2）顶杆与导管的检修

顶杆与导管的配合间隙超过 0.010mm 时，会造成柴油漏入喷油泵，稀释润滑机油。应选配加大尺寸的顶杆与导管互研修复，保证配合间隙在 0.002～0.010mm 之间。否则更换总成。

3）活塞与泵套的检修

由于活塞的往复运动，活塞与泵套均要产生磨损，配合间隙增大，泵腔Ⅰ与泵腔Ⅱ（如图 6-1-27 所示）之间的密封性变差，导致供油量不足，发动机动力性、经济性下降。当活塞与泵套的配合间隙超过 0.05mm 时，应选配加大尺寸的活塞与泵套互研修复，保证配合间隙为 0.002～0.015mm。否则需更换总成。

4）活塞弹簧弹性的检查

柴油机燃料系低压油路的油压取决于活塞弹簧的弹力。活塞弹簧在长期使用过程中会变软而导致供油压力不足，造成高压喷油泵供油量不足，影响发动机的动力性与经济性。恢复的方法是在弹簧的后端加一适当厚度的垫片。

5）滚轮体的检查

滚轮体在使用过程中滚轮与滚轮销均会产生磨损，导致活塞总行程下降，造成供油量下降，影响发动机的动力性与经济性。恢复的方法是减少输油泵安装口密封垫片厚度。

4．喷油泵总成的拆装

由于喷油泵属于高精密部件，所以在日常修理过程中，对喷油泵的分解检修调整需要专业维修人员作业，而且必须配备专用拆装调试工具。所以本次课程对喷油泵的解体检修不作讲解，主要介绍喷油泵的总成拆装及调试。

下面以 433 型柴油发动机为例，介绍喷油泵总成的拆装。其拆装程序如表 6-2-4 所示。

表 6-2-4　喷油泵的拆装程序

步　骤	图　示	步　骤	图　示
1. 将冷却水放出后，拆下水箱		2. 拆下风扇皮带，拆下散热风扇	
3. 拆下曲轴皮带轮		4. 拆下正时齿轮盖	

（续表）

步　骤	图　示	步　骤	图　示
5. 正时记号的检查：转动曲轴检查原装正时记号是否对准		6. 拆下高压油管、油泵固定螺栓	
7. 拆下喷油泵总成			

装配按与拆卸相反顺序进行。喷油泵装配时，应注意将曲轴正时齿轮、凸轮轴正时齿轮和油泵齿轮的正时记号对正，以保证发动机的喷油正时的正确。

5. 喷油泵的驱动与喷油正时

1）喷油泵的驱动

喷油泵通常由柴油机曲轴前端的正时齿轮带动一组齿轮来驱动。喷油泵的驱动必须满足柴油机工作顺序的需要，即供油正时。柱塞式喷油泵的驱动方式如图 6-2-4 所示。为保证供油正时，在正时齿轮、中间齿轮和喷油泵驱动齿轮上都刻有正时记号，在安装时各处的正时标记必须处于相应的位置，才能保证喷油系统有正确的喷油时刻。

2）喷油提前角自动调整装置

柴油机的最佳供油提前角是在转速和供油量一定的条件下，能获得最大的功率及最小燃油消耗的喷油提前角。供油量愈大，转速越高，则最佳喷油提前角也愈大。

喷油提前角实际上是由喷油泵供油提前角保证的。喷油泵供油提前角是改变发动机曲轴与喷油泵凸轮轴的相对角位置。从而使各分泵的供油提前角作相同数量的改变。车用柴油机是根据其常用的某个供油量和转速范围确定一个供油提前

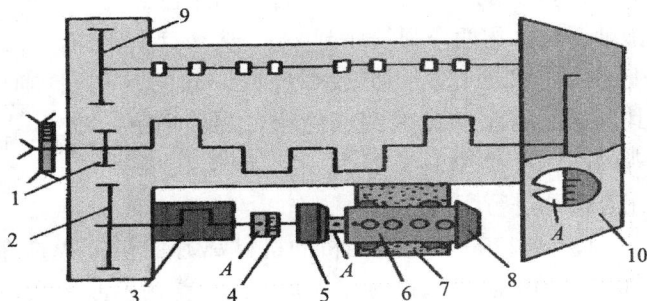

图 6-2-4　喷油泵驱动

1—发动机正时齿轮；　2—驱动齿轮；　3—空气压缩机；　4—联轴器；　5—供油提前角自动调节器；　6—喷油泵；　7—托板；　8—调速器；　9—凸轮轴正时齿轮；10—飞轮壳

图 6-2-5　Q433 型柴油机喷油提前器

喷油泵驱动齿轮

供油提前角自动调节器

初始角。这个初始角在喷油泵安装到柴油机上时业已固定。为满足最佳喷油提前角随转速升高而增大的要求,车用柴油机常装用供油提前角自动调节器,使供油提前角在初始角的基础上随转速而变化,即对喷油提前角进行动态调整。

如图 6-2-5 所示为 Q433 型柴油机喷油提前器。如图 6-2-6 所示为 CA6110—2 型柴油机使用的机械离心式供油提前角自动调节器。它利用调节器内部离心部件的离心力与调节弹簧力的平衡原理,随柴油机转速自动调整喷油泵凸轮轴和驱动轴之间相位差,从而改变喷油提前角。该调节器(一般称为提前器)位于联轴器和喷油泵之间。当转速升高时,飞块活动端便进一步向外甩,从动盘被迫再沿旋转方向相对于驱动盘前进一个角度,供油提前角相应又增大。反之,当柴油机转速降低时,飞块收拢,从动盘在弹簧力作用下相对于驱动盘后退一个角度,供油提前角相应减小。驱动盘前端面有两个螺孔 C 与联轴器相连接。在驱动盘的腹板上压装着两个销轴 3,两个飞块 4 的一端各有一圆孔套在此销轴上,另一端压装着两个销钉 7,每个销钉各松套着一个滚轮 5 和内座圈 6。从动盘 8 的毂部用半圆键与喷油泵凸轮轴连接,两臂的弧形侧面 E 与滚轮 5 接触,其平侧面 F 则压在两个弹簧 1 上。弹簧 1 的一端支于由螺钉 14 固定在销轴 3 端头的两个弹簧座圈 2 上,从动盘 8 上是由筒状盘和从动盘毂焊接在一起的。其外圆面与驱动盘内圆面配合,以保证两者的同轴度整个调节器为一密闭体,内腔充有机油进行润滑。

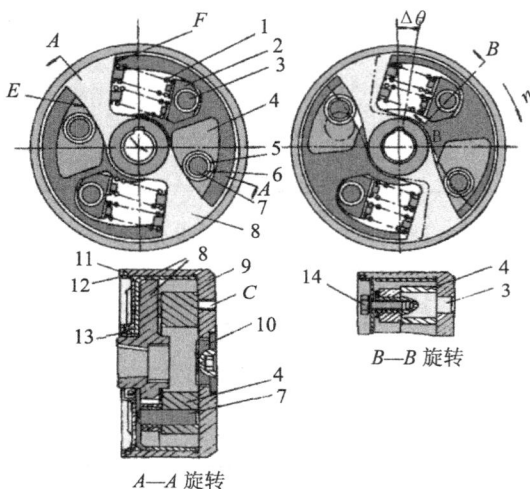

图 6-2-6　QCA6110—2 型柴油机喷油提前器结构图

1—弹簧；　2—弹簧座；　3—主动盘销钉；4—飞块；　5—滚轮；　6—衬套；　7—飞块销钉；8—筒状从动盘；　9—驱动盘；　10—螺栓；11—壳体密封圈；　12—调节器盖；　13—油封弹簧；　14—螺钉；　C—螺孔

QCA6110—2 型柴油机的机械离心式供油提前角自动调节器起作用的转速为 500～1 650r/min,随发动机转速升高供油提前角不断增大,角度提前量约为 0°～6°。工作原理如图 6-2-7 所示。

3）联轴器及静态供油提前角的调整

(1) 联轴器。传统的联轴器都采用胶木盘交叉连接式,现已被挠片式联轴器所替代。图 6-2-8 所示为 CA6110—2 型柴油机的联轴器。主动凸缘盘 3 借锁紧螺栓 1 固定在驱动轴上。螺钉 2,4 和 9 把主动凸缘盘 3、主动传力钢片 5、十字形中间凸缘盘 6 及从动传力钢

笔记

| 柴油机工作时，主动盘9带动飞块4顺时针转 | → | 滚轮5拉动从动盘8顺时针转动，当转速上升时飞块4产生的离心力增大 | → | 滚轮5在飞块离心力作用下绕其轴销向外转动，带动从动盘8克服弹簧1的预紧力，压缩弹簧 | → | 从动盘沿旋转方向向前转动一个角度Δθ | → | Δθ就是供油提前角调节值 |

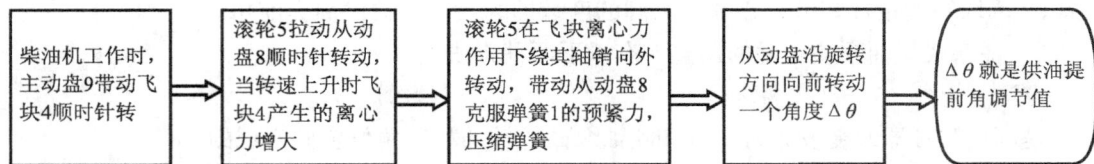

图 6 - 2 - 7　QCA6110—2 型柴油机的供油提前角自动调节器工作原理

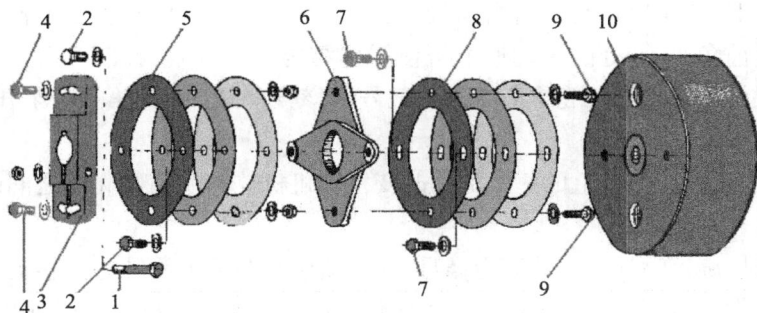

图 6 - 2 - 8　QCA6110—2 型柴油机的联轴器

1—锁紧螺栓；　2—螺钉；　3—主动凸缘盘；　4—螺钉；　5—主动传力钢片；　6—十字形中间凸缘盘；　7—螺钉；　8—从动传力钢片；　9—螺钉；　10—供油提前角自动调节器

片 8 连接在一起，再用螺钉 7 使从动传力钢片与供油提前角自动调节器 10 相连接。如此，驱动轴的动力通过上述各零件即可传递到供油提前角自动调节器上。传动时，由于弹性钢片挠性，可补偿喷油泵的驱动轴与凸轮轴少量的同轴度误差使其无声传动。

（2）柱塞式喷油泵喷正时的检查与调整。在汽车行驶一定里程（15 000km，约相当于发动机工作 500h）后，或在将喷油泵拆卸后重新安装时，必须检查并调整供油提前角。

① 柱塞式喷油泵喷正时的检查。有以下两种方法。

方法一：

a. 转动曲轴找到一缸压缩上止点。

b. 拆除一的高压油管，并吹去出油阀紧固座锥孔中的柴油或在出油阀紧固座上安装一细透明管，管内应有一定高度的油液。

c. 反转曲轴（约 30°～60°），然后再正转曲轴，并观察出油阀紧固座锥孔或透明管中油面，当油面刚刚向上涌动时停止转动曲轴。

d. 检查皮带盘上的供油正时记号是否与壳体上的记号对正。

方法二：

a. 转动曲轴找到一缸压缩上止点。

b. 在曲轴前端固定安装一个 360°分度盘，在机体上固定一截铁丝指针并指向分度盘 0 位。

c. 拆除一缸的高压油管，并吹去出油阀紧固座锥孔中的柴油或在出油阀紧固座上安装一细透明管，管内应有一定高度的油液。

d. 反转曲轴（约 30°～60°），然后再正转曲轴，并观察出油阀紧固座锥孔或透明管中油面，当油面刚刚向上涌动时停止转动曲轴。

e. 读取铁丝指针与分度盘 0 位之间的度数即为喷油泵的供油提前角。

② 柱塞式喷油泵喷正时的调整。有以下两种方法。

方法一：

是利用联轴器改变发动机曲轴和喷油泵凸轮轴的相对角位置而实现的。

具体做法是：如图 6-2-11 所示，旋松螺钉 7，可使主动凸缘盘 3 相对主动传力钢片和十字形凸缘盘 6 沿弧线形孔转过一个角度。同样，旋松螺钉 7，可使供油提前角自动调节器相对从动传力钢片和十字形突缘盘沿弧线形孔转过一个角度，从而改变了各缸的喷油时刻（即初始供油提前角）。两处的手动调节可使零件结构紧凑、调整灵活方便。为了保证供油正时，通常在联轴器及喷油泵壳体上有相应记号，当刻线对齐时，为第一分泵开始供油。

方法二：

是利用喷油泵安装法兰上的弧线形孔改变发动机机体和喷油泵壳体之间的相对位置而实现的。

具体做法是：旋松喷油泵安装固定螺母，顺着喷油泵凸轮轴旋转方向转动泵体可减小供油提前角，推迟供油时刻；逆着喷油泵凸轮轴旋转方向转动泵体可增大供油提前角，使供油时刻提前。

（三）柴油机燃油供给系典型故障的类型和分析

1. 发动机不能起动，排气管不排烟

1）故障现象

发动机起动时听不到爆发声音，无起动迹象，排气管不排烟。

2）故障原因

（1）低压油路。

① 油箱油量不足；油箱开关未打开或油箱盖空气孔堵塞。

② 管路堵塞或有漏气部位。

③ 滤清器或输油泵滤网堵塞。

④ 油泵止回阀密封不严或弹簧折断，活塞卡死不起泵油作用。

（2）高压油油路。

① 喷油泵柱塞偶件磨损过大。

② 喷油器卡死不能开启或喷油压力调整过高。

（3）其他方面。

① 低温起动装置失效。

② 供油时间过早或过迟。

③ 调速器工作不良。

④ 喷油泵工作不良。

⑤ 气缸压力不足。

3）故障诊断过程

如图 6-2-9 所示。

笔记

发动机不能起动排气管不排烟

检查喷油泵输入轴转动及油路连接是否正常?

起动过程中用手触摸高压油管,有无脉动?

脉动正常 | 无脉动或脉动弱

检查喷油器 | 检查加速踏板及拉杆位置

雾化不良 | 雾化正常 | 正常 | 处于不供油位置:拉杆卡滞或调速器有故障

调试或更换喷油针阀偶件

检查供油调节机构

正常 | 加速时柱塞套筒不动:调节叉或扇形齿圈紧固螺钉松脱或齿杆卡滞

拆除高压油管观察出油阀

不溢油 | 溢油:出油阀密封不良

用螺丝刀撬动柱塞弹簧座泵试验

出油阀出油正常 | 出油阀出油呈泡沫状:油路有空气

检查溢油阀密封情况

良好 | 不良:密封件损坏或弹簧折断

检查调整喷油正时(可能过早或过迟)

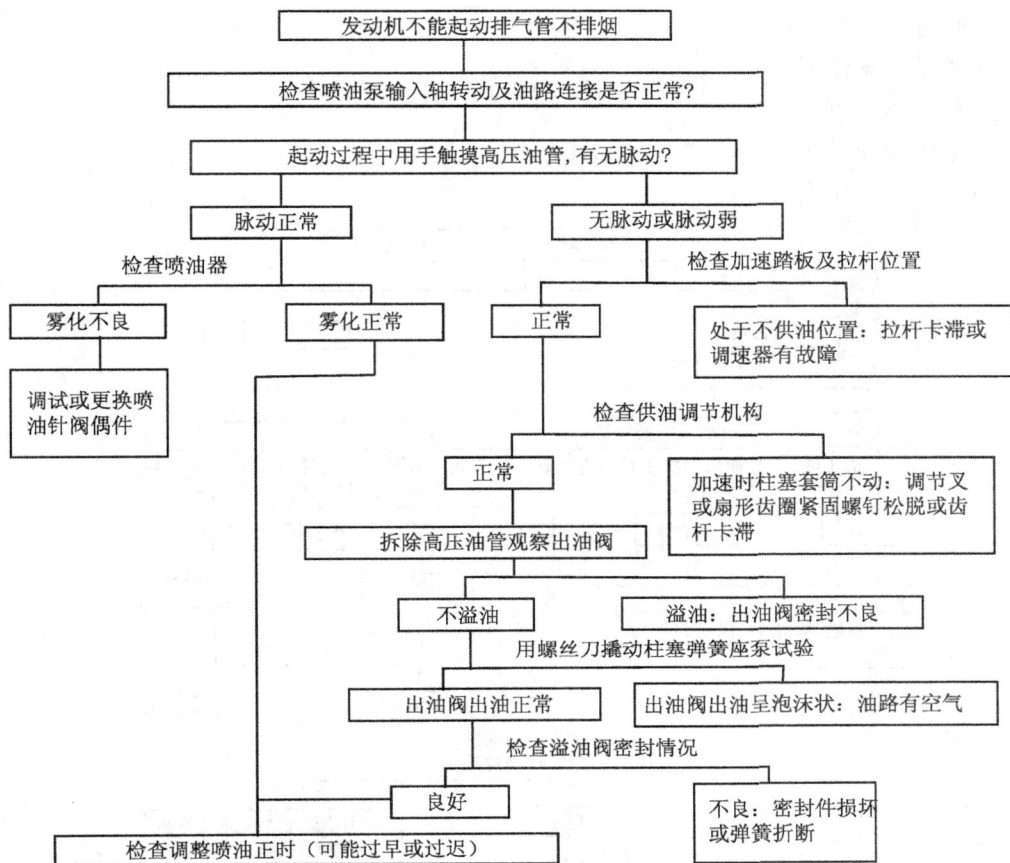

图 6-2-9 发动机不能起动、不排烟故障诊断树

2. 发动机不能起动,排气管排白烟

1) 故障现象

发动机起动时无起动迹象,起动时排气管排白烟。

2) 故障原因

(1) 低压油路。

① 油箱油量不足;油箱开关未打开或油箱盖空气孔堵塞。

② 管路堵塞或有漏气部位。

③ 滤清器或输油泵滤网堵塞。

④ 油泵止回阀密封不严或弹簧折断,活塞卡死不起泵油作用。

(2) 高压油油路。

① 喷油泵柱塞偶件磨损过大。

② 喷油器卡死不能开启或喷油压力调整过高。

(3) 其他方面。

① 低温起动装置失效。

② 供油时间过早或过迟。

③ 调速器工作不良。

④ 喷油泵工作不良。

⑤ 气缸压力不足。

3）故障诊断过程

如图 6-2-10 所示。

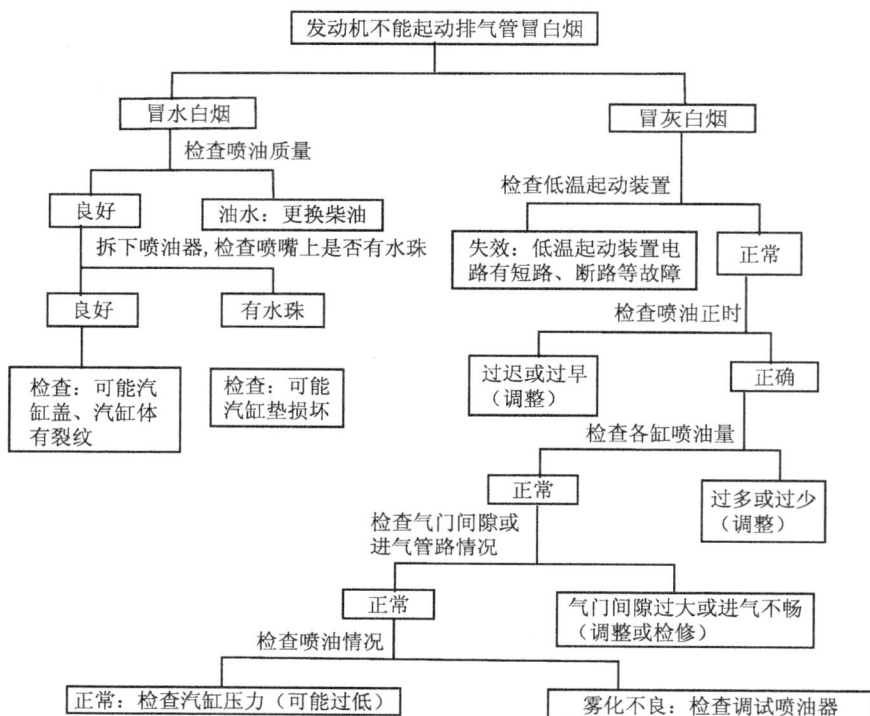

图 6-2-10　柴油机不能起动、排气管冒白烟故障诊断树

3. 发动机运转均匀但不能加速且排烟不足的故障诊断

1）故障现象

发动机怠速中小负荷运转均正常，但加速困难行驶无力且急加速时排烟不足。

2）故障原因

（1）低压油路。

① 油箱油量不足；油箱开关未打开或油箱盖空气孔堵塞。

② 管路堵塞或有漏气部位。

③ 滤清器或输油泵滤网堵塞。

④ 油泵止回阀密封不严或弹簧折断，活塞卡死不起泵油作用。

（2）高压油油路。

① 喷油泵柱塞偶件磨损过大。

② 喷油器卡死不能开启或喷油压力调整过高。

（3）其他方面。

① 低温起动装置失效。

② 供油时间过早或过迟。

③ 调速器工作不良。

④ 喷油泵工作不良。

⑤ 气缸压力不足。

3) 故障诊断过程

如图 6-2-11 所示。

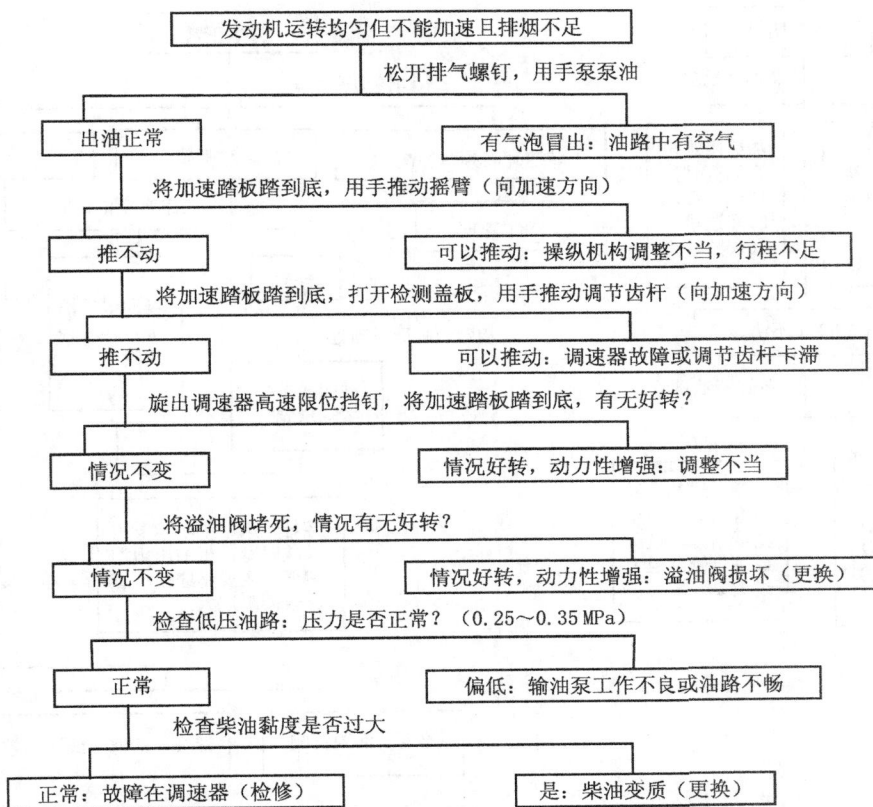

```
┌─────────────────────────────────────────┐
│        发动机运转均匀但不能加速且排烟不足        │
└─────────────────────────────────────────┘
         松开排气螺钉，用手泵泵油

┌──────────┐           ┌──────────────────────┐
│  出油正常  │           │  有气泡冒出：油路中有空气  │
└──────────┘           └──────────────────────┘
    将加速踏板踏到底，用手推动摇臂（向加速方向）

┌──────────┐           ┌────────────────────────────┐
│  推不动   │           │  可以推动：操纵机构调整不当，行程不足 │
└──────────┘           └────────────────────────────┘
  将加速踏板踏到底，打开检测盖板，用手推动调节齿杆（向加速方向）

┌──────────┐           ┌──────────────────────────┐
│  推不动   │           │  可以推动：调速器故障或调节齿杆卡滞 │
└──────────┘           └──────────────────────────┘
  旋出调速器高速限位挡钉，将加速踏板踏到底，有无好转？

┌──────────┐           ┌──────────────────────┐
│  情况不变  │           │  情况好转，动力性增强：调整不当 │
└──────────┘           └──────────────────────┘
       将溢油阀堵死，情况有无好转？

┌──────────┐           ┌────────────────────────────┐
│  情况不变  │           │ 情况好转，动力性增强：溢油阀损坏（更换）│
└──────────┘           └────────────────────────────┘
   检查低压油路：压力是否正常？（0.25~0.35 MPa）

┌──────────┐           ┌──────────────────────────┐
│   正常    │           │  偏低：输油泵工作不良或油路不畅   │
└──────────┘           └──────────────────────────┘
       检查柴油黏度是否过大

┌──────────────────────┐   ┌──────────────────┐
│ 正常：故障在调速器（检修）  │   │  是：柴油变质（更换） │
└──────────────────────┘   └──────────────────┘
```

图 6-2-11 发动机运转均匀但不能加速且排烟不足诊断树

4. 柴油发动机异响故障诊断

1) 故障现象

发动机怠速运转不稳，夹杂有不正常声响。

2) 故障原因

(1) 主轴承与主轴颈磨损，配合间隙过大。

(2) 连杆轴承连杆轴颈磨损，配合间隙过大。

(3) 活塞销与活塞座孔或连杆衬套的配合间隙过大。

(4) 气缸套磨损起台阶，活塞环敲缸。

(5) 气缸套、活塞磨损，活塞裙部敲缸。

(6) 气门间隙过大，气门脚响。

（7）喷油不正时，有燃烧噪声。

3）故障诊断过程

如图 6-2-12 所示。

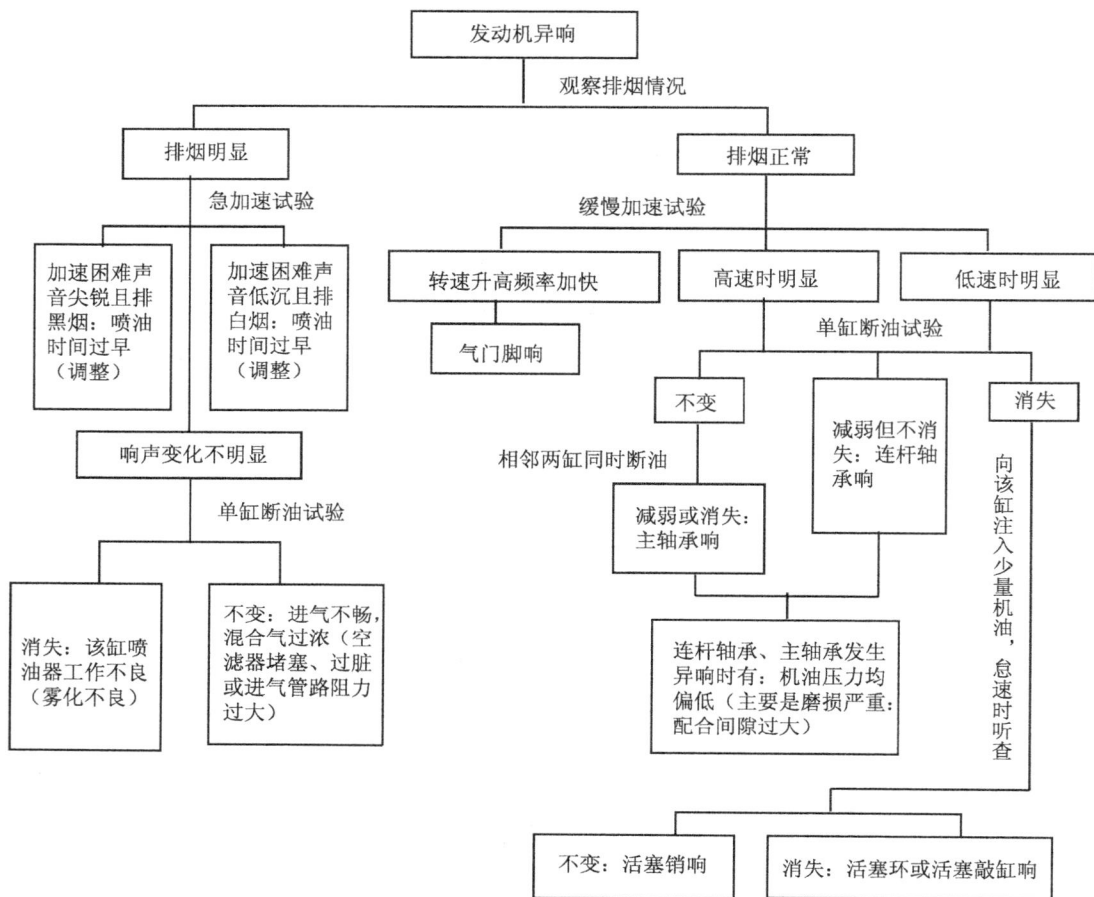

图 6-2-12　柴油发动机工作异响故障诊断树

5. 柴油机燃料供给系故障诊断与排除的原则与方法

柴油机燃料供给系故障诊断与排除的总体原则与方法是：由外到内、由简到繁、逐个排查。

1）柴油机燃料供给系故障诊断与排除的具体原则

（1）判断分析故障原因要从整体出发，排除故障要全面。

（2）在查找复杂故障时要尽可能运用不拆卸检测仪，尽量减少拆卸零件。

（3）在查找故障时应采用问、看、听、摸、试、嗅等手段全面仔细进行查找。

（4）在排除故障时应按柴油机四大系统两大机构分类进行。

2）柴油机燃料供给系故障诊断与排除的具体方法

（1）逐缸断油法。

（2）换件比较法。

（3）验证法。

（4）诊断仪检测法。

三、制订拆检计划

制订柴油机燃油供给系拆检计划,如表6-2-5所示。

表6-2-5　柴油机燃油供给系拆检计划

1. 查阅资料,学习汽车柴油机燃油供给系各部件拆检作业注意事项 2. 查阅维修手册,熟悉柴油机燃油供给系拆检项目,制订柴油机燃油供给系拆检计划		
1. 车辆发动机信息描述	车辆描述	
	使用柴油牌号描述	
2. 柴油机燃油供给系拆检作业注意事项	在维修燃油供给及喷射系统时,须遵守以下6点规则 （1）在拆卸前,必须完全清洁所有相关部件和连接区域 （2）拆卸的部件放到干静的地方,注意不可以使用带绒毛的擦拭布 （3）如果不能立刻进行维修,必须用干净的布遮盖开口的部件和密封口 （4）必须安装干净的部件,不能安装已经拆松的部件 （5）当该系统已被拆开: 　　①　尽量避免使用压缩空气;　②　如无必要,不可移动车辆 （6）连接燃油的软管必须清洁,若有损伤必须更换,确保燃油没有流入冷却液软管中	
3. 柴油机燃油供给系主要零件位置	 桑塔纳柴油发动机的喷射系统部件的安装位置示意图 　　1—进气歧管(上部);　2—喷油器;　3—进气连接件;　4—废气再循环阀(机械);　5—废气再循环阀(N18);　6—低热输出继电器(J359)与高热输出继电器(J360);　7—进气歧管温度传感器(C72);　8—柴油直喷系统控制单元(J248);　9—制动踏板开关(F47);　10—制动灯开关(F);　11—离合器踏板开关(F36);　12—冷却液温度传感器(G62);　13—紧固螺栓(10N·m);　14—发动机转速传感器(C28);　15—O形环;　16—2脚连接器;　17—3脚连接器;　18—10针探头;　19—喷油始点阀(N108);　20—燃油切断阀(N109);　21—喷射泵	

（续表）

	3098	3359	2068A
4. 柴油机燃油供给系拆检工具及设备	 调整杆	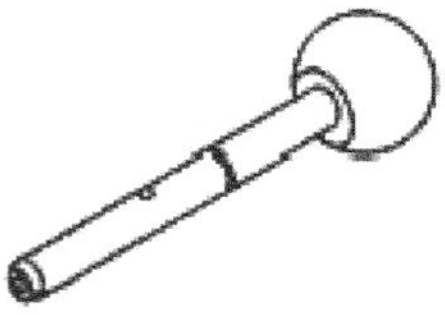 心轴	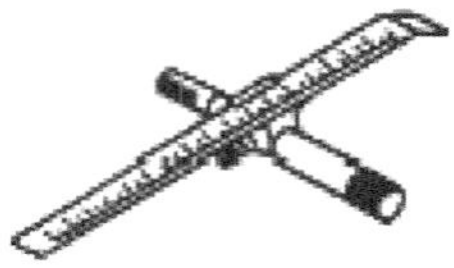 TDC调整装置
	3035	T10098	V/159
	开口环形扳手	凸轮轴定位工具	定位扳手
	V.A.G1331	3036	V.A.G 1318/10
	扭力扳手（5～50N·m）	反向固定工具	接头
	V.A.G1390	T40001	
	手动真空泵	拉力器	
	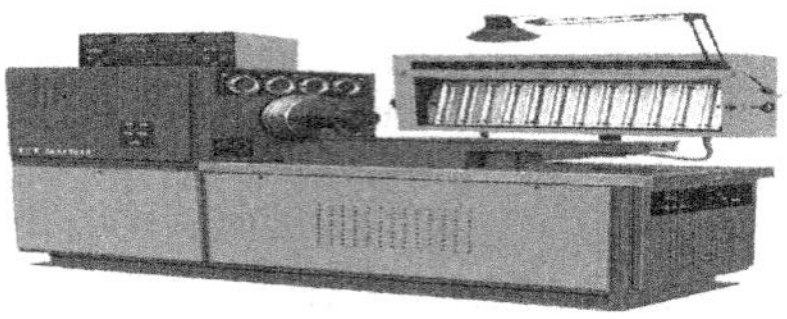 喷油泵试验台		 喷油嘴校验器

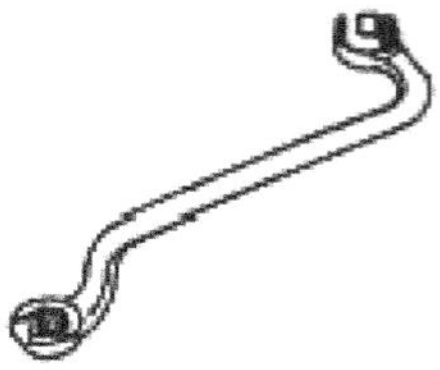

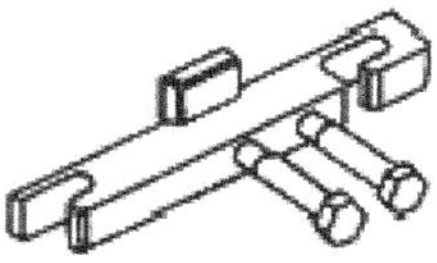

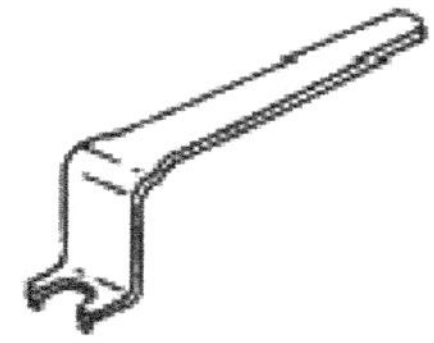

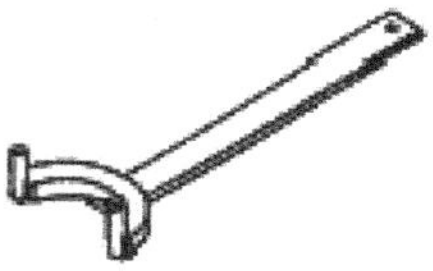

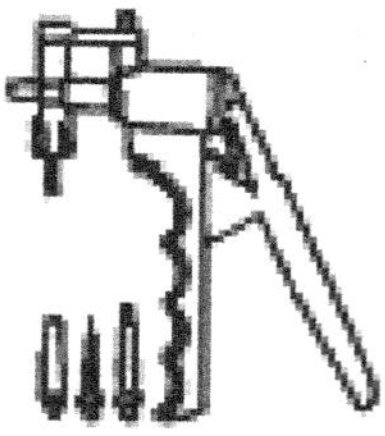

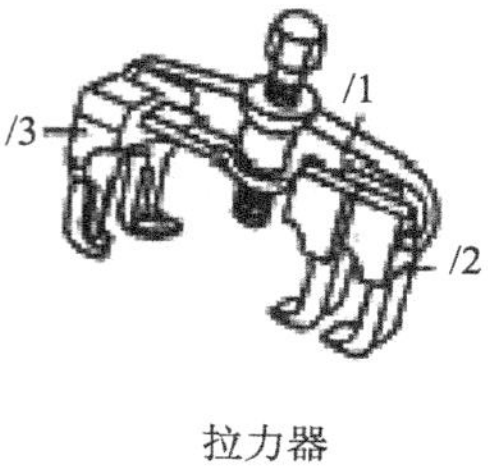

（续表）

笔 记

	步骤	检修内容	技术要求	检测结果	处理意见
5. 制订柴油机燃油供给系拆检工作计划	（1）	滤清器			
	（2）	燃油分配管			
	（3）	高、低压油管			
	（4）	喷油泵			
	（5）	输油泵			
	（6）	油压调节器			
	（7）	喷油器			
6. 用鱼刺图分析柴油机燃油供给系常见故障	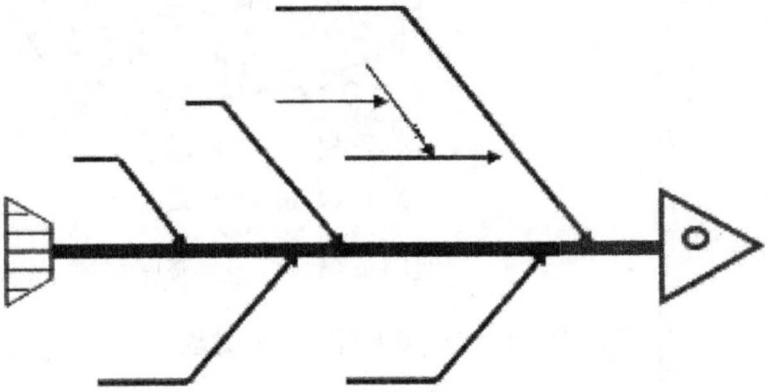				

四、实施拆检作业

柴油机燃油供给系拆检作业如表 6 - 2 - 6。

表 6 - 2 - 6 柴油机燃油供给系拆检作业

1. 学习柴油机燃油供给系拆检作业安全事项	
2. 会正确对柴油机燃油供给系拆检作业	
2. 柴油机燃油供给系检修作业安全事项	（1）注意人身和机件的安全,不了解情况的先了解后动手,特别是注意在车底下工作时的人身安全,操作时工具和地板必须保持清洁 （2）未经许可,不准解体喷油泵,拆卸喷油泵要在专业技术人员指导下操作 （3）注意防火 （4）认真接受实习前的安全知识教育

笔记

（续表）

拆检项目	拆检步骤分解	拆检记录
3.柴油机燃油供给系拆检	喷油泵拆卸	（1）用开口环形扳手 3035 拆下喷油管组件 （2）不要改变油管的弯曲形状 （3）用干净抹布盖好打开处 （4）拔下油量调节器插头并将其从支架上拆下 （5）拆下喷油泵链轮固定螺栓 1 （6）从支架上拆下紧固螺栓 1 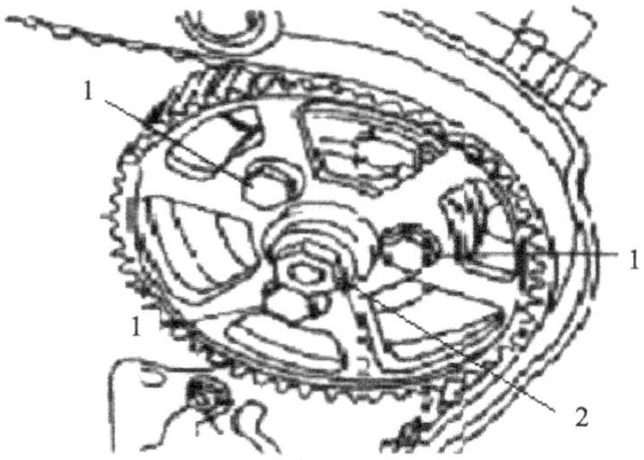 拆下喷油泵齿轮固定螺栓 1—固定螺栓；　2—紧固螺母 （7）然后从后支架上拆下紧固螺栓 （8）拆下喷油泵 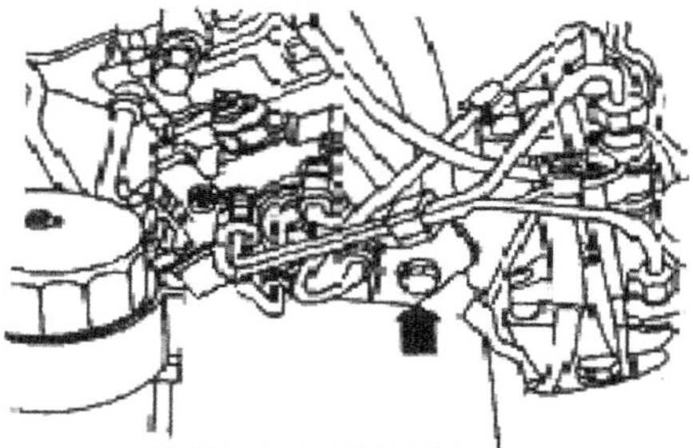 从支架上拆下紧固螺栓 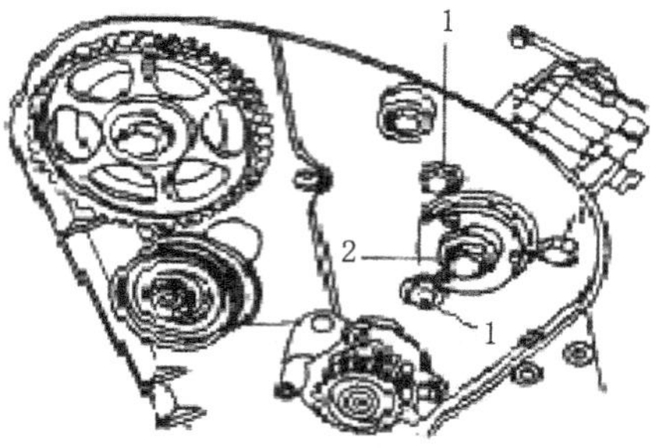 从支架上拆下紧固螺栓 1—紧固螺栓；　2—紧固螺母	螺栓是否打滑： _____ 皮带的磨损程度： _____ 喷油泵是否漏油： _____

(续表)

3.柴油机燃油供给系拆检	喷油泵安装	(1) 将喷油泵安到支架上,然后先拧紧后支架上带锥形螺母的螺栓 (2) 插入前紧固螺栓,拧紧力矩为 25N·m (3) 用紧固螺栓将喷油泵链轮安到轴承上,但不要拧紧 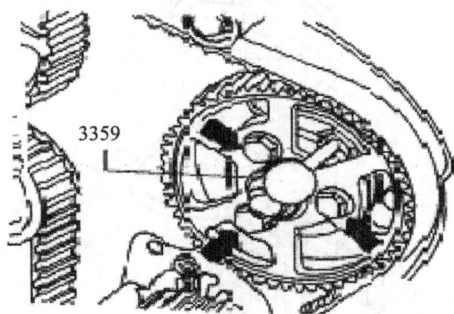 用紧固螺栓将喷油泵链轮安到轴承上 (4) 做此项工作时,要注意喷油泵链轮紧固螺栓的不同形式 (5) 用心轴瓦 3359 固定喷油泵链轮 (6) 将喷油泵链轮螺栓孔与长圆孔中间位置对齐。 (7) 松开凸轮轴固定螺栓一圈,使用反向固定工具 3036 (8) 将带有单爪 T40001/2－A 和两爪 T40001/3－B 的拉力器安装到凸轮轴链轮上 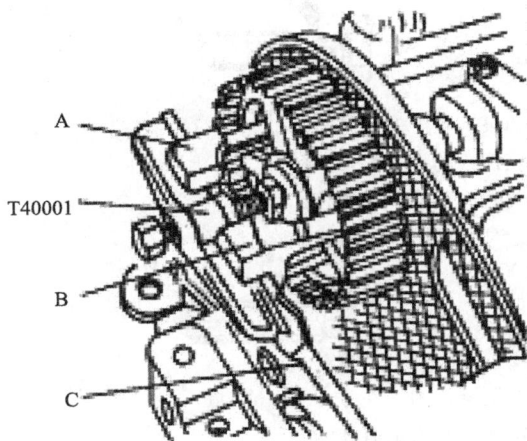 将拉力器安装到凸轮轴链轮上 A—单爪拉力器; B—两爪拉力器; C—开口扳手 (9) 取下凸轮轴链轮 (10) 检查飞轮上 TDC 标记是否与相关标定对齐 (11) 将同步带安到喷射泵上并张紧张紧轮 (12) 将同步带安到喷油泵链轮上并拧紧链轮,使凸轮轴依然可以转动	

笔记

3.柴油机燃油供给系拆检	喷油泵拆卸	（13）张紧同步带 （14）重新接上喷油管、供油管和电器件线束 （15）将柴油注入喷油泵 V.A.G 1390 V.A.G 1318/10 将柴油注入喷油泵内	
	喷油泵的维修	（1）喷油泵链轮固定螺栓，注意不同形式和力矩值 （2）喷油泵链轮紧固螺栓类型 A型：带沟槽及尖端的固定螺栓 A ① 喷油泵链轮上的备件号：038、130、111 ② 链轮螺栓的力矩值：20N·m(1/4)圈(或90°) ③ 拆装时应更换固定螺栓 B型：无沟槽及尖端的固定螺栓 B ① 喷油泵链轮的备件号：038、130、111 ② 固定螺栓的力矩值 20N·m ③ 拆装时不需更换 （3）紧固螺母3不能松脱，否则喷油泵的基本设定会被改变，而这项工作又不能用普通维修车间设备进行重新设定 （4）喷油泵6重新装配时，需动态检查并调整喷油初始信号，喷油泵带有油量调节器、调节活塞运动传感器和燃油温度传感器	

（续表）

3. 柴油机燃油供给系拆检	喷油泵的维修	(5) 喷油管 11 拆卸时用扳手 3035，只能成组更换，不要改变其形状。管连接 12 带有压力阀 (6) 拆装 O 形环 20 进，应更换新件 (7) 滤网 21 如果脏污应清洁 (8) 正时装置护盖 22 如果渗漏，更换 O 形环 喷油泵的结构如图所示： 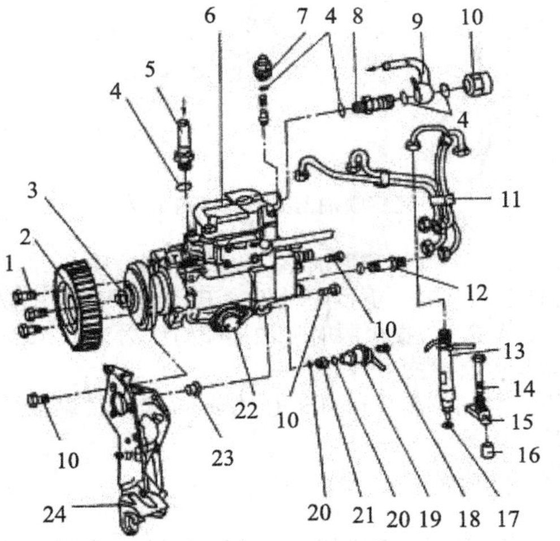 **喷油泵的维修** 　　1—喷油泵链轮固定螺栓；　2—喷油泵链轮；　3—紧固螺母；　4—密封圈；　5—管连接部分(25 N·m)；　6—喷油泵；　7—燃油切断阀(N109)(40N·m)；　8—管连接部分；　9—回油管；　10—连接接头(25N·m)；　11—喷油管(25N·m)；　12—管连接(45N·m)；　13—喷嘴；14—紧固螺栓(20N·m)；　15—支架；　16—底座；　17—隔热密封环；　18—紧固螺栓(10N·m)；　19—喷油始点阀；20—O 形环；　21—滤网；　22—正时装置护盖；　23—衬套(带有固定螺母)；　24—组合支架	
	喷油器的检查	此发动机装有双弹簧喷油器，因此喷油器分 2 个阶段。若喷油器发生故障，只能更换，绝不可以维修或进行压力设定 (1) 必备专用工具、车间设备、测试仪和辅助设施 (2) 检测条件 先将压力计打开 (3) 检测喷油压力 警告：检测喷油器喷射压力时，确保喷射口与手不能有任何接触，否则高压燃油会射穿皮肤造成严重伤害	喷油器是否漏油： _____

（续表）

| 3.柴油机燃油供给系拆检 | 喷油器的检查 | ① 连接喷油器与喷油器测试仪 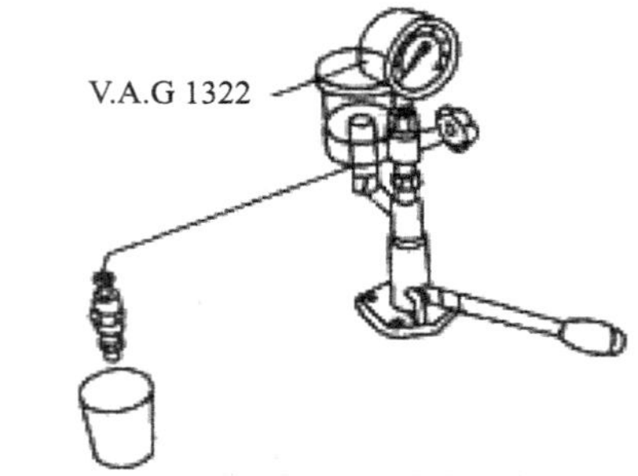

V.A.G 1322

连接喷油器与喷油器测试仪

② 按压泵杆,当开始喷射时,读出开口处压力,如果与标准值比较有偏差,更换喷油器。新喷油器喷射压力为 19～20MPa,磨损极限时喷油器喷射压力为 17MPa
③ 检查是否有渗漏
④ 压下泵杆,保持约 15MPa 压力 10s,应该没燃油从喷油器处渗漏
⑤ 若喷油器渗漏,应更换 | |
| | 检查后的结论和体会 | | |

五、检验评估

项目六任务 6.2 的检验评估如表 6-2-7 所示。

笔记

表 6－2－7 检验评估表

评 价 指 标	检 验 说 明	检 验 记 录
维护检查项目	➢ 拆解工具设备 ➢ 检查是否漏油 ➢ 检查零部件的损坏情况	
柴油机燃油供给系拆检过程情况		

评价内容	检 验 指 标	权重	自评	互评	总评
检查任务完成情况	1. 完成任务的情况 2. 任务完成的质量 3. 在小组完成任务过程中所起的作用	4			
专业知识和专业技能	1. 能描述柴油机燃油供给系各部件的结构特点 2. 会使用检修柴油机的各种专用工具和设备对柴油机燃油供给系各部件进行拆检 3. 能诊断和排除柴油机燃油供给系的常见故障	8			
职业素养	1. 学习态度:积极主动参与学习 2. 团队合作:与小组成员一起分工合作,不影响学习进度 3. 现场管理:服从工位安排、执行实训室"5S"管理规定	3			
综合评议与建议					

项 目 拓 展

想一想:

1. 桑塔纳 3000 与其他车型的柴油机燃油供给系的拆检步骤是否相同

2. 什么叫共轨喷射? 这种喷射有什么优点

项目七　发动机总装、调整与磨合

Description 项目描述	一辆桑塔纳 3000 轿车,已行驶 18 万 km,最近发现总是有冒黑烟、动力不足、油耗增加等现象。来修理厂进行检测后修理工说是由于气缸压力不足导致故障发生,要求对发动机进行大修作业 　　你是一名高级维修工,你将如何对该台发动机进行大修作业
Objects 项目目标	1. 收集汽车发动机大修操作规范相关信息,制订发动机大修操作计划 2. 能熟练地清洗及归类摆放发动机零件 3. 能对发动机进行总成装配
Tasks 项目任务	任务 7.1　发动机零件清洗及归类摆放 任务 7.2　发动机总成装配
Implementation 项目实施	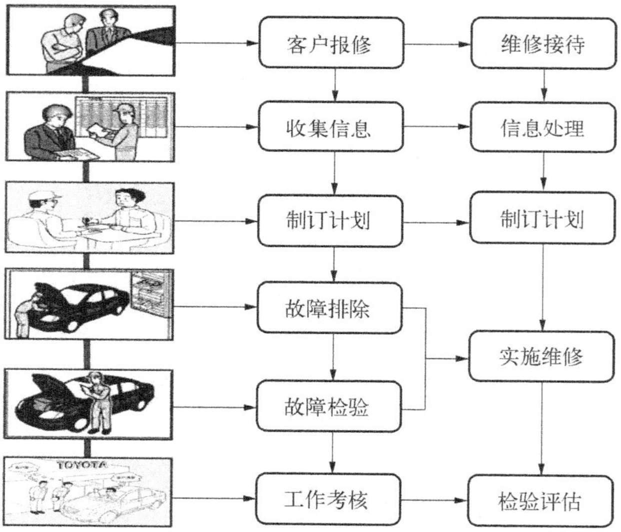

任务 7.1　发动机零件清洗及归类摆放

任务描述	一辆桑塔纳 3000 汽车在行车过程中排气管总是冒黑烟、动力不足、油耗增加等现象,进厂维修。针对维修接待和车间确认意见,必须进行发动机大修,对发动机零件清洗及归类后再进行装配
任务目标	1. 能熟练地清洗和分类摆放零件 2. 会使用发动机零件清洗机清洗发动机零件

笔记

一、维修接待

按照表 7－1－1 完成待修车辆的维修接待，并准确填写接车问诊表。

表 7－1－1　维修接待与接车问诊表

1. 通过询问客户了解汽车使用情况，填写接车问诊表
2. 车间检测初步确认结果：需进行发动机大修

接 车 问 诊 表

车牌号：_____　车架号：_____　行驶里程：_____（km）

用户名：_____　电　话：_____　来店时间：_____/_____

用户陈述及故障发生时的状况：**一辆桑塔纳 3000 汽车在行车过程中冒黑烟、发动机动力不足、油耗增加等现象**

故障发生状况提示：**行驶速度、发动机状态、发生频度、发生时间、部位、天气、路面状况、声音描述**

接车员检测确认建议：**需进行发动机大修**

车间检测确认结果及主要故障零部件：**需进行发动机大修，清洗和更换相应零部件**

车间检查确认者：_____

外观确认：

（请在有缺陷部位作标识）

功能确认：（工作正常✓　不正常✕）
□音响系统　　□门锁（防盗器）　□全车灯光　□工具
□后视镜　　　□顶窗　　　　　　□座椅　　　□点烟器
□玻璃升降器　□玻璃

物品确认：（有✓　无✕）
□贵重物品提示
□工具　□备胎　□灭火器
□其他（　　　　　）
旧件是否交还用户　□是　□否
用户是否需要洗车　□是　□否

- 检测费说明：本次检测的故障如用户在本店维修，检测费包含在修理费用内；如用户不在本店维修，请您支付检测费。本次检测费：￥_____元。
- 贵重物品：在将车辆交给我店检查修理前，已提示将车内贵重物品自行收起并保存好，如有遗失恕不负责。

接车员：_____　　　　　用户确认：_____

笔记

二、信息收集与处理

按照表 7－1－2 完成待修车辆的维修接待，并准确填写接车问诊表。

表 7－1－2 信息收集与处理

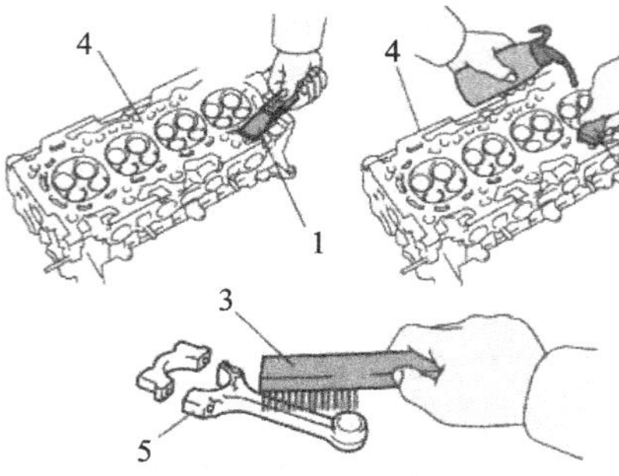

①

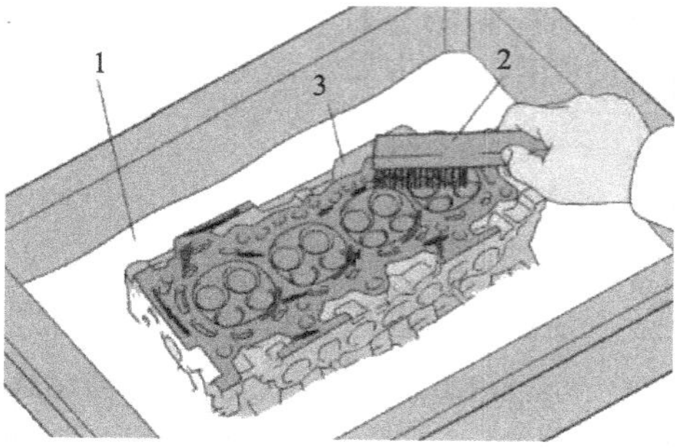

②

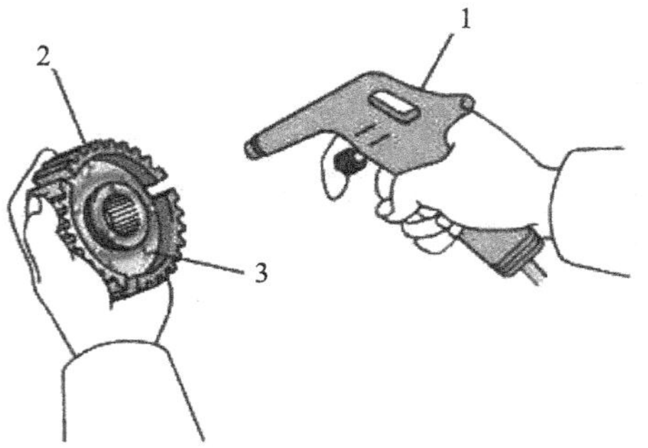

③

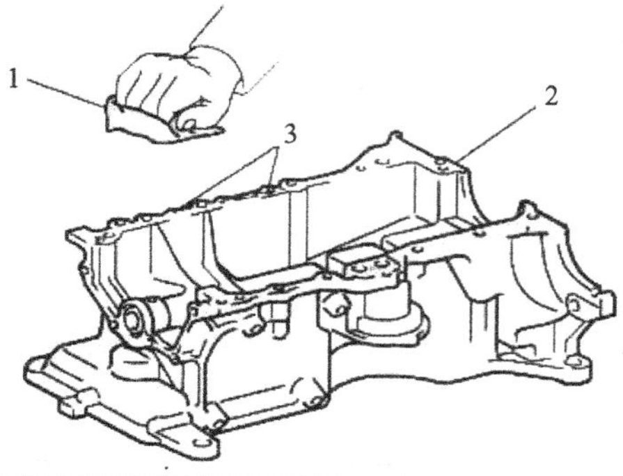

④

零件清洗方式	
清洗方式	过程描述
①	
②	
③	
④	

（1）请写出你还想到的清洗方式：________________

（2）思考发动机哪些零件需要清洗：________________

（3）清洗过程应注意事项：________________

（一）零件的清洗方式

燃料在贮存、运输过程中，容易发生氧化反应，生成胶状物质。这些胶状物质按汽油的溶解性可分为：可溶胶质和不可溶胶质。不可溶胶质又称为沉积物，它和燃料一起加入汽车油箱后，就会粘附在燃料滤清器上，堵塞过滤介质，使供油量减少，使输油量不足，燃料雾化不良，致使可燃混合气变稀，发动机动力性和经济性下降。

可溶胶质进入燃烧室和燃油一起燃烧后,就会在进气门、活塞顶部、活塞环槽、燃烧室、火花塞等部位形成许多坚硬的积碳,造成气门关闭不严,发动机性能下降,如加速不顺,怠速不稳,失速、抖动、爆震等一系列故障。

发动机工作时,燃料或窜入燃烧室的润滑油也不可能百分之百燃烧,未燃烧的部分油料在高温和氧的催化作用下形成盐酸和树脂状的胶质,粘附在零件表面上,再经过高温作用进一步浓缩成沥青质和油焦质等复杂的混合物,即所谓积碳,如图7-1-1所示和7-1-2所示。

图7-1-1　活塞、缸体积碳

图7-1-2　气门积碳

发动机积碳的存在,不仅会减少燃烧室的容积,使燃烧过程中出现许多炙热点,引起混合气先期燃烧,将活塞环粘在活塞环槽中,还能污染发动机润滑系统,堵塞油路和滤油器等。

发动机总成拆散后,拆下的零件不可避免地附有油污和积碳。为了便于对零件进行检验及修理,所以必须进行清洁及去油作业。燃烧所形成的碳渣,积在气缸盖的燃烧室、气门座、气门导管、气门和活塞上。积碳的成分(质量分数)包括:油和树脂8.5%、沥青质和碳质60%及矿物质30.49%。清除零件上的积碳,可以用机械、化学和电化学的方法。

1. 人工清洗方法

(1) 在清洗槽内洗刷:如图7-1-3所示。手工清洗中,应注意劳动保护,尽可能戴上手套、眼镜、围裙,以免产生灼伤等事故。

(2) 用金属丝刷子除去积碳:如图7-1-4所示。在使用动力驱动的金属丝刷清理零件时,务必带上面罩或眼镜,以免因刷子上金属丝常会从刷子上掉下而伤人。清洗时注意不要用力过猛,以免对缸体造成损伤。

(3) 气门导管清洗:清洗气门导管时要求特别仔细,任何积碳或胶质沉积物的残留都将影响气门研磨工作正确进行。气门导管通常用一个手电钻和尺寸合适的尼龙刷或者弹性刮刀加以清理。同时喷丙酮、香蕉水或化油器清洗剂,这样有助于溶解沉积物。清洗完毕,可用灯光照射导管的一端,从另一端

图7-1-3　清洗缸体

图 7-1-4　缸体积碳的清除

俯视导管孔,来检查气门导管的清洗质量。

（4）气门清洗:气门顶部和倒角区表面上的沉积物,可用装在动力磨头上的轮形金属丝刷除去,但应注意气门与气门座圈接触面以及气门杆不能用金属丝刷子去刷,任何微小的擦伤,将导致零件毁坏。气门清除积碳的另一种方法,是在积碳清洗剂中浸泡,到软化后,用水冲去。许多修理厂使用玻璃珠球喷丸清理气门,也较有效。

（5）活塞清洗:如图 7-1-5 所示。现代化车间在清理活塞时采用玻璃珠球喷射法,这是一种快速而彻底的方法,但要注意保护活塞环槽边角,同时经喷丸处理后,应在清洗液中清洗玻璃珠球的残留物。

（6）油道清洗:如图 7-1-6 所示。全部油道都需用手刷和清洗剂洗净,然后用高压空气吹净、吹通。油道包括连杆轴承润滑油道、曲轴上的油孔、发动机缸体主油孔、摇臂和摇臂轴的润滑孔、推杆和连杆出油孔。其堵塞盖可拆除的,都应卸下,彻底清理。

图 7-1-5　活塞清洗

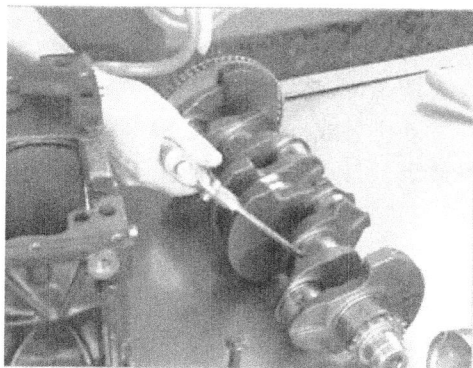

图 7-1-6　油道的清洗

2. 高压喷射

清洗发动机零件通常采用箱式或立柜式高温高压清洗机。

3. 冷浸泡

化油器清洗剂和积碳清洗剂是最常用的冷浸泡化学剂,它能有效地从零件上清除胶质、油漆、积碳、油泥和其他沉积物。

4. 热浸泡

热浸泡是我国当前小型企业采用最为普遍的清洗方法。

5. 蒸气清洗

蒸气清洗可用以清除零件上烤干的脏物、烟灰、润滑油。

6. 玻璃珠球清理

玻璃珠球清理也称玻璃珠球喷丸处理。

7. 热解炉清洗

这是一种干洗设备,主要供修复工作量大的修理厂使用。

8. 超声波清洗

主要用于清洗精密的重要零件。

清除零件上的油污、胶质、积碳、水垢等,以便于零件的检验分类、修理、装配等工作。清洗要求干净彻底,不损伤零件表面和基体,零件表面不允许残留腐蚀剂。清洗时通常根据污垢的性质、零件的材质和表面精度等选用不同的清洗方法和规范。

清洗零件上的油污常用有机溶剂(汽油、柴油、煤油等)或碱溶液。有机溶剂清洗效果好,操作简便,不影响零件表面,但易燃,成本高。碱溶液有不同配方,一般均加有少量乳化剂和防锈剂,成本低。有色金属的清洗液常用易于水解的碱盐如碳酸钠等配制。使用碱溶液清洗油污,一般采用清洗机进行清洗。

(二) 正确将零件分类摆放

1. 原则

在汽车拆装过程不要盲目地拆,拆装过程一定要遵守零件的拆卸原则:

(1) 在拆装顺序上,本着"先装的后拆,后装的先拆,能同时拆就同时拆"的原则。

(2) 在拆卸范围上,本着"能不拆的就不拆,尽量避免大拆大卸"的原则。

(3) 在拆卸目的上,本着"拆是为了装"的原则。因此,拆卸零件是要特别留意观察、记录:零件的安装方向、装配记号、耗损状况并做好零件的分类存放。属同一总成的部件要放在一起,避免丢失或装配时需另花时间寻找。

(4) 在拆装细节上,细小的零部件要用小盒子装在一起存放。拆下来的螺栓螺母必须分类装好,不要等到装发动机的时候再去找螺栓螺母,又要浪费不少时间。

2. 规律

如何正确将零件分类摆放,一般都遵守以下规律:

(1) 总成尽量放在一起,并做好记号,如图 7-1-7 和图 7-1-8 所示。如活塞总成,外

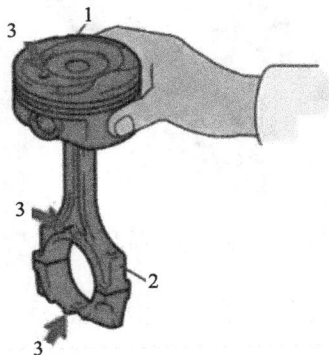

图 7-1-7 活塞连杆组总成

1—活塞; 2—连杆; 3—前部标记;
4—凸轮轴轴承盖

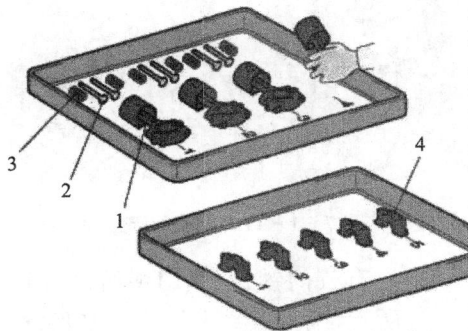

图 7-1-8 活塞连杆组总成

1—连杆; 2—阀门; 3—气门弹簧;
4—曲轴轴承盖

笔记

观看起来虽然一样，但每个活塞磨损都不一样，如果调乱装错顺序，将会增加磨损。有些修理厂为了避免错乱，往往在活塞顶部用凿子，人为做记号，以确认该活塞与哪个缸配套。

（2）进排气门摇臂与摇臂轴应串在一起存放，清洗时先做好记号，如图7-1-9所示。

（3）每缸的进气门和排气门要区分好，做好记号，不能错乱，如图7-1-10所示。注意：新车第一次大修时所有气门并无标记，这些标记都是靠人为做的，一般修理人员习惯在气门底部做记号。

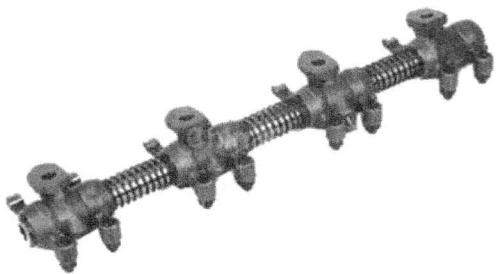

图7-1-9　气门摇臂与摇臂轴

图7-1-10　气门

（4）凸轮轴瓦与凸轮轴属于精密磨合部件，要做记号分类摆放，如图7-1-11和图7-1-12所示。

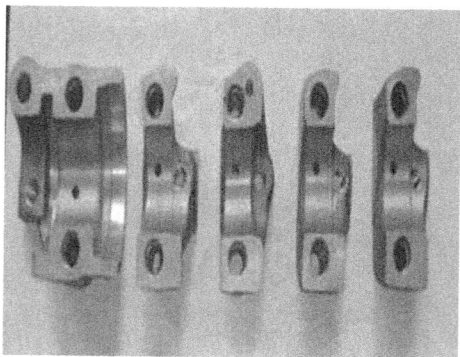

图7-1-11　凸轮轴瓦

图7-1-12　进、排凸轮轴

（5）所有气门锁片、气门弹簧、气门垫片可集中存放，如图7-1-13、图7-1-14、图7-1-15所示，因为这些零件并不需要分类。

（6）发动机拆下的螺栓要分类摆放。发动机的螺栓种类繁多，而且有很多都是专用螺栓，不能用普通螺栓代替。如缸盖螺栓、连杆瓦螺栓、曲轴瓦螺栓、凸轮轴瓦螺栓、飞轮紧固螺栓等都属于专用螺栓，不能混淆，也不能用其他螺栓代替。特别是连杆螺栓，在发动机运行中承受很大的交变冲击载荷,是发动机的重要零件之一,一旦连杆螺栓断裂,缸体将会被打穿。

图7-1-13 气门锁片　　图7-1-14 气门弹簧　　图7-1-15 气门垫片

(三) 发动机零件清洗机的技术原理、使用方法和注意事项

随着科学技术的进步和汽车维修业的发展,在汽车维护和修理中采用了一些新技术、新工艺、新材料和新设备。它们不仅可以提高汽车的维修速度和质量,而且能增强汽车的可靠性,延长汽车的使用寿命,同时还可以降低汽车维修消耗、减少维修成本,使企业得到较高的经济效益。

汽车维修时需要清洗零件,其目的一是为了对零件检验、分类,便于发现零件的损伤并及时加以修复;二是为了保证维修装配质量。

利用超声波技术的物理清洗作用及清洗介质的化学作用两者的完美结合,并优化选择超声频段及功率密度,实现对各种零部件内外部油污、积碳、胶质等污物充分、彻底地清洗。国外还采用微波清洗技术,使被清洗的零件在微波的作用下,表面形成空穴,再使油污、油漆自行脱落。因此,在汽车维修中应大力推广这些新技术。下文就超声波技术在汽车维修中的应用作一介绍。

1. 超声波清洗技术原理

频率高于20kHz的声波被称为超声波。声波的传播,亦是能量传递的一种方式。液体中存在微小的气泡(空化核),当超声波以正压和负压交替产生(其交替的频率是每秒钟数万次)的形式在液体中传播时,这些小的空化核会在负压区因负压的突然产生而迅速长大,又会在正压区因正区的突然产生而急速闭合破裂,这就是超声空化。空化作用可以把声场能量集中起来,伴随着空化泡崩溃瞬间,在液体的极小空间内将其高度集中的能量释放出来,形成异乎寻常的高温($>4\,000\,℃$)和高压($>5\times10^7\,Pa$)。当被清洗工件浸没于清洗溶液中时,超声波以强大的空化效果作用于工件的内外表面,故其特别适合于复杂多孔、不能用硬物擦洗的光洁表面。

2. 超声波清机使用方法

1) 准备

在清洗槽内加入清洗液,要求达到预定水位。打开电源,电源指示灯亮。

2) 不需要清洗计时

按动超声键,超声指示灯长亮,开始超声清洗,超声功率数码管显示当前超声功率值。再次按动超声键,超声清洗结束。

3)需要清洗计时

按动计时键,计时指示灯闪烁,开始超声清洗,清洗时间数码管显示设定时间值。按动超声键,超声指示灯长亮,开始超声清洗,超声功率数码管显示当前超声功率值。时间指示灯长亮,同时清洗时间值以 1min 为单位递减。当清洗时间递减为 0,蜂鸣器报警,表示清洗结束。

3. 超声波清机使用注意事项

(1)切记!超声波清洗槽内在无水状态下严禁开机,以免损坏机器。

(2)放/换清洗液时必须关断电源。

(3)禁止使用腐蚀性强和易燃的溶液作清洗液,以免腐蚀容器和发生危险。

(4)机壳必须接地良好、可靠。

(5)在正常状况下,清洗机连续工作 10～15min 后会自动升温,如用加温方法清洗,则温度不宜超过 70℃,环境温度不得高于 45℃。

(6)严禁带电拆、装清洗机,以防触电!

三、制订零件清洗计划

制订零件清洗计划如表 7-1-3 所示。

表 7-1-3　零件清洗计划

1. 车辆发动机类型信息描述	发动机行驶总公里数描述	
	发动机型号描述信息描述	
2. 汽车发动机零件清洗注意事项	(1)橡胶类零件用酒精清洗,严禁用汽油、柴油等清洗,以免发胀变质 (2)皮质零件,如牛皮油封、皮圈等用肥皂水清洗,清水冲净,再用干布擦干净 (3)胶木、塑料、铝合金、摩擦片、含油轴承等不允许浸泡在容易使零件变质的溶液中 (4)摩擦片不应接触油类,可用少许汽油擦洗,不得用碱水煮洗 (5)清洗时要将零件分类,对于精密配合部件不能调乱,清洗前要查看是否有标记区分	
3. 清洗前对零件进行分类并确定哪些零件应进行清洗	(1)缸体 (2)缸盖 (3)活塞 (4)曲轴 (5)‥‥‥‥ (6)‥‥‥‥ (7)‥‥‥‥	

（续表）

4. 清洗后应注意问题	（1）缸体 （2）缸盖 （3）活塞 （4）曲轴 （5）……… （6）……… （7）………
5. 零件清洗后应达到什么要求	

四、实施零件清洗作业

发动机零件清洗作业如表 7-1-4 所示。

表 7-1-4　零件清洗作业

1. 查阅资料,学习对发动机零件清洗时注意事项 2. 查阅资料,正确地对发动机零件进行清洗的方法,检查零件出现的问题		
1. 汽车发动机零件清洗注意事项	（1）橡胶类零件用酒精清洗,严禁用汽油、柴油等清洗,以免发胀变质 （2）皮质零件,如牛皮油封、皮圈等用肥皂水清洗,清水冲净,再用干布擦干净 （3）胶木、塑料、铝合金、磨擦片、含油轴承等不允许浸泡在容易使零件变质的溶液中 （4）摩擦片不应接触油类,可用少许汽油擦洗,不得用碱水煮洗 （5）有些零件外表虽然一样,清洗时不可调乱 （6）某些细小零件清洗后要用小盒子存放,不作分类要求的可以集中存放		
2. 清洗前对零件进行分类并确定哪些零件应进行清洗	零 件 名 称	清洗过程描述,清洗后如何放置

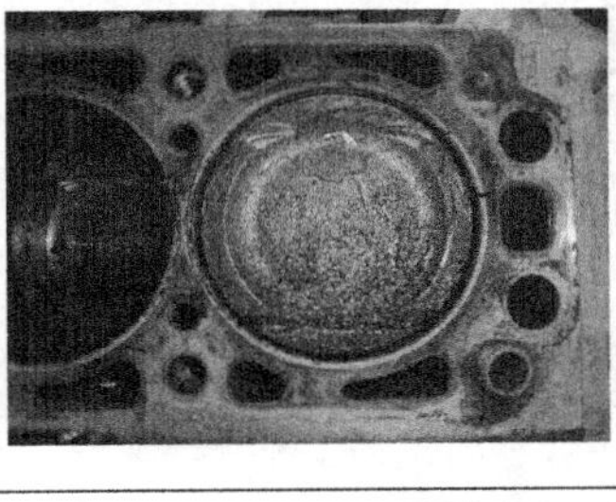

笔 记

	零 件 名 称	清洗过程描述，清洗后如何放置
2. 清洗前对零件进行分类并确定哪些零件应进行清洗		

	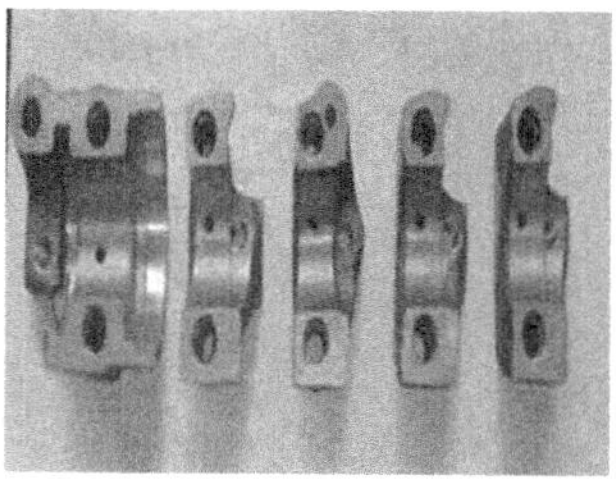	

3. 零件清洗后应达到什么要求		

五、检验评估

项目七任务 7.1 的检验评估标准如表 7-1-5 所示。

表 7-1-5 检验评估表

评价指标	检验说明	检验记录
零件检查项目	➤ 零件清洗质量 ➤ 清洗后零件是否被损伤 ➤ 清洗前、后零件数目是否齐全 ➤ 缸体油孔是否畅通、水道是否清洗干净 ➤ 曲轴、凸轮轴油孔是否畅通	
发动机零件清洗过程记录		

评价内容	检验指标	权重	自评	互评	总评
检查任务完成情况	1. 完成任务的情况 2. 任务完成的质量 3. 在小组完成任务过程中所起的作用	4			
专业知识和专业技能	1. 能描述发动机零件的名称 2. 能描述发动机零件的安装位置 3. 能描述汽车发动机零件的作用 4. 会使用发动机零件清洗机清洗零件 5. 能熟练地清洗及归类摆放汽车发动机零件	8			
职业素养	1. 学习态度:积极主动参与学习 2. 团队合作:与小组成员一起分工合作,不影响学习进度 3. 现场管理:服从工位安排、执行实训室"5S"管理规定	3			
综合评议与建议					

任务 7.2 发动机总成装配

任务描述	一辆桑塔纳 3000 轿车进厂修理,客户反映该车发动机动力不足、冒黑烟、油耗增加等现象。针对维修接待和车间的确认,需对发动机进行大修
任务目标	1. 能描述发动机装配工艺及规程 2. 会正确地使用工量具对发动机进行装配和过程检验,以及说出其技术要求 3. 能正确地完成发动装配竣工检验和说出其技术要求

一、维修接待

按照表7-2-1完成任务7.2待修车辆的维修接待，并准确填写接车问诊表。

表7-2-1　维修接待与接车问诊表

1. 通过询问客户了解汽车使用情况，填写接车问诊表
2. 车间检测初步确认结果：需进行发动机大修

接 车 问 诊 表

车牌号：_____　车架号：_____　行驶里程：_____(km)

用户名：_____　电　话：_____　来店时间：_____/_____

用户陈述及故障发生时的状况：一辆桑塔纳3000上坡行驶无力、冒黑烟、油耗增加等现象
故障发生状况提示：行驶速度、发动机状态、发生频度、发生时间、部位、天气、路面状况、声音描述
接车员检测确认建议：需对发动机进行大修
车间检测确认结果及主要故障零部件：需对发动机进行大修，更换故障零部件
车间检查确认者：_____

外观确认：

（请在有缺陷部位作标识）

功能确认：（工作正常√　不正常×）
□音响系统　　□门锁(防盗器)　□全车灯光　□工具
□后视镜　　　□顶窗　　　　　□座椅　　　□点烟器
□玻璃升降器　□玻璃

物品确认：（有√　无×）
□贵重物品提示
□工具　□备胎　□灭火器
□其他(　　　　　　)
旧件是否交还用户　□是　□否
用户是否需要洗车　□是　□否

- 检测费说明：本次检测的故障如用户在本店维修，检测费包含在修理费用内；如用户不在本店维修，请您支付检测费。本次检测费：￥_____元。
- 贵重物品：在将车辆交给我店检查修理前，已提示将车内贵重物品自行收起并保存好，如有遗失恕不负责。

接车员：_____　　　　　　用户确认：_____

二、信息收集与处理

按照表7-2-2完成待修车辆的信息收集与处理。

表 7 - 2 - 2　信息收集与处理

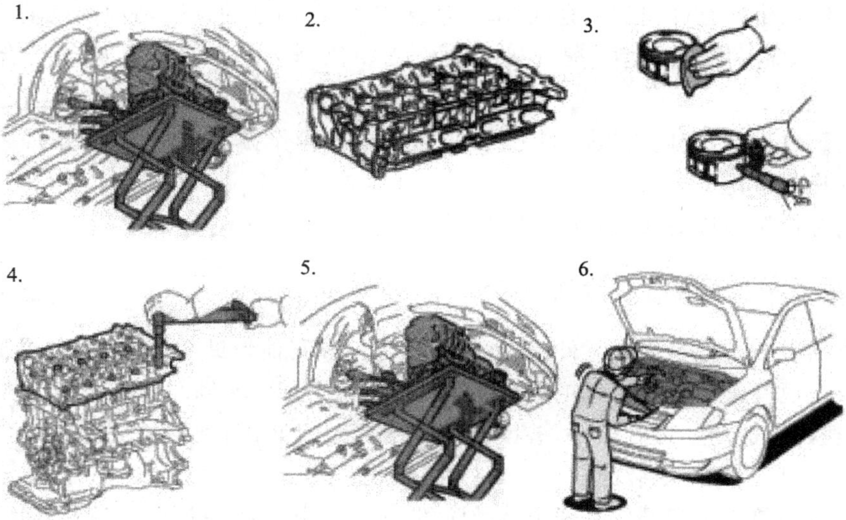

流程号	流程名称	过　程　描　述
1		
2		
3		
4		
5		
6		

汽车发动机总体构造有：＿＿＿＿＿＿＿＿＿＿＿；＿＿＿＿＿＿＿＿＿＿＿；＿＿＿＿＿＿＿＿＿＿＿；
＿＿＿＿＿＿＿＿＿＿＿；＿＿＿＿＿＿＿＿＿＿＿；和＿＿＿＿＿＿＿＿＿＿＿。

（一）　发动机装配工艺及规程

发动机的结构形式很多，整机装配程序也不完全一致，何况有的总成、部件（如起动机、发电机、空压机和滤清器等）的装配顺序先后又无关紧要。但是，发动机装配时仍必须遵循下述工艺原则：

（1）装配时，必须将零部件、总成、工具清洗干净及保持装配场地的清洁。

（2）待装的总成和零部件，必须经过检查或试装确认合格。

（3）不可互换的零部件，如气缸体与飞轮壳、连杆与连杆盖、气门与气门座等，严格按装配标记号安装，不准装错。主要的、有规定要求的螺纹连接件，必须按规定力矩和顺序，分若干次拧紧。

（4）螺纹连接件的所有配套件,如开口销、保险垫片以及垫圈等,一定要按规定装配齐全,不能丢失或漏装。各密封"O"形圈必须更换。

（5）关键部位组合件间的配合间隙,如活塞与气缸、曲轴轴颈与轴承以及轴类零件的轴向间隙、正时齿轮的啮合间隙、配气机构的配气相位、气门间隙等,都必须符合修理技术标准。

（6）装配过程中,应使用规定的工具,采用正确的操作方法和手段,防止拆装中非正常的零部件损伤。禁止野蛮操作。

（7）电路连接各接头、线柱要清洁,接触可靠。

（二）发动机装配过程检验项目、方法、技术要求

发动机的装配是把更换的零件、修理合格的零件和其他辅助零件总成,按照工艺和技术条件要求组装成发动机。发动机的装配过程一般都分为两步,即总成装配和整机装配。把修理合格,选配合适的一组零部件,装配成总成的叫总成装配;把各总成和零部件组装成一台完整的发动机,叫做整机装配。

总成装配和整机装配虽然是两个装配阶段,但在实际操作中却往往是相互连续、相互交叉,并不是截然分开的,有些还是重复进行的,如曲轴主轴承和连杆轴颈的修理与装配等。下面以桑塔纳2000轿车装配为例介绍其检测、装配过程。

1. 测量气缸直径

使用50～100mm的量缸表检查气缸直径,如图7-2-1所示,检查结果与标准尺寸（如表7-2-3所示）的偏差最大为0.08mm。检查时应在上中下三个位置上,进行横向（A向）和纵向（B向）垂直测量,如图7-2-2所示。

表7-2-3　活塞与气缸配合尺寸

磨损尺寸	活塞/mm	气缸直径/mm
标准尺寸	80.98	81.01
第一次	81.23	81.26
第二次	81.48	81.51
第三次	81.98	82.01

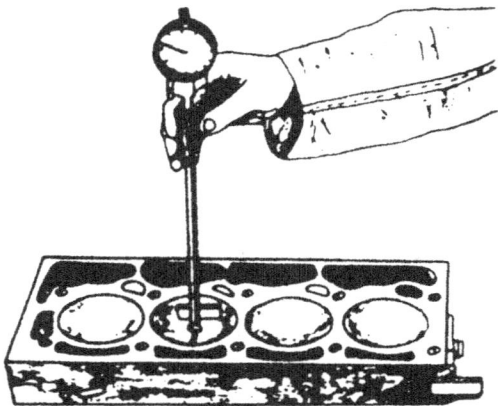

图7-2-1　用量缸表检查缸径

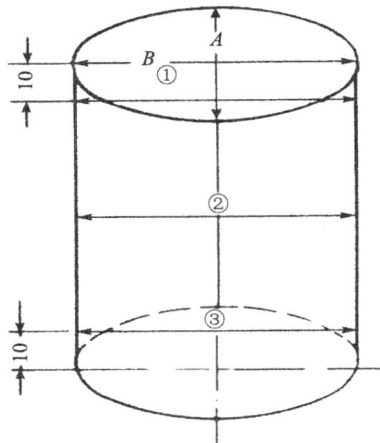

图7-2-2　气缸的测量部位

如果气缸体已用 VW540 装配架固定在装配台上,则不可测量缸径,因为夹紧后测量不准。

镗磨后气缸的圆度和圆柱度误差应不大于 0.005mm。各缸直径之差不得超过 0.05mm。将活塞倒装入气缸中,在气缸壁与活塞之间垂直活塞销方向插入厚 0.03mm、宽 12~15mm 的厚薄规,再用拉力计(弹簧秤)检查拉出厚薄规时的拉力,其值应为 98~245N,拉力过小或过大,则表明气缸镗磨过量或不足。气缸与活塞的配合间隙应为 0.025~0.030mm,磨损极限值为 0.11mm。

2. 测量活塞连杆组

活塞连杆组的分解图如图 7-2-3 所示。连杆、活塞销及活塞的结构分别如图 7-2-4、图 7-2-5 和图 7-2-6 所示。活塞连杆组的拆装应注意以下几点:

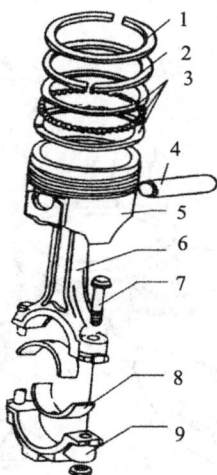

图 7-2-3　JV 型发动机活塞连杆组分解图

1—第一道气环;　2—第二道气环;　3—组合油环;　4—活塞销;　5—活塞;　6—连杆;　7—连杆螺栓;　8—连杆轴承;　9—连杆轴承盖

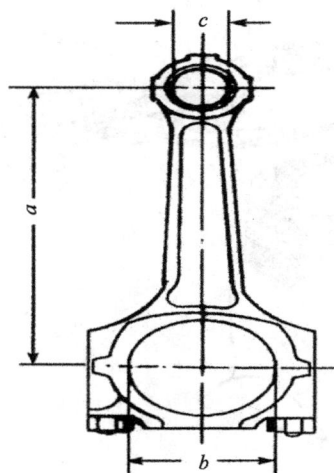

图 7-2-4　连杆的结构

(a=144mm　b=50.6mm　c=20mm)

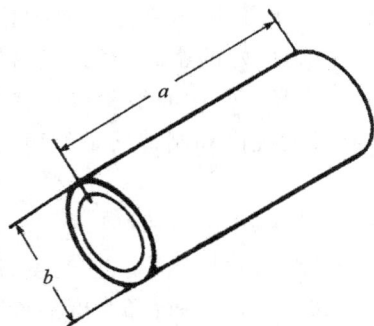

图 7-2-5　活塞销的结构

(a=54mm　b=20mm　装配工具为 V W222a)

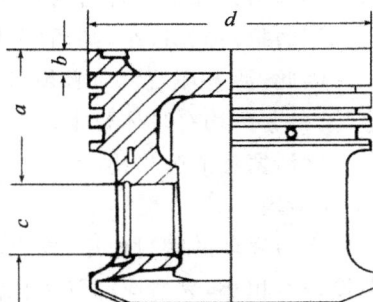

图 7-2-6　活塞的结构

(a=22.2mm　b=5.1mm　c=20mm　d=81mm)

（1）对活塞做标记时，应从发动机前端向后打上气缸号，并打上指向发动机前端的箭头。

（2）拆卸连杆和连杆轴承盖时，应打上所属气缸号。安装连杆时，浇铸的标记须朝 V 形带轮方向（发动机前方）。

（3）连杆螺母为 M8×1，拧紧连杆螺母时，应在接触面涂机油，用 30N·m 力拧紧，接着再转动 180°。

（4）装配活塞环时应使用专用工具，如图 7-2-7 所示。安装活塞环时，应使活塞环开口错开 120°，有"TOP"记号的一面朝活塞顶部。

（5）装配活塞销时，应将活塞加热至 60℃，用拇指仅需较小的力就应能将涂有机油的活塞销压入活塞销座孔中，如图 7-2-8 所示。而且在垂直状态时，活塞销不能在自重作用下从销座孔中自行滑出，用手晃动活塞销时应无间隙感，这表明活塞销与销座孔配合适宜。拆装活塞销卡簧时需用专用工具。

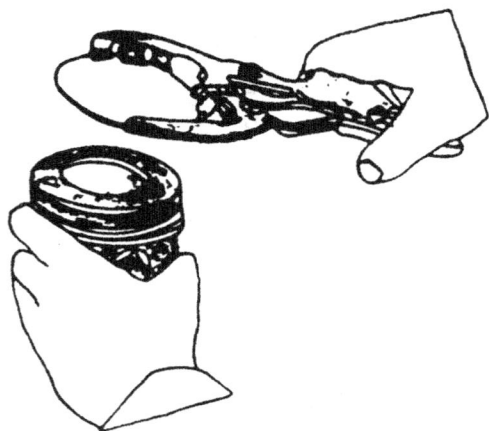

图 7-2-7　拆装活塞环　　　　　　　图 7-2-8　装配活塞环

3. 测量活塞环

1）活塞环的弹力检验

活塞环的弹力是保证气缸密封性的条件之一，活塞环的弹力过大，则增加摩擦损失，气缸壁容易早期磨损；弹力过小，则活塞环在气缸内就不能起到良好的密封作用，容易使气缸漏气窜油。因此，活塞环的弹力必须符合技术性能要求。活塞环弹性的检验可以在专用检验器上进行，各车型均有具体要求。但随着活塞环制造技术的提高和制造质量的稳定，在修理中一般不做活塞环的弹力检验。

2）漏光检验

为了保证活塞环的密封作用，要求活塞环的外表面处处与气缸壁贴合。漏光度过大，活塞环局部接触面积小，易造成漏气和机油上窜。在选配活塞时，最好进行漏光度的检查。活塞环漏光度的简易检查方法是将活塞环平放在气缸内，在活塞环一边放一个灯泡，上面放一块盖板盖住活塞环的内圈，观察活塞环与缸壁之间的漏光缝隙。一般要求在活塞环开口端左右 30°范围内不允许有漏光点存在，在同一个活塞环上漏光不应多于两处，其他部位每处的漏光弧长所对应的圆心角不得超过 $25°$，同一活塞环上漏光弧长所对应的圆心角总和不得超过 $45°$，漏光处的缝隙应不大于 $0.03mm$。

3）检查活塞环侧隙

活塞环侧隙是指活塞环与环槽的间隙，用厚薄规检查活塞环侧隙，如图 7-2-9 所示。新活塞环侧隙应为 $0.02\sim0.05mm$，磨损极限值为 $0.15mm$。

4）检查活塞环开口间隙

活塞环端隙是指将活塞压入气缸后，活塞开口的间隙。测量时，将活塞环垂直压过气缸约 $15mm$ 处，用厚薄规检查活塞环端隙，如图 7-2-10 所示。新环时，第一道气环开口间隙应为 $0.30\sim0.45mm$，第二道气环开口间隙应为 $0.25\sim0.40mm$，油环开口间隙应为 $0.25\sim0.50mm$，活塞环开口间隙磨损极限值为 $1.00mm$。

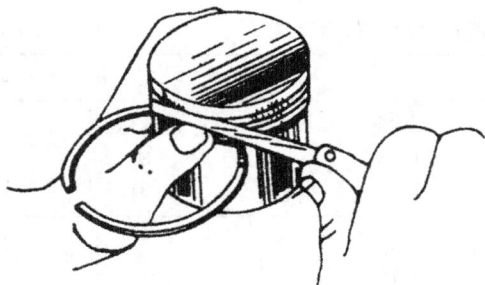

图 7-2-9　检查活塞环侧隙　　　　　　图 7-2-10　检查活塞环开口间隙

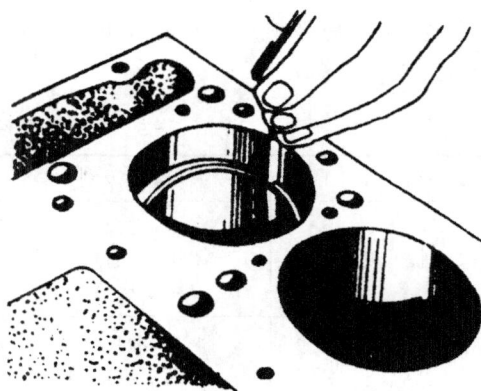

5）检查活塞环的背隙

背隙是指活塞与活塞环装入气缸后，在活塞环背部与活塞环槽之间的间隙。常以槽深与环厚之差来表示，一般为 $0.10\sim0.35mm$。如背隙过小，会使活塞环在气缸中卡死，应更换活塞环。

在实际操作中，通常以经验法来判断活塞环的背隙和侧隙，即将活塞环装入活塞后，活塞环应能在环槽内滑动自如，无明显松旷感。

常见车型发动机活塞环间隙如表 7-2-4 所示。

表 7-2-4　常见车型发动机活塞环间隙　　　　　　　　（单位：mm）

车　型	第一道气环端隙	第二道气环端隙	第三道油环端隙	侧　隙
桑塔纳	$0.30\sim0.45$	$0.25\sim0.40$	$0.25\sim0.50$	$0.02\sim0.05$
捷　达	$0.30\sim0.45$	$0.30\sim0.45$	$0.25\sim0.50$	$0.02\sim0.05$
富　康	$0.30\sim0.45$	$0.30\sim0.45$	$0.30\sim0.45$	$0.02\sim0.05$
奥迪 A6	$0.20\sim0.40$	$0.20\sim0.40$	$0.20\sim0.40$	$0.02\sim0.07$

4. 测量活塞尺寸

检查活塞直径。在活塞下部离裙部底边约 15mm、与活塞销垂直方向处测量,如图 7-2-11 所示。活塞直径与标准尺寸的最大偏差量为 0.04mm。

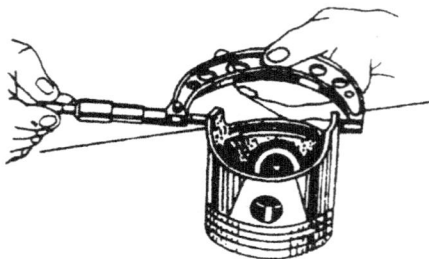

图 7-2-11　检查活塞尺寸

活塞更换时,应选用同一厂牌、质量和尺寸同一组的活塞,以保持材料、性能、质量和尺寸一致。同一组活塞外径尺寸差一般不得超过 0.02~0.025mm。同一组活塞质量差应不大于 2g。活塞裙部锥形及椭圆应符合原厂规定。一般汽油机活塞裙部的圆度为 0.10~0.20mm.,膨胀槽开到底的为 0.05~0.075mm。圆柱度为 0.005~0.015mm,最大不得超过 0.025mm,膨胀槽开到底的为 0.015~0.03mm。活塞裙部的标准尺寸及修理尺寸如表 7-2-5 所示。

表 7-2-5　常见车型活塞裙部的标准尺寸及修理尺寸　　　　　　（单位:mm）

车　型	修理级别	活　塞	气　缸
捷　达	标准尺寸 第 1 次修理 第 2 次修理	80.98 81.23 81.48	81.01 81.26 81.51
桑塔纳	标准尺寸 第 1 次修理 第 2 次修理 第 3 次修理	79.48 79.73 79.98 80.48	79.51 79.76 80.01 80.51
富　康	标准尺寸 第 1 次修理	74.95 75.35	75.00 75.40
奥迪 A6	基本尺寸 第一次加大尺寸 第二次加大尺寸	80.980 81.235 81.485	80.01 81.26 81.51

5. 测量连杆

1) 检查连杆轴向间隙

连杆的轴向间隙检查,如图 7-2-12 所示。连杆的轴向间隙磨损极限值为 0.37mm。

2) 检查连杆径向间隙

检查连杆径向间隙时,可用塑料间隙测量片对装好的发动机进行检查。具体测量方法如下:

(1) 拆下连杆轴承盖,清洁连杆轴承和轴颈。

(2) 将塑料间隙测量片沿着轴向置于轴颈和轴承上。

图 7-2-12　检查连杆轴向间隙

（3）装上连杆轴承盖，并用 30N·m 力矩紧固螺栓，不要转动曲轴。

（4）拆下连杆轴承盖，测量压扁后塑料间隙测量片的厚度，与规定值相比较。连杆径向间隙应为 0.024～0.048mm，磨损极限值为 0.12mm。

（5）径向间隙在装配完毕的发动机上进行检查，则螺栓允许重复使用一次，但须在螺栓头上打标记，有此记号的螺栓下次必须更换。

（6）安装轴承盖时，在轴承盖螺母接触面涂机油，并用 30N·m 的力矩紧固，接着再转动 180°。

3）检查连杆的弯曲量和扭曲量

使用连杆检验器，把活塞销试装到连杆上，再把连杆大端装到连杆检验器上。如图 7-2-13 所示，测量连杆的弯曲量。如图 7-2-14 所示，测量连杆的扭曲量。在 100mm 长度上，连杆的弯曲变形量不得大于 0.05mm，连杆扭曲量不得大于 0.15mm。否则应进行校正，连杆的弯曲和扭曲的校正，如图 7-2-15 所示，由于常温下校正连杆会发生弹性变形，因此校正后可稍许加温处理。

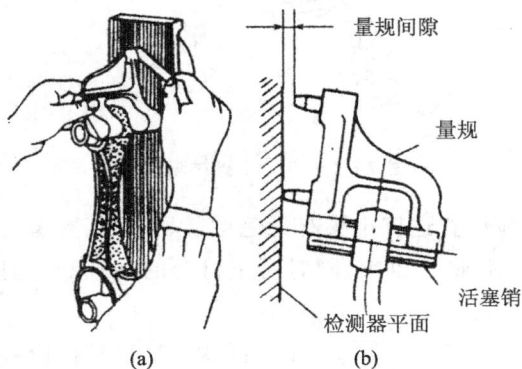

图 7-2-13 检查连杆弯曲量

（a）测量间隙； （b）弯曲示意图

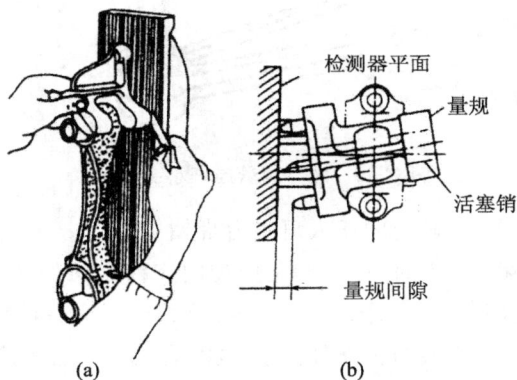

图 7-2-14 检查连杆扭曲量

（a）测量间隙； （b）扭曲示意图

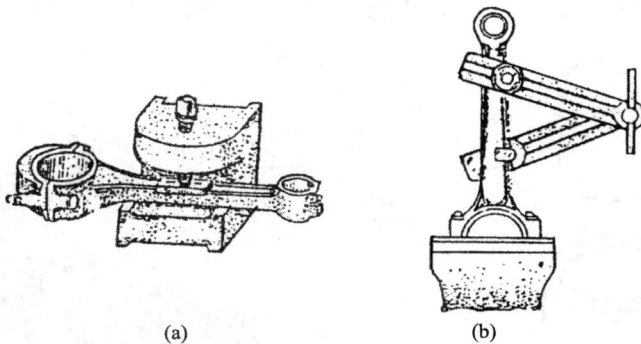

图 7-2-15 连杆变曲和扭曲的校正

（a）连杆弯曲的校正； （b）连杆扭曲的校正

6. 装配连杆衬套

连杆衬套的选配。发动机在大修时,在更换活塞、活塞销的同时,必须更换连杆衬套,以恢复其正常配合。

连杆衬套与连杆小头应有 $0.005\sim0.10$mm 的过盈量,以保证衬套在工作时不走外圆。分别测量连杆小头内径(如图 7-2-16 所示)和新衬套外径(如图 7-2-17 所示),其差值就是衬套的过盈量。

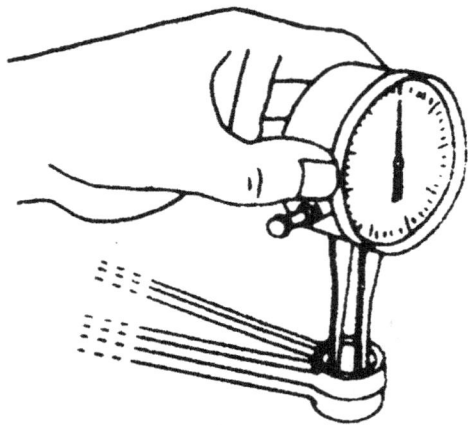

图 7-2-16   测量连杆小头内径   图 7-2-17   测量衬套外径

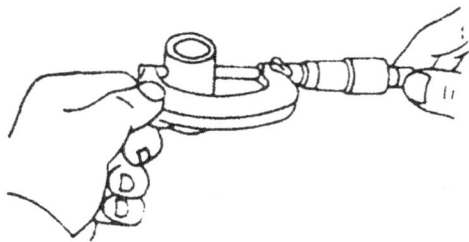

新衬套的压入可在台虎钳上进行。压入前,应检查连杆小头有无毛刺,以免擦伤衬套外圆。压入时,衬套倒角应朝向连杆小头倒角一侧,并将其放正,同时对正衬套的油孔和连杆小头油孔,如图 7-2-18 所示,确保润滑油畅通。

活塞销与连杆衬套的配合,在常温下应有 $0.005\sim0.010$mm 的间隙,接触面积应在75%以上。配合间隙过小,可将连杆夹到内圆磨床上进行磨削,并留有研磨余量。再将活塞销插入连杆衬套内配对研磨,研磨时可加少量机油,将活塞销夹在台虎钳上,沿活塞销轴线方向扳动连杆,应有无间隙感觉。加入机油扳动时无"气泡"产生,把连杆置于与水平面成75°角时应能停住,轻拍连杆徐徐下降(如图 7-2-19 所示),此时配合间隙为合适。

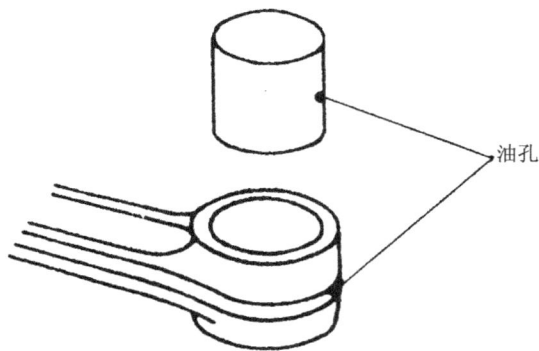

油孔

图 7-2-18   连杆衬套油孔对准连杆油孔   图 7-2-19   连杆衬套修配质量的检验

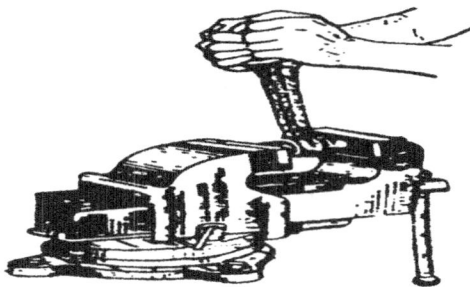

　　经过镗削加工的衬套,应能用大拇指把活塞销推入连杆衬套内,并有无间隙感觉,如图7－2－20所示。

　　7. 装配曲轴飞轮组

　　1）检查曲轴弯曲量

　　用V形铁将曲轴两端水平支承在平台上,使百分表的测量触点垂直抵压到第三道主轴颈上。转动曲轴一周,百分表指针所指示的最大和

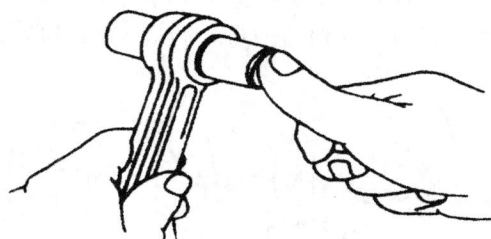

图 7－2－20　检查活塞销与连杆衬套的配合

最小读数差值的一半即为曲轴的直线度误差,其值应不大于0.03mm,否则应进行压校或更换曲轴。

　　2）检查曲轴的磨削量

　　用外径千分尺测量曲轴主轴颈和连杆轴颈的圆度和圆柱度,其标准值应为0.01mm,磨损极限值为0.02mm。超过标准要求时,可用曲轴磨床按修理尺寸法对轴颈进行修磨,曲轴磨损后磨削数据如表7－2－6所示。

表 7－2－6　曲轴维修技术数据

尺　寸	曲轴主轴承轴颈/mm		连杆轴颈/mm	
标准尺寸	54.00	−0.022	47.80	−0.022
		−0.042		−0.042
第一次缩小尺寸	53.75	−0.022	47.55	−0.022
		−0.042		−0.042
第二次缩小尺寸	53.50	−0.022	47.30	−0.022
		−0.042		−0.042
第三次缩小尺寸	53.25	−0.022	47.05	−0.022
		−0.042		−0.042

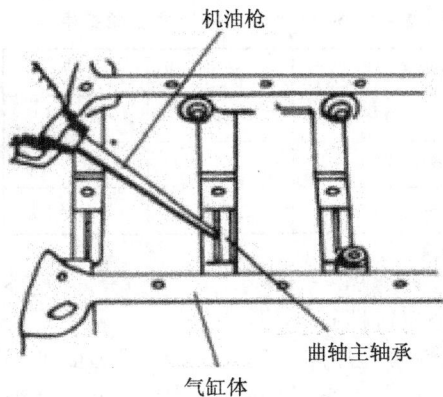

图 7－2－21　在曲轴主轴承上油

　　3）安装曲轴飞轮组

　　将清洗干净的气缸体倒置要工作台上,并用压缩空气吹净,缸体和曲轴上的油道要用压缩空气反复吹通、吹净。

　　将主轴承按编号装入轴承座中,注意将有油槽的一片轴瓦装到主轴承座孔中,在轴瓦表面涂上少许机油,如图7－2－21所示。

　　将曲轴放入气缸体轴承座孔中。将止推片与第三道轴承盖一起安装,如图7－2－22所示。将轴承盖按编号装到气缸体上,按规定力矩分2～3次由中间向两端拧紧主轴承盖螺栓,每紧固一道主轴承盖螺栓应转动曲轴数圈。全部拧紧后,用工具扳

动曲轴,曲轴应能转动,否则应查明原因并予以排除。正确安装曲轴油封,如图7-2-23所示。安装飞轮时应对准定位孔,交叉均匀地拧紧紧固螺栓,如图7-2-24所示。

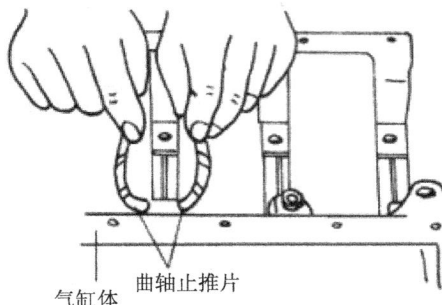

图7-2-22　安装止推片

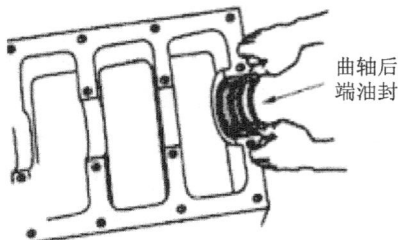

图7-2-23　安装曲轴油封

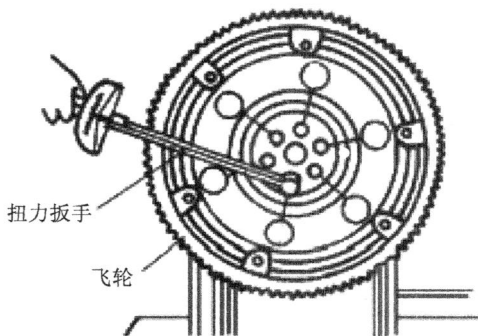

图7-2-24　安装飞轮

4)检查曲轴轴向间隙

将曲轴撬向一端,用厚薄规检查第三道主轴承的轴向间隙(配合间隙),如图7-2-25所示。新的轴承轴向间隙为0.07～0.17mm,磨损极限值为0.25mm。轴向间隙超过极限值时,应更换第三道主轴承两侧的半圆止推环。

5)检查曲轴径向间隙

已装好的发动机曲轴可用塑料间隙测量片检查径向间隙。塑料间隙测量片的测量范围如表7-2-7所示。

表7-2-7　塑料间隙测量片的测量范围

测量范围	色别	型号
0.025～0.076mm	绿	PG-1
0.050～0.150mm	红	PR-1
0.100～0.230mm	蓝	PB-1

(1)拆下曲轴轴承盖,清洁曲轴轴承和曲轴轴颈。

(2)将塑料间隙测量片放在轴颈或轴承上,如图7-2-26所示。

(3)装上曲轴主轴承盖,并用65N·m力矩紧固,不得使曲轴转动。

(4)拆下曲轴主轴承盖,用测量尺测量挤压过的塑料测量片的厚度,该厚度即为曲轴的径向间隙。新轴承径向间隙应为0.03～0.08mm,磨损极限值为0.17mm。超过磨损极限时,应对相应轴承进行更换。

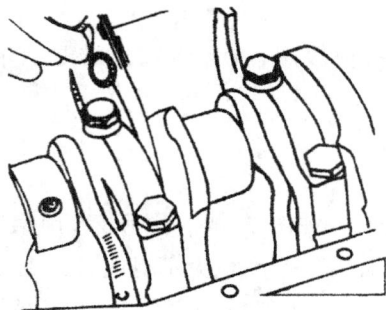

图 7-2-25 检查曲轴轴向间隙

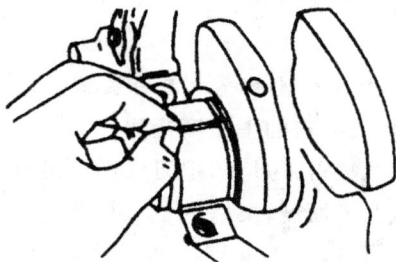

图 7-2-26 在曲轴轴颈上放置塑料测量片

8. 安装活塞连杆组

在活塞环、活塞裙部、连杆小头两侧及轴承上涂上适量机油,根据活塞及连杆上的安装方向标记,如图 7-2-27 所示,将活塞连杆组自缸体上主装入各气缸中,用活塞环卡箍,如图 7-2-28 所示,约束活塞环,用手锤木柄将活塞推入气缸内,使连杆大头落于曲轴连杆颈上,如图 7-2-29 所示。盖上轴承盖,用规定力矩拧紧连杆螺栓。发动机连杆螺栓先以

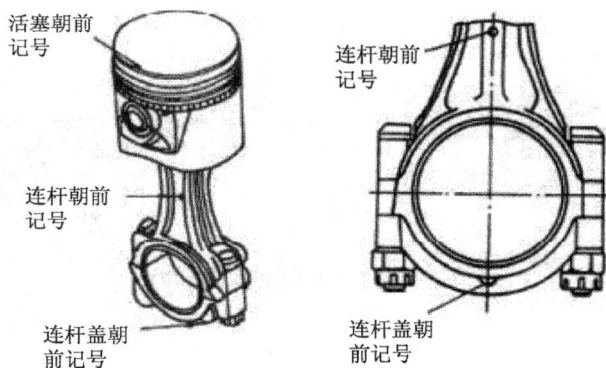

图 7-2-27 确定活塞和连杆安装方向标记

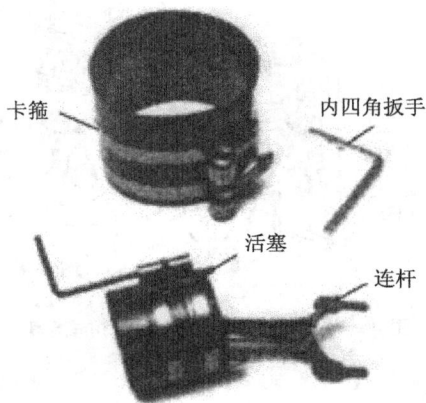

图 7-2-28 活塞环卡箍

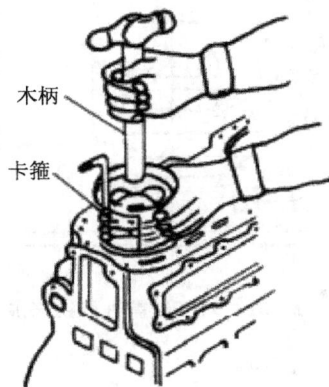

图 7-2-29 安装活塞连杆组

30N·m 的力矩拧紧,再将螺栓拧紧 90°。

当所有活塞都装入缸体内时,应当用扳手转动曲轴数圈,查看活塞运转是否有卡滞现象。

9. 配气机构和气缸盖的装配

1) 气缸盖的平面度检测

将气缸盖翻过来,把刀形样板尺放到气缸盖下表面上,如图 7-2-30 所示,用塞尺检查气缸盖的平面度,桑塔纳 2000GSI 轿车 AJR 发动机气缸盖平面度最大不得超过 0.1mm。如超过定值时,应予以校正加工修理,如图 7-2-31 所示。修理后的气缸盖高度不得低于 133mm,如图 7-2-32 所示。

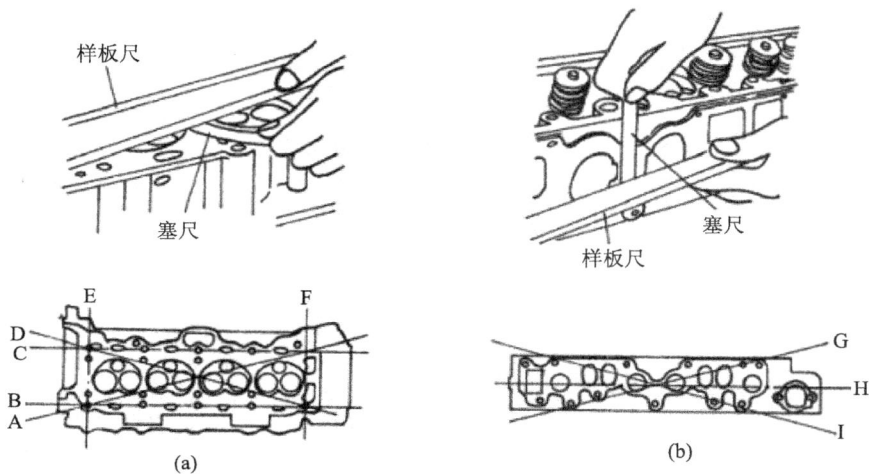

(a)

(b)

图 7-2-30　气缸盖平面度的测量

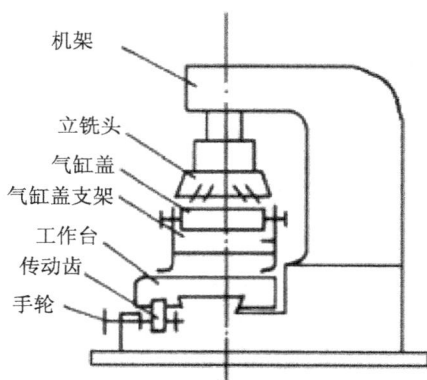

图 7-2-31　对气缸盖进行铣床加工

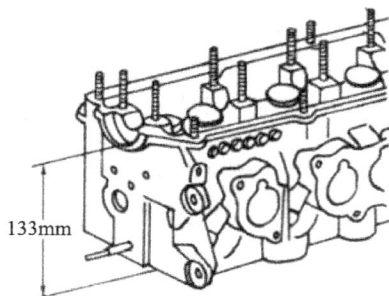

图 7-2-32　气缸盖最小尺寸的高度

2) 气门检测

(1) 检测气门与气门导管间隙。当气门导管与气缸盖承孔过盈量过小,或气门导管磨损严重,会使气门杆与气门导管的配合间隙超过限度,应予以更换。

气门与气门导管的间隙检查如图7-2-33所示,将气门插入导管中,用磁性座百分表测量配合间隙。

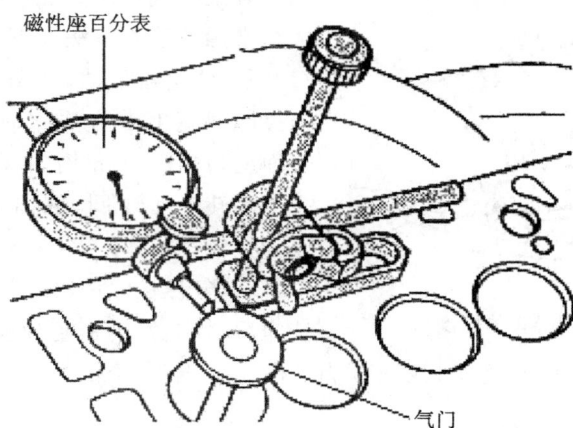

磁性座百分表

气门

图7-2-33 气门与气门导管间隙的测量

经验检查法:将气门杆和导管擦净,在气门杆上涂一层薄机油,将气门放入气门导管后上下拉动数次后,气门在自重下能徐徐下落,表示气门杆与气门导管的配合间隙适当。

气门导管修配的步骤如下:

① 用外径略小于气门导管内孔的阶梯轴铣出气门导管。

② 选择外径尺寸符合要求的新气门导管。

③ 安装气门导管。用细砂布打磨气门导管承孔口,在承孔内壁与导管外表面上涂少许机油,并放正气门导管,垫上铜质的阶梯轴用压力机或手锤将气门导管装入承孔内,如图7-2-34所示。

④ 气门导管的铰削。采用成型专用气门导管铰刀铰削,进刀量不易过大,铰刀保持垂直边铰边试,直至间隙合适。

常见车型发动机进排气门杆与气门导管配合间隙如表7-2-8所示。

表7-2-8 部分车型发动机进排气门杆与导管配合间隙表 （单位:mm）

车 型	气 门	配合间隙	使用极限间隙
桑塔纳	进气门	+0.035～+0.070	+1.00
	排气门	+0.035～+0.070	+1.30
捷 达	进气门	+0.035～+0.065	+1.02
	排气门	+0.035～+0.065	+1.30
别 克	进气门	+0.026～+0.068	—
	排气门	+0.026～+0.068	—
解放6102	进气门	+0.050～+0.093	0.20
	排气门	+0.050～+0.093	0.20

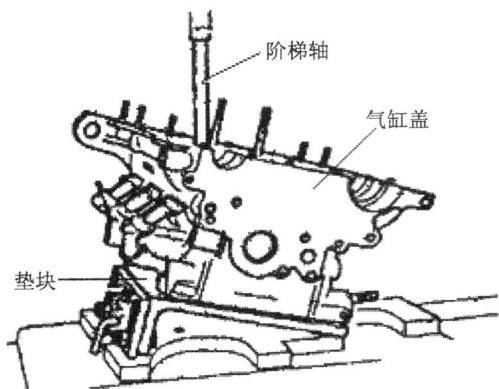

图 7 - 2 - 34　气门导管的更换

（2）检查气门密封性。在装配气门组件前应对气门与气门座进行密封性检查。以确保发动机装配后气缸压力在标准范围内。

常用的检查方法如下：

① 铅笔画线法，如图 7 - 2 - 35 所示。在气门接触面宽度符合要求时，用软铅笔在气门工作面上，每隔 5mm 均匀画出若干线条，然后插入座圈转动 1/4 圈，取出后若线条中间全部切断为接触良好。

② 气压检验法，如图 7 - 2 - 36 所示。用油洗净后，装上气门密封检验器，3s 内真空度由初始（78±4）kPa 下降最大值不超过 10kPa 即为合格。

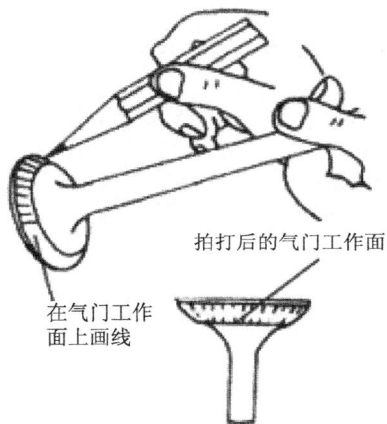

图 7 - 2 - 35　铅笔画线法

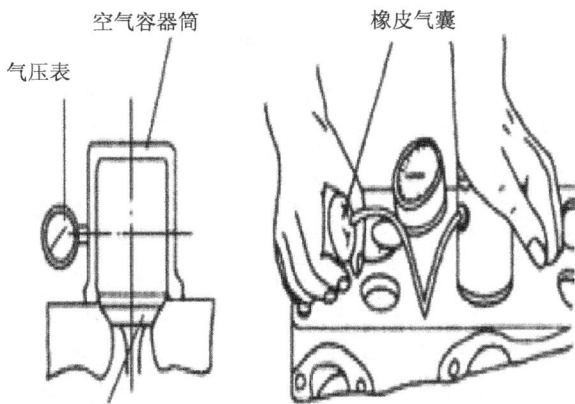

图 7 - 2 - 36　气压检验法

③ 液体渗漏检查法，如图图 7 - 2 - 37 所示。将气缸盖搁平（燃烧室朝上），将洗净后的气门插入导管，将上气门弹簧，倒入煤油，5min 内应无渗漏，否则为密封不良。

④ 红丹鉴别法。在气门工作表面上薄薄涂一层红丹油，将气门压在座圈上转 1/4 圈，取出后若气门被刮去的红丹油布满座孔无间隙即为合格。

⑤ 目视法。气门磨好后洗净装回座孔，轻拍数次，然后取出查看，气门和座圈工作面有完整明亮的光环而无斑点为好。若气门密封性检查不合格，应对气门进行重新研磨。

3）气门弹簧检查

检查气门弹簧是否有裂痕，如有，应更换。用直

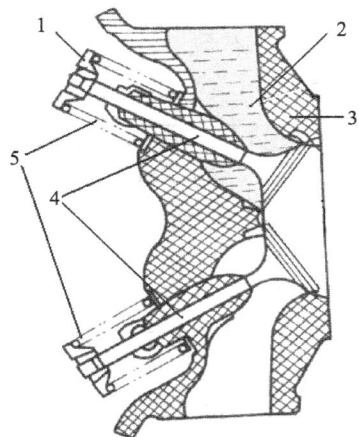

图 7 - 2 - 37　渗油法

1—弹簧座；　2—气道；　3—气缸盖；
4—气门；　5—气门弹簧

尺检查气门弹簧的垂直度，如图 7-2-38 所示，外径垂直度应小于 2mm。用游标卡尺测量气门弹簧的自由长度，如无弹簧的原厂数据时，一般可采用新旧弹簧对比或测量弹簧的自由长度减少值来判断，当其自由长度减小值超过 2mm 时，应予更换。

4）检查凸轮轴

（1）检查凸轮轴磨损情况。通过千分尺或专门的仪器测量凸轮的高度来检查，如图 7-2-39 所示，若凸轮的高度低于标准值 0.4mm，或其表面有严重的擦伤、拉毛、麻点，应予以更换。

（2）检查凸轮轴弯曲度。将凸轮轴支在车床两顶尖间或将凸轮轴两岸轴颈放在 V 形垫铁上，如图 7-2-40 所示，转动凸轮轴一周，如百分表的摆差超过 0.10mm，则应进行冷压校正。校正后，中间各轴颈的弯曲度应不大于 0.03mm。

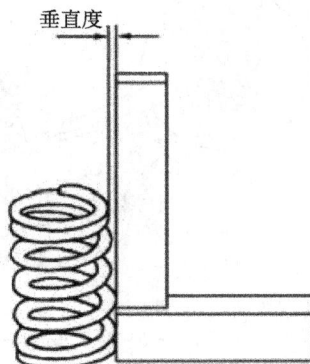

图 7-2-38　检查气门弹簧垂直度

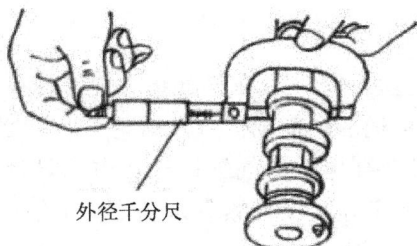

图 7-2-39　检查凸轮的高度

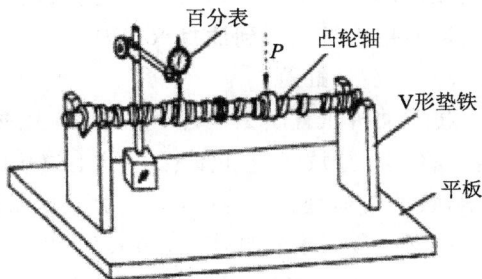

图 7-2-40　检查凸轮轴弯曲度

（3）检查凸轮轴轴向间隙。将凸轮轴安装在凸轮轴轴承座上，装上第一、第五道轴承座，如图 7-2-41 所示。其轴向间隙应不大于 0.15mm，取出凸轮轴。

5）安装气门组件

用专用工具将气门油封压装在气门导管上，如图 7-2-42 所示，安装油封一定要到位，

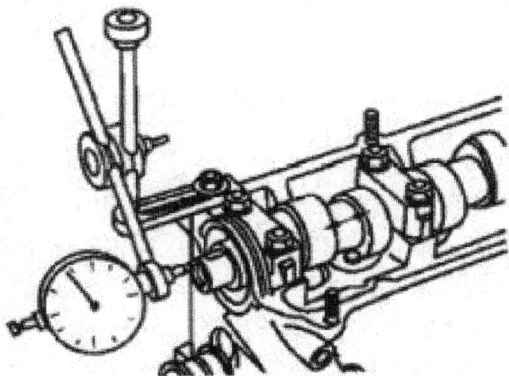

图 7-2-41　检查凸轮轴轴向间隙

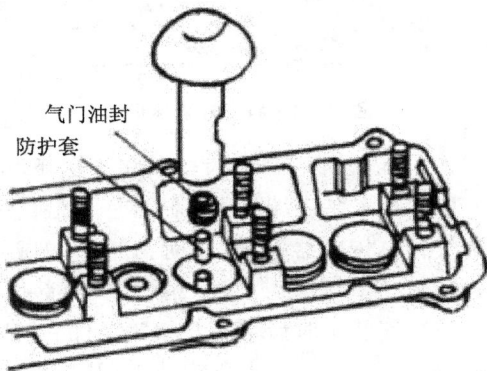

图 7-2-42　安装气门油封专用工具

笔 记

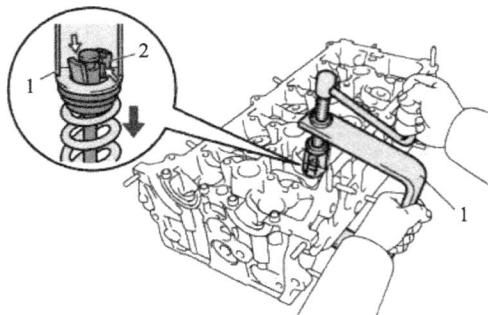

图 7 - 2 - 43　安装气门弹簧

1—气门弹簧压缩器；　2—气门锁片

并防止油封变形或损坏/在气门杆部涂抹润滑油后装配气门、气门弹簧座、气门弹簧，使用气门弹簧压缩器专用工具安装气门新锁片，其装配关系如图 7 - 2 - 43 所示。安装完要用木锤轻敲数下，以确保安装到位。

6）安装挺柱

按顺序把气门挺柱涂抹润滑油后放入承孔中。在装配前，应进行液压挺柱密闭性检查。将液压挺柱浸入润滑油中反复推压，排除内腔中的空气。

7）安装凸轮轴和油封

在凸轮轴承孔表面涂抹润滑油，将凸轮轴置于气缸盖上的承孔座中，使一缸凸轮轴朝上按轴承盖顺序和方向安装轴承盖，从中间向两侧对角交替分多次拧紧轴承盖。注意先拧紧凸轮顶起部位的轴承盖，其最终拧紧力矩为 20N·m，在凸轮轴油封的唇口涂抹润滑油，将油封用专用工具压入到油封承孔内。

8）安装气缸盖

将发动机正置于工作台上，将缸体上表面用压缩空气吹干净，在气缸垫表面涂抹少许润滑油，将气缸垫放于气缸体上，注意有"OBEN TOP"标记的一面朝向气缸盖，如图 7 - 2 - 44 所示，转动曲轴，使 1、4 缸活塞处于上止点位置，确保气缸体上的气缸螺栓孔内无异物和油液。将气缸盖置于气缸体上，如图 7 - 2 - 45 所示的顺序分数次拧紧气缸盖螺栓，第一次拧紧力矩为 20N·m，第二次拧紧力矩为 40N·m，此后再拧紧 180°。

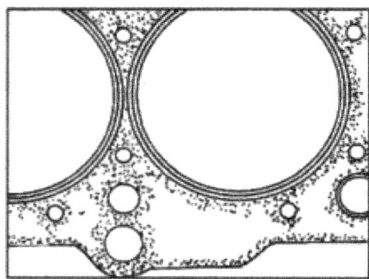

图 7 - 2 - 44　缸垫标记

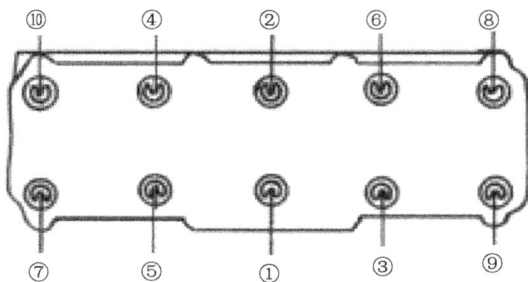

图 7 - 2 - 45　缸盖拧紧顺序

10. 安装水泵、正时齿轮及相关零部件

（1）将水泵一端放入气缸体。安装配气相位传感器，固定螺栓拧紧力矩为 10N·m。安装配气相位传感器罩盖（正时齿带后中防护罩），固定螺栓拧紧力矩为 208N·m。固定水泵，螺栓拧紧力矩为 15N·m。相关零部件安装位置关系如图 7 - 2 - 46 所示。

（2）安装正时齿带轮及相关零件。安装曲轴正时齿轮，固定螺栓拧紧力矩为 90N·m，此后再拧紧 90°。安装凸轮轴半圆键及正时齿带，固定螺栓拧紧力矩为 100N·m。安装张紧轮，叫定螺栓拧紧力矩为 158N·m。将凸轮轴调至 1 缸做功位置，将曲轴调至 1 缸做功位置,将曲轴调至 1 缸上止点位置,如图 7-2-48 所示。安装正时齿带,并适当调紧张紧度。正时齿带的安装必须保证配气相位准确。

正时齿带的安装步骤如下:

(1) 当转动凸轮轴时必须保证液压挺柱内的空气已经排净,即当凸轮基圆位置与挺柱接触时,气门应处于完全关闭状态。

(2) 将凸轮轴正时齿带轮上的标记对准正时齿带防护罩上的标记(暂时摆放齿形皮带后上防护罩,以供凸轮轴定位对应标记,完成定位后再取下,如图 7-2-47 所示。

(3) 将曲轴正时齿带轮上的标记对准上止点标记,如图 7-2-48 所示。

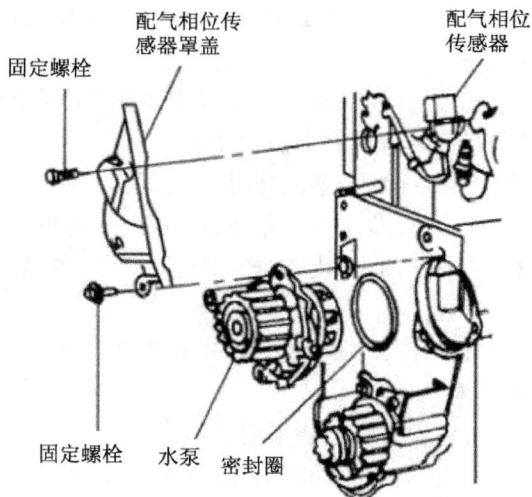

图 7-2-46　水泵和正时齿轮相关部件安装位置

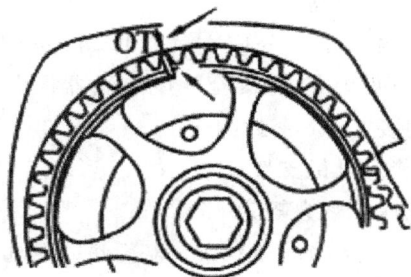

图 7-2-47　凸轮轴正时齿带轮与正时齿带防护罩上的标记

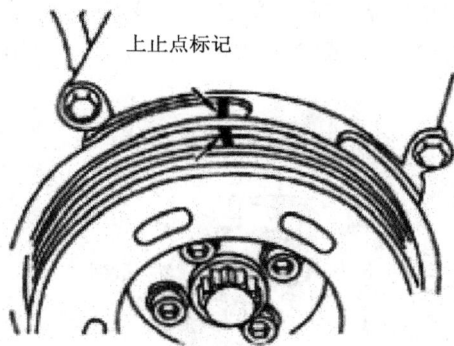

图 7-2-48　一缸上止点标记

(4) 将张紧轮安装到气缸体上,并处于合适位置,暂不紧固。

(5) 将正时齿带安装到曲轴正时齿带轮和水泵齿带轮上(注意安装位置)。

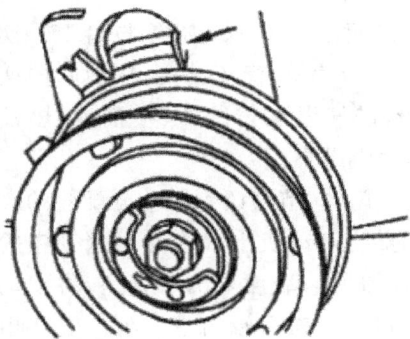

图 7-2-49　定位块嵌入气缸盖上的缺口内

(6) 将正时齿轮带安装到凸轮轴正时齿带轮和张紧轮上。

注意:正时齿带张紧度的调整与张紧轮的固定应按以下方式进行,如图 7-2-49 中箭头所示,定位块必须嵌入气缸盖上的缺口内。首先将张紧轮逆时针转动到可以使用专用工具的位置,如图 7-2-50 所示。松开张紧轮直到指计位于缺口下方约 10mm 处,再旋紧张紧轮以到指针和缺口重叠,将张紧轮的锁紧螺母以 15N·m 力矩拧紧。张紧度的检查:拇指用力压正时齿带,指针应该移向一侧。放松正时齿带,张紧轮应该回到初始位置(缺口和指针重叠)。

笔记

11. 安装气缸盖罩盖与正时齿带防护罩等相关零部件

（1）安装气缸盖机油反射罩、气缸盖罩盖、紧固压条、正时齿带后上防护罩的相关零件。均匀、适度拧紧气缸盖罩盖紧固螺母。

（2）安装正时齿带下防护罩、中防护罩、上防护罩。安装曲轴皮带轮，紧固螺栓拧紧力矩为40N·m。

12. 安装机油滤清器与节温器及发电机支架等相关零部件

1）安装机油滤清器总成

将已装有机油压力保持阀、卸压阀、机油压力开关、滤清器支架盖的机油滤清器支架装在气缸体上（在机油滤清器支架与气缸体之间装有衬垫）。2个机油压力开关的拧紧力矩分别为15N·m、25N·m。机油滤清器支架固定螺栓的拧紧力矩为16N·m，此后再拧紧90°。安装机油滤清器，在滤清器与支架之间有"O"形密封圈。使用专用工具拧紧滤清器的力矩为208N·m或参照维修手册的要求。滤清器与支架的装配关系如图7-2-51所示。

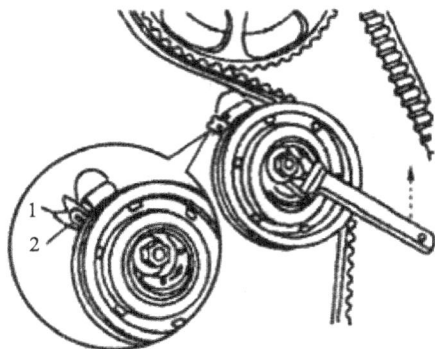

图7-2-50 使用专用工具张紧正时皮带

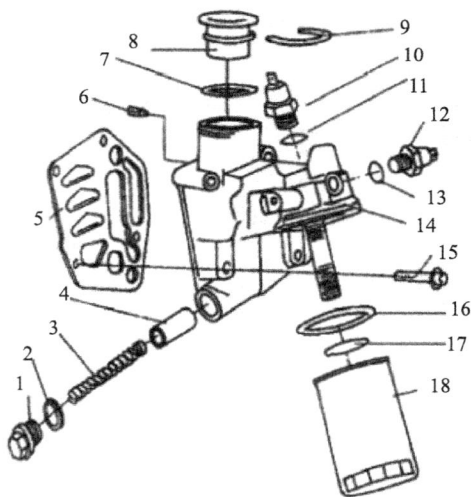

图7-2-51 滤清器与支架的装配关系

1—螺塞； 2—密封圈； 3—旁通阀弹簧； 4—安全阀柱塞； 5—衬垫； 6—止回阀； 7—密封圈； 8—盖子； 9—夹箍； 10—0.025MPa机油压力开关； 11—密封圈； 12—0.18MPa机圈压力开关； 13—密封圈； 14—机油滤清器支架； 15—机油滤清器支架螺钉； 16—衬垫； 17—压盘； 18—机油滤清器

2）安装节温器

节温器的感温部分应在气缸体内，安装节温器座（进水管座），拧紧螺栓。在节温器座与气缸体平面之间装"O"形密封圈。

3）安装发电机支架

固定螺栓拧紧力矩为45N·m。

13. 安装发动机支架与进、排气歧管等相关零部件

（1）安装发动机左、右支架，固定螺栓拧紧力矩为40N·m。安装发动机转速传感器、爆震传感器、发动机出水管和冷却系小循环水管。安装机油标尺下套管、火花塞。

（2）将点火线圈组件安装到进气歧管上。摆放进气歧管垫，安装进气歧管及支架，从中间向两侧，上下对称拧紧进气温度传感器、喷油器、燃油分配管及燃油压力调节器。

（3）安装节气门体、节气门到燃油分配管的燃油压力真空管。安装发动机出水管与出水管座的连接软管，将软管的另一端插入出水管座，将发动机出水管座安装到气缸盖后端出水口处。安装出水管座上的水温传感器和温度传感器。安装节气

门座进、出水软管。

（4）摆放排气歧管垫，安装排气歧管，从中间向两侧、上下对称拧紧固定螺母。安装隔热板。安装飞轮壳，在飞轮壳与气缸体之间有气缸体飞轮壳中间支架，固定螺栓拧紧力矩为45N·m。安装发动机，固定螺栓拧紧力矩为65N·m。安装发动机到膨胀水箱之间的软管。

14. 安装发电机等相关附件

（1）安装曲轴传动皮带惰轮。首先将惰轮的皮带轮安装到惰轮上，再将惰轮安装到发电机支架上，固定螺栓拧紧力矩为45N·m。安装动力转向泵，固定螺栓的拧紧力矩为25 N·m。

（2）安装发电机，下固定螺栓拧紧力矩为45N·m，上固定螺栓拧紧力矩为25N·m。

（3）安装空调压缩机支架，固定螺栓拧紧力矩为35N·m。

（4）安装发电机传动皮带。先套上皮带，如图7-2-52所示，沿箭头方向扳动传动皮带张紧轮。应位置正确，张紧适度。安装空调压缩机传动皮带，调整空调压缩机与曲轴皮带盘的距离，使传动皮带张紧适度，螺栓拧紧力矩为35 N·m。最后，复查传动皮带，张紧应适度。

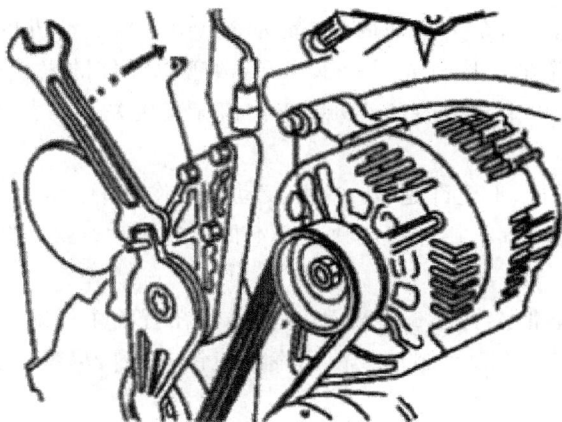

图7-2-52 发电机传动皮带的张紧

15. 其他

（1）安装空气质量传感器，连接空气滤清器。安装氧传感器、排气管。

（2）安装其他相关控制装置，连接控制单元。

（3）检查发动机装配的完整性。

（4）完成起动的准备工作。连接相关电器设备、相关器件，加注润滑油、冷却液，连接燃油箱，接通电源。进行起动前的必要检查。

（三）发动装配竣工检验项目、方法、技术要求

1. 发动机大修出厂前应进行磨合

发动机修理时对零件进行了更换或修复，虽然这些零件都有较高的加工和装配精度，但是零件表面仍然有微小的不平和形位误差，各配合件的实际接触面积小，如果发动机装合后立即投入使用，单位面积上的压力很大，在零件的接触面上将产生剧烈的磨损和高温，甚至产生黏着磨损，导致零件接触面烧伤或拉缸等事故。因此，发动机经大修装复后必须进行磨

合,通过磨合提高零件摩擦表面的质量、耐磨性、疲劳强度和抗腐烛性能,使零件摩擦表面做好承受负荷的准备,及时发现和消除修理和装配中的一些缺陷,最终达到延长发动机使用寿命的目的。

发动机大修后进行无负荷磨合过程应注意以下事项:

(1) 无负荷热磨合规范是按规定程序起动发动机,以 600～1 000r/min 的转速运转 1h。

(2) 检查机油压力、发动机的水温、机油温度是否正常。

(3) 检查并校正点火提前角。

(4) 检查发动机有无异响。如有异响,应立即停机检查并予以排除。

(5) 检查发动机有无漏油、漏水、漏气和漏电现象。

(6) 检查发电机充电电压是否正常

(7) 用断缸法检查各缸工作是否良好,测听发动机内部是否有异响(对一些具有电控装置的发动机,不要轻易断开点火高压线)

2. 发动机大修出厂后走合期磨合

重视新车的走合期在新车走合期内(一般为 3 000km),发动机内相互配合零件表面的不平部分会被磨去,逐渐形成比较光滑的工作面,改善了零件的表面质量和配合精度,以承受正常的工作负荷。所以走合期内发动机的工作情况直接关系到发动机的使用寿命。车辆在走合期内必须注意:

(1) 严禁超负荷运行,不允许超载。一旦发动机工作不平稳,立即换入低挡。

(2) 严禁高速行驶。汽车在各挡行驶速度不得超过发动机最高转速的 70%。不允许长时间高速行驶。

(3) 不要在恶劣道路上行驶,减少振动和冲击。在行驶中应减少突然加速所引起的超负荷现象,例如紧急制动、长时间制动或使用发动机制动等。尽量选择良好路面匀速行驶,走合效果最佳。

(4) 发动机刚起动后,不允许猛踩加速踏板,待水温达到正常工作温度后,再平稳起步。起步必须用一挡。

(5) 注意发动机冷却液温度、润滑油液面高度等,发现故障要及时排除。

(6) 走合期结束后,对汽车进行一次走合保养。

3. 发动机大修后竣工验收

大修后的发动机经装合调整和试验后,要进行验收。技术部门根据 GB/T15764.2—1995《汽车修理质量检查评定标准——发动机大修》、GB/T3799.1—2005《商用汽车发动机大修竣工出厂技术条件第一部分:汽油发动机》、GB/T3799.2—2005《商用汽车发动机大修竣工出厂技术条件第二部分:柴油发动机》进行发动机性能测试,判定其是否符合出厂合格要求,签发合格证,给予质量保证。

发动机竣工验收的具体内容如下:

(1) 检查并加足冷却液、机油、燃料。

(2) 用检视方法检验发动机装备状况。要求装备齐全、有效,各零部件及附件应符合规定的技术条件。

(3) 起动发动机,检查其起动性能。

① 冷车起动。要求在环境温度≥-5℃时应起动顺利,允许连续起动≤3次,每次起动≤5s。

② 热车起动。要求在发动机正常工作温度下,5s内能起动。

(4) 检查发动机运转工况。起动发动机运转至正常工作温度。

① 检查怠速工况。用转速表进行运转试验或发动机综合仪测量,要求发动机怠速运转稳定,转速符合原设计规定,转速波动≤50r/min。

② 检查转速变化工况。用转速表检查发动机改变转速时应过渡圆滑,突然加速或减速时,不得有爆燃声、断火、回火、放炮等现象。

(5) 检查发动机运转时有无异响。用检视或发动机异响分析仪检查,要求发动机在正常工况下,运转时不得有异常响声。

(6) 检视发动机机油压力、冷却液温度、机油温度。在发动机正常运转工况下,应符合原厂设计规定。

(7) 检查气缸压力。

① 检查压力值。用转速表测速,气缸压力表测量各缸压力,气缸压力应符合原设计规定。

② 检查各缸压力差。用转速表、气缸压力表或发动机分析仪测量。汽油机要求每缸压力与各缸平均压力差不大于各缸平均压力的8%,柴油机不大于10%。

(8) 检查发动机进气歧管真空度。用转速表、真空表检查,要求汽车发动机怠速时,进气歧管真空度应在57~70kPa。

(9) 检查发动机功率和转矩。将发动机运转到正常工作温度,用测功机或发动机综合测试仪进行测量,要求发动机最大功率、最大转矩不小于原设计规定值的90%。

(10) 检查发动机燃料消耗率。用油耗计、测功机按有关规定测量,要求发动机最低燃料消耗不大于原设计要求。

(11) 检查发动机排放。发动机排放应符合国家规定要求。

(12) 检查润滑油质堡。用检视或润滑油质分析仪检查,要求发动机润滑油规格、数量、质量应符合原设计规定。

(13) 检视发动机四漏情况。用检视方法检查,要求发动机应无漏水、漏油、漏气、漏电现象,但润滑油、冷却液密封接合面处允许有不致于形成滴状的浸渍。

(14) 检查柴油发动机停机装置。用检视方法检查,要求柴油发动机停机装置应灵活有效。

(15) 检查加装限速装置。用检视方法检查,要求发动机应按规定加装限速片或对限速装置作相应调整,并加铅封。

(16) 检视发动机涂漆。要求发动机外表应按规定涂漆,漆层均匀,不得有漏涂现象。

(17) 填写发动机修理竣工检验表。

发动机大修后,有关发动机性能的测试,如功率、转速、油耗等,在丛书的另一本教材中,有专门论述。

三、制订总装计划

制订发动机总装计划如表7-2-9所示。

表 7-2-9　发动机总装计划

1. 查阅资料,学习发动机零部件检修工艺标准 2. 查阅维修手册,熟悉发动机总装过程和检修项目,制订发动机总装计划		

1. 车辆信息描述	车辆基本信息描述	车型:　　　　年份:　　　　车主姓名: 车架号码:　　　　　　　　　　联络电话:
	车辆故障描述	一辆桑塔纳3000,车主反映最近水温总是偏高,如果开空调,水温升得更加快,因此来我厂检修。拧开水箱盖一看,里面全是黄泥水,而且水管接口处有明显漏水痕迹,建议车主对车辆冷却系统作全面检查
2. 汽车发动机装配作业安全事项学习	(1) 注意人身和机件的安全,不了解情况的先了解后动手 (2) 认真学习发动机装配工艺、注意零件检测项目过程标准 (3) 注意防火用电安全 (4) 认真接受实习前的安全知识教育	
3. 发动机零件检修装配流程详细步骤	主要零部件换修记录	
	汽缸直径检验记录	
	活塞连杆组检验记录	
	曲轴与轴承检验记录	
	凸轮轴及轴承检验记录	
4. 发动机大修竣工检验纪录	发动机外观装备及性能	
	检验内容: 发动机外观、怠速转速、运转状况、四漏检查、发动机异响、螺栓螺母、机油压力/MPa、润滑油、汽缸压力、汽缸压力差、空滤器、排放污染物、电控系统有无故障码显示、发动机噪声、起动性能、额定功率/kW、最大转矩/N·m、发动机燃油消耗率/g(kW·h)$^{-1}$	

四、实施总装作业

发动机总装作业如表 7-2-10 所示。

表 7-2-10 发动机总装作业

车型年份		发动机编号		牌照号码	
车主电话		施工日期		主修人	

部件名称	续用	更换	修理	加大
汽缸体				
汽缸盖				
汽缸套				
进、排气歧管				
活塞				
曲轴				
曲轴轴承				
连杆轴承				
凸轮轴				
凸轮轴轴承				
气门				
气门导管				
正时皮带(齿轮)				

汽缸直径检验记录/mm

汽缸直径	1缸		2缸		3缸		4缸		5缸		6缸	
	纵	横	纵	横	纵	横	纵	横	纵	横	纵	横
上部												
中部												
下部												
圆度												
圆柱度												

活塞连杆组检验记录/mm

	1缸	2缸	3缸	4缸	5缸	6缸
活塞环(间隙)						
活塞环(侧隙)						
活塞纵向直径						
活塞横向直径						
活塞质量/g						
活塞连杆组质量						
活塞与缸壁间隙						

曲轴与轴承检验记录/mm

曲轴		1	2	3	4	5	6	7
主轴径	圆度							
	圆柱度							

笔记

（续表）

连杆轴径	圆　度						
	圆柱度						
主轴径与轴承配合间隙							
连杆轴径与轴承配合间隙							
曲轴端隙							
凸轮轴及轴承检验记录/mm							
凸轮轴	1	2	3	4	5	6	7
轴径直径							
轴径与轴承配合间隙							
凸轮升程							

过程检验员：＿＿＿＿＿＿＿　　　　　　　＿＿＿＿年＿＿＿＿月＿＿＿＿日

发动机大修竣工检验单

车型年份		发动机编号		车牌照号码	
车主电话		竣工日期		主修人	
发动机外观、装备及性能					
检验内容及结果		检查内容及结果			
发动机外观：		怠速转速(r·min⁻¹)			
润滑油：		运转状况： 怠速：　中速：　高速：　加速及过度：			
四漏检查： 油：　水：　电：　气：		发动机异响：			
螺栓螺母：		机油压力/MPa 怠速：　　　　　高速：			

额定功率/kW　　最大转矩/N·m

	汽缸压力/MPa							
	1	2	3	4	5	6	7	8
汽缸压力差/MPa								

空滤器：	调速率：
发电机充电电压：	排放污染物：
电控系统有无故障码显示：	发动机噪声：
起动性能：	发动机燃油消耗率/g(kw·h)⁻¹
备注：	

竣工检验员：＿＿＿＿＿＿＿　　　　　　　＿＿＿＿年＿＿＿＿月＿＿＿＿日

五、检验评估

项目七任务 7.2 的检验评估如表 7-2-11 所示。

表 7-2-11　检验评估表

评价指标	检验说明	权重	自评	互评	总评
发动机检查项目	发动机四漏检查： 冷却液、燃油、润滑油、空气	5			
	发动机起动性能检查：				
	发动机水温检查：				
	检查机油压力、机油温度：				
	发动机异响检查：				
	气缸压力检查：				
	进气歧管真空度检查：				
	发动机排放质量检查：				
	检查发动机运转工况 怠速：　　　　　　　　　高速：				
	检查发动机加速性能：				
检查任务完成情况	1. 完成任务的情况 2. 任务完成的质量 3. 在小组完成任务过程中所起的作用	2			
专业知识和专业技能	1. 能描述发动机零件的名称和作用 2. 能描述发动机零件的安装位置和发动机有关技术参数 3. 能描述发动机装配工艺及规程 4. 能正确完成发动机装配过程的检验项目 5. 能够熟练地完成汽车发动机装配和竣工检验	5			
职业素养	1. 学习态度：积极主动参与学习 2. 团队合作：与小组成员一起分工合作,不影响学习进度 3. 现场管理：服从工位安排、执行实训室"5S"管理规定	3			
综合评议与建议					

参 考 文 献

[1] 龙纪文, 汽车发动机检修 [M]. 北京:中国劳动社会保障出版社,2006.

[2] 陈家瑞, 汽车构造 [M]. 北京:人民交通出版社,2007.

[3] 程晟.汽车拆装技能训练 [M]. 北京:中国劳动社会保障出版社,2004.

全国职业教育汽车类专业高技能人才培养论坛介绍

一、论坛介绍

全国职业教育汽车类专业高技能人才培养论坛是由中国高等职业教育汽车类专业教学委员会组织,并定期举办的汽车专业职业教育论坛。论坛旨在搭建职业教育汽车类专业交流平台,促进教学研究活动的开展,提高教育教学质量,推动我国汽车类专业高技能人才培养模式改革和发展。

二、举行时间和地点

论坛年会将于每年 8 月份举行。每年更换年会地点。

三、论坛参与人员

政府相关主管部门领导;职业院校汽车类专业院长、系主任、教研室主任、学科带头人、骨干教师;职业教育专家;汽车相关企业专家及负责人。

四、主要议题

1. 教学交流:专业建设、培养方案、课程设置、教学改革、教学经验等。

2. 科研交流:科研立项、教改研究、教学资源库建设、立体化教材编写等。

3. 人才交流:高技能师资引进和储备、高技能人才就业与创业等。

4. 信息、资源交流:招生与就业信息、校际合作机制等。

5. 校企合作和国际交流:产学研合作机制、学生国外游学项目、教师海外进修等。

五、论文与出版物

被论坛年会录用的论文将正式出版,经专家评审后的部分优秀论文将推荐在核心期刊上发表。

六、秘书处联系方式

通讯地址:上海市番禺路 951 号 505 室　　邮编:200030　　传真:(021)64073126

联系人: 张书君　电话:021－61675263

　　　　刘雪萍　电话:021－61675284

E-mail: qicheluntan@foxmail.com

七、论坛相关资料索取

请您认真填写以下表格的内容,并通过电子邮件、传真、信件等方式反馈给我们,我们将会定期向您寄送邀请函、出版物等相关资料。

资 料 索 取 表

姓　　名		性别		职务/职称	
院　　系					
通信地址				邮编	
联系电话			传　真		
E-mail			手机号码		
院长/系主任姓名					